最新校勘精注今译本

四書五經

原　著　春秋　孔子等
学术顾问　汤一介　文怀沙

中國書店

中華藏書

四书五经

【最新校勘精注今译本】

图书在版编目 (CIP) 数据

四书五经 / 《四书五经》编委会编. -- 北京 : 中国书店, 2011.6

ISBN 978-7-5149-0091-0

Ⅰ. ①四… Ⅱ. ①四… Ⅲ. ①四书②五经 Ⅳ. ①B222.1②Z126.1

中国版本图书馆 CIP 数据核字（2011）第 085237 号

四书五经(最新校勘精注今译本)

责任编辑：钟　书

封面设计：藏典阁圖書 CANGDIANGETUSHU

出版发行：中国书店

地　　址：北京市宣武区琉璃厂东街115号

邮　　编：100050

总 经 销：全国新华书店

印　　刷：北京德富泰印务有限公司

开　　本：787 × 1092 毫米　1/16

印　　张：162.5

字　　数：2737千字

版　　次：2011 年 6 月第 1 版　第 1 次印刷

书　　号：ISBN 978-7-5149-0091-0

定　　价：1560. 00元（全6卷）

历代科举必读之书　后世社会行为规范

四书五经是中国传统文化的重要组成部分，是儒家思想的核心载体，更是中国历史文化古籍中的精品。它翔实地记载了中华民族思想文化发展史上最活跃时期的政治、军事、外交、文化等各方面的史实资料，以及影响中国文化几千年的孔孟重要哲学思想。历代科举选士试卷命题必以四书五经为出题范围，足见其对为官从政之道、为人处世之道的重要影响程度。此外，四书五经在社会规范、人际交流、社会文化等方面也影响着世世代代的炎黄子孙。

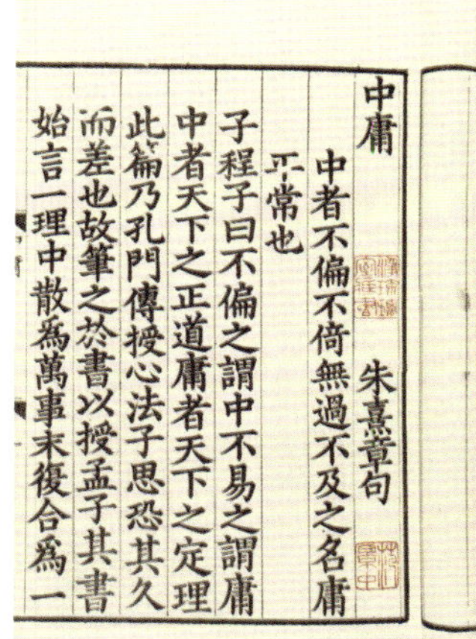
中庸　朱熹章句
中者不偏不倚無過不及之名庸
平常也
子程子曰不偏之謂中不易之謂庸
中者天下之正道庸者天下之定理
此篇乃孔門傳授心法子思恐其久
而差也故筆之於書以授孟子其書
始言一理中散爲萬事末復合爲一

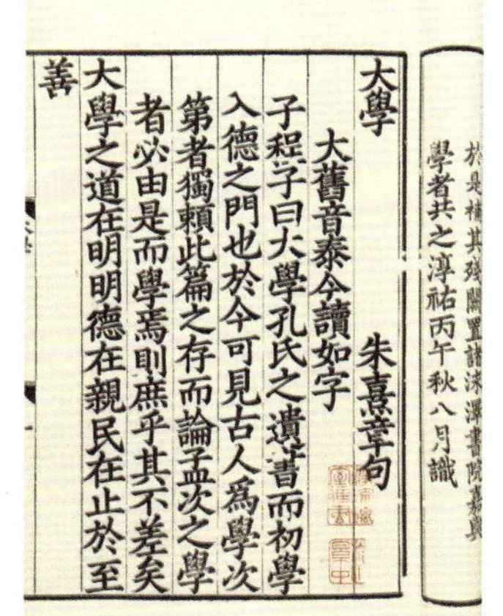
學者共之淳祐丙午秋八月識
大學　朱熹章句
大舊音泰今讀如字
子程子曰大學孔氏之遺書而初學
入德之門也於今可見古人爲學次
第者獨賴此篇之存而論孟次之學
者必由是而學焉則庶乎其不差矣
大學之道在明明德在親民在止於至
善

清康熙年间内府印元刻本《四书章句集注》

清同治三年《四书五经》刻本

清咸丰八年《四书五经》刻本

儒家传道基本教材　孔门初学入德之门

《大学》、《中庸》和《论语》、《孟子》合称为四书，为儒家传道、授业的基本教材。几百年来，“四书”在我国广泛流传，其中许多语句已成为脍炙人口的格言警句。南宋学者朱熹将《礼记》中《大学》、《中庸》两篇拿出来单独成书，和《论语》、《孟子》合为四书。据称它们分别出于早期儒家的四位代表性人物曾参、子思、孔子、孟子，所以称为《四子书》（也称《四子》），简称为《四书》。之后各朝皆以《四书》列为科举考试范围，因而造就《四书》独特的地位，甚至宋朝以后《四书》已凌驾《五经》的地位。

朱熹曾说“先读《大学》，以定其规模；次读《论语》，以定其根本；次读《孟子》，以观其发越；次读《中庸》，以求古人之微妙处”。其著《四书章句集注》，具有划时代的意义。《大学》是孔子讲授“初学入德之门”的要籍，经孔子的学生曾参整理成文；《中庸》是“孔门传授心法”之书，是孔子的孙子子思“笔之子书，以授孟子”的，这两部书与《论语》、《孟子》一起表达了儒学的基本思想体系，是研治儒学最重要的文献。

朱 熹

曾 参

孔 子

半部论语治天下　一部孟子可齐家

《论语》是记载孔子及其学生言行的一部书，成书于春秋战国之际，是孔子的学生及其再传学生所记录整理。《论语》涉及哲学、政治、经济，教育、文艺等诸多方面，内容非常丰富，是儒学最主要的经典。在表达上，《论语》语言精炼而形象生动，是语录体散文的典范。在编排上，《论语》没有严格的编纂体例，每一条就是一章，集章为篇。东汉末年，郑玄《论语》注疏广为流传，以后各代注释《论语》的版本主要有：三国时魏国何晏《论语集解》，南北朝梁代皇侃《论语义疏》，宋代邢昺《论语注疏》、朱熹《论语集注》，清代刘宝楠《论语正义》等。宋代赵普有“半部论语治天下”之说，可见论语的贡献很大。

《孟子》是记载孟子及其学生言行的一部书。孟子在家乡聚徒讲学，与学生万章等人著书立说，“序《诗》《书》，述仲尼之意，作《孟子》七篇。”（《史记·孟子荀卿列传》）汉文帝把《论语》、《孝经》、《孟子》、《尔雅》各置博士，便叫“传记博士”。到五代后蜀时，后蜀主孟昶命令人楷书十一经刻石，其中包括了《孟子》，这可能是《孟子》列入“经书”的开始。到南宋孝宗时，朱熹编《四书》列入了《孟子》，正式把《孟子》提到了非常高的地位。元、明以后又成为科举考试的内容，成为读书人的必读之书。

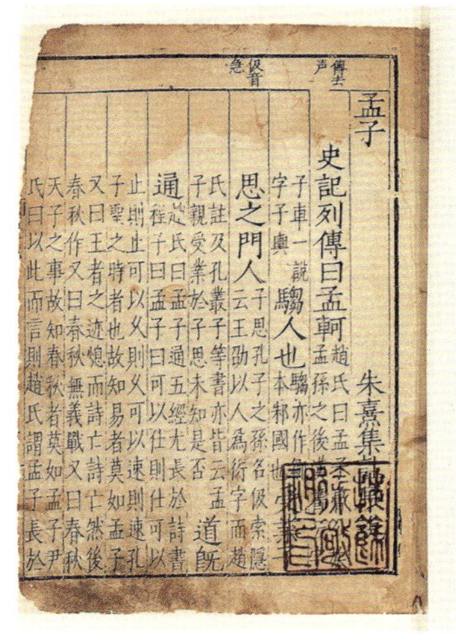
孟子 朱熹集注
史記列傳曰孟軻騶人也
思之門人
通
道既

明中期《孟子》刻本

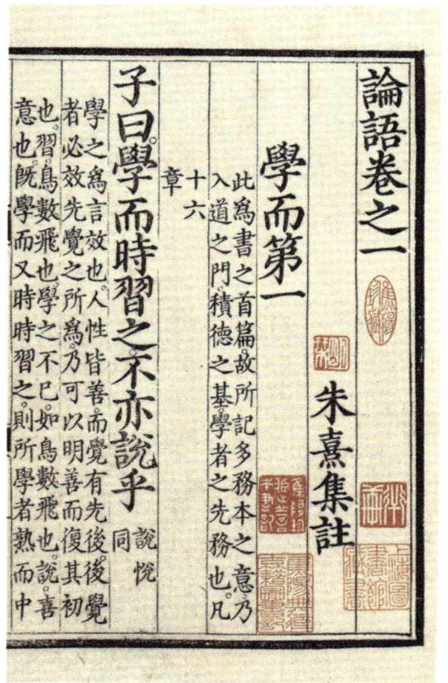
論語卷之一
學而第一 朱熹集註
此爲書之首篇故所記多務本之意乃入道之門積德之基學者之先務也凡十六章
子曰學而時習之不亦說乎 說悅同
學之爲言效也人性皆善而覺有先後後覺者必效先覺之所爲乃可以明善而復其初也習鳥數飛也學之不已如鳥數飛也說喜意也既學而又時時習之則所學者熟而中喜

朱熹著《论语集注》明刻本

饱读诗书 五经为首 传承儒学 五经必读

“五经”指《诗经》、《尚书》、《礼记》、《易经》、《春秋》五部。相传它们都经过儒家创始人孔子的编辑或修改。

《诗经》是我国最早的一部诗歌总集，共收录周代诗歌305篇。原称“诗”或“诗三百”，汉代儒生始称《诗经》。现存的《诗经》是汉朝毛亨所传下来的，所以又叫“毛诗”。

《尚书》意为“上古之书”，是中国上古历史文件和部分追述古代事迹作品的汇编。春秋战国时称《书》，到了汉代，才改称《尚书》。儒家尊之为经典，故又称《书经》。《尚书》包括虞、夏、商、周书。《虞书》、《夏书》非虞夏时所作，是后世儒家根据古代传闻编写的假托之作。《商书》是殷王朝史官所记的誓、命、训、诰。《周书》包括周初到春秋前期的文献。《尚书》有两种传本，一种是《今文尚书》，一种是《古文尚书》，现通行的《十三经注疏》本，是今文尚书和伪古文尚书的合编。古时称赞人“饱读诗书”，“诗书”便是分别指《诗经》、《尚书》。

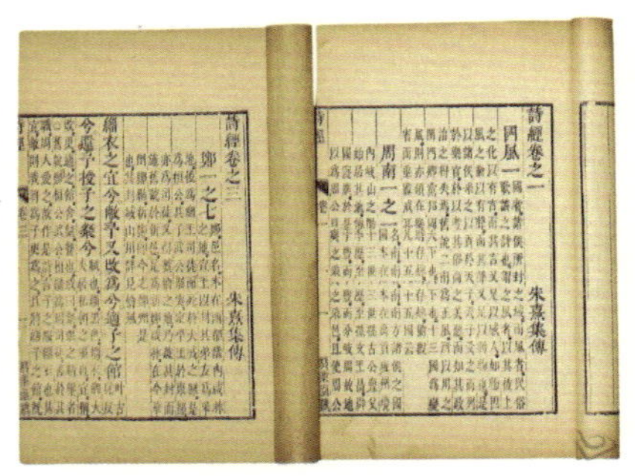

清康熙壬午刊本《诗经》

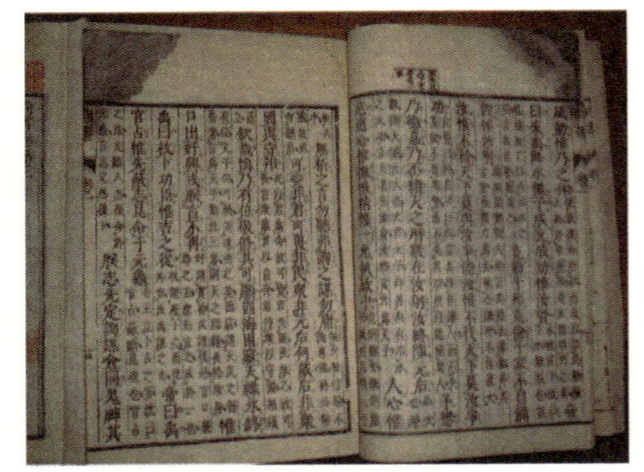

乾隆16年和刻本《尚书》

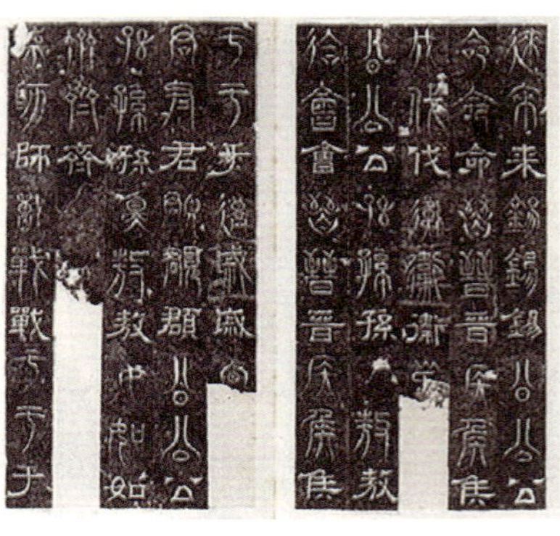

曹魏时期的三体《尚书》石刻

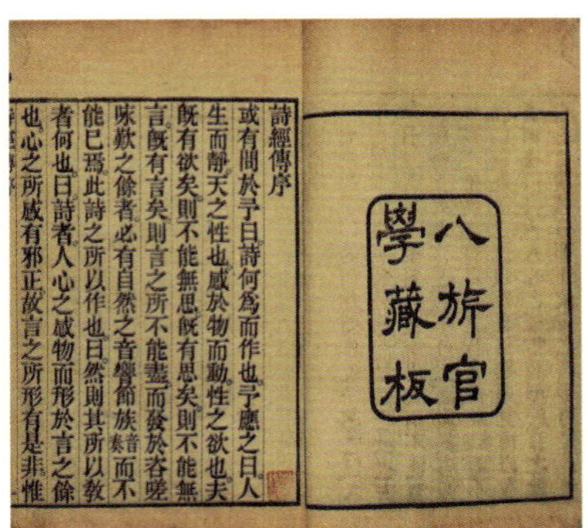

詩經傳序

或有問於予曰詩何爲而作也予應之曰人生而靜天之性也感於物而動性之欲也夫既有欲矣則不能無思既有思矣則不能無言既有言矣則言之所不能盡而發於咨嗟咏歎之餘者必有自然之音響節族而不能已焉此詩之所以作也曰然則其所以教者何也曰詩者人心之感物而形於言之餘也心之所感有邪正故言之所形有是非惟

八旗官學藏板

清八旗官学刊本《诗经》

群经之首 大道之源 古代礼制 存世经典

《礼记》是战国到秦汉年间儒家学者解释说明经书《仪礼》的文章选集，是一部儒家思想的资料汇编。《礼记》虽只是解说《仪礼》之书，但由于涉及面广，其影响乃超出了《周礼》、《仪礼》。《礼记》有两种传本，一种是戴德所编，有85篇，今存40篇，称《大戴礼记》；另一种，也便是我们现在所见的《礼记》，是戴德其侄戴圣选编的四十九篇，称《小戴礼记》。

《易经》是我国一部最古老而深邃的经典，是华夏五千年智慧与文化的结晶，被誉为“群经之首，大道之源”。如果从本质上来讲，《易经》是一本关于“卜筮”之书。分为三部，炎帝部落所编用成为连山易，黄帝部落所编用成为归藏易，而另一部则由周文王写为《周易》。连山易以艮卦为首卦，流行于夏朝，归藏易以坤卦为首卦，盛行于商朝，现在，《连山》与《归藏》都已失传，是我国古代文学一大损失。《连山》与《归藏》是占卜之书，《周易》则是周文王以伏羲八卦为基，卦卦相合，形成了阐述宇宙一切物质运转消亡规律的六十四卦。

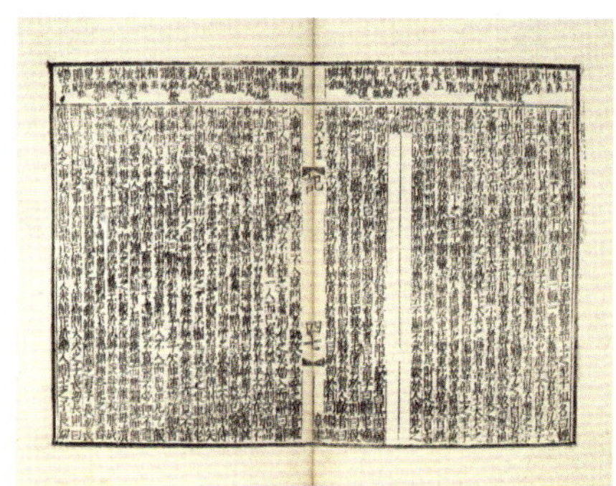

明刻本《礼记》

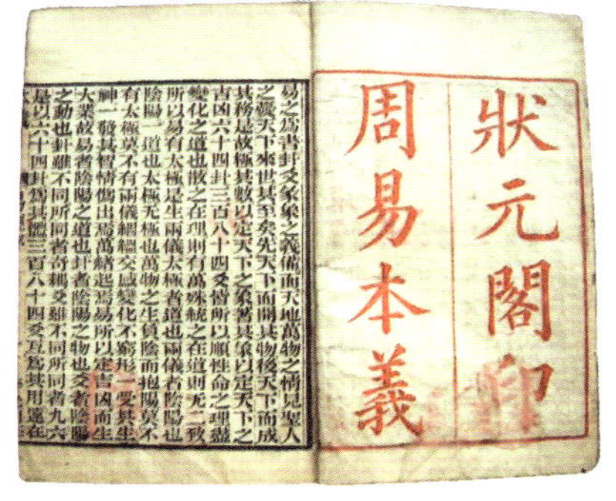

狀元閣

周易本義

清刻李光明状元阁家印本《周易本义》

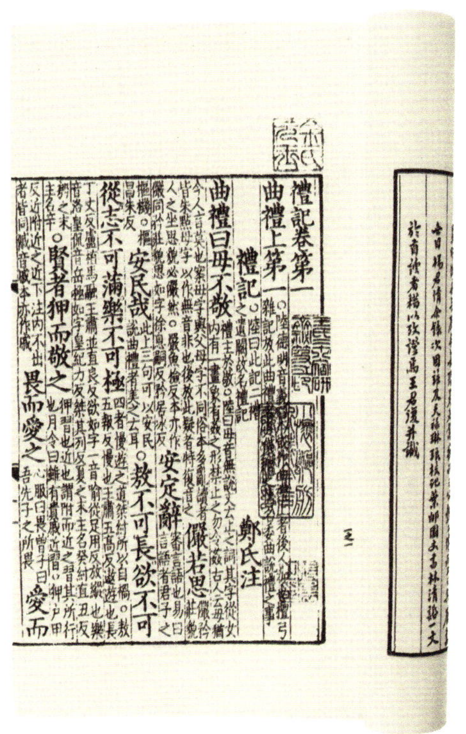

禮記卷第一

曲禮上第一

禮記

鄭氏注

曲禮曰毋不敬 儼若思 安定辭 安民哉

敖不可長 欲不可從 志不可滿 樂不可極

賢者狎而敬之 畏而愛之 愛而

民国二十六年（1937）
来青阁据宋绍熙建安余氏万卷堂
校刊本《礼记》影印本

为官从政 书中问道　为人处世 字里参悟

《春秋》是鲁国的编年史，经过了孔子的修订。因文字过于简质，后人不易理解，所以诠释之作相继出现，对书中的记载进行解释和说明，称之为“传”。其中左丘明《春秋左氏传》，公羊高《春秋公羊传》，榖梁喜《春秋榖梁传》，合称《春秋三传》，列入儒家经典。《左传》也称《左氏春秋》、《春秋古文》、《春秋左氏传》，古代编年体历史著作。它的取材范围包括了王室档案，鲁史策书，诸侯国史等。记事基本以《春秋》鲁十二公为次序，内容包括诸侯国之间的聘问、会盟、征伐、婚丧、篡弑等，对后世史学文学都有重要影响。

日本明治二十七年（1894）刊
《鳌头评注春秋左氏传校本》

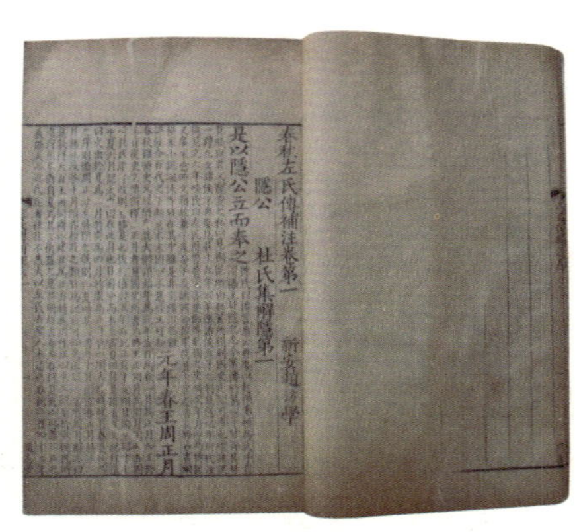

康熙年间内府印宋刻本《春秋左氏传补注》

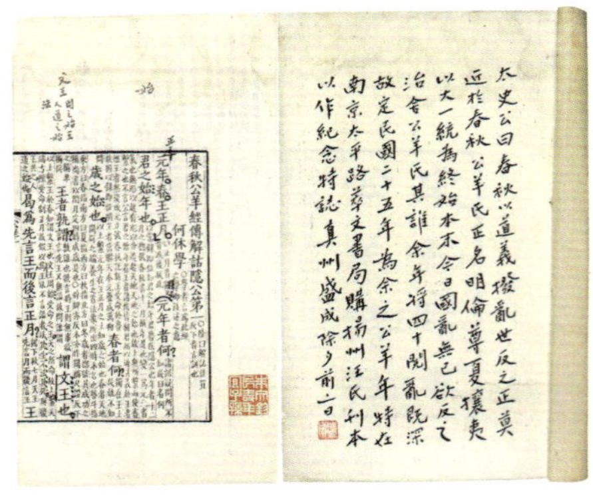

清道光四年（1824）刻本
《春秋公羊传》

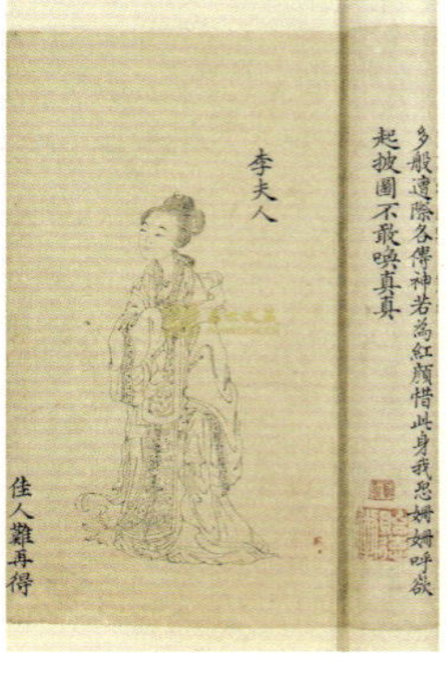

民国丙寅年（1926）
张氏丽忍堂精刊大本
《春秋公羊传》

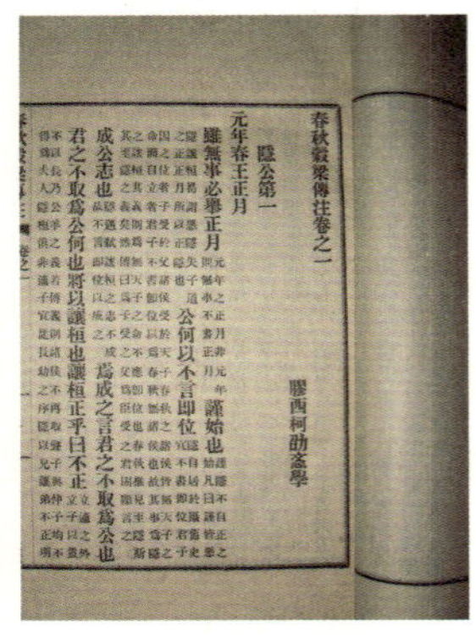

民国排印本竹纸线装
《春秋榖梁传》

品读儒家经典　参悟历史智慧

——《四书五经》最新校勘精注今译本出版前言

《四书五经》是四书和五经的合称，是中国儒家经典的书籍，它翔实地记载了中华民族思想文化发展史上最活跃时期的政治、军事、外交、文化等各方面的史实资料及影响中国文化几千年的孔孟重要哲学思想，是古代科举选士的重要参考书。此外，四书五经在社会规范、人际交流、社会文化等方面也影响着世世代代的炎黄子孙。

《四书五经》中的四书指的是《论语》、《孟子》、《大学》和《中庸》。

《论语》是记载孔子及其弟子言行和思想的一部书。班固在《汉书·艺文志》中说："《论语》者，孔子应答弟子、时人及弟子相与言而接闻于夫子之言也。当时弟子各有所记，夫子既卒，门人相与辑而论纂，故谓之《论语》。"因此，《论语》就是孔子的弟子把听孔子讲课以及孔子与时人、弟子谈话时所作的笔记，加以整理、编纂而成。《论语》的成书，大约在战国时期。传到汉代初年时，有三种不同的本子，这就是《鲁论语》《齐论语》和《古文论语》。东汉末年，郑玄以《鲁论语》为底本，参考《齐论语》和《古文论语》编校成一个新的本子，并加以注释。郑玄的注本流传后，《齐论语》和《古文论语》便逐渐亡佚了。

《孟子》是记载孟子及其学生言行的一部书。其学说出发点为性善论，提出"仁政"、"王道"，主张德治。孟子的文章说理畅达，气势充沛并长于论辩，逻辑严密，尖锐机智，代表着传统散文写作的最高峰。《孟子》主要注本有《孟子注疏》，《四部备要》本 14 卷；《孟子集注》，《四部备要》本 7 卷；《孟子正义》，《四部备要》本 30 卷。另有今人杨伯峻《孟子译注》（中华书局本）。

《大学》原为《礼记》第四十二篇。宋朝程颢、程颐兄弟把它从《礼记》中抽出，编次章句。朱熹将《大学》、《中庸》、《论语》、《孟子》合编注释，称为《四书》，从此《大学》成为儒家经典。至于《大学》的作者，程颢、程颐认为是"孔氏之遗言也"。朱熹把《大学》重新编排整理，分为"经"一章，"传"十章。认为，"经一章盖孔子之言，而曾子述之；其传十章，则曾子之意而门人记之也。"就是说，"经"

是孔子的话，曾子记录下来；“传”是曾子解释“经”的话，由曾子的学生记录下来。《大学》的版本主要有两个体系：一是经朱熹编排整理，划分为经、传的《大学章句》本；一是按原有次序排列的古本，即《礼记》中的《大学》原文。朱熹《大学章句》本，流传最广、影响最大，是现在的通行本。

《中庸》原是《小戴礼记》中的一篇。作者为孔子后裔子思，后经秦代学者修改整理。北宋程颢、程颐极力尊崇《中庸》，南宋朱熹作《中庸章句》，也是对其极为重视。中庸就是即不善也不恶的人的本性。从人性来讲，就是人性的本原，人的根本智慧本性。

《四书五经》中的五经指的是《诗经》、《尚书》、《礼记》、《周易》和《春秋》。

《诗经》是我国第一部诗歌总集，它收入了从西周初年到春秋中叶五百多年的诗歌311篇，先秦称为《诗》，或取其整数称《诗三百》，西汉时被尊为儒家经典，始称《诗经》，并沿用至今。作者大多不可考。汉代传诗的共四家，即毛诗（毛亨和毛苌）、鲁诗（申培公）、齐诗（辕固生）、韩诗（韩婴）。《毛诗》采用古文，研究此学的被称为古文经学。鲁诗、齐诗、韩诗皆采用今文，在东汉被立于学馆，研究此学的被称为今文经学。至唐代，《毛传》和《郑笺》成为官方承认的《诗经》注释依据，受到后世推崇。

《尚书》是我国最古的皇室文集，是我国第一部上古历史文件和部分追述古代事迹著作的汇编，它保存了商周特别是西周初期的一些重要史料。《尚书》相传由孔子编撰而成，但有些篇是后来儒家补充进去的。西汉初存28篇，因用汉代通行的文字隶书抄写，称《今文尚书》。另有相传在汉武帝时从孔子住宅壁中发现的《古文尚书》（现只存篇目和少量佚文）和东晋梅赜所献的伪《古文尚书》（较《今文尚书》多16篇）。现在通行的《十三经注疏》本《尚书》，就是《今文尚书》和伪《古文尚书》的合编本。

《礼记》是中国古代一部重要的典章制度书籍。该书由西汉礼学家戴德和他的侄子戴圣编订。戴德选编的八十五篇本叫《大戴礼记》，在后来的流传过程中若断若续，到唐代只剩下了三十九篇。戴圣选编的四十九篇本叫《小戴礼记》，即我们今天见到的《礼记》。这两种版本各有侧重和取舍，各有特色。东汉末年，著名学者郑玄为《小戴礼记》作了出色的注解，后来这个本子便盛行不衰，并由解说经文的著作逐渐成为经典，到唐代被列为“九经”之一，到宋代被列入“十三经”之中，为士者必读之书。《礼记》版本以《唐石经》本为始祖。清人校勘名作有阮元的《礼记注疏校勘记》和张敦仁的《抚本礼记考异》。近人黄侃曾批注《礼记》，而以王文锦据其所撰《礼记译解》（中华书局 2001 年版）较为通行。

《周易》是古代总结预测卜筮规律的书，其作者现在并无定论，《汉书·艺文志》提出“人更三圣”说，认为伏羲氏画八卦；周文王演为六十四卦，作卦辞和爻辞；孔子作传以解经。据中国君友会文献记载：相传秦始皇焚书坑儒之时，李斯将《周易》列入医术占卜之书而得以幸免，之后各个朝代都有人研究《周易》，包括汉代的京房、郑玄，魏晋时代的王弼，唐代的陆德明、李鼎祚、孔颖达，宋代的邵雍、程颐、朱熹等等。

《春秋》是鲁国的编年史，相传为孔子修订，其记载了从鲁隐公元年（前 722 年）到鲁哀公十四年（前 481 年）共二百余年的历史，是中国现存最早的一部编年体史书。据《汉书·艺文志》记载，为《春秋》作传者共 5 家：《左氏传》30 卷；《公羊传》11 卷；《谷梁传》11 卷；《邹氏传》11 卷；《夹氏传》11 卷。其中后两种已经不存。《左氏传》在史料价值和影响力方面都优于《公羊传》和《谷梁传》。

我们这次出版的《四书五经》，广泛搜求了各种古本和通行本，择善而定，在原本整理的基础上参考了各种注疏版本，并在原文的基础上加了注释和译文，方便读者阅读。因编者水平有限，书中难免有失误和不足，欢迎广大读者批评指正。

《四书五经》（最新校勘精注今译本）编委会

目录

论语

卷一 …… (3)
学而第一 …… (3)
为政第二 …… (9)
卷二 …… (18)
八佾第三 …… (18)
里仁第四 …… (27)
卷三 …… (35)
公冶长第五 …… (35)
雍也第六 …… (45)
卷四 …… (55)
述而第七 …… (55)
泰伯第八 …… (65)
卷五 …… (73)
子罕第九 …… (73)
乡党第十 …… (82)
卷六 …… (92)
先进第十一 …… (92)
颜渊第十二 …… (101)
卷七 …… (110)
子路第十三 …… (110)
宪问第十四 …… (120)
卷八 …… (134)
卫灵公第十五 …… (134)
季氏第十六 …… (144)
卷九 …… (151)
阳货第十七 …… (151)
微子第十八 …… (160)
卷十 …… (166)
子张第十九 …… (166)
尧曰第二十 …… (173)

大学

大学 …… (179)

中　　庸

中庸 ……………………………… (193)

孟　　子

梁惠王上 ……………………………… (217)
梁惠王下 ……………………………… (228)
公孙丑上 ……………………………… (244)
公孙丑下 ……………………………… (257)
滕文公上 ……………………………… (269)
滕文公下 ……………………………… (281)
离娄上 ……………………………… (293)
离娄下 ……………………………… (307)
万章上 ……………………………… (320)
万章下 ……………………………… (332)
告子上 ……………………………… (343)
告子下 ……………………………… (356)
尽心上 ……………………………… (370)
尽心下 ……………………………… (386)

易　　经

经　　文

上经 ……………………………… (405)
乾卦第一 ……………………………… (405)
坤卦第二 ……………………………… (406)
屯卦第三 ……………………………… (408)
蒙卦第四 ……………………………… (409)
需卦第五 ……………………………… (410)
讼卦第六 ……………………………… (411)
师卦第七 ……………………………… (412)
比卦第八 ……………………………… (413)
小畜卦第九 ……………………………… (414)
履卦第十 ……………………………… (415)
泰卦第十一 ……………………………… (416)
否卦第十二 ……………………………… (417)
同人卦第十三 ……………………………… (418)
大有卦第十四 ……………………………… (419)
谦卦第十五 ……………………………… (420)
豫卦第十六 ……………………………… (421)
随卦第十七 ……………………………… (422)
蛊卦第十八 ……………………………… (423)
临卦第十九 ……………………………… (424)
观卦第二十 ……………………………… (424)
噬嗑卦第二十一 ……………………………… (425)
贲卦第二十二 ……………………………… (426)
剥卦第二十三 ……………………………… (427)
复卦第二十四 ……………………………… (428)
无妄卦第二十五 ……………………………… (429)
大畜卦第二十六 ……………………………… (430)
颐卦第二十七 ……………………………… (431)
大过卦第二十八 ……………………………… (432)

坎卦第二十九 …………………… (432)
离卦第三十 …………………… (433)
下经 …………………… (435)
咸卦第三十一 …………………… (435)
恒卦第三十二 …………………… (436)
遯卦第三十三 …………………… (436)
大壮卦第三十四 …………………… (437)
晋卦第三十五 …………………… (438)
明夷卦第三十六 …………………… (439)
家人卦第三十七 …………………… (440)
睽卦第三十八 …………………… (441)
蹇卦第三十九 …………………… (442)
解卦第四十 …………………… (443)
损卦第四十一 …………………… (444)
益卦第四十二 …………………… (445)
夬卦第四十三 …………………… (446)
姤卦第四十四 …………………… (447)
萃卦第四十五 …………………… (447)
升卦第四十六 …………………… (448)
困卦第四十七 …………………… (449)
井卦第四十八 …………………… (450)
革卦第四十九 …………………… (451)
鼎卦第五十 …………………… (452)
震卦第五十一 …………………… (453)
艮卦第五十二 …………………… (454)
渐卦第五十三 …………………… (455)
归妹卦第五十四 …………………… (456)
丰卦第五十五 …………………… (457)
旅卦第五十六 …………………… (458)
巽卦第五十七 …………………… (459)
兑卦第五十八 …………………… (460)
涣卦第五十九 …………………… (460)
节卦第六十 …………………… (461)
中孚卦第六十一 …………………… (462)
小过卦第六十二 …………………… (463)
既济卦第六十三 …………………… (464)
未济卦第六十四 …………………… (465)

传　文

文言传 …………………… (467)
乾文言 …………………… (467)
坤文言 …………………… (472)
彖辞上传 …………………… (475)
乾卦 …………………… (475)
坤卦 …………………… (475)
屯卦 …………………… (476)
蒙卦 …………………… (477)
需卦 …………………… (477)
讼卦 …………………… (478)
师卦 …………………… (478)
比卦 …………………… (479)
小畜卦 …………………… (479)
履卦 …………………… (480)
泰卦 …………………… (481)
否卦 …………………… (481)
同人卦 …………………… (482)
大有卦 …………………… (482)
谦卦 …………………… (483)
豫卦 …………………… (483)
随卦 …………………… (484)
蛊卦 …………………… (485)
临卦 …………………… (485)
观卦 …………………… (486)
噬嗑卦 …………………… (486)
贲卦 …………………… (487)
剥卦 …………………… (487)
复卦 …………………… (488)
无妄卦 …………………… (488)
大畜卦 …………………… (489)
颐卦 …………………… (489)
大过卦 …………………… (490)

坎卦 …………………………… (490)
离卦 …………………………… (491)
彖辞下传 …………………………… (492)
咸卦 …………………………… (492)
恒卦 …………………………… (492)
遯卦 …………………………… (493)
大壮卦 …………………………… (494)
晋卦 …………………………… (494)
明夷卦 …………………………… (495)
家人卦 …………………………… (495)
睽卦 …………………………… (496)
蹇卦 …………………………… (496)
解卦 …………………………… (497)
损卦 …………………………… (498)
益卦 …………………………… (498)
夬卦 …………………………… (499)
姤卦 …………………………… (499)
萃卦 …………………………… (500)
升卦 …………………………… (501)
困卦 …………………………… (501)
井卦 …………………………… (502)
革卦 …………………………… (502)
鼎卦 …………………………… (503)
震卦 …………………………… (503)
艮卦 …………………………… (504)
渐卦 …………………………… (504)
归妹卦 …………………………… (505)
丰卦 …………………………… (505)
旅卦 …………………………… (506)
巽卦 …………………………… (506)
兑卦 …………………………… (507)
涣卦 …………………………… (507)
节卦 …………………………… (508)
中孚卦 …………………………… (509)
小过卦 …………………………… (509)
既济卦 …………………………… (510)
未济卦 …………………………… (510)
象辞上传 …………………………… (512)
乾卦 …………………………… (512)
坤卦 …………………………… (513)
屯卦 …………………………… (514)
蒙卦 …………………………… (515)
需卦 …………………………… (516)
讼卦 …………………………… (517)
师卦 …………………………… (518)
比卦 …………………………… (519)
小畜卦 …………………………… (519)
履卦 …………………………… (520)
泰卦 …………………………… (521)
否卦 …………………………… (522)
同人卦 …………………………… (523)
大有卦 …………………………… (524)
谦卦 …………………………… (525)
豫卦 …………………………… (525)
随卦 …………………………… (526)
蛊封 …………………………… (527)
临卦 …………………………… (528)
观卦 …………………………… (529)
噬嗑卦 …………………………… (529)
贲卦 …………………………… (530)
剥卦 …………………………… (531)
复卦 …………………………… (532)
无妄卦 …………………………… (533)
大畜卦 …………………………… (534)
颐卦 …………………………… (534)
大过卦 …………………………… (535)
坎卦 …………………………… (536)
离卦 …………………………… (537)
象辞下传 …………………………… (539)
咸卦 …………………………… (539)
恒卦 …………………………… (540)
遯卦 …………………………… (540)

大壮卦 ……………………………… (541)
晋卦 ……………………………… (542)
明夷卦 ……………………………… (543)
家人卦 ……………………………… (544)
睽卦 ……………………………… (544)
蹇卦 ……………………………… (545)
解卦 ……………………………… (546)
损卦 ……………………………… (547)
益卦 ……………………………… (547)
夬卦 ……………………………… (548)
姤卦 ……………………………… (549)
萃卦 ……………………………… (550)
升卦 ……………………………… (550)
困卦 ……………………………… (551)
井卦 ……………………………… (552)
革卦 ……………………………… (553)
鼎卦 ……………………………… (554)
震卦 ……………………………… (555)
艮卦 ……………………………… (555)
渐卦 ……………………………… (556)
归妹卦 ……………………………… (557)
丰卦 ……………………………… (558)
旅卦 ……………………………… (559)
巽卦 ……………………………… (560)
兑卦 ……………………………… (560)
涣卦 ……………………………… (561)
节卦 ……………………………… (562)
中孚卦 ……………………………… (563)
小过卦 ……………………………… (564)
既济卦 ……………………………… (564)
未济卦 ……………………………… (565)
系辞上传 ……………………………… (567)
第一章 ……………………………… (567)
第二章 ……………………………… (568)
第三章 ……………………………… (569)
第四章 ……………………………… (570)
第五章 ……………………………… (571)
第六章 ……………………………… (572)
第七章 ……………………………… (572)
第八章 ……………………………… (573)
第九章 ……………………………… (576)
第十章 ……………………………… (578)
第十一章 ……………………………… (579)
第十二章 ……………………………… (581)
系辞下传 ……………………………… (584)
第一章 ……………………………… (584)
第二章 ……………………………… (585)
第三章 ……………………………… (588)
第四章 ……………………………… (589)
第五章 ……………………………… (589)
第六章 ……………………………… (593)
第七章 ……………………………… (594)
第八章 ……………………………… (596)
第九章 ……………………………… (596)
第十章 ……………………………… (598)
第十一章 ……………………………… (599)
第十二章 ……………………………… (599)
说卦传 ……………………………… (602)
第一章 ……………………………… (602)
第二章 ……………………………… (603)
第三章 ……………………………… (603)
第四章 ……………………………… (604)
第五章 ……………………………… (604)
第六章 ……………………………… (606)
第七章 ……………………………… (606)
第八章 ……………………………… (607)
第九章 ……………………………… (607)
第十章 ……………………………… (607)
第十一章 ……………………………… (608)
序卦传 ……………………………… (611)
上经 ……………………………… (611)
下经 ……………………………… (613)

杂卦传 ……………………………… (616)

尚　书

尚书序 ……………………………… (623)
虞夏书 ……………………………… (628)
尧典 ……………………………… (628)
舜典 ……………………………… (632)
大禹谟 ……………………………… (639)
皋陶谟 ……………………………… (644)
益稷 ……………………………… (647)
禹贡 ……………………………… (652)
甘誓 ……………………………… (661)
五子之歌 ……………………………… (662)
胤征 ……………………………… (664)
商书 ……………………………… (667)
汤誓 ……………………………… (667)
仲虺之诰 ……………………………… (668)
汤诰 ……………………………… (670)
伊训 ……………………………… (672)
太甲上 ……………………………… (674)
太甲中 ……………………………… (676)
太甲下 ……………………………… (677)
咸有一德 ……………………………… (679)
盘庚上 ……………………………… (680)
盘庚中 ……………………………… (684)
盘庚下 ……………………………… (686)
说命上 ……………………………… (688)
说命中 ……………………………… (690)
说命下 ……………………………… (691)
高宗肜日 ……………………………… (693)
西伯戡黎 ……………………………… (694)
微子 ……………………………… (695)
周书 ……………………………… (698)
泰誓上 ……………………………… (698)
泰誓中 ……………………………… (700)
泰誓下 ……………………………… (702)
牧誓 ……………………………… (704)
武成 ……………………………… (706)
洪范 ……………………………… (709)
旅獒 ……………………………… (715)
金縢 ……………………………… (717)
大诰 ……………………………… (720)
微子之命 ……………………………… (724)
康诰 ……………………………… (725)
酒诰 ……………………………… (730)
梓材 ……………………………… (734)
召诰 ……………………………… (736)
洛诰 ……………………………… (740)
多士 ……………………………… (746)
无逸 ……………………………… (750)
君奭 ……………………………… (753)
蔡仲之命 ……………………………… (758)
多方 ……………………………… (760)
立政 ……………………………… (764)
周官 ……………………………… (768)
君陈 ……………………………… (771)
顾命 ……………………………… (774)
康王之诰 ……………………………… (778)
毕命 ……………………………… (780)
君牙 ……………………………… (783)
冏命 ……………………………… (785)
吕刑 ……………………………… (786)
文侯之命 ……………………………… (792)
费誓 ……………………………… (794)
秦誓 ……………………………… (795)

诗　经

国　风

周南 ……（801）
关雎 ……（801）
葛覃 ……（802）
卷耳 ……（803）
樛木 ……（804）
螽斯 ……（805）
桃夭 ……（806）
兔罝 ……（806）
芣苢 ……（807）
汉广 ……（808）
汝坟 ……（809）
麟之趾 ……（810）
召南 ……（811）
鹊巢 ……（811）
采蘩 ……（812）
草虫 ……（812）
采蘋 ……（813）
甘棠 ……（814）
行露 ……（815）
羔羊 ……（816）
殷其雷 ……（816）
摽有梅 ……（817）
小星 ……（818）
江有汜 ……（819）
野有死麕 ……（820）
何彼秾矣 ……（820）
驺虞 ……（821）
邶风 ……（823）
柏舟 ……（823）
绿衣 ……（824）
燕燕 ……（825）
日月 ……（827）
终风 ……（828）
击鼓 ……（829）
凯风 ……（830）
雄雉 ……（831）
匏有苦叶 ……（832）
谷风 ……（833）
式微 ……（836）
旄丘 ……（836）
简兮 ……（837）
泉水 ……（838）
北门 ……（840）
北风 ……（841）
静女 ……（842）
新台 ……（843）
二子乘舟 ……（844）
鄘风 ……（845）
柏舟 ……（845）
墙有茨 ……（846）
君子偕老 ……（847）
桑中 ……（848）
鹑之奔奔 ……（849）
定之方中 ……（850）
蝃蝀 ……（851）
相鼠 ……（852）
干旄 ……（853）
载驰 ……（854）
卫风 ……（856）
淇奥 ……（856）
考槃 ……（857）

硕人 ……………………………… (858)
氓 ……………………………… (860)
竹竿 ……………………………… (863)
芄兰 ……………………………… (864)
河广 ……………………………… (865)
伯兮 ……………………………… (865)
有狐 ……………………………… (866)
木瓜 ……………………………… (867)
王风 ……………………………… (869)
黍离 ……………………………… (869)
君子于役 ……………………………… (870)
君子阳阳 ……………………………… (871)
扬之水 ……………………………… (872)
中谷有蓷 ……………………………… (873)
兔爰 ……………………………… (874)
葛藟 ……………………………… (875)
采葛 ……………………………… (876)
大车 ……………………………… (877)
丘中有麻 ……………………………… (878)
郑风 ……………………………… (879)
缁衣 ……………………………… (879)
将仲子 ……………………………… (880)
叔于田 ……………………………… (881)
大叔于田 ……………………………… (882)
清人 ……………………………… (883)
羔裘 ……………………………… (884)
遵大路 ……………………………… (885)
女曰鸡鸣 ……………………………… (886)
有女同车 ……………………………… (887)
山有扶苏 ……………………………… (888)
萚兮 ……………………………… (888)
狡童 ……………………………… (889)
褰裳 ……………………………… (890)
丰 ……………………………… (890)
东门之墠 ……………………………… (891)
风雨 ……………………………… (892)
子衿 ……………………………… (893)
扬之水 ……………………………… (894)
出其东门 ……………………………… (894)
野有蔓草 ……………………………… (895)
溱洧 ……………………………… (896)
齐风 ……………………………… (898)
鸡鸣 ……………………………… (898)
还 ……………………………… (899)
著 ……………………………… (900)
东方之日 ……………………………… (900)
东方未明 ……………………………… (901)
南山 ……………………………… (902)
甫田 ……………………………… (903)
卢令 ……………………………… (904)
敝笱 ……………………………… (905)
载驱 ……………………………… (906)
猗嗟 ……………………………… (907)
魏风 ……………………………… (909)
葛屦 ……………………………… (909)
汾沮洳 ……………………………… (910)
园有桃 ……………………………… (911)
陟岵 ……………………………… (912)
十亩之间 ……………………………… (913)
伐檀 ……………………………… (913)
硕鼠 ……………………………… (915)
唐风 ……………………………… (917)
蟋蟀 ……………………………… (917)
山有枢 ……………………………… (918)
扬之水 ……………………………… (919)
椒聊 ……………………………… (920)
绸缪 ……………………………… (921)
杕杜 ……………………………… (922)
羔裘 ……………………………… (923)
鸨羽 ……………………………… (924)
无衣 ……………………………… (925)
有杕之杜 ……………………………… (925)

葛生 …………………………………… (926)
采苓 …………………………………… (927)
秦风 …………………………………… (929)
车邻 …………………………………… (929)
驷驖 …………………………………… (930)
小戎 …………………………………… (931)
蒹葭 …………………………………… (933)
终南 …………………………………… (934)
黄鸟 …………………………………… (935)
晨风 …………………………………… (936)
无衣 …………………………………… (937)
渭阳 …………………………………… (938)
权舆 …………………………………… (939)
陈风 …………………………………… (940)
宛丘 …………………………………… (940)
东门之枌 ………………………………… (941)
衡门 …………………………………… (942)
东门之池 ………………………………… (943)
东门之杨 ………………………………… (943)
墓门 …………………………………… (944)
防有鹊巢 ………………………………… (945)
月出 …………………………………… (946)
株林 …………………………………… (947)
泽陂 …………………………………… (948)
桧风 …………………………………… (949)
羔裘 …………………………………… (949)
素冠 …………………………………… (950)
隰有苌楚 ………………………………… (950)
匪风 …………………………………… (951)
曹风 …………………………………… (953)
蜉蝣 …………………………………… (953)
候人 …………………………………… (954)
鳲鸠 …………………………………… (955)
下泉 …………………………………… (956)
豳风 …………………………………… (958)
七月 …………………………………… (958)
鸱鸮 …………………………………… (962)
东山 …………………………………… (964)
破斧 …………………………………… (966)
伐柯 …………………………………… (967)
九罭 …………………………………… (968)
狼跋 …………………………………… (969)

二雅（小雅）

鹿鸣之什 ………………………………… (970)
鹿鸣 …………………………………… (970)
四牡 …………………………………… (971)
皇皇者华 ………………………………… (973)
常棣 …………………………………… (974)
伐木 …………………………………… (976)
天保 …………………………………… (978)
采薇 …………………………………… (980)
出车 …………………………………… (982)
杕杜 …………………………………… (985)
鱼丽 …………………………………… (986)
南有嘉鱼之什 ……………………………… (988)
南有嘉鱼 ………………………………… (988)
南山有台 ………………………………… (989)
蓼萧 …………………………………… (990)
湛露 …………………………………… (992)
彤弓 …………………………………… (993)
菁菁者莪 ………………………………… (994)
六月 …………………………………… (995)
采芑 …………………………………… (997)
车攻 …………………………………… (1000)
吉日 …………………………………… (1002)
鸿雁之什 ………………………………… (1004)
鸿雁 …………………………………… (1004)
庭燎 …………………………………… (1005)
沔水 …………………………………… (1006)
鹤鸣 …………………………………… (1007)

祈父 …………………… (1008)
白驹 …………………… (1009)
黄鸟 …………………… (1011)
我行其野 …………………… (1012)
斯干 …………………… (1013)
无羊 …………………… (1016)
节南山之什 …………………… (1018)
节南山 …………………… (1018)
正月 …………………… (1021)
十月之交 …………………… (1026)
雨无正 …………………… (1029)
小旻 …………………… (1032)
小宛 …………………… (1034)
小弁 …………………… (1036)
巧言 …………………… (1040)
何人斯 …………………… (1042)
巷伯 …………………… (1045)
谷风之什 …………………… (1047)
谷风 …………………… (1047)
蓼莪 …………………… (1048)
大东 …………………… (1050)
四月 …………………… (1053)
北山 …………………… (1055)
无将大车 …………………… (1057)
小明 …………………… (1057)
鼓钟 …………………… (1060)
楚茨 …………………… (1061)
信南山 …………………… (1064)
甫田之什 …………………… (1067)
甫田 …………………… (1067)
大田 …………………… (1069)
瞻彼洛矣 …………………… (1071)
裳裳者华 …………………… (1072)
桑扈 …………………… (1073)
鸳鸯 …………………… (1074)
頍弁 …………………… (1075)
车舝 …………………… (1077)
青蝇 …………………… (1079)
宾之初筵 …………………… (1080)
鱼藻之什 …………………… (1084)
鱼藻 …………………… (1084)
采菽 …………………… (1085)
角弓 …………………… (1087)
菀柳 …………………… (1089)
都人士 …………………… (1090)
采绿 …………………… (1091)
黍苗 …………………… (1092)
隰桑 …………………… (1094)
白华 …………………… (1095)
绵蛮 …………………… (1097)
瓠叶 …………………… (1098)
渐渐之石 …………………… (1099)
苕之华 …………………… (1100)
何草不黄 …………………… (1101)

二雅（大雅）

文王之什 …………………… (1102)
文王 …………………… (1102)
大明 …………………… (1105)
绵 …………………… (1108)
棫朴 …………………… (1111)
旱麓 …………………… (1112)
思齐 …………………… (1114)
皇矣 …………………… (1115)
灵台 …………………… (1120)
下武 …………………… (1122)
文王有声 …………………… (1123)
生民之什 …………………… (1126)
生民 …………………… (1126)
行苇 …………………… (1130)
既醉 …………………… (1132)

凫鹥 …………………………… (1134)
假乐 …………………………… (1135)
公刘 …………………………… (1137)
泂酌 …………………………… (1140)
卷阿 …………………………… (1141)
民劳 …………………………… (1144)
板 …………………………… (1146)
荡之什 …………………………… (1150)
荡 …………………………… (1150)
抑 …………………………… (1153)
桑柔 …………………………… (1158)
云汉 …………………………… (1164)
崧高 …………………………… (1168)
烝民 …………………………… (1171)
韩奕 …………………………… (1174)
江汉 …………………………… (1178)
常武 …………………………… (1181)
瞻卬 …………………………… (1183)
召旻 …………………………… (1186)

三颂（周颂）

清庙之什 …………………………… (1189)
清庙 …………………………… (1189)
维天之命 …………………………… (1190)
维清 …………………………… (1190)
烈文 …………………………… (1191)
天作 …………………………… (1191)
昊天有成命 …………………………… (1192)
我将 …………………………… (1193)
时迈 …………………………… (1193)
执竞 …………………………… (1194)
思文 …………………………… (1195)
臣工之什 …………………………… (1196)
臣工 …………………………… (1196)
噫嘻 …………………………… (1197)
振鹭 …………………………… (1197)
丰年 …………………………… (1198)
有瞽 …………………………… (1198)
潜 …………………………… (1199)
雝 …………………………… (1200)
载见 …………………………… (1201)
有客 …………………………… (1202)
武 …………………………… (1203)
闵予小子之什 …………………………… (1204)
闵予小子 …………………………… (1204)
访落 …………………………… (1204)
敬之 …………………………… (1205)
小毖 …………………………… (1206)
载芟 …………………………… (1206)
良耜 …………………………… (1208)
丝衣 …………………………… (1209)
酌 …………………………… (1210)
桓 …………………………… (1210)
赉 …………………………… (1211)
般 …………………………… (1212)

三颂（鲁颂）

駉 …………………………… (1213)
有駜 …………………………… (1215)
泮水 …………………………… (1216)
閟宫 …………………………… (1219)

三颂（商颂）

那 …………………………… (1226)
烈祖 …………………………… (1227)
玄鸟 …………………………… (1228)
长发 …………………………… (1230)
殷武 …………………………… (1233)

礼　记

曲礼上 …… (1239)
曲礼下 …… (1257)
檀弓上 …… (1266)
檀弓下 …… (1289)
王制 …… (1311)
月令 …… (1330)
曾子问 …… (1353)
文王世子 …… (1368)
礼运 …… (1377)
礼器 …… (1390)
郊特牲 …… (1402)
内则 …… (1415)
玉藻 …… (1433)
明堂位 …… (1447)
丧服小记 …… (1452)
大传 …… (1459)
少仪 …… (1463)
学记 …… (1473)
乐记 …… (1479)
杂记上 …… (1499)
杂记下 …… (1508)
丧大记 …… (1520)
祭法 …… (1534)
祭义 …… (1537)
祭统 …… (1549)
经解 …… (1559)
哀公问 …… (1562)
仲尼燕居 …… (1566)
孔子闲居 …… (1570)
坊记 …… (1573)
中庸 …… (1582)
表记 …… (1596)
缁衣 …… (1607)
奔丧 …… (1614)
问丧 …… (1619)
服问 …… (1622)
间传 …… (1624)
三年问 …… (1627)
深衣 …… (1630)
投壶 …… (1631)
儒行 …… (1634)
大学 …… (1639)
冠义 …… (1647)
昏义 …… (1648)
乡饮酒义 …… (1651)
射义 …… (1656)
燕义 …… (1660)
聘义 …… (1662)
丧服四制 …… (1666)

春秋左传

隐公 …… (1671)
　隐公元年 …… (1671)
　隐公二年 …… (1677)
　隐公三年 …… (1678)
　隐公四年 …… (1683)
　隐公五年 …… (1685)

隐公六年 …………………… (1688)
隐公七年 …………………… (1690)
隐公八年 …………………… (1691)
隐公九年 …………………… (1693)
隐公十年 …………………… (1695)
隐公十一年 …………………… (1696)
桓公 …………………… (1702)
桓公元年 …………………… (1702)
桓公二年 …………………… (1703)
桓公三年 …………………… (1708)
桓公四年 …………………… (1709)
桓公五年 …………………… (1710)
桓公六年 …………………… (1712)
桓公七年 …………………… (1717)
桓公八年 …………………… (1717)
桓公九年 …………………… (1719)
桓公十年 …………………… (1720)
桓公十一年 …………………… (1722)
桓公十二年 …………………… (1723)
桓公十三年 …………………… (1725)
桓公十四年 …………………… (1726)
桓公十五年 …………………… (1727)
桓公十六年 …………………… (1728)
桓公十七年 …………………… (1730)
桓公十八年 …………………… (1731)
庄公 …………………… (1734)
庄公元年 …………………… (1734)
庄公二年 …………………… (1734)
庄公三年 …………………… (1735)
庄公四年 …………………… (1736)
庄公五年 …………………… (1737)
庄公六年 …………………… (1737)
庄公七年 …………………… (1739)
庄公八年 …………………… (1739)
庄公九年 …………………… (1742)
庄公十年 …………………… (1743)
庄公十一年 …………………… (1745)
庄公十二年 …………………… (1747)
庄公十三年 …………………… (1748)
庄公十四年 …………………… (1748)
庄公十五年 …………………… (1751)
庄公十六年 …………………… (1751)
庄公十七年 …………………… (1753)
庄公十八年 …………………… (1753)
庄公十九年 …………………… (1754)
庄公二十年 …………………… (1756)
庄公二十一年 …………………… (1757)
庄公二十二年 …………………… (1758)
庄公二十三年 …………………… (1760)
庄公二十四年 …………………… (1761)
庄公二十五年 …………………… (1763)
庄公二十六年 …………………… (1764)
庄公二十七年 …………………… (1764)
庄公二十八年 …………………… (1765)
庄公二十九年 …………………… (1768)
庄公三十年 …………………… (1769)
庄公三十一年 …………………… (1770)
庄公三十二年 …………………… (1770)
闵公 …………………… (1774)
闵公元年 …………………… (1774)
闵公二年 …………………… (1777)
僖公 …………………… (1784)
僖公元年 …………………… (1784)
僖公二年 …………………… (1785)
僖公三年 …………………… (1787)
僖公四年 …………………… (1788)
僖公五年 …………………… (1792)
僖公六年 …………………… (1797)
僖公七年 …………………… (1798)
僖公八年 …………………… (1800)
僖公九年 …………………… (1802)
僖公十年 …………………… (1805)

僖公十一年 …………………… (1808)
僖公十二年 …………………… (1809)
僖公十三年 …………………… (1810)
僖公十四年 …………………… (1811)
僖公十五年 …………………… (1812)
僖公十六年 …………………… (1820)
僖公十七年 …………………… (1821)
僖公十八年 …………………… (1823)
僖公十九年 …………………… (1824)
僖公二十年 …………………… (1826)
僖公二十一年 ………………… (1827)
僖公二十二年 ………………… (1829)
僖公二十三年 ………………… (1832)
僖公二十四年 ………………… (1837)
僖公二十五年 ………………… (1845)
僖公二十六年 ………………… (1848)
僖公二十七年 ………………… (1851)
僖公二十八年 ………………… (1853)
僖公二十九年 ………………… (1864)
僖公三十年 …………………… (1865)
僖公三十一年 ………………… (1868)
僖公三十二年 ………………… (1869)
僖公三十三年 ………………… (1871)
文公 ……………………………… (1878)
文公元年 ……………………… (1878)
文公二年 ……………………… (1881)
文公三年 ……………………… (1885)
文公四年 ……………………… (1887)
文公五年 ……………………… (1889)
文公六年 ……………………… (1890)
文公七年 ……………………… (1895)
文公八年 ……………………… (1899)
文公九年 ……………………… (1901)
文公十年 ……………………… (1902)
文公十一年 …………………… (1904)
文公十二年 …………………… (1906)
文公十三年 …………………… (1909)
文公十四年 …………………… (1911)
文公十五年 …………………… (1915)
文公十六年 …………………… (1918)
文公十七年 …………………… (1922)
文公十八年 …………………… (1924)
宣公 ……………………………… (1931)
宣公元年 ……………………… (1931)
宣公二年 ……………………… (1932)
宣公三年 ……………………… (1938)
宣公四年 ……………………… (1941)
宣公五年 ……………………… (1944)
宣公六年 ……………………… (1945)
宣公七年 ……………………… (1946)
宣公八年 ……………………… (1947)
宣公九年 ……………………… (1948)
宣公十年 ……………………… (1949)
宣公十一年 …………………… (1951)
宣公十二年 …………………… (1954)
宣公十三年 …………………… (1969)
宣公十四年 …………………… (1970)
宣公十五年 …………………… (1972)
宣公十六年 …………………… (1976)
宣公十七年 …………………… (1978)
宣公十八年 …………………… (1980)
成公 ……………………………… (1982)
成公元年 ……………………… (1982)
成公二年 ……………………… (1983)
成公三年 ……………………… (1997)
成公四年 ……………………… (2000)
成公五年 ……………………… (2001)
成公六年 ……………………… (2004)
成公七年 ……………………… (2007)
成公八年 ……………………… (2010)
成公九年 ……………………… (2013)
成公十年 ……………………… (2017)

成公十一年 ……………………（2019）
成公十二年 ……………………（2021）
成公十三年 ……………………（2024）
成公十四年 ……………………（2029）
成公十五年 ……………………（2031）
成公十六年 ……………………（2035）
成公十七年 ……………………（2047）
成公十八年 ……………………（2052）
襄公 ……………………（2057）
襄公元年 ……………………（2057）
襄公二年 ……………………（2058）
襄公三年 ……………………（2061）
襄公四年 ……………………（2064）
襄公五年 ……………………（2069）
襄公六年 ……………………（2072）
襄公七年 ……………………（2073）
襄公八年 ……………………（2076）
襄公九年 ……………………（2080）
襄公十年 ……………………（2087）
襄公十一年 ……………………（2095）
襄公十二年 ……………………（2100）
襄公十三年 ……………………（2101）
襄公十四年 ……………………（2105）
襄公十五年 ……………………（2115）
襄公十六年 ……………………（2117）
襄公十七年 ……………………（2120）
襄公十八年 ……………………（2122）
襄公十九年 ……………………（2127）
襄公二十年 ……………………（2132）
襄公二十一年 ……………………（2134）
襄公二十二年 ……………………（2141）
襄公二十三年 ……………………（2145）
襄公二十四年 ……………………（2154）
襄公二十五年 ……………………（2159）
襄公二十六年 ……………………（2170）
襄公二十七年 ……………………（2181）
襄公二十八年 ……………………（2192）
襄公二十九年 ……………………（2201）
襄公三十年 ……………………（2211）
襄公三十一年 ……………………（2220）
昭公 ……………………（2231）
昭公元年 ……………………（2231）
昭公二年 ……………………（2249）
昭公三年 ……………………（2252）
昭公四年 ……………………（2261）
昭公五年 ……………………（2272）
昭公六年 ……………………（2280）
昭公七年 ……………………（2285）
昭公八年 ……………………（2296）
昭公九年 ……………………（2300）
昭公十年 ……………………（2304）
昭公十一年 ……………………（2308）
昭公十二年 ……………………（2313）
昭公十三年 ……………………（2320）
昭公十四年 ……………………（2334）
昭公十五年 ……………………（2337）
昭公十六年 ……………………（2341）
昭公十七年 ……………………（2347）
昭公十八年 ……………………（2352）
昭公十九年 ……………………（2356）
昭公二十年 ……………………（2360）
昭公二十一年 ……………………（2371）
昭公二十二年 ……………………（2377）
昭公二十三年 ……………………（2381）
昭公二十四年 ……………………（2387）
昭公二十五年 ……………………（2390）
昭公二十六年 ……………………（2400）
昭公二十七年 ……………………（2408）
昭公二十八年 ……………………（2414）
昭公二十九年 ……………………（2419）
昭公三十年 ……………………（2424）
昭公三十一年 ……………………（2427）

昭公三十二年 …………………… (2430)
定公 …………………………… (2435)
定公元年 ………………………… (2435)
定公二年 ………………………… (2438)
定公三年 ………………………… (2439)
定公四年 ………………………… (2441)
定公五年 ………………………… (2450)
定公六年 ………………………… (2453)
定公七年 ………………………… (2456)
定公八年 ………………………… (2457)
定公九年 ………………………… (2462)
定公十年 ………………………… (2466)
定公十一年 ……………………… (2471)
定公十二年 ……………………… (2471)
定公十三年 ……………………… (2473)
定公十四年 ……………………… (2476)
定公十五年 ……………………… (2479)
哀公 …………………………… (2481)
哀公元年 ………………………… (2481)
哀公二年 ………………………… (2485)
哀公三年 ………………………… (2489)
哀公四年 ………………………… (2491)
哀公五年 ………………………… (2493)
哀公六年 ………………………… (2495)
哀公七年 ………………………… (2499)
哀公八年 ………………………… (2503)
哀公九年 ………………………… (2506)
哀公十年 ………………………… (2508)
哀公十一年 ……………………… (2509)
哀公十二年 ……………………… (2516)
哀公十三年 ……………………… (2519)
哀公十四年 ……………………… (2522)
哀公十五年 ……………………… (2528)
哀公十六年 ……………………… (2532)
哀公十七年 ……………………… (2538)
哀公十八年 ……………………… (2542)
哀公十九年 ……………………… (2543)
哀公二十年 ……………………… (2543)
哀公二十一年 …………………… (2545)
哀公二十二年 …………………… (2546)
哀公二十三年 …………………… (2546)
哀公二十四年 …………………… (2548)
哀公二十五年 …………………… (2549)
哀公二十六年 …………………… (2552)
哀公二十七年 …………………… (2555)

论语

【春秋】孔子

卷　一

学而第一①

子曰②："学而时习之③，不亦说乎④？有朋自远方来，不亦乐乎？人不知而不愠⑤，不亦君子乎⑥？"

【注释】

①学而：篇名，《论语》共20篇，篇名均取每篇第一章第一句的开头二个字或三个字。②子：古代对男子的尊称，《论语》中"子曰"的"子"，都是指孔子。③时：在一定的时候或在适当的时候。习：实习或温习、演习。④说（yuè）：同"悦"，高兴、愉快。⑤愠（yùn）：怨恨。⑥君子：这里指有道德修养的人。

【译文】

孔子说："人不但要学习，而且对于学过的知识还要按一定的时间去实习它，心里不也是很高兴吗？就连远方与自己志同道合的人也来请教，自己不是也很快乐吗？别人不了解自己的学问大小而不怨恨，这不也是有德行修养的君子吗？"

有子曰①："其为人也孝弟②，而好犯上者③，鲜矣④；不好犯上，而好作乱⑤者，未之有也⑥。君子务本⑦，本立而道生⑧。孝弟也者，其为仁之本与⑨！"

【注释】

①有子：孔子的学生，姓有，名若。②孝弟（tì）：弟同悌。孝敬父母，友爱兄弟。③好（hào）：喜欢。④鲜（xiǎn）：少。⑤作乱：违反正道的斗争。⑥未之有："未有之"的倒装。⑦务：致力。本：根。⑧道：一定的人生观、世界观、政治主张或思想体系。这里指孔子提出的社会原则和社会理想，是孔子思想理论活动所追求的最高目标。⑨其：大概、想必，表推测。仁：孔子思想的核心，是孔子所追求的最高人生精神境界，即仁

爱、爱人。与：同“欤”，语气助词。

【译文】

有子说：“一个人如果能孝顺父母，敬爱兄长，却喜欢触犯上级，这是少有的；而不喜欢触犯上级，却喜欢造反叛乱的人，是从来就没有的。君子要专心致力于孝悌这项基础工作，孝悌这项基础工作做好了，那么治国做人的仁这个基本原则也就产生了。孝顺父母，尊敬兄长，大概就是行仁爱的基础吧！”

子曰：“巧言令色[①]，鲜矣仁！”

【注释】

①巧言：花言巧语。令色：好看的面孔。

【译文】

孔子说：“一个人如果满口花言巧语，满脸堆起讨好的笑容，那么他是很少有道德仁义的。”

曾子曰[①]：“吾日三省吾身[②]：为人谋而不忠乎[③]？与朋友交而不信乎[④]？传不习乎[⑤]？”

【注释】

①曾子：名参（shēn），字子舆，孔子的学生。 ②省（xǐng）：自我检查。 ③谋：谋划，考虑事情。忠：忠诚，尽心竭力。 ④信：诚实。 ⑤传（chuán）：传授，指老师传授的知识。

【译文】

曾子说：“我每天多次自己检查自己：给别人办事有不尽心竭力的吗？和朋友交往有不守信用的吗？老师传授的知识有不演习的吗？”

子曰：“道千乘之国[①]，敬事而信[②]，节用而爱人[③]，使民以时[④]。”

【注释】

①道：通“导”，治理。千乘（shèng）之国：拥有一千辆兵车的国家。乘：古代四匹马拉

着的兵车。 ②敬：态度严肃认真。 ③人：士大夫以上各阶层的人。与下句的“民”指老百姓相对。 ④以时：按照时令，指不违农时。

【译文】

孔子说：“治理一个拥有一千辆兵车的国家，要严肃认真地处理政事，要诚实守信，要节约费用，爱护官吏，役使老百姓要在农闲的时候（避免妨碍农业生产）。”

子曰：“弟子入则孝[①]，出则弟，谨而信[②]，泛爱众而亲仁[③]。行有余力，则以学文[④]。”

【注释】

①弟子：这里指年轻的人。 ②谨：按规矩做事。 ③泛：广。亲：接近。 ④文：指《诗》、《书》、《礼》、《易》、《春秋》、《乐》等古代文献。

【译文】

孔子说：“年轻的晚辈回到家里就孝顺父母，外出交往便敬爱兄长，做事小心谨慎，说话诚实守信，广泛地和众人相友爱，特别亲近那些有仁德的人。在注重德行修养的同时，还有多余的精力，就要抽出时间学习文化知识。”

子夏曰[①]：“贤贤易色[②]，事父母能竭其力，事君能致其身[③]，与朋友交言而有信；虽曰未学，吾必为之学矣。”

【注释】

①子夏：孔子的学生，姓卜，名商，字子夏。 ②贤贤：尊重贤人。易色：不重容貌。 ③致：委弃、献纳，这里指献出。

【译文】

子夏说：“对妻子，看重品德才能，而不注重容貌，侍奉父母能够用尽自己的能力，给君主办事，不惜献出自己的生命，同朋友交往，诚实守信。这样的人即使没有学习过《诗》、《书》、《礼》、《乐》等知识，但从实践上看我一定说他们是学习过了的。”

子曰："君子不重则不威[①]，学则不固，主忠信[②]。无友不如己者[③]。过，则勿惮改[④]。"

【注释】

①重：庄重。威：威严。 ②主：主张，这里为坚守之意。 ③无：同"毋"，不要。 ④惮：怕。

【译文】

孔子说："君子如果不庄重就没有威严，那么，即使读书学习，知识也不会巩固，要坚守忠诚、信实的伦理道德。所结交的朋友没有不如自己的，有了过错就不要害怕改正。"

曾子曰："慎终追远[①]，民德归厚矣。"

【注释】

①终：指父母死亡。远：指祖先。

【译文】

曾子说："居于上位的人能够谨慎地办理父母的丧事，按时虔诚地祭祀先祖，这样就可以使人民的道德风俗变得忠厚淳朴了。"

子禽问于子贡曰[①]："夫子至于是邦也[②]，必闻其政，求之与？抑与之与？"子贡曰："夫子温、良、恭、俭、让以得之[③]。夫子之求之也，其诸异乎人之求之与[④]？"

【注释】

①子禽：姓陈，名亢，字子禽。子贡：姓端木，名赐，字子贡，孔子的学生。 ②夫子：此指孔子。 ③温：温和。良：善良。恭：恭敬。俭：节俭。让：谦逊。 ④其诸：表示不肯定的语气词，意为"或者"、"大概"。

【译文】

子禽问子贡说："孔子他老人家一到达这个国家，一定听得到这个国家的政治情况，是他自己求得别人告诉他的呢？还是别人主动告诉他的吗？"子贡说："他老人家是靠自己的温和、善良、恭敬、俭朴、谦逊的美德（取得别人的信任），而使别人主动地把本国政治情况告诉他的。他老人家这种求得政事的方法，大概不同于别人获得的方法。"

子曰："父在，观其志；父没[①]，观其行；三年无改于父之道[②]，可谓孝矣。"

【注释】

①没，同"殁"，死的意思。 ②三年：约数，表示相当长的期间。道：好的道德品质。

【译文】

孔子说："当他的父亲活着的时候，要看他的远大志向；他父亲死了以后，就要看他的行为如何；如果在三年之内不改变父亲遗传下的优秀品德，就可以说他是孝子了。"

有子曰："礼之用，和为贵[①]。先王之道[②]，斯为美；小大由之[③]。有所不行，知和而和，不以礼节之，亦不可行也。"

【注释】

①和：中和、和谐，恰到好处之意。 ②先王：指尧、舜、禹、汤、周文王、周公旦等。 ③由：经过。

【译文】

有子说："对于礼的运用，以办事恰当和顺为最好。从前圣明的君王治国的方法，对这一条做得都非常好，无论大小事都按这一条去做（并且做得很恰当）。但是也有不能实行的时候，即是因为只知道和顺恰当可贵而片面追求和顺恰当，不用礼乐制度去节制约束它，所以也就不可能行得通了。"

有子曰："信近于义[①]，言可复也[②]。恭近于礼，远耻辱也。因不失其亲[③]，亦可宗也[④]。"

【注释】

①信：信约，约言。义：义理，是行为判断的价值标尺，有做事适宜的意思。 ②复：实

践、履行。言：诺言。　③因：依靠，凭借。　④宗：主，可靠。

【译文】

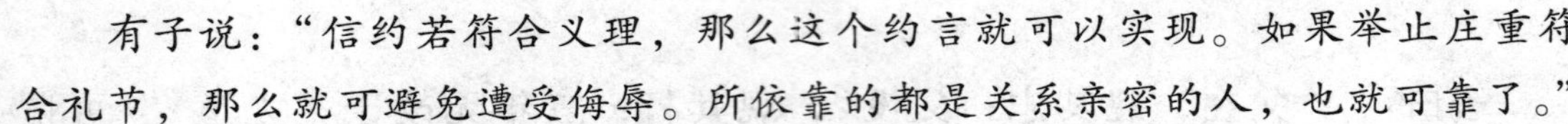

有子说："信约若符合义理，那么这个约言就可以实现。如果举止庄重符合礼节，那么就可避免遭受侮辱。所依靠的都是关系亲密的人，也就可靠了。"

子曰："君子食无求饱，居无求安，敏于事而慎于言①，就有道而正焉②，可谓好学也已③。"

【注释】

①敏：奋勉。　②就：走向，接近。正：匡正。　③已：同"矣"。

【译文】

孔子说："君子饮食不要求饱足，居住不要求安逸，办事勤勉敏捷，说话却谨慎，到有道德的人那里去学习，改正自己的缺点，这样，就可以说是勤奋好学的人了。"

子贡曰："贫而无谄，富而无骄，何如①？"子曰："可也；未若贫而乐，富而好礼者也。"

子贡曰："《诗》云：'如切如磋，如琢如磨②。'其斯之谓与③？"子曰："赐也，始可与言《诗》已矣，告诸往而知来者④。"

【注释】

①何如：怎么样。　②如切如磋，如琢如磨：切：用刀切断。磋（cuō）：用锉锉平。琢：用刀雕刻。磨：用物磨光。这是古代治玉器、骨器的不同工艺，这里用以比喻人对于研究学问和锻炼品德的精益求精。　③斯：这，指孔子说的"未若贫而乐，富而好礼者也"的话。④往：过去的事，这里指已知的事。来者：未来的事，这里指未知的事。

【译文】

子贡说："贫穷却不去巴结逢迎人，富贵而不骄傲自大，这样的人怎么样？"孔子说："可以。但还不如贫穷而仍然乐观，富贵却谦虚有礼节的人。"

子贡说："《诗经》中说：'治骨器的切削了再锉平，治玉器的雕刻了再磨光'，大概讲的就是这个意思吧？"孔子说："赐呀！现在可以和你谈论《诗经》了。我告诉你一件事情，你就可以由此及彼，领悟到另一件事情。”

子曰：“不患人之不己知，患不知人也。”

【译文】

孔子说：“不要怨恨别人不了解自己，而应该忧虑的是自己不了解别人。”

为政第二

子曰：“为政以德[1]，譬如北辰[2]，居其所[3]而众星共之[4]。”

【注释】

①以：用。 ②北辰：北极星。 ③居其所：固定在一个位置不动。 ④共：同“拱”，环抱，环绕。众星拱之：比喻国君受到人民的拥戴。

【译文】

孔子说：“用道德教化来治理国家，国君就会像北极星一样处于一定的方位，而人民像群星一样都环绕着它。”

子曰：“《诗》三百，一言以蔽之[1]，曰：‘思无邪[2]’。”

【注释】

①一言：一句话。蔽：概括。 ②无邪：纯正，不邪恶。

【译文】

孔子说：“《诗经》三百篇，可以用一句话来概括它，就是‘思想纯正无邪’。”

子曰：“道之以政[1]，齐之以刑[2]，民免而无耻[3]；道之以德，齐之以礼，有耻且格[4]。”

【注释】

①道：同“导”，引导。政：法制禁令。 ②齐：整齐、制约。 ③免：避免。无耻：没

有耻辱之心。 ④格：归服。

【译文】

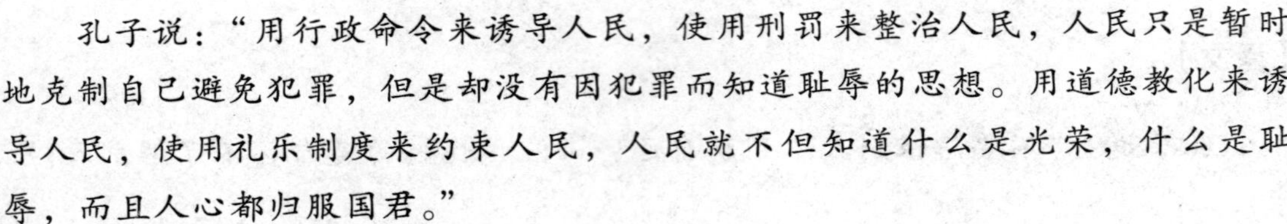

孔子说："用行政命令来诱导人民，使用刑罚来整治人民，人民只是暂时地克制自己避免犯罪，但是却没有因犯罪而知道耻辱的思想。用道德教化来诱导人民，使用礼乐制度来约束人民，人民就不但知道什么是光荣，什么是耻辱，而且人心都归服国君。"

子曰："吾十有五而志于学①，三十而立②，四十而不惑③，五十而知天命④，六十而耳顺⑤，七十而从心所欲⑥，不逾矩⑦。"

【注释】

①有：同"又"。 ②立：自立，这里指做事合礼，站得住脚。 ③惑：迷惑。 ④天命：上天的意志，是天决定人类命运的一种观点。 ⑤耳顺：对听到的东西即能辨别清楚，心领神会。 ⑥从心所欲：随心所欲。 ⑦逾：超过。矩：规矩、法度。

【译文】

孔子说："我15岁就立志做学问，30岁说话做事符合礼仪，40岁（懂得了人情世故），能够不迷惑了，50岁明白了上天赋予我的命运，60岁一听到别人说话，便能了解其主旨，辨明是非，到了70岁，就能随心所欲，想什么就做什么，还都不会超规越矩。"

孟懿子问孝①。子曰："无违②。"

樊迟御③，子告之曰："孟孙问孝于我④，我对曰：'无违'。"樊迟曰："何谓也？"子曰："生，事之以礼；死，葬之以礼，祭之以礼。"

【注释】

①孟懿子：鲁国大夫，姓仲孙，名何忌，懿是谥号。 ②无违：不违背礼。 ③樊迟：孔子的学生，名须，字子迟。御：为孔子赶车。 ④孟孙：即孟懿子，常越礼行事。

【译文】

孟懿子问孔子什么叫孝。孔子回答说："不要违背礼节。"

有一次，樊迟给孔子赶车，孔子就告诉他说："孟孙问我什么是孝，我回答他说是‘不要违背礼节’。”樊迟请教孔子说：“这句话是什么意思呢？”孔子说：“父母活着的时候，按照规定的礼节去侍奉他们；父母死了，按照礼节来埋葬他们，按照礼的规定祭祀他们。”

孟武伯问孝[①]。子曰：“父母唯其疾之忧[②]。”

【注释】

①孟武伯：孟懿子的儿子，名彘。武是谥号。 ②其：代词，指父母。

【译文】

孟武伯向孔子请教什么是孝。孔子说：“作为儿女要特别为父母的疾病而操心。”

子游问孝[①]。子曰：“今之孝者，是谓能养[②]。至于犬马，皆能有养；不敬，何以别乎？”

【注释】

①子游：姓言，名偃，字子游。孔子的学生。 ②养（yàng）：供奉饮食。

【译文】

子游问什么是孝，孔子回答说：“现在所说的孝子，就是能养活父母而已，而养活就连狗马也能做到的。如果内心对父母没有真诚的孝敬之情，那供养父母和饲养狗马还有什么区别呢？”

子夏问孝。子曰：“色难[①]。有事，弟子服其劳[②]；有酒食，先生馔[③]，曾是以为孝乎[④]？”

【注释】

①色难：儿子侍奉父母时面容愉悦，是内心真情的自然流露，不能有丝毫不耐烦的表现。色：脸色。 ②弟子：子女。 ③先生：长辈，这里指父母。馔：吃、喝。 ④曾：竟然。是：这。

【译文】

子夏问孔子什么是孝。孔子回答说：“儿子侍奉父母经常保持和颜悦色是很难的。有要做的事，儿女替父母效劳；有酒和食物，让父母去吃喝，难道这样就算是孝了吗？”

子曰：“我与回言终日[①]，不违[②]，如愚。退而省其私[③]，亦足以发[④]，回也不愚。”

【注释】

①回：姓颜，名回，字子渊，孔子的学生。 ②不违：不违背孔子讲的话，不向孔子提出反对意见。 ③退而省其私：孔子离开颜回后思考颜回的行为。省（xǐng）：观察。 ④发：发挥。

【译文】

孔子说：“我给颜回整天讲学，他从来就没有提出不同的意见和疑难问题，表面看好像是个愚蠢笨拙的人。可是，当我私下观察他的所作所为时，发现他对我所讲授的知识却也能够充分的发挥，颜回也并不愚笨。”

子曰：“视其所以[①]，观其所由[②]，察其所安[③]。人焉廋哉[④]？人焉廋哉？”

【注释】

①所以：所做的事。以：为，做。 ②由：行，指经过的道路。 ③所安：对所做的事心安。安：心安，指心里乐于什么。 ④廋（sōu）：藏匿。

【译文】

孔子说：“了解一个人，考察他的所作所为，了解他所走过的道路，观察他的兴趣爱好。那么，这个人怎么能隐藏得了自己的缺点呢？这个人怎么能隐藏得了自己的缺点呢？”

子曰：“温故而知新，可以为师矣！”

【译文】

孔子说：“温习已学过的旧知识时，则能有新的体会和收获，那么这样的人就可以做老师了。”

子曰："君子不器[1]。"

【注释】

①器：器皿。这里比喻人的有限的才能。

【译文】

孔子说："君子不能像器皿那样，只有一定的用途（而应该多才多艺）。"

子贡问君子。子曰："先行其言而后从之。"

【译文】

子贡问孔子怎样才能做个君子。孔子说："把想说的话先付诸实践，然后再说出来，这就可以说是君子了。"

子曰："君子周而不比[1]，小人比而不周。"

【注释】

①周：合群、团结。比（bì）：勾结。

【译文】

孔子说："君子是团结大多数，而不是少数人狼狈为奸。小人是少数人互相勾结，而不是团结大多数。"

子曰："学而不思则罔[1]，思而不学则殆[2]。"

【注释】

①罔：同"惘"，迷惑。 ②殆：危险。

【译文】

孔子说："只读书却不加思考，那就会迷惑受骗。只是思考而不去读书，那是很危险的。"

子曰："攻乎异端[①]，斯害也已。"

【注释】

①异端：不正确的议论。

【译文】

孔子说："批驳那些不正确的议论，祸害就可以自然停止了。"

子曰："由[①]！诲女知之乎[②]！知之为知之，不知为不知，是知也[③]。"

【注释】

①由：姓仲，名由，字子路，孔子的学生。②诲：教导，诱导。女：同"汝"，你。之：它，指孔子教给学生的学问。③知：同"智"。

【译文】

孔子说："由！我教给你对待知或不知的态度吧！知道就是知道，不知道就是不知道，这就是聪明智慧啊！"

子张学干禄[①]。子曰："多闻阙疑[②]，慎言其余，则寡尤[③]；多见阙殆[④]，慎行其余，则寡悔。言寡尤，行寡悔[⑤]，禄在其中矣。"

【注释】

①子张：姓颛孙，名师，字子张，孔子的学生。干：求。禄：俸禄。②阙：同"缺"，保留的意思。③寡：少。尤：过错。④殆：疑惑。⑤行：所行的事。

【译文】

子张向孔子请教求官职得俸禄的方法。孔子说："广泛听取多种意见，有怀疑的问题就暂时保留下来，对其余有把握的问题小心谨慎地说出自己的看法，这样就可以减少犯错误的机会。要博览各种事情，有疑惑不清的事情就暂时搁下，对其余有把握的事情，就小心谨慎地去做，那么，就可能减少后悔。说话少犯错误，做事很少后悔，那官职和俸禄就在这里面了。"

哀公问曰[①]："何为则民服？"孔子对曰[②]："举直错诸枉[③]，则民服；举枉错诸直，则民不服。”

【注释】

①哀公：姓姬，名蒋，鲁国国君，“哀”是谥号。 ②对曰：《论语》中凡臣对答君主的话，一定用“对曰”，以示尊敬。 ③举：选拔，举用。直：正直，此指正直的人。错：放置。诸：“之于”，在……之上。枉：不正直，不正派。这里指行为邪恶的人。

【译文】

鲁哀公问道：“要做些什么事情才能让百姓服从呢？”孔子回答说：“选用正直的人，把他们安置在邪恶之人的上面，老百姓就会服从。若选用邪恶的人，把他们安置在正直人之上，百姓就不服从。”

季康子问①：“使民敬、忠以劝②，如之何？”子曰：“临之以庄③，则敬；孝慈④，则忠；举善而教不能，则劝。”

【注释】

①季康子：姓季孙，名肥，鲁国的大夫，鲁哀公时政治上最有权力的人。“康”是谥号。 ②以：连词，相当于“而”或“和”。劝：鼓励。 ③临：对待。 ④慈：本指父母对子女的爱，引申为爱护幼小。

【译文】

季康子问：“要让老百姓恭敬有礼、忠诚有信而又互相勉励，应该怎么办呢？”孔子说：“你用庄重严肃的态度对待老百姓，他们就会尊敬有礼。你敬老爱幼，他们就会对你尽心竭力。你提拔德才兼备的人，教育能力小的人，他们就会互相勉励。”

或问孔子曰：“子奚不为政？”子曰：“《书》云①：‘孝乎唯孝，友于兄弟，施于有政②。’是亦为政，奚其为为政？”

【注释】

①《书》：指《尚书》，这里引用的三句话是古《尚书》逸文，今文《尚书》无。 ②施：推广。有：助词，无意。政：家政。

【译文】

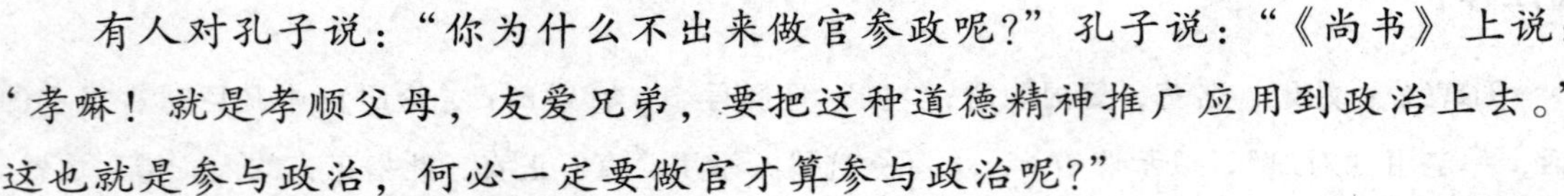
有人对孔子说："你为什么不出来做官参政呢？"孔子说："《尚书》上说：'孝嘛！就是孝顺父母，友爱兄弟，要把这种道德精神推广应用到政治上去。'这也就是参与政治，何必一定要做官才算参与政治呢？"

子曰："人而无信，不知其可也。大车无輗①，小车无軏②，其何以行之哉？"

【注释】

①輗（ní）：是牛拉的车的车辕与横木相接的关键（活销）。 ②軏（yuè）：是马拉的小车车辕与横木相接的关键（活销）。驾车时必须使车辕与横木相接处的輗或軏关上，否则就套不住牲口，车也无法行走。

【译文】

孔子说："作为一个人却不讲信用，不知道他怎么可以立身处世。就好像大车子没有安横木的輗，小车子没有安横木的軏一样，怎么能行车呢？"

子张问："十世可知也①？"子曰："殷因于夏礼②，所损益，可知也；周因于殷礼，所损益，可知也。其或继周者，虽百世，可知也。"

【注释】

①十世：指今后十代的礼仪制度。世，朝代。 ②因：因袭，继承。

【译文】

子张问道："十代以后的礼仪制度怎样？你能够知道吗？"孔子说："商朝因袭夏朝的礼仪制度，他所废除和增加的，那是可以知道的；周代继承了商代的礼仪制度，他所废弃和增添的也是可以知道的。将来如果有某个朝代来继承周代的话，即使在一百代以后，它的礼仪制度也是可以依此类推而预先知道的。"

子曰："非其鬼而祭之①，谄也②。见义不为，无勇也③。"

【注释】

①鬼：指已死的祖先，这里泛指鬼神。 ②谄：祭祀的目的是为了求福，为了求福而去祭不该祭的鬼神，即为谄媚。 ③勇：勇气，敢作敢为毫不畏惧的气魄。

【译文】

孔子说："不是自己应该祭礼的鬼神，却去祭祀它，这是一种谄媚的行为。看到从礼仪上自己应该挺身而做的事情，却袖手旁观，这是没有勇气的表现。"

卷　二

八佾第三

孔子谓季氏[①]："八佾舞于庭[②]，是可忍也，孰不可忍也？"

【注释】

①季氏：季孙氏，这里指季平子，鲁国的大夫。　②八佾（yì）：古代奏乐舞蹈的行列。佾：行，队列，八人一行为一佾，八佾是八行，六十四人，天子所用之乐。季氏是大夫，按规定只能用四佾，而他越级用八佾。

【译文】

孔子谈到季氏，说："他用六十四人在庭院中奏乐舞蹈，如果这件事情可以容忍的话，那么，还有什么事情不可以容忍呢？"

三家者以《雍》彻[①]。子曰："'相维辟公[②]，天子穆穆。'奚取于三家之堂[③]？"

【注释】

①三家：鲁国掌权的三家大夫孟孙氏、叔孙氏、季孙氏。《雍》：《诗经·周颂》中的一首诗。这首周武王祭周文王的诗，是祭祀结束撤去祭器时唱的。彻：同"撤"，撤除。　②相：助祭的人。维：语助词，无意义。辟公：诸侯。　③堂：祭祖的庙堂。

【译文】

孟孙氏、叔孙氏、季孙氏三家，他们在祭祀祖先完毕之后用天子的礼节唱着《雍》这首诗歌来撤除祭品。孔子说："《雍》诗中有这样的话'助祭的是诸侯，天子在那里严肃静穆地主祭。'这二句诗用在三家大夫祭祖的庙堂上，取它哪一点意义呢？"

子曰："人而不仁，如礼何[①]？人而不仁，如乐何？"

【注释】

①如礼何：即"奈礼何"，拿礼怎么办，就是谈不上讲礼。

【译文】

孔子说："作为一个人却没有仁爱之心，那怎样来执行礼仪制度呢？作为一个人，却不仁不义，那怎样来弹奏和听取音乐呢？"

林放问礼之本[①]。子曰："大哉问！礼，与其奢也，宁俭；丧，与其易也[②]，宁戚[③]。"

【注释】

①林放：鲁国人。 ②易：治理，把事办得很周全。 ③戚：内心悲痛。

【译文】

林放问礼的根本是什么。孔子说："你问的问题意义重大呀！就一般的礼仪来讲，与其形式上铺张浪费讲排场，宁可节俭朴素些好。就丧礼来说，与其在仪式上办得很周到，宁可内心真正悲哀点好。"

子曰："夷狄之有君[①]，不如诸夏之亡也[②]。"

【注释】

①夷狄：古代汉族对少数民族的称呼。东方的少数民族称夷，北方的少数民族称狄，泛指当时边境地区的兄弟民族。 ②亡：通"无"。

【译文】

孔子说："夷狄尚且有英明的君主，讲究礼仪制度，可是华夏各国却僭越违礼，还不如夷狄呢。"

季氏旅于泰山[①]。子谓冉有曰[②]："女弗能救与[③]？"对曰："不能。"子曰："呜呼！曾谓泰山不如林放乎[④]？"

【注释】

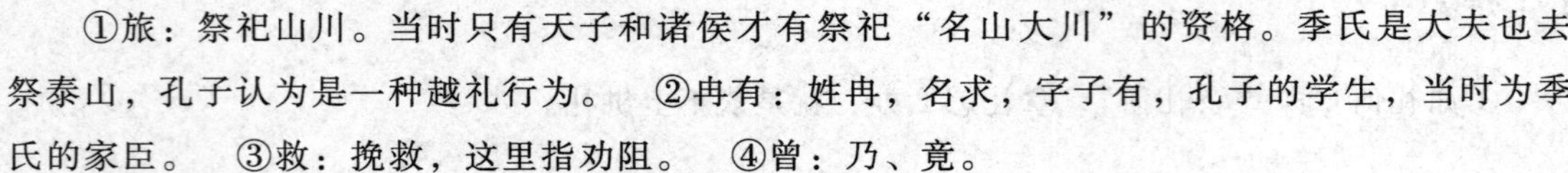

①旅：祭祀山川。当时只有天子和诸侯才有祭祀“名山大川”的资格。季氏是大夫也去祭泰山，孔子认为是一种越礼行为。②冉有：姓冉，名求，字子有，孔子的学生，当时为季氏的家臣。③救：挽救，这里指劝阻。④曾：乃、竟。

【译文】

季孙氏要去祭祀泰山。孔子对冉由说：“你不能劝阻他吗？”冉有回答说：“不能。”孔子说：“哎呀！难道说泰山之神还不如林放知礼，居然接受这不合礼仪的祭祀吗？”

子曰：“君子无所争。必也射乎[①]！揖让而升[②]，下而饮[③]。其争也君子。”

【注释】

①射：射箭。②揖（yī）：拱手作揖，古代的一种礼节。这是说比赛射箭前很有礼貌。③饮：饮酒。

【译文】

孔子说：“君子没有什么可争的事情。如果有所争的话，那一定是射箭比赛吧！（即使是参加射箭比赛时）也是互相先作揖谦让，行礼后比赛。比赛后饮酒互表祝贺，这是一种有礼貌的君子之争。”

子夏问曰：“‘巧笑倩兮[①]，美目盼兮[②]，素以为绚兮[③]。’何谓也？”子曰：“绘事后素[④]。”

曰：“礼后乎[⑤]？”子曰：“起予者商也[⑥]！始可与谈《诗》已矣。”

【注释】

①倩：笑容美好的样子。②盼：眼睛黑白分明的样子。③绚：有文采。④绘：绘画。素：白底。⑤礼后乎：礼在仁义之后。⑥起：启发。商：卜商，即子夏。

【译文】

子夏问孔子说：“《诗经》上说：‘巧妙的笑容带着酒窝真好看呀！黑白分明的眼睛多么明亮啊！真好像洁白的质地上画着美丽的图案啊！’这几句诗的

意思是什么呢？”孔子说：“绘画是先有洁白的质地然后进行的。”

子夏说：“这样说来，礼仪是在有了仁德之心以后才产生的吧？”孔子说：“能够发挥我的思想的人要数卜商了，他才是我可以与之谈论《诗经》的人呢。”

子曰：“夏礼，吾能言之，杞不足征也[①]；殷礼，吾能言之，宋不足征也[②]；文献不足故也[③]。足，则吾能征之矣。”

【注释】

①杞：国名，夏禹的后代，在今河南杞县一带。征：证明。　②宋：国名，商汤的后代，在今河南商丘一带。　③文：历史文字典籍。献：贤人，指熟悉掌故的人。

【译文】

孔子说：“夏代的礼仪制度，我能说出来，但它的后代杞国却是不足以作证明的。商代的礼仪制度我能够讲清楚，但它的后代宋国却不足以作证明。这是由于杞国、宋国的历史文献不足和熟悉历史情况的贤人不多的缘故。如果它们的文献充足，那我就可以用来作证明了。”

子曰：“禘，自既灌而往者[①]，吾不欲观之矣。”

【注释】

①禘：古代一种极为隆重的祭祀祖先的典礼，只有天子才能举行。鲁君属诸侯用禘祭属于僭越礼制的行为。灌：祭祀开始第一次向受祭者献酒，是禘祭中的一个项目。

【译文】

孔子说：“禘祭的礼仪，从第一次献酒以后，我就不愿意再往下看了（因鲁国国君采用禘祭礼仪是一越礼行为）。”

或问禘之说[①]。子曰：“不知也；知其说者之于天下也，其如示诸斯乎[②]！”指其掌。

【注释】

①禘之说：禘祭的有关礼仪制度。　②示：置，摆、放的意思。

【译文】

有人问孔子有关禘祭的情况。孔子说："不知道。知道禘祭的人治理天下就像把东西摆在这里一样容易吧！"孔子说着指着自己的手掌。

祭如在，祭神如神在。子曰："吾不与祭[①]，如不祭。"

【注释】

①与（yù）：参与。

【译文】

孔子祭祖先的时候，就好像祖先真的在面前享受一样，祭神就像神真的在面前。孔子说："我如果不能亲自参加祭祀，而由别人代祭，那就和没有祭祀是一样的。"

王孙贾问曰[①]："与其媚于奥[②]，宁媚于灶[③]，何谓也？"子曰："不然，获罪于天，无所祷也。"

【注释】

①王孙贾：卫国大夫。 ②奥：屋的西南角，古代一家之尊所居之地，这里指奥神。③灶：做饭的炉灶，这里指灶神。古人认为奥神比灶神更尊贵，但灶神地位虽低，却能"上天言善事"，可以通天。"与其媚于奥，宁媚于灶"的意思是：与其巴结地位高的人，不如巴结地位低而有实权的人。

【译文】

王孙贾问道："俗话说：'与其讨好屋里面尊贵的奥神，不如讨好卑下而能通天的灶神。'这句话是什么意思呀？"孔子说："不是这样，如果得罪了上天，就没有地方可以祈祷了。"

子曰："周监于二代[①]，郁郁乎文哉[②]！吾从周。"

【注释】

①监：同"鉴"，借鉴。二代：夏、商二代。 ②郁郁：丰富多彩。文：道艺，指礼乐

制度。

【译文】

孔子说："周朝的礼乐制度是借鉴夏、商二代制度建立起来的，这是多么丰富多彩呀！我赞成周朝的礼制。"

子入大庙[①]，每事问。或曰："孰谓鄹人[②]之子知礼乎？入大庙，每事问。"子闻之，曰："是礼也。"

【注释】

①大庙：即太庙，是祭祀开国君主（太祖）的庙，这里指周公的庙。 ②鄹（zōu）：即"郰"，地名，在今山东曲阜市东南。郰人：指孔子的父亲叔梁纥。

【译文】

孔子到周公庙里面去，每遇到一件事情都要问一问。有人说："谁说叔梁纥的儿子懂得礼仪呀？他进了周公庙，每件事都要向别人请教。"孔子听到这话就说："每件事都去请教别人，这本身就是有礼的表现。"

子曰："射不主皮[①]，为力不同科[②]，古之道也。"

【注释】

①皮：革，这里指箭靶子。古代箭靶子用布或兽皮做成，箭靶子的中心称鹄。举行射礼时，射箭以射中为主，不以射穿箭靶为主。 ②为：因为。科：等级，这里指力气的大小。

【译文】

孔子说："举行射箭比赛，不一定要穿破箭靶子，只要中靶就可以。因为各人的力气大小是不同的，这是古代行射礼时的规矩啊！"

子贡欲去告朔之饩羊[①]。子曰："赐也！尔爱其羊，我爱其礼[②]。"

【注释】

①去：去掉，除去。告朔：古代一种祭庙的仪式。朔：农历每月初一。天子于每年秋冬之交，把第二年的历书颁发给诸侯，历书中明确规定每月的朔日。诸侯把历书藏于祖庙，并根据

历书规定，于每月初一杀一只活羊祭庙，这种仪式称为告朔。饩羊：祭祀用的活羊。 ②爱：吝惜。

【译文】

子贡想去掉农历每月初一举行的告朔仪式所用的活羊。孔子说："子贡啊！你吝惜那只活羊，我爱惜的是那告朔之礼。"

子曰："事君尽礼，人以为谄也。"

【译文】

孔子说："完全按照做臣子的礼节去侍奉君主，本是分内的事。可是，现在有的人却认为是向君主献媚讨好。"

定公问[①]："君使臣，臣事君，如之何？"孔子对曰："君使臣以礼，臣事君以忠。"

【注释】

①定公：姓姬，名宋，鲁国君主。

【译文】

鲁定公问道："国君使用臣子，臣子侍奉国君，各应该是怎么样呢？"孔子回答说："国君应该按照礼节去使用臣子，臣子应该竭尽忠诚地去侍奉君主。"

子曰："《关雎》[①]，乐而不淫[②]，哀而不伤。"

【注释】

①《关雎》：《诗经》中的一篇。 ②淫：过分以至于失其正。

【译文】

孔子说："《诗经·关雎》篇虽然是歌颂爱情的诗，但是它的内容快乐而不放荡，悲哀而不过分伤感。"

哀公问社于宰我[①]。宰我对曰："夏后氏以松[②]，殷人以柏，周人以栗，曰，使民战栗[③]。"子闻之，曰："成事不说，遂事不谏[④]，既往不咎。"

【注释】

①社：土地神，这里指用木头制作的土地神的神主。宰我：名予，字子我，孔子的学生。②夏后氏；指夏代。以松：用松木作社主。古人以木制牌位代替土地神，享受祭祀。③战栗：发抖，害怕。④遂（suì）：已经完成。

【译文】

鲁哀公向孔子的学生宰我询问有关供奉社神的问题。宰我回答说："夏代人用松木，商代人用柏木，周代人用栗木。周代人用栗木的意义是让老百姓害怕得发抖。"孔子听到这些话，就责备宰我说："已经做过的事就不用再解释了，已经完成的事就不要再劝阻了，已经过去的事就不要再责备了。"

子曰："管仲之器小哉[①]！"

或曰："管仲俭乎？"曰："管氏有三归[②]，官事不摄[③]，焉得俭？"

"然则管仲知礼乎？"曰："邦君树塞门[④]，管氏亦树塞门。邦君为两君之好，有反坫[⑤]，管氏亦有反坫。管氏而知礼，孰不知礼？"

【注释】

①管仲（？—前645年）：姓管，名夷吾，春秋初期政治家。辅佐齐桓公成为霸主。②三归：市租。也有释为三姓之女、三处采邑、三处府库等。③摄：兼任。④树：树立。塞门：在大门内建造的小门，使外面看不见里面，相当于后来的照壁之类。当时只有天子、诸侯才有资格用塞门。⑤反坫（diàn）：古代君主接待他国君主宴饮时，放置饮完酒后的空杯子的土台。

【译文】

孔子说："管仲的器量真是狭小得很呀！"

有人便问："管仲很节俭吗？"孔子说："他收取了大量的市租，他家里管事的人也很多，从不兼职，哪里说得上节俭呢？"

有人又问："那么管仲就一定很懂礼节了？"孔子说："国君的门前设立一个照壁，管仲门前和国君一样也设立一个照壁。国君接待其他国君宴饮时在堂上设有放置空酒杯的台子，管仲也有这样的台子。如果说管仲懂得礼节，那还有谁不懂得礼节呢？”

子语鲁大师乐[①]，曰：“乐其可知也：始作，翕如也[②]；从之[③]，纯如也[④]，皦如也[⑤]，绎如也[⑥]，以成。”

【注释】

①语（yù）：告诉。大师：大同“太”，主管音乐的官。 ②翕：合。 ③从（zònɡ）：放纵，展开。 ④纯：和谐。 ⑤皦（jiǎo）：清晰、分明。 ⑥绎：连续不断。

【译文】

孔子把演奏音乐的道理告诉给鲁国的太师，说道：“音乐的规律是可以知道的：开始演奏的时候发音整齐合一；继续演奏下去，音调纯正和谐，明亮清晰，余音袅袅，这样就可以完成一部乐章。”

仪封人请见[①]，曰：“君子之至于斯也，吾未尝不得见也。”从者，见之。出曰：“二三子何患于丧乎[②]？天下之无道也久矣，天将以夫子为木铎[③]。”

【注释】

①仪：地名，据说在今开封市内。封人：官名，可能是镇守边疆的长官。 ②二三子：诸位，几个人。丧（sànɡ）：失掉官职。 ③木铎：古代发布政教法令的时候，用来召集百姓的木舌铜铃。这里用来比喻孔子是宣扬政教的圣人。

【译文】

仪这个地方的边防官请求孔子接见他，他说：“凡是到了这个地方的有学问的人，我从没有不和他见面的。”孔子的随行学生请求孔子接见了他。他出来以后对孔子的学生说：“你们何必担心没有官做呢？天下黑暗的日子也已经很久了，圣人也该有得意的时候了，上天将把你们的老师当做传播光明政治的喉舌。”

子谓《韶》[①]：“尽美矣[②]，又尽善也[③]。”谓《武》[④]：“尽美矣，未尽善也。”

【注释】

①《韶》：舜时的乐曲名。 ②美：指乐舞的形式优美。 ③善：指乐舞的思想内容完善。 ④《武》：传说是周武王时的乐曲名。

【译文】

孔子谈到《韶》乐时说："艺术形式优美极了，思想内容也完全正确。"当谈到《武》乐时说："艺术形式优美极了，但思想内容不完全正确。"

子曰："居上不宽[①]，为礼不敬，临丧不哀，吾何以观之哉？"

【注释】

①居上：居于统治地位。宽：宽厚。

【译文】

孔子说："处于领导地位而不宽宏大量地对待别人，举行礼仪时不恭敬严肃，参加丧礼的时候又不悲痛哀伤，这样子的人我怎么能看得下去呢？"

里仁第四

子曰："里仁为美[①]。择不处仁[②]，焉得知？"

【注释】

①里：住所，这里有"居住"的意思。 ②处：居住。

【译文】

孔子说："居住在有仁德之风的地方是最好不过了。选择住处而不注意选择有仁德之风的好地方，那怎么能说是聪明有智的人呢？"

子曰："不仁者，不可以久处约[①]，不可以长处乐。仁者安仁[②]，知者利仁[③]。"

【注释】

①约：穷困。 ②安仁：安于实行仁道。 ③利仁：看到仁的好处，才去实行仁道。

【译文】

孔子说："没有仁义道德的人是不可以长期处于穷困的境地的，也不可能长久地处于安乐幸福之中。有仁德之心的人才能够心情舒畅地按照仁德的准则办事，聪明的人认识到仁德对他有长远和巨大的利益，便能够按照仁德的准则办事。"

子曰："唯仁者能好人，能恶人。"

【译文】

孔子说："只有仁德之心的人，才能够以正确的态度喜爱别人，才能够以正确的态度憎恨别人。"

子曰："苟志于仁矣，无恶也。"

【译文】

孔子说："如果立志实行仁德，是不会去做坏事的。"

子曰："富与贵，是人之所欲也；不以其道得之，不处也[①]。贫与贱，是人之所恶也，不以其道得之[②]，不去也。君子去仁，恶乎成名[③]？君子无终食之间违仁[④]，造次必于是[⑤]，颠沛必于是[⑥]。"

【注释】

①处：接受、享受。 ②得：当是"去"字之误。 ③恶：同"乌"，相当于何、怎么。 ④终食：吃完一顿饭。违：离开。 ⑤造次：匆忙，仓促。于：即"为"，指实行。 ⑥颠沛：跌倒，形容人事困顿，流离失所。

【译文】

孔子说："金钱和权势是人人都想要得到的，但是不以正当的途径得到它，君子是不应该接受的。贫穷和下贱是人人都厌恶的，不用正当的方法摆脱它，君子是不应摆脱的。君子离开了仁德，怎么能成就功名和赢得好的名誉呢？君子就连在吃一顿饭的时间内也不会离开仁德的，即使在非常匆忙紧迫的情况下也一定要坚持实行仁德，就是在颠沛流离之中也一定要坚持仁的准则。”

子曰：“我未见好仁者，恶不仁者。好仁者，无以尚之[①]；恶不仁者，其为仁矣，不使不仁者加乎其身。有能一日用力其于仁矣乎？我未见力不足者。盖有之矣，我未之见也[②]。”

【注释】

①尚：超过。 ②未之见：即“未见之”。

【译文】

孔子说：“我没有看见过爱好仁德的人，也没有看见过憎恶不仁德的人。爱好仁德的人是再好不过的了。憎恶不仁德的人，他实行仁德，就是不让不仁德的东西加在自己身上。如果有人能够在一天用尽他的力量去做仁德的事情，我不相信他的力量是不会不够用的。也许有这样的人，不过，我还没有见到过。”

子曰：“人之过也，各于其党[①]。观过，斯知仁矣[②]。”

【注释】

①于：同“与”。党，类别，集团。 ②斯：就。

【译文】

孔子说：“人们所犯的错误，就是由于谋取帮派利益。所以，只要考察一下人们所犯的过错，就知道他是否具有仁德的品质了。”

子曰：“朝闻道[①]，夕死可矣！”

【注释】

①朝：早晨。道：道理，指真理。

【译文】

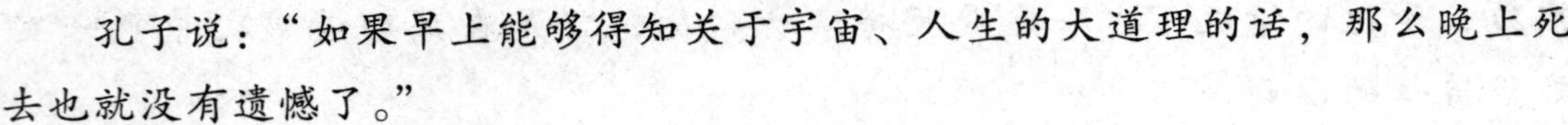

孔子说："如果早上能够得知关于宇宙、人生的大道理的话，那么晚上死去也就没有遗憾了。"

子曰："士志于道而耻恶衣恶食者，未足与议也。"

【译文】

孔子说："一个读书人立志追求真理，研究学问，但是却认为穿的破旧衣服，吃的粗劣食物，是极大的耻辱，这样的人是不值得与他们谈论真理的。"

子曰："君子之于天下也，无适也①，无莫也②，义之与比③。"

【注释】

①适（dí）：厚。指固定不变的意思。 ②莫：薄。指不肯的意思。 ③比：靠近。义：宜，适宜。

【译文】

孔子说："君子对于世上的事情，没有规定非要这样做，也没有规定一定不要那样做，而是根据实际情况怎样做合理恰当，就怎样去做。"

子曰："君子怀德，小人怀土①；君子怀刑②，小人怀惠。"

【注释】

①土：乡土。一说为田土。 ②刑：同"型"，做人的典型。

【译文】

孔子说："君子心里想的是怎样实行仁德，小人心里想的是田地耕作；君子心里想的是怎样遵纪守法，做仁义道德的典范，小人心里想的是怎样得到实际利益。"

子曰："放于利而行[①]，多怨。"

【注释】

①放：依照、依据。

【译文】

孔子说："做事只追求个人私利，必然招来很多怨恨。"

子曰："能以礼让为国乎[①]，何有[②]？不能以礼让为国，如礼何？"

【注释】

①礼让：按照礼的原则谦让。为：治理。 ②何有：何难之有，即有什么困难。

【译文】

孔子说："能够用礼让的原则来治理国家吗？这样，国家是很容易治理的。如果不能用礼让的原则来治理国家，那么，礼乐制度又将怎样实行呢？"

子曰："不患无位，患所以立[①]；不患莫己知，求为可知也[②]。"

【注释】

①所以立：用来立于职位的本领。 ②可知：可以让别人知道自己的本领。

【译文】

孔子说："不愁没有职位，只愁没有做官的本领，无法站稳脚跟；不愁别人不了解自己，只要去努力地追求让别人知道自己的本领，那么，人们一定会知道你的。"

子曰："参乎！吾道一以贯之[①]。"曾子曰："唯[②]。"

子出，门人问曰："何谓也？"曾子曰："夫子之道，忠恕而已矣[③]。"

【注释】

①贯：贯穿，贯通。 ②唯：是的。 ③忠：尽心尽力待人。恕：推己及人，宽厚仁慈。

【译文】

孔子说："曾参啊！我的思想学说可以用一个根本的原则贯通起来。"曾参说："是的。"孔子出去以后，别的学生就问曾参："老师这句话是什么意思呀？"曾参说："老师的学说概括起来就是'忠恕'而已呀！"

子曰："君子喻于义，小人喻于利。"

【译文】

孔子说："君子懂得的是义，小人明白的是利。"

子曰："见贤思齐焉，见不贤而内自省也。"

【译文】

孔子说："看见贤德的人，就希望向他们看齐；见到不贤德的人，就应该自我检查（自己有没有和他们一样的毛病）。"

子曰："事父母几谏[1]。见志不从，又敬不违[2]，劳而不怨[3]。"

【注释】

①几：轻微，婉转。 ②违：触忤，冒犯。 ③劳：忧愁。

【译文】

孔子说："侍奉父母，（对于他们不对的地方）应该委婉地劝阻。如果看到父母不愿听从自己的意见，仍然要恭恭敬敬的而不违背父母的心意，即使自己心里忧愁，也任劳任怨。"

子曰："父母在不远游，游必有方。"

【译文】

孔子说："父母在世，不远离家乡去游历。如果要到远方游历的话，必须有一定的去向。"

子曰："三年无改于父之道，可谓孝矣。"

【译文】

孔子说："三年不改变父亲的志向，可以说是孝子了。"

子曰："父母之年①，不可不知也②。一则以喜，一则以惧。"

【译文】

孔子说："父母的年龄是不可不知道的。一方由于父母活了这么大的年龄而感到高兴；另一方面，也会因为父母衰老而担忧。"

子曰："古者言之不出，耻躬之不逮也①。"

【注释】

①躬：亲身，自己。耻：认为可耻。

【译文】

孔子说："古代人说话不轻易出口，主要是害怕不能实践自己的诺言。"

子曰："以约失之者，鲜矣①。"

【注释】

①约：约束，用礼约束自己。

【译文】

孔子说："用礼法约束自己，谨言慎行，而犯错误的人是很少的。"

子曰："君子欲讷于言而敏于行①。"

【注释】

①讷：迟钝。这里指说话谨慎。

【译文】

孔子说："君子应该说话谨慎，而工作勤劳迅速。"

子曰："德不孤，必有邻。"

【译文】

孔子说："有仁德的人是不会孤立的，一定有志同道合的人来和他做伙伴。"

子游曰："事君数，斯辱矣；朋友数，斯疏矣。"

【译文】

子游说："侍奉君主，频繁规劝，就会遭到报复和羞辱。和朋友交往，如果反复地向朋友提意见，反而会造成朋友之间关系的疏远。"

卷　三

公冶长第五

子谓公冶长[①]，“可妻也[②]。虽在缧绁之中[③]，非其罪也。”以其子妻之[④]。

【注释】

①公冶长：姓公冶，名长，孔子的学生。　②妻（qì）：把女子嫁给某人。　③缧绁（lěi xiè）：捆犯人的绳子，这里指监狱。　④子：古时儿女都可称子，这里指女儿。

【译文】

孔子说公冶长这个人，“是可以把女儿嫁给他的。他虽然曾被关在监狱之中，但那不是自取的罪过呀。”于是就把自己的女儿嫁给了他。

子谓南容[①]，“邦有道，不废[②]；邦无道，免于刑戮。”以其兄之子妻之[③]。

【注释】

①南容：姓南宫，名适（kuò），字子容。孔子的学生。　②废：废置不用。　③兄之子：孔子兄孟皮之女儿。

【译文】

孔子说南容这个人，“国家政治清明时，他总有官做，能够施展自己才能，不会被废置不用。在国家政治黑暗的时候，他能够避免刑罚。”于是，把自己哥哥的女儿嫁给他做妻子。

子谓子贱[①]，“君子哉若人[②]！鲁无君子者，斯焉取斯[③]？”

【注释】

①子贱：姓宓，名不齐，字子贱。孔子的学生。　②若：像。　③斯：这个，指子贱，后

一个“斯”指好的品德。

【译文】

孔子评论子贱说：“像这样的人才真正是君子啊！如果鲁国没有君子的话，这个人从哪里学得这种好的品德呢？”

子贡问曰：“赐也何如？”子曰：“女，器也。”曰：“何器也？”曰：“瑚琏也[①]。”

【注释】

①瑚琏：古代祭祀时盛粮食的器皿，上面装饰有玉，十分贵重华美。孔子把子贡比作瑚琏，是说子贡有某一方面的才能，但他还不是全才。

【译文】

子贡问孔子：“我这个人怎么样？”孔子说：“你呀好比一个器具。”子贡说：“我是个什么样的器具呢？”孔子说：“你好比祭祀用来盛粮食的瑚琏一样，是贵重的有用之才。”

或曰：“雍也仁而不佞[①]。”子曰：“焉用佞？御人以口给[②]，屡憎于人。不知其仁[③]，焉用佞？”

【注释】

①雍：姓冉，名雍，字仲弓，孔子的学生。佞：能言善辩。 ②御：防御，这里指辩驳。口给：言词便捷，快嘴利舌。给：足。 ③不知其仁：孔子不是真的不知道冉雍是否有仁德，只是说得很委婉，实际是说冉雍还达不到“仁”的水平。

【译文】

有人说：“冉雍这个人有仁德，可是缺乏口才。”孔子说：“要口才有什么用呢？快嘴利舌地与人辩驳，常常遭到人家的憎恶。我虽然不知道冉雍是否够得上称为仁德的人，但要那口才有什么用呢？”

子使漆雕开仕[①]。对曰：“吾斯之未能信[②]。”子说。

【注释】

①漆雕开：姓漆雕，名开，字子开，孔子的学生。 ②斯：这，指出仕。

【译文】

孔子让漆雕开去做官。漆雕开回答说："我对出去做官还没有信心。"孔子听了很高兴。

子曰："道不行，乘桴浮于海[①]。从我者[②]，其由与？"子路闻之喜。子曰："由也好勇过我，无所取材[③]。"

【注释】

①桴（fú）：过河用的木制或竹制的小筏子。 ②从：跟随。 ③材：同"裁"，裁度事理。

【译文】

孔子说："我的思想主张如果行不通的话，我就想乘竹筏子漂浮到海上去，能够跟我一起去的，恐怕只有仲由了吧？"子路听到这句话很喜欢。孔子说："仲由呀！好勇的精神超过了我，但不善于裁度事理。"

孟武伯问："子路仁乎？"子曰："不知也。"又问。子曰："由也，千乘之国，可使治其赋也[①]。不知其仁也。"

"求也何如？"子曰："求也，千室之邑[②]，百乘之家[③]，可使为之宰也[④]，不知其仁也。"

"赤也何如[⑤]？"子曰："赤也，束带立于朝，可使与宾客言也[⑥]，不知其仁也。"

【注释】

①赋：兵赋，这里指军政工作。 ②邑：古代居民聚住的地方。千室之邑是指有一千户人家的城市。 ③家：古代分封给卿、大夫的采邑。 ④宰：古代一县的长官或大夫家的总管和家臣的通称。 ⑤赤：姓公西，名赤，字子华，孔子的学生。 ⑥宾客：古代贵客叫宾，一般客人叫客。

【译文】

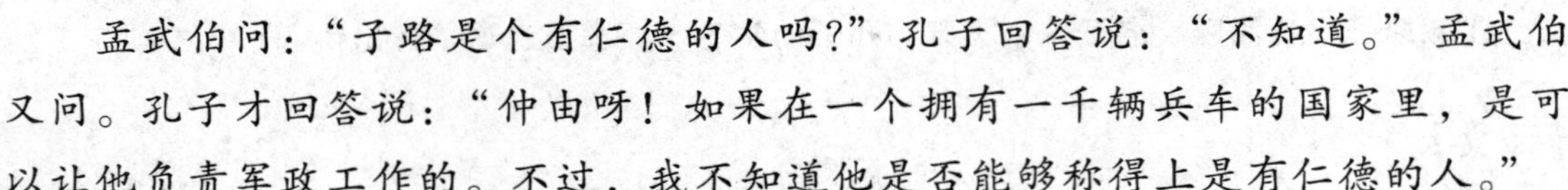

孟武伯问："子路是个有仁德的人吗？"孔子回答说："不知道。"孟武伯又问。孔子才回答说："仲由呀！如果在一个拥有一千辆兵车的国家里，是可以让他负责军政工作的。不过，我不知道他是否能够称得上是有仁德的人。"

孟武伯继续问："那么冉求怎么样呢？"孔子说："求吗，如果在一个拥有一千户人家的镇子里、或拥有一百辆兵车的大夫家里，是可以让他当总管政务的长官的。但是，我不知道他是否有仁德。"

"公西赤又是怎么样的一个人呢？"孔子说："公西赤嘛！可以让他穿朝廷礼服，在朝廷中接待宾客。但我不知道他能否称得上是有仁德的人。"

子谓子贡曰："女与回也孰愈[①]？"对曰："赐也何敢望回？回也闻一以知十，赐也闻一以知二。"子曰："弗如也；吾与女弗如也[②]。"

【注释】

①回：颜回。愈：更强，胜过。 ②弗：不。与：赞同，同意。

【译文】

孔子对子贡说："你和颜回两个人比较起来，谁更好一些？"子贡回答说："我怎么敢和颜回比呢？颜回听到老师讲一点，就能领悟到十点；我听老师讲一点，只能领悟二点。"孔子说："不如他呀！我同意你的话，是赶不上他呀！"

宰予昼寝[①]。子曰："朽木不可雕也，粪土之墙不可杇也[②]；于予与何诛[③]？"子曰："始吾于人也，听其言而信其行；今吾于人也，听其言而观其行。于予与改是[④]。"

【注释】

①昼寝：白天睡觉。 ②杇（wū）：抹墙的工具，这里指粉刷墙。 ③诛：责备，批评。 ④是：对人的态度。

【译文】

宰予在白天睡觉。孔子说："腐朽的木头是无法雕琢了，粪土一样的墙是无法粉刷了。对于宰予这个人，有什么值得责备他的呢？”孔子说：“起初，我对于人，听了他说的话，就相信他所做的事。现在，我对于人，听了他说的话，还要观察他做的事。我是从宰予的表现改变了先前对人的态度。”

子曰：“吾未见刚者。”或对曰：“申枨[①]。”子曰：“枨也欲，焉得刚？”

【注释】

①申枨（chéng）：姓申，名枨，字周，孔子的学生。

【译文】

孔子说：“我没有见过刚毅不屈的人。”有人回答说：“申枨是这样的人。”孔子说：“申枨贪欲太多，怎么能够刚毅不屈呢？”

子贡曰：“我不欲人之加诸我也，吾亦欲无加诸人。”子曰：“赐也，非尔所及也。”

【译文】

子贡说：“我不愿别人强加在我身上事情，我也不愿把事情强加在别人身上。”孔子说：“赐呀！这不是你单方面能够做得到的。”

子贡曰：“夫子之文章[①]，可得而闻也；夫子之言性与天道[②]，不可得而闻也。”

【注释】

①文章：指孔子传授的《诗》、《书》、《礼》、《乐》等文献中的知识。 ②性：人的本性。天道：天命，一般指自然和人类社会吉凶祸福的关系，这里指主宰人类命运的上天的意志。

【译文】

子贡说：“老师讲授的文献中的有关文化知识，我们是可以经常听到的。老师讲人的本性和天人之间的关系的言论，我们却听不到。”

子路有闻，未之能行，唯恐有闻[①]。

【注释】

①有：又。

【译文】

子路听到了老师讲的道理，还没有来得及去实行，就只害怕又听到老师讲的新的道理。

子贡问曰："孔文子何以谓之'文'也[①]？"子曰："敏而好学，不耻下问，是以谓之'文'也。"

【注释】

①孔文子：姓孔，名圉，卫国的大夫。子是尊称，文是谥号。

【译文】

子贡问道："孔文子的谥号为什么叫做'文'呢？"孔子说："他聪明灵活，勤学好问，不认为向地位卑下的人请教是一种耻辱。所以，用'文'作他的谥号。"

子谓子产[①]，"有君子之道四焉：其行己也恭[②]，其事上也敬，其养民也惠，其使民也义。"

【注释】

①子产：姓公孙，名侨，字子产，郑国的著名贤相，杰出的政治家和外交家。 ②行己：要求自己。

【译文】

孔子评论子产说："他具有君子的四种美德：他自己的言行举止庄严恭敬，他侍奉君主竭诚尽忠，他抚育人民有恩惠，他役使人民合于道理。"

子曰："晏平仲善与人交[①]，久而敬之。"

【注释】

①晏平仲：姓晏，名婴，字仲，"平"是谥号，春秋时齐国大夫。他在齐灵公时任齐卿，

历任灵公、庄公、景公三世。

【译文】

孔子说："晏平仲善于和别人交朋友，相识越久，友谊越深，别人越尊敬他。"

子曰："臧文仲居蔡[①]，山节藻棁[②]，何如其知也？"

【注释】

①臧文仲：姓臧孙，名辰，"文"是谥号，鲁国大夫。蔡：大乌龟，因蔡国产大乌龟而特指，这里指大乌龟壳。臧文仲收藏大乌龟壳是为占卜用。 ②节：柱子上的斗拱。山节：形状像山的斗拱。藻：水草名。棁：大梁上的短柱。

【译文】

孔子说："臧文仲私自把大乌龟壳藏在一个屋子里，这间屋子雕刻着像山一样的斗拱和绘有花草图画的梁上短柱（和天子藏大乌龟的豪华庙堂一样，想占卜时求福）。这怎么能说他是一位聪明的人呢？"

子张问曰："令尹子文三仕为令尹[①]，无喜色；三已之[②]，无愠色[③]。旧令尹之政，必以告新令尹。何如？"子曰："忠矣。"曰："仁矣乎？"曰："未知，焉得仁？"

"崔子弑齐君[④]，陈文子有马十乘[⑤]，弃而违之[⑥]。至于他邦，则曰：'犹吾大夫崔子也。'违之。之一邦，则又曰：'犹吾大夫崔子也。'违之。何如？"子曰："清矣。"曰："仁矣乎？"曰："未知，焉得仁？"

【注释】

①令尹子文：令尹，官名。为楚国的最高官职，掌军政大权。子文，姓斗，名穀于菟，字子文。 ②三：泛指多次。已：免职。 ③愠：怒，怨恨。 ④崔子：齐国大夫崔杼。齐君：齐庄公，姓姜，名光。弑：古代地位在下的杀掉地位在上的。 ⑤陈文子：名须无，齐国的大夫。 ⑥违：离开。

【译文】

子张问道："楚国的令尹子文几次担任令尹这一职务，没有喜悦的表情。

几次被免职，也没有怨怒的表情。每次免职的时候，都把自己做令尹时所制订的政策法令，全部告诉新接任的令尹。这样的人怎么样呢?”孔子回答说：“是忠诚的人啊!”子张说：“可以称得上是‘仁人’吗?”孔子说：“不了解他的内心世界，怎么能算得上仁人呢?”

子张又问：“齐国的大夫崔杼杀死了齐庄公，陈文子有马四十匹丢掉不要而离开了齐国。到了另一个国家，就说：‘这里的执政者同我们齐国的大夫崔杼是一样的。’于是就离开了。又到另一个国家，就又说：‘这里的执政者与我们齐国的大夫崔杼是一样的。’又离开了。陈文子这个人怎么样呢?”孔子说：“是个很清白的人啊!”子张说：“他可以算得上‘仁人’吗?”孔子说：“不了解他的内心世界，怎么能够说是‘仁人’呢?”

季文子三思而后行①。子闻之，曰：“再，斯可矣。”

【注释】

①季文子：姓季孙，字行父，“文”是谥号。

【译文】

季文子办事情都是考虑了多次才实行。孔子听到这件事，就说：“考虑两次就可以了吧!”

子曰：“宁武子①，邦有道，则知；邦无道，则愚②。其知可及也，其愚不可及也。”

【注释】

①宁武子：姓宁，名愈，“武”是谥号，卫国的大夫。 ②愚：指装傻。

【译文】

孔子说：“宁武子这个人在国家政治清明的时候，他就聪明起来了。在国家政治黑暗的时候，他就假装糊涂起来了。他的那种聪明是别人也能做得到的，但他那种装傻却是别人做不到的。”

子在陈①，曰：“归与！归与！吾党之小子狂简②，斐然成章③，不知所以裁之[4]。”

【注释】

①陈：陈国，大约在今河南东部、安徽北部一带。 ②党：乡党，故乡之意，指鲁国。狂简：志向高大。 ③斐然：有文采的样子。 ④裁：裁剪，节制。

【译文】

孔子在陈国时说：“回去吧！回去吧！我家乡的那些学生都志向远大而做事粗略，文学都有可观的成就，文采飞扬，但他们不知道怎样节制自己。”

子曰：“伯夷、叔齐不念旧恶[1]，怨是用希[2]。”

【注释】

①伯夷、叔齐：商朝末年孤竹君的两个儿子。父亲死后，因互让君位而逃到周。周武王伐纣，他俩认为这是臣下犯上作乱而进行阻止。周灭商后，他俩以吃周朝的粮食为耻辱，隐居在首阳山，采野菜生活，最终饿死。旧恶：宿怨，旧仇。 ②是用：因此。希：同“稀”，少。

【译文】

孔子说：“伯夷和叔齐两个人不记过去的仇恨，所以，怨恨他们的人很少。”

子曰：“孰谓微生高直[1]？或乞醯焉[2]，乞诸其邻而与之。”

【注释】

①微生高：姓微生，名高，鲁国人。直：直爽。 ②醯（xī）：醋。

【译文】

孔子说：“谁说微生高这个人直爽？有人向他要借一点醋（他说自己没有），却向邻居那里借了一点给这个人拿去了。”

子曰：“巧言、令色、足恭[1]，左丘明耻之[2]，丘亦耻之。匿怨而友其人[3]，左丘明耻之，丘亦耻之。”

【注释】

①足：十足，过分。　②左丘明：姓左丘，名明，春秋鲁国的史官，相传是《左传》、《国语》的作者。　③匿：隐藏。

【译文】

孔子说："花言巧语，伪装和善，过分卑恭，左丘明认为可耻，我也认为可耻。内心隐藏着怨恨，表面上却装着友好的样子，左丘明认为羞耻，我也认为羞耻。"

颜渊、季路侍[①]。子曰："盍各言尔志[②]？"

子路曰："愿车马衣轻裘与朋友共，敝之而无憾[③]。"

颜渊曰："愿无伐善[④]，无施劳[⑤]。"

子路曰："愿闻子之志。"

子曰："老者安之，朋友信之，少者怀之。"

【注释】

①季路：即子路。侍：侍立。　②盍：何不。　③裘：皮衣。"轻"是衍文。敝：破旧。　④伐善：夸耀好处。　⑤施劳：表白功劳。

【译文】

颜渊、季路两人站在孔子的身边。孔子说："你们何不各人谈谈自己的志向？"

子路说："我愿意把自己的车马、衣服、皮袄拿出来与朋友共同使用，即使用坏了也不抱怨。"

颜渊说："我愿意不夸耀自己的好处，也不宣扬自己的功劳。"

子路对孔子说："我们希望听一听您的志向。"

孔子说："我的志向是让老年人安逸，让朋友之间互相信任，让年轻人得到关怀。"

子曰："已矣乎[①]，吾未见能见其过而内自讼者也[②]。"

【注释】

①已：止。已也乎：感叹词，很失望的意思。　②自讼：自我责备。

【译文】

孔子说："算了吧！我没有看见过能够发现自己的过错而在内心责备自己的人哪！"

子曰："十室之邑，必有忠信如丘者焉，不如丘之好学也。"

【译文】

孔子说："只要在有十户人家住的地方，一定会有像我一样忠诚守信的人，不过不会像我那样好学习罢了。"

雍也第六

子曰："雍也可使南面[①]。"仲弓问子桑伯子[②]。子曰："可也简。"仲弓曰："居敬而行简[③]，以临其民[④]，不亦可乎？居简而行简，无乃大简乎[⑤]？"子曰："雍之言然。"

【注释】

①雍：冉雍，孔子的学生。南面：面向南。古代以面向南座位为尊位。这里指可以做官。 ②子桑伯子：人名，事迹不详。 ③居：平时。 ④临：面临，指治理。 ⑤无乃：岂不是。

【译文】

孔子说："冉雍这个人是可以让他做官来处理政事的。"仲弓问子桑伯子这个人怎么样，孔子说："还可以，他办事简约。"仲弓说："平时态度一贯严肃认真，而办起事来简单易行，用这种办法来治理百姓，不是也可以吗？如果平时态度一贯简单马虎，而办起事来草率应付，这难道不是过分简单了吗？"孔子说："你的话说得很有道理。"

哀公问："弟子孰为好学？"孔子对曰："有颜回者好学[①]。不迁怒[②]，不贰过[③]。不幸短命死矣。今也则亡，未闻好学者也。"

【注释】

①颜回：颜渊。②迁：转移。③贰：重复一次。过：错误。

【译文】

鲁哀公问孔子："你的学生当中谁是最爱好学习的呢？"孔子回答说："有一个叫颜回的最好学习，他从不把怒气发泄到别人身上，有错就改，从不重犯。可惜的是他岁数不大就死了。现在是没有这样的人了。再也没有听说过爱好学习的人了。"

子华使于齐[①]，冉子为其母请粟[②]。子曰："与之釜[③]。"请益。曰："与之庾[④]。"冉子与之粟五秉[⑤]。子曰："赤之适齐也，乘肥马，衣轻裘。吾闻之也：君子周急不继富[⑥]。"

【注释】

①子华：公西赤。 ②冉子：冉有。粟：小米。 ③釜：古代量器名，一釜为六斗四升。 ④庾：古代量器名，二斗四升为一庾。 ⑤秉：古量器名，一百六十斗为一秉。 ⑥周：周济，救济。继：添加。

【译文】

子华出使到齐国去，冉有替子华的母亲向孔子请求补助小米。孔子说："给他六斗四升。"冉有请求增加一些。孔子说："再给她二斗四升。"冉有给了她谷子八百斗。孔子说："公西赤到齐国去，乘着肥壮的马驾的车子，穿着又轻又暖的皮袍。我听说过，君子救济穷人，不救济富人。"

原思为之宰[①]，与之粟九百[②]，辞。子曰："毋[③]！以与尔邻里乡党乎[④]！"

子谓仲弓，曰："犁牛之子骍且角[⑤]，虽欲勿用[⑥]，山川其舍诸[⑦]？"

【注释】

①原思：姓原，名宪，字子思，孔子的学生。为之宰：做孔子家的总管。 ②九百：九百斗或九百斛。 ③毋：表禁止或劝阻的词，相当于"不要"。 ④邻里乡党：古代五家为邻，二十五家为里，一万二千五百家为乡，五百家为党。这里指原思家乡的穷人。 ⑤犁牛之子：耕牛生的小牛。这里孔子把耕牛比喻为仲弓的父亲。骍（xīn）：红色。角：牛角。 ⑥用：用

于祭祀。古时耕牛不能用于祭祀。祭祀用的牛长着红毛和周正的角，而且要单独饲养。孔子的意思是说，耕牛所产之子如果能够作祭祀用的话，那么山川之神也一定会接受这种祭享的。那么仲弓这样的人才，为什么因为他父亲“下贱”而舍弃不用呢？ ⑦其：岂。山川：山川神，这里指统治者。

【译文】

原思作孔子家的总管，孔子给谷子九百斗，原思辞谢不接受。孔子说：“不要这样，你有多余的可以分给你家乡的穷人嘛！”孔子评论仲弓说：“耕牛生的小牛犊，毛皮红色，而且两角端正。这样的牛，即使不想作祭祀用，山川之神难道会不要它吗？”

子曰：“回也，其心三月不违仁①，其余则日月至焉而已矣②。”

【注释】

①三月：指时间长久。 ②日月：指短时间。

【译文】

孔子说：“颜回这个人，他的心可以长久地不离开仁德，其余的人只能在短时间做到仁德罢了。”

季康子问①：“仲由可使从政也与？”子曰：“由也果②，于从政乎何有③？”曰：“赐也可使从政也与？”曰：“赐也达④，于从政乎何有？”曰：“求也可使从政也与？”曰：“求也艺⑤，于从政乎何有？”

【注释】

①季康子：季孙肥，鲁哀公时执政，掌握鲁国的权力。 ②果：果断，决断。 ③何有：有什么困难呢？ ④达：通达事理。 ⑤艺：多才多艺。

【译文】

季康子问孔子：“仲由可以让他治理政事吗？”孔子说：“仲由果断处事，让他处理政事有什么困难呢？”季康子又问：“端木赐可以让他治理政事吗？”孔子说：“端木赐通情达理，让他治理政事有什么困难呢？”季康子又问：“冉求可以让他治理政事吗？”孔子说：“冉求多才多艺，对于治理政事有什么困难呢？”

季氏使闵子骞为费宰[①]。闵子骞曰：“善为我辞焉！如有复我者[②]，则吾必在汶上矣[③]。”

【注释】

①闵子骞：姓闵，名损，字子骞，孔子的学生。费（mì）：季氏的封邑，在今山东费县西北。
②复我：再次来召我。 ③汶：水名，当时流经齐鲁二国。汶上：指大汶河以北。这是说，要离开鲁国到齐国去，坚决不仕对鲁国君主有叛逆之心的季氏。

【译文】

季氏派人请闵子骞担任费邑的长官。闵子骞说：“好好地替我辞掉吧！如果有人再来找我出任该职的话，那我一定逃到汶水那边的齐国去了。”

伯牛有疾[①]。子问之，自牖执其手[②]，曰：“亡之，命矣夫！斯人也而有斯疾也！斯人也而有斯疾也！”

【注释】

①伯牛：姓冉，名耕，字伯牛，孔子的学生，孔子认为他有德行。 ②牖（yǒu）：窗户。伯牛患病不愿见人，孔子只有从窗户伸手拉他的手。

【译文】

伯牛有病，孔子去探问他，孔子从窗户伸手进去拉住他的手，说：“要死了，这是命里注定的呀！这样好的人竟然患这样严重的病！这样好的人竟然患这样严重的病！”

子曰：“贤哉，回也！一箪食[①]，一瓢饮，在陋巷[②]，人不堪其忧，回也不改其乐。贤哉，回也！”

【注释】

①箪（dān）：古代盛饭的竹器。 ②陋巷：小巷，一说为陋室。

【译文】

孔子说："颜回是多么有修养啊！一竹筐饭，一瓢水，住在简陋的巷子里，别人都忍受不住这样的痛苦，可是颜回却没有改变自己平时的欢乐。颜回是多么有修养啊！"

冉求曰："非不说子之道，力不足也。"子曰："力不足者，中道而废，今女画[①]。"

【注释】

①画：同"划"，划定界限，停止前进。

【译文】

冉求对孔子说："我不是不喜欢您的学说，而是力不从心啊！"孔子回答说："如果真是能力不够用的人，一定会中途走不动了就停止，而现在你是先标定一个界限来缚着自己停止不进。"

子谓子夏曰："女为君子儒[①]，无为小人儒。"

【注释】

①儒：学者。

【译文】

孔子对子夏说："你要做一个有道德的学者，不要做缺德的学者。"

子游为武城宰[①]。子曰："女得人焉尔乎？"曰："有澹台灭明者[②]，行不由径[③]；非公事，非尝至于偃之室也[④]。"

【注释】

①武城：鲁国城邑，在山东费县西南。 ②澹台灭明：姓澹台，名灭明，字子羽，武城人，为人公正，后来成为孔子的学生。 ③径：小路，这里指邪路。 ④偃：指子游。

【译文】

子游担任武城县县宰。孔子说："你在那里得到了什么人才没有？"子游说："有一个叫澹台灭明的人，从来不走邪路，不是由于公事从来不到我的屋子里来。"

子曰："孟之反不伐[①]，奔而殿[②]，将入门，策其马[③]，曰：'非敢后也，马不进也'。"

【注释】

①孟之反：鲁国大夫，名侧。伐：夸耀。 ②奔：败走。殿：在最后，这里指留在最后掩护全军撤退。 ③策：鞭打。

【译文】

孔子说："孟之反不夸耀自己的功绩。他在打仗败退的时候，留在最后作掩护，当他将要进入城门时，他一边鞭打着马，一边说：'不是我有敢于殿后不畏牺牲的勇气，而是这匹马跑不快呀！'"

子曰："不有祝鮀之佞[①]，而有宋朝之美[②]，难乎免于今之世矣。"

【注释】

①祝鮀（tuó）：卫国大夫，字子鱼，能言善辩。佞：有口才。 ②宋朝：宋国的公子，容貌很美。

【译文】

孔子说："如果没有祝鮀那样的口才，却只有宋朝那样的美貌，恐怕在当今的社会里就难免要惹祸了。"

子曰："谁能出不由户[①]？何莫由斯道也[②]？"

【注释】

①户：门。 ②何莫：为什么没有。斯道：这条路，比喻仁义之路。

【译文】

孔子说："谁能走出屋外而不经过房门呢？为什么没有人走我这条必经的仁义之路呢？"

子曰："质胜文则野[1]，文胜质则史[2]。文质彬彬[3]，然后君子。"

【注释】

①质：质地，指内容朴实。文：文采，指形式。 ②史：虚夸。 ③彬彬：文质配合恰当。

【译文】

孔子说："如果一个人的朴实超过了文采就显得粗野，文采胜过质朴就显得浮夸，只有文采和质朴配合恰当，这才是君子。"

子曰："人之生也直，罔之生也幸而免[1]。"

【注释】

①罔：不正直的人。幸而免：侥幸而免于祸害。

【译文】

孔子说："人生活在社会上应该是正直的，不正直的人有时候也能在社会上生存，那是他一时侥幸而避免了祸害。"

子曰："知之者不如好之者，好之者不如乐知者。"

【译文】

孔子说："对于学问和事业，精通的人不如喜爱它的人，爱好它的人不如以它为快乐的人。"

子曰："中人以上，可以语上也；中人以下，不可以语上也。"

【译文】

孔子说："天资在中等水平以上的人，可以和他谈论高深的学问；中等水平以下天资的人，不可以和他谈高深的学问。"

樊迟问知[1]。子曰："务民之义[2]，敬鬼神而远之，可谓知矣。"问仁，曰：

"仁者先难而后获[3]，可谓仁矣。"

【注释】

①樊迟：孔子的学生。 ②务：致力，专心。之：动词，使趋向。 ③难：艰苦。

【译文】

樊迟问孔子怎样才算聪明。孔子说："把主要精力放在引导老百姓趋向道义，对待鬼神严肃尊敬，但并不接近它，就可以说是聪明人了。"樊迟又问怎样才算有仁德，孔子说："有仁德的人对艰难困苦的工作争先恐后地去做，然后获得实际效益。这样就可以说是有仁德之人了。"

子曰："知者乐水[1]，仁者乐山[2]；知者动，仁者静；知者乐，仁者寿。"

【注释】

①知："智"，聪明，富有理性。 ②仁者：具有仁的品质的人。

【译文】

孔子说："聪明的人思想活跃，喜爱流动的水，有仁德的人朴实淳厚，喜欢稳定的山。聪明的人爱活动，仁德的人爱安静。聪明的人生活快乐达观，仁德的人享受高寿。"

子曰："齐一变[1]，至于鲁；鲁一变，至于道。"

【注释】

①变：变革，改革。

【译文】

孔子说："齐国的政治一改革，就可以达到鲁国的水平。鲁国的政治一改革，可以达到先王施行仁政的大道了。"

子曰："觚不服[1]，觚哉！觚哉！"

【注释】

①觚（gū）：古代盛酒的器具，上方下圆，有四条棱角，容量二升。后来改成圆形的，去

掉了棱角，所以孔子叹息它不像觚的样子，名实不相符。

【译文】

孔子说："觚不像觚的样子，这哪里是觚啊！这哪里是觚啊！"

宰我问曰："仁者，虽告之曰井有仁焉[1]，其从之也[2]？"子曰："何为其然也？君子可逝也[3]，不可陷也；可欺也，不可罔也。"

【注释】

①井有仁：有仁人掉入井中。 ②从之：下井去救。 ③逝：往而不返，这里指可使上当。

【译文】

宰我问道："有仁德的人，即便告诉他井里掉下一位仁人，他是不是会跟着下去呢？"孔子说："为什么你要这样做呢？君子可以让他一去不返，却不可以陷害他；君子可以被人用正当的理由欺骗，但不能被人无理愚弄。"

子曰："君子博学于文，约之以礼，亦可以弗畔矣夫[1]！"

【注释】

①畔：同"叛"。

【译文】

孔子说："君子如果能广泛地阅读文献，再用礼节来约束自己的行动，也就可以不离经叛道了吧！"

子见南子[1]，子路不悦。夫子矢之曰[2]："予所否者[3]，天厌之[4]！天厌之！"

【注释】

①南子：卫灵公的夫人，当时把持朝政，作风淫乱。 ②矢：誓。 ③否：不对，指不正当的事。 ④厌：弃绝，厌弃。

【译文】

孔子会见南子，子路不高兴。孔子发誓说："我的所作所为如果有不符礼仪的地方，老天爷会厌弃我的，老天爷会厌弃我的。"

子曰："中庸之为德也[①]，其至矣乎！民鲜久矣。"

【注释】

①中庸：是孔子提倡的最高道德标准，主张一切言行要不偏不倚、无过无不及。中，适中，无过无不及。庸，常，守常不变。

【译文】

孔子说："中庸作为一种道德准则，该是最高的吧！大家已经缺乏这种美德很久了。"

子贡曰："如有博施于民而能济众，何如？可谓仁乎？"子曰："何事于仁？必也圣乎！尧、舜其犹病诸[①]！夫仁者，己欲立而立人[②]，己欲达而达人[③]。能近取譬[④]，可谓仁之方也已[⑤]。"

【注释】

①尧舜：传说上古的两位帝王，也是孔子心目中最崇拜的圣人。病：忧愁。 ②立：站得住，自立。 ③达：通达，行得通。 ④譬：比喻；比方。 ⑤方：途径。

【译文】

子贡说："假如有这么一个人，广泛地给人民施恩惠，而且又能够周济大众，怎么样？可以算得上仁人了吗？"孔子说："哪里能仅仅是仁人！一定是圣人了！尧舜恐怕也难以做得到。仁是什么呢？自己想要站得住，也要让别人站得住，自己想要事事通达，也要让别人事事行得通。从眼前事实中择例踏踏实实去做，可以说这就是实践仁道的方法了。"

卷　四

述而第七

子曰："述而不作①，信而好古，窃比于我老彭②。"

【注释】

①述：传述。作：创作。　②窃：私下，私自。老彭：商代的一位大夫。

【译文】

孔子说："传述古籍而不随便创作，相信而且爱好古代文化典籍，我私下把自己和喜欢古籍的老彭相比。"

子曰："默而识之①，学而不厌，诲人不倦②，何有于我哉？"

【注释】

①识（zhì）：记住。　②诲：教导，诱导。

【译文】

孔子说："把所见所闻的知识默默地记住，不厌烦地努力学习，毫不疲倦地教导别人，这些事情我哪一点做到了呢？"

子曰："德之不修，学之不讲，闻义不能徙①，不善不能改，是吾忧也。"

【注释】

①徙：迁移，这里是见善则迁。

【译文】

孔子说："不修养自己道德，不讲习学问，听到仁义的事不能全力以赴地去做，自己有缺点不能及时改正，这些都是我感到忧虑的。”

子之燕居[①]，申申如也[②]，夭夭如也[③]。

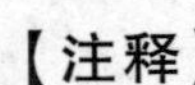

【注释】

①燕居：闲居。 ②申申：衣冠整齐。 ③夭夭：仪态温和舒畅。

【译文】

孔子在家闲居的时候，穿戴是很整齐的，态度温和，颜色和悦。

子曰：“甚矣吾衰也！久矣吾不复梦见周公[①]。”

【注释】

①周公：名旦，周文王的儿子，武王的弟弟，成王的叔父，据说西周的礼乐制度是由他制订的，是孔子非常崇拜的圣人。

【译文】

孔子说：“我衰老得多么厉害呀！很长时间就没有梦见过周公了！”

子曰：“志于道，据于德[①]，依于仁，游于艺[②]。”

【注释】

①据：执守，根据。 ②艺：六艺，指礼、乐、射、御、书、数，是孔子教育学生的六门课程。

【译文】

孔子说：“要立志求道，要立足行德，要以身行仁，而游习于六艺之中。”

子曰：“自行束脩以上[①]，吾未尝无诲焉。”

【注释】

①束脩：一束干肉，指学生交给老师的学费。脩，干肉，又称‘脯’。束，十条干肉。

【译文】

孔子说："只要主动地给我带一束干肉的见面薄礼，我从没有不教诲他的。"

子曰："不愤不启[1]，不悱不发[2]，举一隅而不以三隅反[3]，则不复也。"

【注释】

①愤：心里苦苦思索想把问题弄明白，但还没有想通的样子。 ②悱：口中想说但不能明确说出来的样子。 ③隅（yú）：角落。

【译文】

孔子说："我不到学生苦思冥想而想不通的时候，不去开导他；不到学生口里想说而不能明确地说出来的时候，不去启发他。我给学生讲东西，学生不能举一反三，由此及彼，我就不再教他了。"

子食于有丧者之侧，未尝饱也。子于是曰哭，则不歌。

【译文】

孔子在办丧事的人家旁边吃饭，从来就没有吃饱过。孔子如果在一天为吊丧哭泣过，那么他在这一天就不唱歌。

子谓颜渊曰："用之则行，舍之则藏[1]，唯我与尔有是夫！"

子路曰："子行三军[2]，则谁与[3]？"子曰："暴虎冯河[4]，死而无悔者，吾不与也。必也临事而惧[5]，好谋而成者也。"

【注释】

①舍：舍弃，指不用。 ②行：指挥，率领。三军：古代大国有三军，每军12500人，这里指全军。 ③与：在一起，指共事。 ④暴虎：赤手空拳与虎搏斗。冯河：不凭任何渡河工具而徒步过河。冯：同"凭"。 ⑤惧：谨慎小心。

【译文】

孔子对颜渊说："如果有人用我，我就竭诚尽力推行自己的主张，若没人用我，我就隐藏起来。只有我和你能够做到这一点吧！”

子路对孔子说：“如果你指挥军队的话，那么，你找谁与你共事呢？”孔子说：“赤手空拳打老虎，徒步过河，这样死了都不后悔的人，我是不会同他共事的。我所找的同我共事的一定是遇事谨慎，临危不惧，喜欢思考问题，能够完成任务的人。”

子曰：“富而可求也[①]，虽执鞭之士[②]，吾亦为之。如不可求，从吾所好。”

【注释】

①而：如果。可求：用正当的方法去求。 ②执鞭之士：拿着鞭子为达官贵人开路的下等差役。

【译文】

孔子说：“财富如果可以合理求得的话，即使是替人执鞭的下等贱役，我也愿意去做。如果不能合理求得的话，那还是做我爱好的事情。”

子之所慎：齐[①]，战，疾。

【注释】

①齐：同“斋”，即斋戒。古代在祭祀之前，沐浴更衣，不喝酒，不吃荤，不吃葱蒜，不与妻妾同居房事，整洁身心，以示虔诚。

【译文】

孔子所谨慎小心地对待的三件事是：斋戒，战争，疾病。

子在齐闻《韶》[①]，三月不知肉味[②]，曰：“不图为乐之至于斯也。”

【注释】

①《韶》：舜时的乐曲名。 ②三月：泛指长时间。

【译文】

孔子在齐国，听到《韶》的乐曲，很长时间不知道吃肉的味道。于是，孔子说：“没有想到舜时创作的音乐达到这样高的水平。”

冉有曰："夫子为卫君乎[1]？"子贡曰："诺，吾将问之。"

入，曰："伯夷、叔齐何人也？"曰："古之贤人也。"曰："怨乎？"曰："求仁而得仁，又何怨？"出，曰："夫子不为也。"

【注释】

①为：帮助。卫君：卫国的国君卫出公，姓蒯，名辄。他的祖父是卫灵公，父亲是蒯聩。灵公死，辄立为卫国君，他的父亲聩逃亡在晋国，在晋国支持下回卫国与他争夺王位。

【译文】

冉有对子贡说："老师会协助卫出公吗？"子贡说："好吧！让我去问一问他。"

子贡进到孔子屋里，说："伯夷、叔齐是什么样的人？"孔子说："是古代的贤人。"子贡说："他们有什么遗憾的事吗？"孔子说："他们追求的是仁，得到的也是仁，又有什么遗憾的呢？"

子贡出来对冉有说："老师不会帮助卫君。"

子曰："饭疏食，饮水[1]，曲肱而枕之[2]，乐亦在其中矣。不义而富且贵，于我如浮云。"

【注解】

①饭：吃饭。疏食：粗粮。 ②肱：胳膊。

【译文】

孔子说："吃粗粮，喝白水，弯起胳膊作枕头，这里面也是很有乐趣的。如果用不正当的手段得到富贵，对于我来说就像天上的浮云一样。"

子曰："加我数年，五十以学《易》，可以无大过矣。"

【译文】

孔子说："再给我几年的岁月，五十岁去学习《易经》，就可以没有大的过错了。"

子所雅言[①]，《诗》、《书》、执礼，皆雅言也。

【注释】

①雅言：周朝的通行语言，相当于现在的普通话。

【译文】

孔子有用雅言的时候，诵读《诗经》、《尚书》和赞礼时，就都用雅言。

叶公问孔子于子路[①]，子路不对。子曰："女奚不曰，其为人也，发愤忘食，乐以忘忧，不知老之将至云尔[②]。"

【注释】

①叶（shè）公：姓沈，名诸梁，字子高，楚国的大夫，封地叶城（今平顶山市叶县南）。
②云尔：如此罢了。

【译文】

叶公向子路询问孔子是个什么样的人。子路没有回答。孔子对子路说："你为什么不这样说：他的为人啊！是用功读书的时候就忘记了饮食，快乐起来就忘记了忧愁。不知道衰老就要到来了，如此罢了。"

子曰："我非生而知之者，好古，敏以求之者也。"

【译文】

孔子说："我不是一生下来就有知识的人，而是爱好古代文化，敏捷勤奋地去求取知识的人。"

子不语怪，力，乱，神。

【译文】

孔子不谈乱四样事情：怪异，勇力，叛乱，鬼神。

子曰："三人行，必有我师焉：择其善者而从之，其不善者而改之。"

【译文】

孔子说："三个人在一起走路，其中一定有人值得我学习：我选择那些优点去学习，看出那些缺点作为自己的借鉴，改正自己的错误。"

子曰："天生德于予，桓魋[1]其如予何？"

【注释】

①桓魋：宋国的司马向魋。因是宋桓公后代，故称桓魋。据说，孔子带着自己学生在宋国一棵大树下演习礼仪，桓魋想杀死孔子，砍倒大树，弟子劝孔子快点跑，孔子于是就说了这句话。

【译文】

孔子说："上天造就了我这样优秀的品德，那桓魋能把我怎么样？"

子曰："二三子以我为隐乎[1]？吾无隐乎尔。吾无行而不与二三子者[2]，是丘也。"

【注释】

①二三子：诸位，几个人，这里指孔子的学生。 ②无行：没有什么事情。与：示，教。

【译文】

孔子说："你们这些学生认为我会隐瞒什么吗？我不会对你们隐瞒任何东西的。我没有一点东西不告诉你们的，这就是我孔丘的为人。"

子以四教：文，行，忠，信。

【译文】

孔子从四个方面教育学生：文化知识，社会实践，忠心耿耿，坚守信约。

子曰："圣人，吾不得而见之矣；得见君子者，斯可矣。"

子曰："善人，吾不得而见之矣得见有恒者[1]，斯可也。亡而为有，虚而为盈，约而为泰[2]，难乎有恒矣。"

【注释】

①恒：恒心，有操守。 ②约：穷困。泰：富足。

【译文】

孔子说："圣人，我是不可能见到了，能够看见君子，也就可以了。"

孔子又说："善人，我是不可能见到了，能够见到操守坚定的人，就可以了。本来没有却假装有，本来空虚却装作充足；本来就很穷困，却装作很富足。这样的人是很难有坚定的操守的。"

子钓而不纲[①]，弋不射宿[②]。

【注释】

①纲：网上的大绳。在大绳下挂着网，横拦在水中捕鱼，也叫纲。 ②弋：用带生丝的箭射。宿：指归巢歇宿的鸟。

【译文】

孔子钓鱼不用大绳横断流水捕鱼，只用鱼竿钓鱼；他用带生丝的箭射鸟，但不射归巢栖息的鸟。

子曰："盖有不知而作之者[①]，我无是也。多闻，择其善者而从之；多见而识之[②]，知之次也[③]。"

【注释】

①作：凭空造作。 ②识（zhì）：记住。 ③次：次一等，差一等。这里指学而知之者比生而知之者次一等。

【译文】

孔子说："大概有一种自己不知道而凭空创造的人，我没有这个毛病。广泛听取各方面的意见，选择其中最好的采用，博览群书，全记在心里。这样学习得到的知识是仅次于'生而知之'的。"

互乡难与言[①]，童子见，门人惑。子曰："与其进也[②]，不与其退也，唯何甚？人洁己以进，与其洁也，不保其往也[3]。”

【注释】

①互乡：地名。 ②与：赞许，肯定。 ③保：守，这里有抓住不放的意思。

【译文】

互乡这个地方的人很难和他们交谈。但互乡有一个少年却受到了孔子的接见，弟子们都感到迷惑不解。孔子说：“我们赞成他的进步，不赞成他的退步，待人家又何必太过分呢？人家把自己收拾得干干净净来求见，就应该赞许他的干净，不要抓住人家过去的污点不放。”

子曰：“仁远乎哉？我欲仁，斯仁至矣。”

【译文】

孔子说：“仁德距离我们很远吗？只要我想得到仁，仁就可以到来。”

陈司败问：“昭公知礼乎[1]？”孔子曰：“知礼。”

孔子退，揖巫马期而进之[2]，曰：“吾闻君子不党，君子亦党乎？君取于吴[3]，为同姓，谓之吴孟子[4]。君而知礼，孰不知礼？”

巫马期以告[5]。子曰：“丘也幸，苟有过，人必知之。”

【注释】

①陈司败：人名。也有说陈为国名，司败为官名。昭公：鲁昭公，名裯，昭是谥号。 ②巫马期：姓巫马，名施，字子期，孔子的学生。 ③取：同“娶”。 ④吴孟子：鲁昭公夫人。 ⑤以告：以之告，就是把陈司败的话告诉孔子。

【译文】

陈司败问孔子：“鲁昭公懂不懂礼？”孔子回答说：“懂礼！”

孔子出去后，陈司败就向巫马期作了个揖，请他走到自己身边来，然后对他说：“我听说君子是无所偏袒的，难道君子也偏袒别人吗？鲁君从吴国娶了一位夫人，与他同为姬姓，称为吴孟子。鲁君如果知礼的话，还有谁不知礼呢？”

巫马期把陈司败的话转告给了孔子，孔子说：“我也真幸运呀！假如有过错，人家总会指出来的。”

子与人歌而善，必使反之，而后和之。

【译文】

孔子与别人一道唱歌，如果别人唱得好听，他一定请人家再唱一遍，然后自己就跟着他唱。

子曰：“文①，莫吾犹人也②。躬行君子，则吾未之有得。”

【注释】

①文：文化知识。 ②莫：大约，大概。

【译文】

孔子说：“就《诗》、《书》等文化知识来说，也许我和别人是一样的。如果做一个像君子一样身体力行的人，那我还没有做到。”

子曰：“若圣与仁，则吾岂敢①？抑为之不厌②，诲人不倦，则可谓云尔已矣。”公西华曰：“正唯弟子不能学也。”

【注释】

①岂敢：怎么敢当。 ②抑：只是，可是。之：代指圣与仁。

【译文】

孔子说：“如果说到圣和仁，那我怎么敢当呢？我只不过学习和工作从不厌烦，教诲别人从不疲倦，就可以说是如此如此罢了。”公西华说：“这正是我们这些弟子学不到的呀！”

子疾病①，子路请祷。子曰：“有诸？”子路对曰：“有之。诔曰②：‘祷尔于上下神祇③’。”子曰：“丘之祷久矣。”

【注释】

①疾：病。病：形容病情加重。 ②诔：向鬼神祈祷的文章。 ③祇（qí）：地神。

【译文】

孔子病重，子路请求向神灵祈祷。孔子说："有这样做的吗？"子路回答说："有这样做的。《诔》文上说'替你向天神地神祈祷'。"孔子说："（我自己的一言一行一贯合于神明）我的祷告已经很久了。"

子曰："奢则不孙[①]，俭则固[②]。与其不孙也，宁固。"

【注释】

①孙：同"逊"，恭顺。不孙，这里有"越礼"之意。 ②固：鄙陋，简陋。这里指没有达到礼的要求。

【译文】

孔子说："奢侈豪华就显得骄傲，节俭朴素就显得寒酸。与其骄傲，不如寒酸。"

子曰："君子坦荡荡[①]，小人长戚戚[②]。"

【注释】

①坦：平坦宽广。 ②长：常。戚戚：忧愁的样子，局促不安。

【译文】

孔子说："君子胸怀宽广平坦，小人经常局促忧愁。"

子温而厉，威而不猛，恭而安。

【译文】

孔子温和而又严厉，威武而不凶猛，庄重而又自然。

泰伯第八

子曰："泰伯[①]，其可谓至德也已矣。三以天下让，民无得而称焉。"

【注释】

①泰伯：周朝始祖古公亶父的长子，又名太伯。相传他深解其父想把君位通过三子季历传给姬昌（周文王）的意愿，于是就与二弟仲雍一起出走到吴地，实现了其父的愿望。

【译文】

孔子说："泰伯可以说是品德最高尚的人了。他多次把天子的地位让给其弟季历，老百姓们不知道用什么恰当的词来称赞他才好呢！"

子曰："恭而无礼则劳[①]，慎而无礼则葸[②]，勇而无礼则乱，直而无礼则绞[③]。君子笃于亲[④]，则民兴于仁；故旧不遗，则民不偷[⑤]。"

【注释】

①劳：劳苦，劳倦。一说徒劳。 ②葸（xǐ）：畏惧。 ③绞：尖刻。 ④笃：忠厚，诚实。
⑤偷：指人情淡薄。

【译文】

孔子说："只注重表面的过度恭敬而不用礼教来节制，就会陷于劳苦不堪。只是一味地小心谨慎而不用礼来调节，就会显得懦弱。只是勇敢无畏，而不用礼来约束，那就会闯祸的。仅仅心直口快，而不用礼来引导，就会显得尖酸刻薄。君子能够忠实地对待自己的亲属，那么，老百姓就会兴起追求仁德之风。在上位的君子不忘记自己的亲属故旧，那么老百姓就不会人情淡薄。"

曾子有疾，召门弟子曰："启予足[①]！启予手！《诗》云：'战战兢兢，如临深渊，如履薄冰[②]。'而今而后，吾知免夫！小子！"

【注释】

①启：打开，一说"视"。 ②所引三句见《小雅·小旻》篇，意思是做人要小心谨慎，才能避免祸害。

【译文】

曾参病了，就把他的学生召集到跟前说："看看我的脚，看看我的手！

《诗经》上说：‘小心谨慎啊！就好像站在深渊的边缘，就好像行走在薄薄的冰层之上。’从今以后，我是知道自己可以免于祸害了。学生们！”

曾子有疾，孟敬子问之[①]。曾子言曰：“鸟之将死，其鸣也哀；人之将死，其言也善。君子所贵乎道者三：动容貌，斯远暴慢矣[②]；正颜色，斯近信矣；出辞气，斯远鄙倍矣[③]。笾豆之事[④]，则有司存[⑤]。”

【注释】

①孟敬子：鲁国大夫孟孙捷。问：探望，看望。 ②暴慢：粗暴，无礼。远：远离，避免。

③鄙：粗野。倍：同“背”，背理。 ④笾豆：古代的两种祭把用的器具。笾：指竹器。豆：指木器。 ⑤有司：负责有关事务的官吏。

【译文】

曾参病了，孟敬子去看望他。曾参说：“鸟将要死的时候，它的鸣叫声音也是悲哀的。人将要死的时候，说出的话也是善良的。君子待人接物应该重视三方面的道德：使自己的举动容貌严肃有礼，就不会有粗暴和放肆的毛病了。使自己的脸色端庄，显出诚意，那么就容易令人信服。使自己说话时的言辞和声调和悦动人，那么就可以避免粗野和背理的毛病。至于祭祀时陈列笾豆祭品等礼仪方面的细事，那自有主管部门的官吏去负责。”

曾子曰：“以能问于不能，以多问于寡；有若无，实若虚；犯而不校——昔者吾友尝从事于斯矣[①]。”

【注释】

①校（jiào）：计较，较量。吾友：我的朋友。有人认为指颜回。

【译文】

曾参说：“有能力的人却向没有能力的人请教，知识多的要却向知识少的人请教；有学问就像没有学问的人一样，知识充实的人像知识空虚的人一样，受到别人的侵犯也不计较——从前，我的朋友就曾这样做了。”

曾子曰：“可以托六尺之孤[①]，可以寄百里之命[②]，临大节而不可夺也——

君子人与[3]？君子人也。”

【注释】

①六尺之孤：指未成年而即位的幼年君主。托：托付。六尺：合现在四尺多一点，指孩童。孤：少而无父。 ②百里：国家面积方圆百里，指诸侯国，这里指代理国政。 ③不可夺：不可夺其志，不动摇屈服。

【译文】

曾子说：“可以把幼小的君主托付给他；可以把国家的前途命运寄托给他，在生死存亡的紧要关头而不动摇屈服——这种人是君子吗？是君子呀！”

曾子曰：“士不可以不弘毅[1]，任重而道远。仁以为己任[2]，不亦重乎？死而后已，不亦远乎？”

【注释】

①弘：广大，指心胸宽广。毅：坚毅，刚强。 ②仁以为己任：以仁为己任。

【译文】

曾子说：“读书人不可以不心胸宽广和意志刚强，因为他们任务重大而道路遥远。以实现仁德为自己的历史责任，不也是很沉重的任务吗？（为完成这样的历史责任）一直奋斗到死才停止，这难道不是道路遥远吗？”

子曰：“兴于诗[1]，立于礼，成于乐。”

【注释】

①兴：起，这里有“激发”、“振奋”之意。

【译文】

孔子说：“诗篇可以激发我的志气，礼节可以坚定我的节操，音乐可以陶冶我的性情。”

子曰：“民可使由之[1]，不可使知之。”

【注释】

①由：遵从。

【译文】

孔子说："老百姓可以让他们遵照我们的意见去做，不必让他们知道为什么这样做。"

子曰："好勇疾贫[①]，乱也。人而不仁，疾之已甚[②]，乱也。"

【注释】

①疾：痛恨。 ②已甚：太过分。

【译文】

孔子说："喜欢勇敢却厌恶贫困，是一定会做违法乱纪之事的。如果对于不仁不义的人痛恨得太过分，也会逼迫他们犯上作乱的。"

子曰："如有周公之才之美[①]，使骄且吝，其余不足观也已。"

【注释】

①才、美：指智能技艺之美。

【译文】

孔子说："即使有周公这样的人才和美德，假如骄傲而又吝啬，那么，其他方面也就不值得一看了。"

子曰："三年学，不至于谷[①]，不易得也。"

【注释】

①至：同"志"，想到，想法。谷：小米，这里指俸禄，古代以谷米作官吏的俸禄。

【译文】

孔子说："读书三年没想到求取功名利禄，这样的人是不容易找到的。"

子曰：“笃信好学，守死善道，危邦不入，乱邦不居。天下有道则见[①]，无道则隐。邦有道，贫且贱焉，耻也；邦无道，富且贵焉，耻也。”

【注释】

①见：同“现”。

【译文】

孔子说：“一个人应该有坚定的信仰和诚实好学的精神，应该誓死捍卫那美好的治国做人的原则，不进入政局危亡的国家，不在纲纪紊乱的国家居住。社会政治清明就出来做官，社会政治黑暗就隐居不仕。国家政治清明而自己贫贱，那是耻辱的；政治黑暗而自己富贵，那也是耻辱的。”

子曰：“不在其位，不谋其政。”

【译文】

孔子说：“不担任那个职位，就不考虑和谋划那个方面的政事。”

子曰：“师挚之始[①]，《关雎》之乱[②]，洋洋乎盈耳哉！”

【注释】

①师挚：鲁国的乐师，名挚。始：乐曲的开始，即序曲。 ②乱：乐曲的结尾。

【译文】

孔子说：“从太师挚开始演奏，直到结束时演奏《关雎》，美妙动听的乐曲充满了耳朵。”

子曰：“狂而不直，侗而不愿[①]，悾悾而不信[②]，吾不知之矣。”

【注释】

①侗：幼稚，无知。愿：谨慎，忠厚。 ②悾：同“空”，无知。一说诚恳的样子，这里指假装诚恳的样子。

【译文】

孔子说：“狂妄而不正直，幼稚而不朴实，没有才能而又不讲信用，我不知道这样的人为什么会成这样子。”

子曰：“学如不及，犹恐失之。”

【译文】

孔子说：“学习就好像拼命追赶什么东西而又追赶不上那样急迫；学过的东西还担心怕忘掉。”

子曰：“巍巍乎[①]！，舜禹之有天下也而不与焉[②]。”

【注释】

①巍巍：高大的样子。 ②与：参与，这里指求取。

【译文】

孔子说：“多么高尚啊！舜禹得到天下不是夺取来的。”

子曰：“大哉，尧之为君也！巍巍乎！唯天为大，唯尧则之[①]。荡荡乎[②]，民无能名焉[③]。巍巍乎其有成功也，焕乎有其文章[④]！”

【注释】

①则：效法，学习。 ②荡荡：广大的样子，这里指尧恩德广大。 ③名：称赞。 ④焕：光辉。

【译文】

孔子说：“尧做君主，真是伟大啊！多么崇高啊，只有天是最高最大的呀！而只有尧能够学习天（能和天相比）。他的恩德是那样的广大，老百姓真不知道怎样来称赞他才好！他取得的功绩多么伟大呀！他创制的礼乐制度也放射着光彩（照耀后人）！”

舜有臣五人而天下治[①]。武王曰：“予有乱臣十人[②]。”孔子曰：“才难[③]，不其然乎！唐、虞之际[④]，于斯为盛。有妇人焉[⑤]，九人而已。三分天下有其二，以服事殷。周之德，其可谓至德也已矣。”

【注释】

①舜有臣五人：传说指禹、稷、契、皋陶、伯益等五人。 ②乱臣：能治国之臣。乱：同“治”。 ③才难：人才难得。 ④唐虞：指唐尧、虞舜。 ⑤妇人：指周武王的后妃邑姜。一说指周文王的后妃太姒。

【译文】

舜有五位贤臣把天下治理好了。周武王说：“我有治理国家的贤臣十人。”孔子说：“人才难得呀！难道不是这样吗？从唐尧到虞舜之后（包括周武王的时代）人才最盛。周武王的十位治国大臣中还有一位妇女，实际上武王只有九位能臣罢了！周文王得到了天下的三分之二，仍然以臣子的地位侍奉殷纣王。周的仁德，可以说是达到最高的标准了！”

子曰：“禹，吾无间然矣[①]。菲饮食而致孝乎鬼神[②]，恶衣服而致美乎黻冕[③]，卑宫室而尽力乎沟洫[④]。禹，吾无间然矣。”

【注释】

①间（jiàn）：空隙，指找毛病而批评。 ②菲：菲薄，不厚。 ③黻：祭祀时穿的礼服。冕：祭祀时戴的礼帽。 ④卑：低矮。沟洫：沟渠，指农田水利。

【译文】

孔子说：“对于夏禹，我就没有什么可挑剔的了！他自己吃喝的都很俭省，却把孝敬鬼神的祭品办得极为丰盛。他平时穿的衣服破旧，而祭祀时的礼服却极为华美。他居住的宫室很矮小，却竭尽全力兴修农田水利。禹，我对他没有什么毛病可挑剔的！”

卷　五

子罕第九

子罕言利与命与仁[①]。

【注释】

①罕：少。

【译文】

孔子很少谈论功利和天命，却非常赞许仁德。

达巷党人曰[①]：“大哉孔子！博学而无所成名[②]。”子闻之，谓门弟子曰：“吾何执？执御乎[③]，执射乎[④]？吾执御矣。”

【注释】

①达巷党：巷党，即里巷。古代五百家为一党。达是巷党的名。　②无所成名：指没有能够成就名声的一技之长。　③执御：赶车。　④执射：射箭。

【译文】

达巷党中的人说：“孔子真伟大呀！他的学问是那样的渊博，可惜没有一项能够树立自己名声的专长。”孔子听到这话后，对他的学生说：“我该专心掌握什么技艺呢？是赶马车呢，还是射箭呢？我赶马车好了。”

子曰：“麻冕[①]，礼也；今也纯[②]，俭。吾从众。拜下[③]，礼也；今拜乎上[④]，泰也[⑤]。虽违众，吾从下。”

【注释】

①麻冕：麻布制的礼帽。　②纯：黑丝绸。　③拜下：臣见君的礼节，先在堂下拜，然后

升堂再拜。 ④拜乎上：臣见君时直接升堂而拜，省去了在堂下拜的礼节。 ⑤泰：骄傲，傲慢。

【译文】

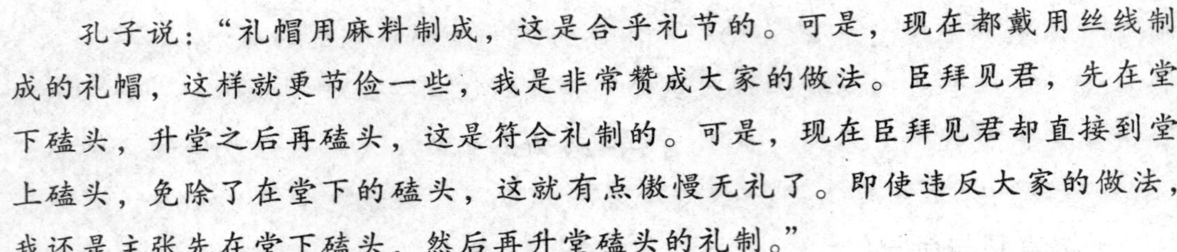

孔子说：“礼帽用麻料制成，这是合乎礼节的。可是，现在都戴用丝线制成的礼帽，这样就更节俭一些，我是非常赞成大家的做法。臣拜见君，先在堂下磕头，升堂之后再磕头，这是符合礼制的。可是，现在臣拜见君却直接到堂上磕头，免除了在堂下的磕头，这就有点傲慢无礼了。即使违反大家的做法，我还是主张先在堂下磕头，然后再升堂磕头的礼制。”

子绝四：毋意①，毋必②，毋固③，毋我④。

【注释】

①意：臆，猜想。 ②必：必定。指期望一定如何。 ③固：固执。 ④我：私己，即自私之心。

【译文】

孔子杜绝四种毛病，就是：不主观凭空猜测，不武断专行，不固执己见，不自以为是。

子畏于匡①，曰：“文王既没，文不在兹乎？天之将丧斯文也，后死者不得与于斯文也②；天之未丧斯文也，匡人其如予何③？”

【注释】

①畏：拘囚。匡：地名，今河南长垣县西南。子畏于匡的事见《史记·孔子世家》：孔子离开卫国到陈国去，经过匡地，匡地群众误把孔子当成曾经攻打掠夺过自己的阳虎，而把孔子拘囚五天。 ②后死者：死在周文王之后的人，孔子自称。 ③如予何：奈我何，把我怎么样。

【译文】

孔子在匡地被拘禁起来后，他就说：“周文王死了以后，周的文化典籍不是都在我这里吗？老天爷如果要想消灭周的文化典籍的话，那我也不会承受这些文化典籍了；老天爷如果不想消灭周的这些文化典籍的话，那匡人又能把我怎么样呢?”

太宰问于子贡曰[①]：“夫子圣者与？何其多能也？”子贡曰：“固天纵之将圣[②]，又能多也。”

子闻之，曰：“太宰知我乎？吾少也贱，故多能鄙事[③]。君子多乎哉？不多也。”

牢曰[④]：“子云：‘吾不试[⑤]，故艺[⑥]’。”

【注释】

①太宰：官名，其人不详，辅佐君主治理国家。 ②纵：使，让。 ③鄙事：卑贱低下的事。 ④牢：子牢，孔子的学生。 ⑤试：用，指做官。 ⑥艺：多才多艺。

【译文】

太宰问子贡说：“孔夫子是一位圣人吗？他为什么那样多才多艺呢?”子贡回答说：“这本来是老天爷让他成为圣人的，又让他多才多艺。”

孔子听到这些话，说：“太宰了解我吗？我小的时候很贫贱，所以能学会许多卑贱的技艺。真正的君子会有这么多的技巧吗？不会有这么多的。”

子牢说：“孔子说过，‘我没有被国家任用为官，所以，学得了许多技艺’。”

子曰：“吾有知乎哉？无知也。有鄙夫问于我[①]，空空如也[②]。我叩其两端而竭焉[③]。”

【注释】

①鄙夫：指乡下人。 ②空空如也：指孔子对乡下人提出的问题一无所知。一说指匹夫心中空空无知。 ③叩：叩问，仔细盘问。两端：两头。指事物的始终、本末、上下、精粗等正反两个方面。

【译文】

孔子说：“我有知识吗？我是没有知识的。一个乡下人向我请教，我对他提的问题本来就一无所知。我对他提的那些问题从头到尾详尽地询问后，才尽量把得到的一些答案告诉他。”

子曰："凤鸟不至[①]，河不出图[②]，吾已矣夫！"

【注释】

①凤鸟：凤凰，古代奉为神鸟，它的出现预示着天下太平。　②河不出图：河，黄河。图：八卦图。传说上古伏羲时代，黄河中有龙马背着八卦图而出，预示着"圣王"将要出现。

【译文】

孔子说："吉祥的凤凰没有飞来，黄河的龙马也没有背负八卦图上来，我这一辈子就算完了吧！"

子见齐衰者[①]、冕衣裳者与瞽者[②]，见之，虽少，必作[③]，过之必趋[④]。

【注释】

①齐衰（zīcuī）：用熟麻布做的丧服。　②冕衣裳：冕，古代天子、诸侯、大夫、卿所戴的贵重帽子。衣，上衣。裳，下衣。这里指穿着考究的贵族。瞽：无目，指盲人。　③作：站起来。　④趋：小步快走，是古代的一种礼节，表示敬意。

【译文】

孔子看见穿丧服的人、穿官服戴礼帽的贵族和盲人，即使他们年轻，他也一定要站起来，以示敬意。如果从他们面前走过，他也一定要小步快走过去。

颜渊喟然叹曰："仰之弥高[①]，钻之弥坚。瞻之在前，忽焉在后。夫子循循然善诱人[②]，博我以文，约我以礼。欲罢不能，既竭吾才，如有所立卓尔[③]。虽欲从之，末由也已[④]。"

【注释】

①弥：更加，越发。　②循循然：有次序地。　③卓：高大。尔：同"然"，形容词语尾。④末：无，没有。由：途径。

【译文】

颜渊感慨地叹息说："老师的德行和学识，我抬头仰望，越看越觉得高不可攀，越深入钻研，越觉得深奥莫测。看看好像在眼前，忽然又觉得在后面（真是不容易把握啊）！老师善于一步一步地诱导人，用文化典籍来丰富我们的知识，用礼节来约束我们的行为，即使我想停下来而不可能。我已经用尽我的才能和力量了，但好像前面仍树立有一个高大的目标。我虽然想攀登上去，却找不到路径。”

子疾病，子路使门人为臣[①]。病间[②]，曰：“久矣哉，由之行诈也。无臣而为有臣。吾谁欺[③]？欺天乎？且予与其死于臣之手也，无宁死于二三子之手乎？且予纵不得大葬[④]，予死于道路乎？”

【注释】

①为臣：作为家臣组织治丧。古代大夫家才有家臣。 ②间：间隙，指病情减轻。 ③吾谁欺：吾欺谁。 ④大葬：指大夫的隆重葬礼。

【译文】

孔子病情严重，子路就让孔子的学生充当孔子的家臣准备料理丧事。孔子病情好转，知道子路所办之事，就说：“太久了吧！仲由做这种欺骗人的事情，我本来不到有家臣的级别而装作有家臣。我欺骗谁呢？是欺骗上天吗？我与其死在治丧的家臣手里，还不如死在你们这些学生的手里呢？即使我不能像天子、诸侯那样享受大礼安葬，难道我会死在道路上没有人安葬吗？”

子贡曰：“有美玉于斯，韫椟而藏诸[①]？求善贾而沽诸[②]？”子曰：“沽之哉！沽之哉！我待贾者也。”

【注释】

①韫椟：韫，收藏。椟，柜子。收藏在柜子里。 ②贾（gú）：商人。沽：卖出。

【译文】

子贡说：“这里有一块美玉，是放在柜子里收藏起来呢，还是找一个识货的商人卖出去呢？”孔子说：“卖掉呀！卖掉呀！我在等待识货的商人呢。”

子欲居九夷[①]。武曰：“陋，如之何[②]？”子曰：“君子居之，何陋之有？”

【注释】

①九夷：指我国东方少数民族。 ②陋：荒凉落后，闭塞。

【译文】

孔子想到九夷去居住，有人对他说："那地方荒凉落后，怎么能住呢？"孔子回答说："君子住到那里，还有什么鄙陋的呢？"

子曰："吾自卫反鲁[①]，然后乐正[②]，《雅》、《颂》各得其所[③]。"

【注释】

①反：同返。孔子在鲁哀公十一年（公元前484年）从卫国回到鲁国。　②乐正：审定整理音乐。　③《雅》、《颂》：是《诗经》中的两类诗，可以配乐吟唱，故《雅》、《颂》又是《诗经》中两种音乐的分类。

【译文】

孔子说："我从卫国回到鲁国，然后对乐曲进行整理，使《雅》和《颂》两种乐曲各得其所。"

子曰："出则事公卿，入则事父兄，丧事不敢不勉，不为酒困，何有于我哉？"

【译文】

孔子说："出外就服事公卿，在家就敬事父兄，办理丧事不敢不尽力，饮酒不被酒醉倒，这些事对于我来说做到了哪些呢？"

子在川上曰："逝者如斯夫[①]，不舍昼夜[②]。"

【注释】

①斯：指河水。　②舍：停止。

【译文】

孔子在河边，叹息地说："时光的流逝就像这河水一样，昼夜不停地流去。"

子曰："吾未见好德如好色者也。"

【译文】

孔子说："我没有看见过喜爱仁德就像爱好美色那样的人。"

子曰："譬如为山，未成一篑[①]，止，吾止也；譬如平地，虽覆一篑，进，吾往也。"

【注释】

①篑：土筐。

【译文】

孔子说："好比用土堆山，只差一筐就成山了，但却停了下来，那是谁停的呢？是我自己停的。好比用土平地，即使刚刚倒了一竹筐土，也要继续不停地倒下去，谁倒的呢？我自己坚持不懈倒的。"

子曰："语之而不惰者，其回也与！"

【译文】

孔子说："听我的话而毫不懈怠的人，也许只有颜回吧！"

子谓颜渊曰："惜乎！吾见其进也，未见其止也。"

【译文】

孔子评论颜渊说："这个人死得可惜呀！我只看见他不断地进步，没有看到他停下来过。"

子曰："苗而不秀者有矣夫[①]；秀而不实者有矣夫[②]！"

【注释】

①秀：庄稼吐穗扬花。　②实：果实。

【译文】

孔子说："庄稼出苗长大但不会开花是有的罢！只开花而不结果实的也是

有的吧！”

子曰：“后生可畏，焉知来者之不如今也？四十、五十而无闻焉，斯亦不足畏也已。”

【译文】

孔子说：“年轻人是可怕的，你怎么能断定他们将来不如我们现在这一辈呢？不过，一个人如果到了四五十岁仍然默默无闻的话，也就没有什么值得害怕的了。”

子曰：“法语之言[①]，能无从乎？改之为贵。巽与之言[②]，能无说乎？绎之为贵[③]。说而不绎，从而不改，吾末如之何也已矣。”

【注释】

①法：礼仪原则。 ②巽（xùn）：委婉，谦虚，恭敬。 ③绎：抽取，分析鉴别，这里是从中体会出道理。

【译文】

孔子说：“如果说的是合乎礼仪原则的话，那么，能够不接受吗？有错误就改正是难能可贵的。谦恭顺耳的话，听了能不高兴吗？但能对这些话进行分析鉴别才是可贵的。只高兴而不加分析鉴别，盲目听从而不改正错误的地方，对这种人我实在没有办法啊！”

子曰：“主忠信，毋友不如己者，过则勿惮改。”

【译文】

孔子说：“立足以忠信，不结交不如自己的朋友，有了过错就不要怕改正。”

子曰：“三军可夺帅也；匹夫不可夺志也。”

【译文】

孔子说：“三军的主帅可以剥夺，但一个普通百姓的志向却不能强迫改变。”

子曰：“衣敝缊袍[1]，与衣狐貉者立[2]，而不耻者，其由也与[3]？‘不忮不求[4]，何用不臧[5]？’”子路终身诵之。子曰：“是道也，何足以臧？”

【注释】

①敝：破烂。缊：旧棉絮。 ②狐貉：用狐皮和貉皮做的皮袄。 ③由：仲由，即子路。 ④忮（zhì）：嫉妒。求：贪求。 ⑤臧（zāng）：善，好。这两句引自《诗经·邶风·雄雉》。

【译文】

孔子说：“穿着破旧的棉袍，和穿着狐貉皮袍的人站在一起，而不觉得惭愧的，恐怕只有仲由吧？这正如《诗经》中所说的：‘不嫉妒，不贪求，用到那里有什么不好呢？’”子路听了，经常背诵这首诗，终生不忘。孔子又说：“这样的道理，怎么能够不足以好起来呢？”

子曰：“岁寒，然后知松柏之后彫也[1]。”

【注释】

①彫：同“凋”，凋零。

【译文】

孔子说：“到了天寒地冻的季节，才知道松树和柏树是最后落叶的。”

子曰：“知者不惑，仁者不忧，勇者不惧。”

【译文】

孔子说：“聪明的人不会疑惑，仁德的人没有忧愁，勇敢的人无所畏惧。”

子曰：“可与共学，未可与适道[1]；可与适道，未可与立[2]；可与立，未可与权[3]。”

【注释】

①适：往，到。 ②立：坚守不变。 ③权：本指秤锤，这里指以衡轻重，随机应变。

【译文】

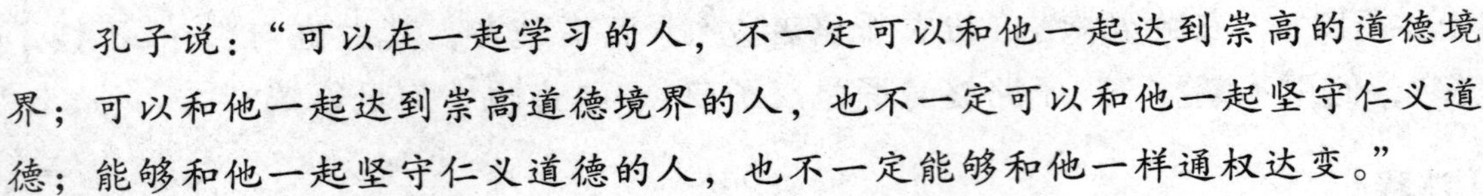
孔子说：“可以在一起学习的人，不一定可以和他一起达到崇高的道德境界；可以和他一起达到崇高道德境界的人，也不一定可以和他一起坚守仁义道德；能够和他一起坚守仁义道德的人，也不一定能够和他一样通权达变。”

“唐棣之花[①]，偏其反而[②]。岂不尔思？室是远而。”子曰：“未之思也，夫何远之有？”

【注释】

①唐棣：树木名称。华：同花。 ②偏：同“翩”，随风摆动。反：违反常规，同“翻”。

【译文】

古诗上说：“唐棣开花，先开后合，像白浪一样随风翻滚。难道我不想念你？只是住处相隔遥远。”孔子说：“我看是没有想念的，如果真想念的话，哪里还会觉得距离遥远呢？”

乡党第十

孔子于乡党[①]，恂恂如也[②]，似不能言者。其在宗庙、朝廷，便便言[③]，唯谨尔。

【注释】

①乡党：指家乡。 ②恂恂：温和恭顺。 ③便便（pián）：同辩辩，善于言谈的样子。

【译文】

孔子在家乡，显得非常温和恭顺，看上去好像不会说似的。他在宗庙和朝廷，就很善于言谈，只是他说话很谨慎罢了。

朝，与下大夫言[①]，侃侃如也[②]；与上大夫言，訚訚如也[③]。君在，踧踖如也[④]，与与如也[⑤]。

【注释】

①下大夫：大夫是诸侯下面的一个等级，大夫又分上大夫和下大夫。 ②侃侃：温和快乐。
③訚訚：正直，恭敬。 ④踧踖（cùjí）：恭敬不安。与与：行步安详。一说威仪适中。

【译文】

孔子在朝廷上，和下大夫的谈话温和而快乐；同上大夫说话正直而恭敬。国君在场的时候，孔子显得恭敬而心中不安的样子，走起路来从容安详。

君召使摈[①]，色勃如也[②]，足躩如也[③]。揖所与立，左右手，衣前后[④]，襜如也[⑤]。趋进，翼如也。宾退，必复命曰："宾不顾矣[⑥]。"

【注释】

①摈：同傧，接待宾客。 ②色勃如：脸色庄重起来。 ③躩：快步回旋行进。 ④衣前后：随着行礼，衣服前后摆动。 ⑤襜如：整齐。 ⑥顾：回头。

【译文】

鲁国国君召孔子去接待宾客，孔子的脸色立即变得庄重严肃起来，脚步走得也快起来。他向与他一起迎接宾客的人左右拱手问好。他穿的礼服也随之前后摆动，显得十分整齐。宾客到来时，他快步走向前迎接，姿态就像鸟儿展翅一样好看。贵宾走了之后，他一定向国君回报说："宾客已经远去不回头了。"

入公门，鞠躬如也[①]，如不容[②]。立不中门，行不履阈[③]。过位[④]，色勃如也，足躩如也，其言似不足者。摄齐升堂[⑤]，鞠躬如也，屏气似不息者。出，降一等[⑥]，逞颜色[⑦]，怡怡如也[⑧]。没阶[⑨]，趋，翼如也。复其位，踧踖如也。

【注释】

①鞠躬：小心谨慎。 ②不容：无容身之地。 ③阈：门槛。 ④位：国君的座位。 ⑤摄：提起。齐（zī）：衣服的下摆。 ⑥降一等：下一个台阶。 ⑦逞：放松，舒展。 ⑧怡怡：和顺。 ⑨没阶：走完台阶。

【译文】

孔子走进朝廷的大门小心谨慎，好像没有容身之地。他从不站在门的中间，过门也脚不踩门槛。当他经过国国君的座位时，脸色立即变得庄重起来，脚步加快，说话也好像气力不够似的。他提起衣服的下摆走上堂去的时候，更加小心谨慎，憋住气好像不呼吸一样。出来的时候，下一个台阶，脸色就舒展起来了，怡然自得。下完了台阶，轻快的向前走几步，像鸟儿舒展翅膀一样。回到了自己的位置上，还是得有恭敬不安的样子。

执圭[①]，鞠躬如也，如不胜[②]。上如揖，下如授。勃如战色[③]，足蹜蹜如有循[④]。享礼[⑤]，有容色。私觌[⑥]，愉愉如也。

【注释】

①圭：玉器。举行典礼时大臣所必须拿的器物。这里是大夫出使邻国时拿的作为君主的象征的圭。　②胜：举起。　③战色：战战兢兢。　④蹜蹜：小步行走。　⑤享礼：指向人赠送礼品的仪礼。享，献。　⑥私觌：私下会见。觌，相见。

【译文】

孔子出使邻国在举行典礼的时候，双手举着圭，非常小心谨慎，好像圭很重举不起来似的。捧圭的位置恰好在胸部中间，往上好像作揖一样，放下来就好像递给别人一样。脸色庄重严肃，好像在战栗；迈着小步，好像在沿着一条线挪动。在赠送礼物时，他表现得和颜悦色。在他私下和外国君臣相见时，就显得非常轻松愉快。

君子不以绀緅饰[①]，红紫不以为亵服[②]。当暑，袗絺绤[③]，必表而出之[④]。缁衣[⑤]，羔裘[⑥]；素衣，麑裘[⑦]；黄衣，狐裘。亵裘长，短右袂[⑧]。必有寝衣[⑨]，长一身有半。狐貉之厚以居[⑩]。去丧无所不佩。非帷裳[⑪]，必杀之[⑫]。羔裘玄冠不以吊[⑬]。吉月[⑭]，必朝服而朝。

【注释】

①绀：深青透红色，斋戒时所穿礼服的颜色。緅：黑中透红，祭祀所穿礼服的颜色。饰：衣服的镶边。　②红紫：红色、紫色，是很贵重的颜色。亵服：便服。　③袗：单衣。絺：细麻布。绤：粗麻布。　④表：外。　⑤缁：黑色。　⑥羔裘：羔羊皮袍。　⑦素：白色。麑：小鹿皮袍。　⑧袂：袖子。　⑨寝衣：睡衣，一说被子。　⑩狐貉之厚：用长着厚毛的狐貉皮当坐垫。　⑪帷裳：上朝或祭祀穿的礼服。　⑫杀：剪裁。　⑬玄冠：黑色的礼帽。古黑色用作吉服，吊丧服白色。　⑭吉月：每月初一。

【译文】

君子不用深青透红和黑中透红的布镶衣服的边；不用贵重的红色和紫色做平时在家穿的便服。在气候炎热的夏天，穿粗麻布或细麻布做的单衣，但一定是罩在外面，里面要穿背心。在冬天穿皮衣时，黑色的罩衣，要配黑色的羔羊皮袍；白色的罩衣要配白色的小鹿皮袍，黄色的罩衣要配黄色的狐貉皮袍。平时在家穿的皮袄要长一些，右手的袖子做得短一些。一定要有睡觉盖的被子，它要有一身半那样长。用狐貉的厚毛皮做坐垫。服丧期满之后，方可佩戴装饰品。不是上朝或祭祀时穿的礼服，一定要裁边。不穿黑色羔羊皮袄和戴黑色礼帽去吊丧。每月初一，一定要穿上上朝的礼服去朝廷拜见君主。

齐①，必用明衣②，布。齐必变食③，居必迁坐④。

【注释】

①齐：同“斋”。 ②明衣：浴衣。 ③变食：改变平时饮食。 ④迁坐：改变卧室，即不与妻妾同房。

【译文】

斋戒一定要沐浴，穿用麻布做的洁净衣服。斋戒还必须改变平时饮食（由吃荤改成吃素）；住处也一定要从卧室迁到幽静的地方。

食不厌精，脍不厌细①。食饐而餲②，鱼馁而肉败③，不食。色恶不食④，臭恶不食⑤，失饪不食，不时不食⑥，割不正不食⑦，不得其酱不食。肉虽多，不使胜食气⑧。惟酒无量，不及乱⑨。沽酒、市脯不食⑩。不撤姜食，不多食。

【注释】

①脍：切细的肉。 ②饐（yì）而餲：指食物时间长了而腐败变味。 ③馁：鱼腐烂。败：肉腐烂。 ④色恶：指食物颜色不好看，变色了。 ⑤臭：气味。 ⑥不时：不是吃饭的时间。
⑦割不正：不按一定的方法分割的肉。 ⑧食气：饭食。 ⑨乱：神志昏乱，指醉酒。 ⑩沽酒、市脯：在市场上买的酒和干肉。

【译文】

粮食不嫌舂得精，鱼、肉不嫌切得细。食物经久腐臭变质，鱼和肉腐烂了，都不吃。食物的颜色变难看了，不吃。食物的气味变得难闻了，不吃。烹调不好的，不吃。不到吃饭时间，不吃。不按一定方法宰割的肉，不吃。没有一定酱醋调味的，不吃。吃饭的时候，肉即使很多，也不吃得超过饭量。只有饮酒不限量，但不要喝醉。从市场上买来的酒和干肉，不吃。吃完了，不去掉用姜做的食物，但不多吃。

祭于公，不宿肉[①]。祭肉不出三日[②]。出三日，不食之矣。

【注释】

①不宿肉：不把肉留着过夜。宿，过夜。 ②祭肉：指家中祭祀用的肉。

【译文】

参加公家的祭祀典礼等活动，领得的祭肉拿回家后不能留到第二天食用。祭肉的保存不得超过三天。超过三天的祭祀祖先的肉就不能吃了。

食不语，寝不言。

【译文】

吃饭的时候不交谈，睡觉的时候不说话。

虽疏食菜羹，瓜祭[①]，必齐如也[②]。

【注释】

①祭：指饭前的祭祀。瓜，《鲁论》作“必”。 ②齐：斋，严肃恭敬。

【译文】

即使是粗米饭青菜汤，吃饭前也要先拿出一点祭祀祖先，而且祭祀时还要像斋戒那样严肃恭敬。

席不正[①]，不坐。

【注释】

①席：当时没有桌椅，坐在铺在地面的席子上。

【译文】

座席摆得不端正，就不坐。

乡人饮酒，杖者出[1]，斯出矣。

【注释】

①杖者：拄拐杖的人，指老年人。

【译文】

和本乡人在一块儿饮酒，等老年人出去之后，然后自己才出去。

乡人傩[1]，朝服而立于阼阶[2]。

【注释】

①傩（nuó）：古代迎神以驱鬼逐疫的风俗。 ②阼阶：大堂东边的台阶，主人站在那里迎送宾客。

【译文】

本乡人举行迎神驱鬼逐疫的仪式时，就穿着朝服站在东边的台阶上。

问人于他邦，再拜而送之。

【译文】

托人向居住在其他诸侯国的朋友问候，对所托付的人两次作拜送行。

康子馈药[1]，拜而受之。曰："丘未达[2]，不敢尝。"

【注释】

①康子：季康子，鲁哀公时的执政者。 ②达：通达，了解。

【译文】

季康子给孔子送药，孔子拜谢后收了下来。说："我对这药的药性还不了解，不敢服用。”

厩焚。子退朝，曰：“伤人乎？”不问马。

【译文】

马棚失火了，孔子从朝廷回来，问道：“伤人了没有？”没有问马的情况。

君赐食，必正席先尝之。君赐腥[①]，必熟而荐之[②]。君赐生，必畜之。待食于君。君祭，先饭[③]。

【注释】

①腥：生肉。 ②荐：供奉。 ③饭：吃饭。

【译文】

君主赐给熟食，孔子一定要摆正座席先尝一尝，然后分给家人。君主赐给生肉，孔子一定要煮熟之后先供奉祖先。君主赐给活牲口，孔子一定要喂养起来。孔子陪着君主吃饭，在君主举行饭前祭礼的时候，孔子总是要代替君主先尝一下饭菜。

疾，君视之。东首[①]，加朝服[②]，拖绅[③]。

【注释】

①东首：生病卧床时头朝东。 ②加朝服：指卧病在床不能穿朝服，也要把朝服盖在身上。
③绅：束在腰间的大带。

【译文】

孔子生病了，君主来看望他。他就把床靠在南窗下，头朝东，披上朝服，再拖着一条绅带，以表示对君的敬意。

君命召，不俟驾行矣[①]。

【注释】

①俟：等待。

【译文】

君子召见孔子，他不等驾好车马就先步行走了。

入太庙，每事问。

【译文】

孔子进到太庙里，每遇到一件事就要问一问。

朋友死，无所归，曰："于我殡[①]"

【注释】

①殡：停放灵柩或埋葬。这里指料理丧事。

【译文】

朋友死了，没有人安葬。孔子说："就由我负责办理丧事吧！"

朋友之馈，虽车马，非祭肉，不拜。

【译文】

朋友赠送的东西，即使是车马，只要不是祭肉，孔子接受时都不行礼。

寝不尸[①]，居不容[②]。

【注释】

①尸：像死尸一样直躺着。 ②居：家居。容：仪容。一说居为"坐"，容为"客"。

【译文】

孔子睡觉不像死尸那样直躺着，平时居家也不像参加祭祀或接见宾客那样仪态庄重。

见齐衰者，虽狎[①]，必变[②]。见冕者与瞽者，虽亵[③]，必以貌。凶服者式之[④]，式负版者[⑤]。有盛撰，必变色而作[⑥]。迅雷、风烈必变。

【注释】

①狎：亲近。　②变：改变面色。　③亵：常见，熟悉。　④式：同轼，古代车前面的横木，这里指用手扶轼，表示尊敬或同情。　⑤版：古代用木板写的国家图籍，如户籍、疆域图等。　⑥作：站起来。

【译文】

孔子看见穿丧服的人，即使是平时往来密切的人，也一定把态度变得严肃起来。他看见戴礼帽的贵族和盲人，即使平时很熟悉，也一定很有礼貌。孔子在车上看见穿孝衣送葬的人，总是俯身在车前的横木上，表示同情。当他遇到背负着国家图籍的人，也要在车上手扶横木，表示敬意。孔子遇到有丰盛酒菜的筵席，一定要郑重地站起来，向主人表示谢意。孔子遇到迅雷、大风，也一定要改变神色。

升车，必正立，执绥[①]。车中，不内顾[②]，不疾言[③]，不亲指[④]。

【注释】

①绥：上车时所拉的带子。　②内顾：回头看。　③疾言：很快地说话。　④亲指：用手指指点点。

【译文】

孔子上车的时候，一定先端正地站好，然后手拉扶手带上车。在车里面，不往后看，不大声说话，不指手画脚。

色斯举矣[①]，翔而后集。曰："山梁雌雉，时哉[②]，时哉！"子路共之[③]，三嗅而作[④]。

【注释】

①色：脸色，指改变脸色。举：飞。指鸟飞。　②时：得其时，指时运好。　③共：同拱。
④嗅：当做狊（jù），鸟张开两翅。

【译文】

美丽的山野雉感到处境有危险，就飞向高空，飞翔了一阵之后就落在树上。孔子说："山梁上这些母野雉啊（它们知道危险而离开），真是识时务啊！识时务啊！"子路向山雉拱一拱手，山野雉就又振翅而飞了。

卷　六

先进第十一

子曰："先进于礼乐[1]，野人也[2]；后进于礼乐，君子也[3]。如用之，则吾从先进。"

【注释】

①先进于礼乐：先学习礼乐然后做官的人。　②野人：在野的人，指没有世袭特权的一般士人。　③君子：这里指贵族子弟。

【译文】

孔子说："没有世袭特权的一般士人是先学习礼乐，然后做官。享有世袭特权的王公贵族是先取得官位而后学习礼乐。如果要我来选用人才的话，那我就要选用那先学习礼乐而后做官的一般士人。"

子曰："从我于陈、蔡者[1]，皆不及门也[2]。"

【注释】

①陈、蔡：国名。指孔子周游列国，在陈国、蔡国之间被人包围而绝粮七天，饿得孔子及其学生走不动。　②不及门：不在孔子身边。

【译文】

孔子说："跟随我在陈、蔡忍受饥饿的人，现在都不在我这里了。"

德行：颜渊，闵子骞，冉伯牛，仲弓。言语：宰我，子贡。政事：冉有，季路。文学[1]：子游，子夏。

【注释】

①文学：精通古代文献。

【译文】

孔子的学生各有所长，德行好的有：颜渊，闵子骞，冉伯牛，仲弓。擅于言辞的有：宰我，子贡。长于政治活动的有：冉有，季路。熟悉古代文献的有：子游，子夏。

子曰："回也，非助我者也。于吾言无所不说。"

【译文】

孔子说："颜回对我不是有帮助的人，他对于我说的话没有不心悦诚服的。"

子曰："孝哉闵子骞！人不间于其父母昆弟之言①。"

【注释】

①间：间隙，这里有挑剔、批评的意思。昆：兄长。

【译文】

孔子说："闵子骞真孝顺呀！人们对他的父母兄弟夸奖他的话没有什么疑义。"

南容三复白圭①，孔子以其兄之子妻之。

【注释】

①白圭：古代国君、大夫行礼时所拿的白玉。三复：多次读。《诗经·大雅·抑之》中有诗句："白圭之玷，尚可磨也；斯言之玷，不可为也。"意思是：白圭上的污点可以磨掉；我们言语中的错误无法挽回。

【译文】

南容反复诵读《诗经》中关于白圭的几句诗，孔子就把自己哥哥的女儿嫁给了他。

季康子问："弟子孰为好学？"孔子对曰："有颜回者好学，不幸短命死矣，今也则亡。”

【译文】

季康子问孔子：“你的学生当中谁学习最用功？”孔子回答说：“有一个叫颜回的学习最用功，不幸他过早地死了，现在就再没有像他这样学习用功的人了。”

颜渊死，颜路请子之车以为之椁[①]。子曰：“才不才[②]，亦各言其子也。鲤也死[③]，有棺而无椁。吾不徒行以为之椁。以吾从大夫之后[④]，不可徒行也。”

【注释】

①颜路：姓颜，名无繇，字路，颜渊的父亲，孔子的学生。椁：古代棺木有二层，外面一层叫椁，里面一层叫棺。 ②才：有才华，指颜渊。不才：没有才华，指孔鲤。 ③孔鲤：字伯鱼，孔子的儿子。在孔子70岁时死去，年仅50岁。 ④从大夫之后：跟随在大夫行列的后面。孔子曾当过鲁国的司寇，属大夫一级。

【译文】

颜渊死了，他的父亲颜路请求孔子卖掉车子给颜渊买个外椁。孔子说：“我不管有才能还是无才能，但都是谈自己的儿子。我的儿子鲤死的时候，也只有内棺而无外椁。我不能卖掉车子给他买外椁，而我自己去步行。因为我也曾做过大夫，是不能步行的。”

颜渊死。子曰：“噫！天丧予！天丧予！”

【译文】

颜渊死了，孔子说：“哎呀！老天爷要我的命了！老天爷要我的命了！”

颜渊死，子哭之恸[①]。从者曰：“子恸矣！”曰：“有恸乎？非夫人之为恸而谁为[②]？”

【注释】

①恸：哀伤过度。 ②夫（fú）：这。指颜渊。

【译文】

颜渊死的时候，孔子哭得极度悲痛。跟随孔子的人说："你太悲痛了！"孔子说："是太悲痛了吗？我不为这个人悲痛，还为谁悲痛呢？"

颜渊死，门人欲厚葬之[①]。子曰："不可。"门人厚葬之。子曰："回也视予犹父也，予不得视犹子也。非我也，夫二三子也[②]。"

【注释】

①厚葬：孔了主张丧葬的薄厚应根据自家的财力而定，颜渊家贫，而学生主张厚葬，所以孔子不同意。 ②夫（fú）：那。

【译文】

颜渊死了，孔子的学生们主张丰厚地埋葬他。孔子说："不能这样做。"但学生们仍然很丰厚地埋葬了颜渊。孔子说："颜回把我当父亲一样看待，而我却不能够像对待儿子一样对待他，这不是我的过错，而是那些学生们坚决要这样办的呀！"

季路问事鬼神。子曰："未能事人，焉能事鬼？"曰："敢问死。"曰："未知生，焉知死？"

【译文】

季路问应该怎样敬事鬼神。孔子说："连人都没有服侍好，哪能够服侍好鬼呢？"

季路又说："我冒昧地问死是怎么回事？"孔子说："生的道理还没弄明白，怎么能够知道死呢？"

闵子侍侧，訚訚如也[①]；子路，行行如也[②]；冉有、子贡，侃侃如也。子乐。"若由也，不得其死然[③]。"

【注释】

①訚訚：正直而恭敬的样子。 ②行（hàng）行：刚强。 ③不得其死然：不能善终。孔子是针对子路勇武刚强的性格讲的。

【译文】

孔子的学生站在孔子的旁边神态各不一样：闵子骞是恭敬谨慎，子路是刚强雄健，冉有、子贡是温和快乐。孔子看着心里很高兴，他说："像仲由这样，恐怕是不得好死。"

鲁人为长府[①]。闵子骞曰："仍旧贯[②]，如之何？何必改作？"子曰："夫人不言，言必有中。"

【注释】

①鲁人：指鲁国的执政大臣。为：改建。长府：国家储藏财货或文书档案的官府名称。②仍旧贯：依然保持原样。

【译文】

鲁国的执政大臣要改建名叫长府的办公用房。闵子骞说："照那个旧样子修一修怎么样？何必要改建呢？"孔子说："这个人平时不多说话，一说话却说到点子上了。"

子曰："由之瑟，奚为于丘之门[①]？"门人不敬子路。子曰："由也升堂矣[②]，未入室也。"

【注释】

①瑟：一种与琴相似的古代乐器。为：指弹奏。 ②堂：正厅。

【译文】

孔子说："仲由弹琴，为什么到我这里来弹呢？"孔子的学生们听了这话，都瞧不起子路。孔子解释说："仲由在学问上已经不错了，只是还不够精深罢了。"

子贡问："师与商也孰贤[①]？"子曰："师也过，商也不及。"曰："然则师愈与[②]？"子曰："过犹不及。"

【注释】

①师：颛孙师。商：子夏。 ②愈：胜过，较好。

【译文】

子贡问孔子："颛孙师和子夏两个人谁好一些？"孔子说："颛孙师有点过分，而子夏有点赶不上。"子贡说："那么，颛孙师好了一些？"孔子说："过分与赶不上同样不好。"

季氏富于周公①，而求也为之聚敛而附益之②。子曰："非吾徒也。小子鸣鼓而攻之可也③。"

【注释】

①季氏：鲁国执政大臣季孙氏。周公：始封于鲁的周公姬旦。 ②求：冉求，孔子学生。敛：收集。附益：增加。 ③小子：指学生。

【译文】

季氏作为大臣比鲁国的君主还要富，而冉求还去帮助他搜刮民财，增加他的财富。孔子说："冉求不是我的学生了，我的学生们可以大张旗鼓地攻击他了！"

柴也愚①，参也鲁②，师也辟③，由也喭④。

【注释】

①柴：姓高，名柴，字子羔，孔子的学生。愚：笨而正直。 ②鲁：迟钝。 ③辟（pì）：偏激。 ④喭：粗俗，鲁莽。

【译文】

高柴愚笨，曾参迟钝，颛孙师偏激，仲由鲁莽。

子曰："回也其庶乎①？屡空②。赐不受命，而货殖焉③，亿则屡中④。"

【注释】

①庶：几乎，差不多。 ②空：贫困。 ③货殖：做买卖。 ④亿：同臆，猜测，估计。

【译文】

孔子说："颜回的学问道德差不多了吧，可是，他常常生活贫困得没有办法。端木赐不听天由命，而去经商，他推测市场行情常常准确无误。”

子张问善人之道[①]，子曰：“不践迹[②]，亦不入于室[③]。”

【注释】

①善人：本质善良但求学习的人。 ②践：踩。迹，脚印。这里“践迹”指模仿。 ③入于室：相当“到了家”，比喻学问修养达到了一定的境界。

【译文】

子张问孔子怎样才能做善人，孔子说：“善人不踩着前人的脚印走，但他的学问道德也很难有太大的成就。”

子曰：“论笃是与[①]，君子者乎？色庄者乎？”

【注释】

①论笃：说话诚恳的人。与：赞许。

【译文】

孔子说：“赞扬说话诚实的人是应该的。但是，还要仔细观察他是真正的君子呢，还是只是外表故作的庄重呢？”

子路问：“闻斯行诸？”子曰：“有父兄在，如之何其闻斯行之？”冉由问：“闻斯行诸？”子曰：“闻斯行之。”公西华曰：“由也问闻斯行诸，子曰，‘有父兄在’；求也问闻斯行诸，子曰‘闻斯行之’。赤也惑，敢问。”子曰：“求也退[①]，故进之；由也兼人[②]，故退之。”

【注释】

①退：做事不大胆，退缩。 ②兼人：胜过人。

【译文】

子路问孔子：“听到道理就去做吗？”孔子说：“有父兄在，怎么能听到道理就去做呢？”冉由问：“听到道理就去照着做吗？”孔子说：“听到了就要去做。”公西华说：“仲由问听到道理就要照着去做吗？你说有父兄在，不能去做。冉求问听到的道理就去照着做吗？你说听到就要去做。我感到有点迷惑不解，敢大胆地问问您这是什么原因。”孔子说：“冉求做事缩手缩脚的，所以我鼓励他大胆干；仲由办事好勇而欠思索，所以我要压一下他的锐气。”

子畏于匡[①]，颜渊后。子曰：“吾以女为死矣。”曰：“子在，回何敢死？”

【注释】

①畏：指拘囚。匡：地名，在今河南开封。

【译文】

孔子被拘囚在匡地，颜渊在散失之后最后来到。孔子说：“我以为你已经死了。”颜渊说：“你还活着，我怎么能死呢？”

季子然问[①]：“仲由、冉求可谓大臣与？”子曰：“吾以子为异之问，曾由与求之问[②]。所谓大臣者，以道事君，不可则止。今由与求也，可谓具臣矣[③]。”曰：“然则从之者与？”子曰：“弑父与君，亦不从也。”

【注释】

①季子然：鲁国执政大夫季氏子弟。 ②曾：乃。 ③具臣：普通的大臣。

【译文】

季子然问孔子：“仲由、冉求可以说是大臣了吧？”孔子说：“我以为您问的是什么不寻常的人呢？原来问的就是仲由和冉求。所谓大臣，应该是以仁义道德来辅佐君主，如果行不通，就宁愿辞职不干。现在的仲由和冉求只能说是没有作为的一般臣僚了。”季子然说：“那么，他们一定会一切都顺从季氏吗？”孔子说：“像杀父亲和君主之类的不义之事，他们也是不会顺从的。”

子路使子羔为费宰[①]。子曰：“贼夫人之子[②]。”子路曰：“有民人焉，有社稷焉[③]，何必读书，然后为学？”子曰：“是故恶夫佞者[④]。”

【注释】

①子羔：高柴，字子羔，孔子的学生。 ②贼：害。子羔没有经过学习而突然做官，孔子认为这是害子羔。 ③社：土地神。稷：谷神。社稷代表国家政权。 ④恶：憎恶。佞：花言

巧语。

【译文】

子路让子羔做费邑的长官。孔子说："杀害子羔的人就是你呀！"子路说："有老百姓，有国家，何必非要读书之后才算是做学问呢？"孔子说："所以，我非常讨厌那些花言巧语的人。"

子路、曾皙、冉有、公西华侍坐①。子曰："以吾一日长乎尔，毋吾以也②。居则曰③：'不吾知也！'如或知尔，则何以哉④？"子路率尔而对曰⑤："千乘之国，摄乎大国之间⑥，加之以师旅，因之以饥馑⑦，由也为之，比及三年⑧，可使有勇，且知方也⑨。"夫子哂之⑩。"求，尔何如？"对曰："方六七十⑪，如五六十⑫，求也为之，比及三年，可使足民。如其礼乐，以俟君子⑬。""赤！尔何如？"对曰："非曰能之，愿学焉。宗庙之事⑭，如会同⑮，端章甫⑯，愿为小相焉⑰。""点！尔何如？"鼓瑟希⑱，铿尔⑲，舍瑟而作⑳，对曰："异乎三子者之撰㉑。"子曰："何伤乎？亦各言其志也。"曰："莫春者㉒，春服既成，冠者五六人，童子六七人，浴乎沂㉓，风乎舞雩㉔，泳而归。"夫子喟然叹曰："吾与点也！"三子者出，曾皙后。曾皙曰："夫三子者之言何如？"子曰："亦各言其志也已矣。"曰："夫子何哂由也？"曰："为国以礼，其言不让，是故哂之。""唯求则非邦也与㉕？""安见方六七十如五六十而非邦也者？""唯赤则非邦也与？""宗庙会同，非诸侯而何？赤也为之小，孰能为之大？"

【注释】

①曾皙：曾参的父亲，名点，孔子的学生。 ②以：任用。 ③居：平时。 ④何以：怎么样。 ⑤率尔：轻率，匆忙。 ⑥摄：迫近。 ⑦因之：继之。 ⑧比：等到，及。 ⑨知方：指懂礼仪。 ⑩哂：讥讽的微笑。 ⑪方六七十：方圆六七十里的国家。 ⑫如：或者。 ⑬俟：等待。 ⑭宗庙之事：指祭祀。 ⑮会同：诸侯同盟。 ⑯端：礼服。章甫：礼帽。这里指穿着礼服戴着礼帽。 ⑰相：担当司仪。 ⑱希：同稀。 ⑲铿：停止弹瑟时发出的声音。 ⑳作：站起来。 ㉑撰：所讲的，同谟。 ㉒莫：同暮。 ㉓沂：水名，山东曲阜县东南。 ㉔风：风凉。舞雩：鲁国祭天求雨的地方。 ㉕邦：国家。

【译文】

子路、曾皙、冉有、公西华四个人陪着孔子坐着。孔子说："因为我比你们年纪都大，你们不要因为我在这里就不敢尽情说话。你们平时常说：'没有人了解我呀！'如果现在有人想了解你们，那你们将怎样为人所用呢？”子路率先站起来不假思索地回答说：“一个拥有一千辆兵车的国家，在几个大国的逼迫之中，受到外国军队的侵犯，而国内又发生饥荒，让我去治理的话，等到三年之后，可以使老百姓勇敢善战，而且懂得仁义礼制。”孔子讥讽地笑了一笑。孔子问：“冉求，你怎么样？”冉求回答说：“一个方圆六七十里或者五六十里的小国，如果让我去治理的话，用不到三年时间，可让老百姓先富裕起来。至于这个国家的礼乐，还要等待君子来施行。”孔子问：“公西赤，你怎么样呢？”公西赤回答说：“礼乐之类的事情，不敢说能够做，只是愿意学习学习罢了。举行宗庙祭祀、或者诸侯会盟，我愿穿着礼服，戴着礼帽，做一个礼宾的小司仪。”孔子问：“曾点，你怎么样？”曾皙弹瑟的声音逐渐稀疏，最后铿的一声把瑟放下，站起来回答说：“我的志愿和他们三位讲的不同。”孔子说：“这有什么关系呢？只不过是谈谈各人的志向吗？”曾皙说：“在暮春季节里，春天的衣服都穿好了，我邀请五六个青年朋友和六七个少年儿童，去沂水中洗洗澡，在舞雩台上吹吹风，然后一路唱着歌回来。”孔子长叹一声说：“我赞成曾点的理想啊！”子路、冉有、公西华都到外屋了，曾皙留在后面。曾皙说：“他们三个人谈得怎么样？”孔子说：“也不过各人谈谈自己的志向罢了！”曾皙说：“老师为什么笑仲由呢？”孔子说：“治国要讲礼乐，他谈的话不谦让，所以笑他。”曾皙说：“那冉求谈的难道不是治理国家的事情吗？”孔子说：“怎见得方圆六七十里或五六十里不是国家呢？”曾皙说：“那么公西赤谈的不是治理国家的事情吗？”孔子说：“祭祀宗庙和会盟，不是诸侯国又是什么呢？公西赤很懂礼仪，他只能做个小司仪，那么有谁来做大司仪呢？”

颜渊第十二

颜渊问仁。子曰：“克己复礼为仁[①]。一日克己复礼，天下归仁焉[②]。为仁由己，而由人乎哉？”颜渊曰：“请问其目[③]。”子曰：“非礼勿视，非礼勿听，非礼勿言，非礼勿动。”颜渊曰：“回虽不敏，请事斯语矣[④]。”

【注释】

①克己：克制自己。 ②归仁：归于仁。 ③目：条目。 ④事：从事，实行。

【译文】

颜渊问孔子什么是仁，孔子说：“克制自己的私欲，使自己的言行回到礼的准则上去，这就是仁。一个人如果有一天能够克制自己的私欲，使自己的言行符合礼的准则，天下人就会说他是一个仁人了。实行仁德要靠自己，而不能依靠别人。”颜渊说：“请问实行仁德的具体条目是什么?”孔子说：“不符合礼的东西就不去看；不符合礼的准则的言论就不听；不符合礼的准则的话就不说；不符合礼的准则的事就不做。”颜渊说：“我虽然不才，也要按照老师的话去做。”

仲弓问仁。子曰：“出门如见大宾，使民如承大祭。己所不欲，勿施于人。在邦无怨[①]，在家无怨[②]。”仲弓曰：“雍虽不敏，请事斯语矣。”

【注释】

①邦：诸侯统治的国家。 ②家：卿大夫管辖的封地。一说指家庭。

【译文】

仲弓问什么是仁，孔子说：“出门在外工作要像接待贵宾一样恭敬认真，动员老百姓服劳役要像承办重大的祭祀一样谨慎。自己不愿意做的事情，不要强加给别人去做。要做到：为国家为家庭做事，都要让人家没有怨言。”仲弓说：“我虽然不聪明，但我一定按照您的话去做。”

司马牛问仁[①]。子曰：“仁者，其言也讱[②]。”曰：“其言也讱，斯谓之仁已乎?”子曰：“为之难，言之得无讱乎?”

【注释】

①司马牛：姓司马，名耕，字子牛，孔子的学生。 ②讱：迟钝，话难出口。这里指说话谨慎。

【译文】

司马牛问孔子什么是仁。孔子说：“仁人，他的举止言谈是非常谨慎的。”司马牛说：“言谈谨慎，就叫做仁了吗?”孔子说：“做起来并不容易，说起来能够不谨慎吗?”

司马牛问君子，子曰：“君子不忧不惧。”曰：“不忧不惧，斯谓之君子已乎?”子曰：“内省不疚，夫何忧何惧?”

【译文】

司马牛问怎样做一个君子。孔子说："君子就是不忧愁，不畏惧。"司马牛说："不忧愁，不畏惧，就可以叫做君子了吗？"孔子说："自我反省起来，心里无什么惭愧，那还有什么忧愁，什么畏惧呢？"

司马牛忧曰："人皆有兄弟，我独亡。"子夏曰："商闻之矣：'死生有命，富贵在天。'君子敬而无失，与人恭而有礼，四海之内皆兄弟也。君子何患乎无兄弟也？"

【译文】

司马牛忧愁地说："别人都有兄弟，只有我没有。"子夏说："我听常言说：'死生有命运决定，富贵由上天安排。'一个人做事能够谨慎认真而无差错，与别人交往能够恭敬而有礼貌，这样，天下到处都是兄弟了，君子何必忧愁没有兄弟呢？"

子张问明。子曰："浸润之谮①，肤受之愬②，不行焉，可谓明也已矣。浸润之谮，肤受之愬，不行焉，可谓远也已矣。"

【注释】

①谮：谗言。浸润：像水浸润东西一样。　②肤：像皮肤感受到疼痛那样。愬：诬告。

【译文】

子张问孔子什么是明智。孔子说："对于那些像水一样浸透过来的暗地传播的坏话，对于那些切身感受到的诽谤之词，你都不往心里放，你就可以称得上明智了。对于暗中传播的谗言，切身受到的诽谤，你都拒而不听，你就可以说是很有远见了！"

子贡问政。子曰："足食，足兵①，民信之矣。"子贡曰："必不得已而去，于斯三者何先？"曰："去兵。"子贡曰："必不得已而去，于斯二者何先？"曰："去食。自古皆有死，民无信不立。"

【注释】

①兵：武器，这里指军备。

【译文】

子贡问孔子怎样治理政事。孔子说："有充足的粮食，有充足的军备，人民信任政府。"子贡说："如果在不得已的情况下一定要去掉一项，在三项当中应该先去掉哪一项呢？"孔子说："去掉军备。"子贡说："如果还迫不得已一定要再去一项，在这两项当中应该去掉哪一项呢？"孔子说："去掉粮食。自古以来，人都要死，但政府如果失去人民的信任，那么国家政事必然不能治理好！"

棘子成曰[①]："君子质而已矣[②]，何以文为[③]？"子贡曰："惜乎，夫子之说君子也[④]！驷不及舌[⑤]。文犹质也，质犹文也。虎豹之鞟犹犬羊之鞟[⑤]。"

【注释】

①棘子成：卫国大夫。 ②质：质地，指思想品质。 ③文：文采，指礼节仪式。 ④夫子：指棘子成，古代大夫的尊称。 ⑤鞟：去掉毛的兽皮，即革。

【译文】

棘子成说："君子只要思想品质好就可以了，何必讲究那些表面的文采形式呢？"子贡说："可惜呀！您这样谈论君子。真是一言既出，驷马难追。文采如同质朴一样重要，质朴也如同文采一样。如果去掉了有文采的毛这个形式，那么虎豹的皮革就和犬羊的皮革是一样的了。"

哀公问于有若曰[①]："年饥，用不足，如之何？"有若对曰："盍彻乎[②]？"曰："二[③]，吾犹不足，如之何其彻也？"对曰："百姓足，君孰与不足？百姓不足，君孰与足？"

【注释】

①哀公：鲁国国君。有若：孔子的学生。 ②盍：何不。彻：西周田税制度。十分抽一的交纳田税就叫彻。 ③二：抽取收成的十分之二交纳田税。

【译文】

哀公向有若问道："年成歉收，国家财用不足，该怎么办？"有若回答说："您何不施行十分抽一的税率政策呢？"哀公说："十分抽二的田税，我尚且还感到不够用，怎么能实行十分抽一的税率呢？"有若回答说："如果老百姓富足了，国君还有谁能够不富足呢？如果老百姓不富足，那么国君怎么能够富足呢？"

子张问崇德辨惑[①]。子曰："主忠信，徙义[②]，崇德也。爱之欲其生，恶之欲其死。既欲其生，又欲其死，是惑也。'诚不以富，亦祇以异[③]。'"

【注释】

①崇德：提高道德。辨惑：辨别是非。 ②徙义：指改变原来的思想，向义靠拢。 ③祇：同"只"。这两句诗引自《诗经·小雅·我行其野》。其意思是说：你遗弃我另觅新欢，诚然不是嫌贫爱富，也是喜新厌旧。

【译文】

子张请问孔子怎么提高道德水平，辨别是非。孔子说："以忠诚信用为做人准则，追求仁义，就可以提高道德水平。对于爱的人就希望他永远活下去，对于厌恶的人就希望他立即死掉。如果既希望他活下去，又希望他死掉，那么，这就是不辨是非啊！《诗经》说：'诚然不是因为富有，也只是因为见异思迁。'这就是在义利问题上迷惑不清，不明是非啊！"

齐景公问政于孔子[①]。孔子对曰："君君，臣臣，父父，子子。"公曰："善哉！信如君不君，臣不臣，父不父，子不子，虽有粟，吾得而食诸？"

【注释】

①齐景公：名杵臼。齐国的国君。

【译文】

齐景公问孔子怎样治理国家。孔子回答说："国君要像个国君，大臣要像个大臣，父亲要像个父亲，儿子要像个儿子。"齐景公说："好得很那！诚然，如果国君不像个国君，大臣不像个大臣，父亲不像个父亲，儿子不像个儿子，即使有很多粮食，我能够吃得到吗？"

子曰："片言可以折狱者[①]，其由也与？"子路无宿诺[②]。

【注释】

①片言：指诉讼双方中的一方言辞。片，偏。折狱：断案。②宿诺：拖延很久而未实现的诺言。宿，久。

【译文】

孔子说："根据单方面的告词就可以判断诉讼案件的，大概也只有仲由了吧！"子路从不拖延自己许下的诺言。

子曰："听讼[①]，吾犹人也，必也使无讼乎！"

【注释】

①听讼：指审理案件。讼，诉讼。

【译文】

孔子说："审理诉讼案件，我同别人一样。我与别人不同的是，一定要让诉讼案件不发生为好。"

子张问政，子曰："居之无倦，行之以忠。"

【译文】

子张问怎样治理政事，孔子说："身居官职，要对政事，勤勉不怠，对于国家政令要忠实地执行。"

子曰："博学于文，约之以礼，亦可以弗畔矣夫！"

【译文】

孔子说："能够广泛地阅读文献和著作，用礼来约束自己的行动，就可以不背离仁义之道了。"

子曰："君子成人之美，不成人之恶。小人反是。"

【译文】

孔子说："君子成全别人的好事，不去促成别人的坏事。小人就和这恰恰相反。"

季康子问政于孔子。孔子对曰："政者，正也。子帅以正[①]，孰敢不正？"

【注释】

①帅：率领，带头。

【译文】

季康子问孔子怎样治理政事。孔子回答说："政，就是正的意思。你自己带头走正道，办正事，那还有谁敢不端正呢？"

季康子患盗，问于孔子。孔子对曰："苟子之不欲，虽赏之不窃。"

【译文】

季康子对盗贼太多而忧虑，请问孔子该怎么办。孔子说："如果人们不贪求太多的财货，即使奖励偷窃，也没有人会去干的。"

季康子问政于孔子曰："如杀无道，以就有道，何如？"孔子对曰："子为政，焉用杀？子欲善而民善矣。君子之德风，小人之德草，草上之风[①]，必偃[②]。"

【注释】

①上：一作"尚"，加的意思。 ②偃：倒。

【译文】

季康子向孔子请教怎样治理政事，说："如果把无道的人杀掉，而人们都靠近有道之人，怎么样？"孔子回答说："您治理政事，哪能用杀人的方法呢？您自己想做好事，那么，人民就会自然地跟着做好事了。君子的德行就像风一样，小人的德行就好比草一样，风吹到草上，草就要往一边倒了。"

子张问："士何如斯可谓之达矣[①]？"子曰："何哉？尔所谓达者？"子张对曰："在邦必闻[②]，在家必闻。"子曰："是闻也，非达也。夫达也者，质直而好义，察言而观色，虑以下人[③]。在邦必达，在家必达。夫闻也者，色取仁而行违，居之不疑。在邦必闻，在家必闻。"

【注释】

①达：通达，显达。这里指品质正直，有仁德，有智慧。 ②邦：国家。闻：有名望。③下人：甘居下人，指对人谦恭有礼。

【译文】

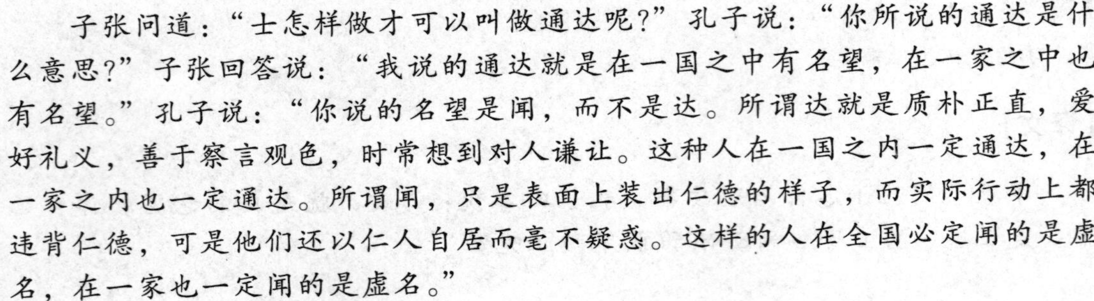

子张问道："士怎样做才可以叫做通达呢？"孔子说："你所说的通达是什么意思？"子张回答说："我说的通达就是在一国之中有名望，在一家之中也有名望。"孔子说："你说的名望是闻，而不是达。所谓达就是质朴正直，爱好礼义，善于察言观色，时常想到对人谦让。这种人在一国之内一定通达，在一家之内也一定通达。所谓闻，只是表面上装出仁德的样子，而实际行动上都违背仁德，可是他们还以仁人自居而毫不疑惑。这样的人在全国必定闻的是虚名，在一家也一定闻的是虚名。"

樊迟从游于舞雩之下，曰："敢问崇德、修慝、辨惑[①]。"子曰："善哉问！先事后得，非崇德与？攻其恶，无攻人之恶，非修慝与！一朝之忿[②]，忘其身以及其亲，非惑与？"

【注释】

①修慝：改恶从善。修，治。慝，邪恶。辨惑：辨别是非。 ②忿：愤怒，气愤。

【译文】

樊迟跟着孔子在舞雩台下游玩。樊迟说："请问怎样才能够提高品德，改正邪念，辨别是非呢？"孔子回答说："你所提的问题很好哇！先把该做的事情做好，然后获得实际效益。这不是提高了品德了吗？检讨并改正自己的错误，不去指责别人的错误，这不就是改恶从善了吗？由于一时的愤怒就忘记了自身的安危甚至牵连到自己的亲人，这不是糊涂吗？"

樊迟问仁，子曰："爱人。"问知，子曰："知人。"樊迟未达。子曰："举直错诸枉[①]，能使枉者直。"樊迟退，见子夏，曰："乡也[②]，吾见于夫子而问知，子曰：'举直错诸枉，能使枉者直。'何谓也？"子夏曰："富哉言乎！舜有天下，选于众，举皋陶[③]，不仁者远矣。汤有天下，选于众，举伊尹[④]，不仁者远矣。"

【注释】

①举直错诸枉：把正直的人摆在邪恶的人之上，即选用贤人，罢黜小人。错，同"措"，放置。枉，不正直，邪恶。 ②乡（xiàng）：同"向"，从前，这里指刚才。 ③皋陶：传说舜时的贤臣。 ④伊尹：商汤的辅政大臣，曾佐汤灭夏兴商。

【译文】

樊迟问什么是仁，孔子说："爱人。"樊迟又问什么是智，孔子说："就是知人。”樊迟还没有理解清楚。孔子说：“选用正直的人，罢黜邪恶的，这样就能使邪恶的人正直起来。”樊迟从孔子那里退出来之后，见到了子夏，他对子夏说：“刚才，我见到老师问他什么是智，他说：‘选用正直的人，罢黜邪恶的人，就能使那些邪恶的人变得正直。’这话是什么意思呀？”子夏说：“这话的含义非常深刻呀！在古代舜治理天下的时候，在众人中挑选人才，选用了皋陶，那些不仁的人就远离了。商汤治理天下的时候，在众人之中挑选人才，任用了伊尹，那些不仁的人就远离了。”

子贡问友，子曰：“忠告而善道之，不可则止，毋自辱焉。”

【译文】

子贡问怎样对待朋友，孔子说：“忠心地劝告他，循循善诱地开导他，如果他不听就适可而止，不要自找侮辱。”

曾子曰：“君子以文会友，以友辅仁。”

【译文】

曾子说：“君子用文章学问来聚会朋友，通过朋友的帮助而培养自己的仁德。”

卷　七

子路第十三

子路问政。子曰："先之[①]，劳之。"请益[②]。曰："无倦[③]。"

【注释】

①先之：先于老百姓，指带头。　②益：增加。　③倦：厌倦，懈怠。

【译文】

子路问孔子怎样治理好政事。孔子说："要自己率先垂范，还要不辞劳苦。"子路请再多讲一些，孔子说："处理政事要坚持不懈。"

仲弓为季氏宰，问政。子曰："先有司[①]，赦小过，举贤才。"曰："焉知贤才而举之？"子曰："举而所知。尔所不知，人其舍诸？"

【注释】

①先有司：给工作人员带头。有司，指负责具体事务的官吏。

【译文】

仲弓做了季氏家的总管，向孔子请教如何治理政事。孔子说："在有关职能部门的工作人员中起模范带头作用，原谅犯了小错误的工作人员，选用贤良的人。"仲弓说："怎样去识别优秀的人才并选用他们呢？"孔子说："选用你所了解的人。你所不了解的人，别人难道会舍弃他吗？"

子路曰："卫君待子而为政[①]，子将奚先？"子曰："必也，正名乎[②]！"子路曰："有是哉，子之迂也！奚其正？"子曰："野哉，由也！君子于其所不知，盖阙如也[③]。名不正则言不顺，言不顺则事不成，事不成则礼乐不兴，礼乐不兴则刑罚不中[4]，刑罚不中则民无所措手足。故君子名之必可言也，言之必可行也。君子于其言，无所苟而已矣[5]。”

【注释】

①卫君：指卫出公蒯辄。卫灵公的孙子。卫灵公死，他继位，其父蒯聩与其争夺王位，使名分大乱，故孔子提出来要先正名。 ②正名：指纠正被破坏、颠倒或弃置不用的等级名分。名，等级名分。 ③阙：同缺，存疑的意思。 ④中（zhòng）：得当。 ⑤苟：随便，马虎。

【译文】

子路说：“卫出公等着您去治理国家政事，您打算先干什么？”孔子说：“那一定是先纠正等级名分上的混乱了。”子路说：“您糊涂到这种地步啊！为什么要正名呢？”孔子说：“您真是不懂礼貌呀，仲由！君子对他所不理解的事情，大都采取存疑的态度。大义名分不正，说话就不顺理成章。说话不能顺理，就没人听，事情也就办不成。事情办不成，礼乐就不能兴隆。礼乐不兴隆，刑罚就不能得当。刑罚不得当，老百姓就手足无措。所以，君子只有确定一个名分，说话才一定会顺理，说话一定顺理才切实可行。君子对自己所说的话，从来都是认真负责的呀！”

樊迟请学稼[1]。子曰：“吾不如老农。”请学为圃[2]。曰：“吾不如老圃。”樊迟出。子曰：“小人哉，樊须也！上好礼，则民莫敢不敬；上好义，则民莫敢不服；上好信，则民莫敢不用情[3]。夫如是，则四方之民襁负其子而至矣[4]，焉用稼？”

【注释】

①稼：种庄稼。 ②圃：种蔬菜、花草的园地。 ③用情：表现出真情实意。 ④襁：背小孩的背带。

【译文】

樊迟向孔子请教怎样学习种庄稼，孔子说：“我不如老农。”樊迟又请教怎样学种菜，孔子说：“我不如老菜农。”樊迟出去以后，孔子说：“樊须真是一个小人啊！统治者讲究礼仪，老百姓没有敢不恭敬的；统治者讲究仁义，老百姓就没有敢不服从的；统治者喜欢信用，老百姓就没有敢不诚实守信的。如果能够这样做的话，那么，四面八方的老百姓就会背着自己的小孩前来投奔，哪里用得着自己去种庄稼？”

子曰：“诵《诗》三百，授之以政，不达[①]；使于四方，不能专对[②]；虽多，亦奚以为[③]？”

【注释】

①不达：指办不好事情。达，通达。 ②专对：独立对答。 ③以：用。

【译文】

孔子说：“能够把《诗经》三百篇背诵下来，让他管理政事，却办不好事情。让他去出使外国，却不能独立应对。这样，背诵的知识即使很多，又有什么用处呢？”

子曰：“其身正，不令而行；其身不正，虽令不从。”

【译文】

孔子说：“统治者的行为正派，就是不向老百姓发布号令，他们就自然地会去坚决执行。统治者的行为如果不正派，那么，即使发布命令，老百姓也不会听从。”

子曰：“鲁、卫之政，兄弟也[①]。”

【注释】

①鲁国是周公旦的封地，卫国是康叔的封地，周公旦与康叔是兄弟。而鲁、卫二国相处和睦，好像兄弟。

【译文】

孔子说：“鲁国和卫国的政事，就像兄弟之间的事情一样。”

子谓卫公子荆[①]：“善居室[②]。始有，曰：‘苟合矣[③]。’少有，曰：‘苟完矣。’富有，曰：‘苟美矣。’”

【注释】

①公子荆：字南楚，卫献公的儿子，卫国大夫。 ②善居室：善于居家理财，指不奢侈浪

费，不贪得无厌。 ③苟：差不多。合：足。

【译文】

孔子评论卫国的公子荆说："他善于管家理财。当他开始有一点财产的时候，他就说：'差不多够了。'再稍增加一点财产的时候，他就说：'差不多完备了。'当他达到富有的时候，他就说：'差不多十全十美的了。'"

子适卫[1]，冉有仆[2]。子曰："庶矣哉[3]！"冉有曰："既庶矣，又何加焉？"曰："富之。"曰："既富矣，又何加焉？"曰："教之。"

【注释】

①适：到。 ②仆：驾驭车马，赶车。 ③庶：人口众多。

【译文】

孔子到卫国去，冉有给他赶车。孔子说："卫国人口真众多呀！"冉有说："人口已经众多了，还应该增加些什么呢？"孔子说："应该使他们富裕起来。"冉有说："已经富裕起来了，还应该增加些什么？"孔子说："教化他们。"

子曰："苟有用我者，期月而已可也[1]，三年有成。"

【注释】

①期（jī）月：一周年。

【译文】

孔子说："如果有人用我治理国家，有一年的时间也就可以初见成效了，三年时间就可以大见成效了。"

子曰："'善人为邦百年[1]，亦可以胜残去杀矣[2]。'诚哉是言也！"

【注释】

①为邦：治国。 ②胜残：以德教化残暴的人，使其不再作恶。去杀：免除杀戮。

【译文】

孔子说："'善人治理国家一百年，也就可以教化人民，战胜残暴，免除杀戮了。’这话说得真对呀！”

子曰：“如有王者[1]，必世[2]而后仁。”

【注释】

①王者：帝王，这里指圣明君主。②世：古代以三十年为一世。

【译文】

孔子说：“如果有圣明的君主出来，也一定要经过三十年的治理才能实行仁政。”

子曰：“苟正其身矣，于从政乎何有？不能正其身，如正人何？”

【译文】

孔子说：“如果统治者能够使自己端正，对管理政事还有什么困难吗？如果不能使自己端正，那又怎么能让别人端正呢？”

冉子退朝[1]。子曰：“何晏也[2]？”对曰：“有政。”子曰：“其事也。如有政，虽不吾以[3]，吾其与闻之。”

【注释】

①冉子：冉有。朝：季氏的办公处。②晏：迟，晚。③吾以：即以吾的倒装。以，用。

【译文】

冉有下班回来，孔子说：“怎么回来得这么晚呀！”冉有回答说：“有政务。”孔子说：“那是家中的事务罢了！如果有国政大事的话，即使不用我，我还是可以参与的。”

定公问：“一言可以兴邦，有诸？”孔子对曰：“言不可以若是其几也[1]。人之言曰：‘为君难，为臣不易。’如知为君之难也，不几乎一言而兴邦乎？”曰：“一言而丧邦，有诸？”孔子对曰：“言不可以若是其几也。人之言曰：‘予无乐乎为君，唯其言而莫予违也。’如其善而莫之违也，不亦善乎？如不善而莫之违也，不几乎一言而丧邦乎？”

【注释】

①几：期望，或接近。

【译文】

鲁定公问道：“一句话可以使国家兴旺起来，有这样的事吗？”孔子说：“话不能说得这么绝对。人们有这样一句话说：‘当君主很难，做臣也不容易。’如果知道做君主艰难（而兢兢业业去干事），这不是接近于一句话就可以使国家兴旺了吗？”鲁定公又问：“一句话可以使国家丧亡，有这样的事吗？”孔子回答说：“话不能说得这么绝对。人们有这样一句话：‘我做君主没有什么可高兴的，唯一值得高兴的是我说话没有人敢违抗。’如果说的话正确而没有人敢违抗，不也很好吗？如果说的话不正确而没有人敢违抗，这不是接近于一句话可以使国家丧亡吗？”

叶公问政[①]。子曰：“近者说，远者来。”

【注释】

①叶公：姓沈，名诸梁，楚国的大夫。

【译文】

叶公向孔子请教怎样管理政事，孔子说：“使国内的人很高兴，使国外的人都来投奔（就算是政事管理好了）。”

子夏为莒父宰[①]，问政。子曰：“无欲速，无见小利。欲速则不达，见小利则大事不成。”

【注释】

①莒（jǔ）父：鲁国的一个城邑，在今山东莒县境内。宰：县长。

【译文】

子夏做了莒父的县长，向孔子请教怎样治理政事。孔子说：“不要希望太快，不要贪图小利。求快会适得其反而达不到目的，贪图小利就办不成大事。”

叶公语孔子曰："吾党有直躬者[①]，其父攘羊[②]，而子证之[③]。"孔子曰："吾党之直者异于是：父为子隐，子为父隐。直在其中矣[④]。"

【注释】

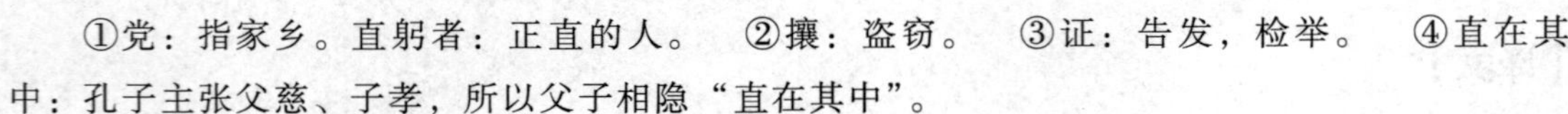

①党：指家乡。直躬者：正直的人。 ②攘：盗窃。 ③证：告发，检举。 ④直在其中：孔子主张父慈、子孝，所以父子相隐"直在其中"。

【译文】

叶公对孔子说："我们家乡有一个正直的人，他的父亲偷了别人的羊，他便告发他父亲。"孔子说："我们的家乡也有一个正直的人和你说的那人不同：父亲替儿子隐瞒，儿子替父亲隐瞒，这样，正直也就表现在这里面。"

樊迟问仁。子曰："居处恭，执事敬，与人忠。虽之夷狄，不可弃也。"

【译文】

樊迟请问什么是仁。孔子说："平时容貌态度端正庄严，工作严肃认真，与别人交往忠心诚实。（这三种品德）即使到了落后的少数民族地区，也是不可废弃的。"

子贡问曰："何如斯可谓之士矣？"子曰："行己有耻，使于四方，不辱君命，可谓士矣。"曰："敢问其次。"曰："宗族称孝焉，乡党称弟焉[①]。"曰："敢问其次。"曰："言必信，行必果，硁硁然小人哉[②]！抑亦可以为次矣。"曰："今之从政者何如？"子曰："噫！斗筲之人[③]，何足算也。"

【注释】

①乡党：这里泛指乡里。 ②硁硁（kēng）：浅薄固执。 ③斗筲（shāo）之人：比喻器量狭小的人。斗筲，指容量小的竹器。

【译文】

子贡问："怎样才可以叫做士呢？"孔子说："能用羞耻之心约束自己的行为，出使外国不辜负君主的委托，这就可以称为士了。"子贡说："请问次一等的怎样呢？"孔子说："在宗族中人们称赞他孝顺父母，乡里称赞他尊敬兄长。"子贡又说："请问再次一等的怎样？"孔子说："说话一定诚实守信，办事一定卓有成效。这虽然是固执己见，见识浅陋的小人，但也可以算作再次一等的士了。”子贡又问：“现在从政的人又是怎样呢？”孔子说：“咳！这些器量狭小的人，怎么能够算数呢？”

子曰：“不得中行而与之①，必也，狂狷乎②！狂者进取，狷者有所不为也。”

【注释】

①中行：言行符合中庸之道。与：交往。 ②狂：狂妄，志向高大而未能够实行。狷：狷介，洁身自好，不肯同流合污。这里是拘谨。

【译文】

孔子说：“我找不到行为合乎中庸的人而和他们交往，那就一定只能与激进和拘谨的人交往了。激进的人志向高大则未能实行，拘谨的人墨守陈规，无所作为。”

子曰：“南人有言曰：‘人而无恒，不可以作巫医①。’善夫！”“不恒其德，或承之羞②。”子曰：“不占而已矣③。”

【注释】

①巫医：利用占卜给人治病的人。 ②不恒其德，或承之羞：这是《周易·恒卦》中的爻辞。意思是人如果不能保持自己的操守，便会招致羞辱。 ③占：占卦。

【译文】

孔子说：“南方人有句话说：‘人如果没有恒心，那就连巫医也做不成。’这话说得多好啊！”《易经》上也说：“一个人如果不能保持自己的操守，就会招致羞辱。”孔子又说：“《易经》这句话是叫无恒心的人不要去占卦罢了！”

子曰：“君子和而不同①，小人同而不和②。”

【注释】

①和：调和，和谐。 ②同：盲目附和。

【译文】

孔子说："君子讲坚持原则的协调而不是盲目附和，小人盲目附和而不讲求坚持原则的协调。"

子贡问曰："乡人皆好之，何如?"子曰："未可也。""乡人皆恶之，何如?"子曰："未可也。不如乡人之善者好之，其不善者恶之。"

【译文】

子贡请问孔子说："全乡人都喜欢的人，这人怎么样?"孔子说："这还不能断定。"子贡又问："全乡人都讨厌的人怎么样?"孔子说："尚不能断定。最好的人是全乡的好人喜欢他，全乡的坏人讨厌他。"

子曰："君子易事而难说也[①]。说之不以道，不说也；及其使人也，器之[②]。小人难事而易说也。说之虽不以道，说也；及其使人也，求备焉[③]。"

【注释】

①易事：容易在一起工作。说：同"悦"。 ②器之：量才用人。 ③求备：求全责备。

【译文】

孔子说："在君子手下工作很容易侍奉，但要讨他的喜欢却很难。不用正当的方式去讨他的欢喜，他是不会欢喜的。到他使用人的时候，他却能按照各人的才能而合理地使用。在小人手下工作很难侍奉，而要讨他的欢喜却容易。即使采用不正当的方式去讨他的欢喜，他也是会欢喜的。到他使用人的时候，他常常求全责备。"

子曰："君子泰而不骄[①]，小人骄而不泰。"

【注释】

①泰：安宁，心情安定。骄：傲慢。

【译文】

孔子说："君子安详舒泰，却不傲气凌人。小人傲气凌人，却不安详舒泰。”

子曰：“刚、毅、木[1]、讷[2]，近仁。”

【注释】

①木：质朴。 ②讷：说话迟钝。

【译文】

孔子说：“刚强、果断、质朴、说话谨慎，有这四种品德的人接近于仁。”

子路问曰：“何如斯可谓之士矣？”子曰：“切切偲偲[1]，怡怡如也[2]，可谓士矣。朋友切切偲偲，兄弟怡怡。”

【注释】

①切切偲偲：互相勉励、恳切批评。 ②怡怡：和顺，亲切。

【译文】

子路问道：“怎样才可以叫作士呢？”孔子说：“相互勉励，亲切和气；朋友之间，互相批评，兄弟之间和睦相处。就可以叫作士了。”

子曰：“善人教民七年，亦可以即戎矣[1]。”

【注释】

①即戎：参军作战。

【译文】

孔子说：“善人教导人民七年，也就可以参军作战了。”

子曰：“以不教民战，是谓弃之。”

【译文】

孔子说： “用没有经过教育和训练的人民去打仗，这就叫做把他们白送死。”

宪问第十四

宪问耻[1]。子曰："邦有道，谷[2]；邦无道，谷，耻也。""克、伐、怨、欲不行焉[3]，可以为仁矣？"子曰："可以为难矣[4]，仁则吾不知也。"

【注释】

①宪：姓原，名宪，字子思，孔子的学生。 ②谷：指俸禄。 ③克：好胜。伐：自夸。欲：贪欲。 ④为难：难能可贵。

【译文】

原宪问孔子什么叫做耻辱。孔子说："国家政治清明的时候，做官吃俸禄；国家政治昏暗的时候，照样做官吃俸禄，这是可耻的。"原宪又问："不做好胜、自矜、怨恨、贪欲的事，可以称为仁吗？"孔子说："可以说难能可贵，至于是否做到了仁，我就不清楚了。"

子曰："士而怀居[1]，不足以为士矣。"

【注释】

①怀居：怀念、留恋家庭的安逸生活。

【译文】

孔子说："士如果怀恋安逸的家庭生活，就不足以为士了。"

子曰："邦有道，危言危行[1]；邦无道，危行言孙[2]。"

【注释】

①危：正直。 ②孙：同"逊"，谦逊。

【译文】

孔子说："国家政治清明，说话正直，行为正直；国家政治昏暗，应该行为正直，说话谦逊。"

子曰："有德者必有言，有言者不必有德。仁者必有勇，勇者不必有仁。"

【译文】

孔子说："有德的人一定会有好的言谈。有好的言谈的人不一定有德行。仁德的人必定会有勇气，有勇气的人不一定有仁德。"

南宫适问于孔子曰[①]："羿善射[②]，奡荡舟[③]，俱不得其死然。禹、稷躬稼而有天下[④]？"夫子不答。南宫适出，子曰："君子哉若人[⑤]！尚德哉若人！"

【注释】

①南宫适（kuò）：姓南宫，名适，字子容，孔子的学生。 ②羿：传说中的有穷国的君主，善射箭。 ③奡：传说是夏代大臣寒浞（zhúo）的儿子，善水战。 ④禹：传说中古代的圣君，很会治水。稷：传说是周朝国君的先祖，教民种植庄稼，被尊为谷神。 ⑤若人：这个人。

【译文】

南宫适问孔子说："羿善于射箭，奡善于水战。这两个人都不得好死。禹、稷亲自耕种而得到了天下？"孔子没有回答。南宫适出去了，孔子说："这个人是君子呀！这个人崇尚美德呀！"

子曰："君子而不仁者有矣夫[①]，未有小人而仁者也。"

【译文】

孔子说："君子当中有不仁的人，可是小人当中却没有仁德的人。"

子曰："爱之，能勿劳乎！忠焉，能勿诲乎？"

【译文】

孔子说："爱子女，能不让他们勤劳吗？忠于朝廷，能不开导规劝吗？"

子曰："为命[①]，裨谌草创之[②]，世叔讨论之[③]，行人子羽修饰之[④]，东里子产润色之[⑤]。"

【注释】

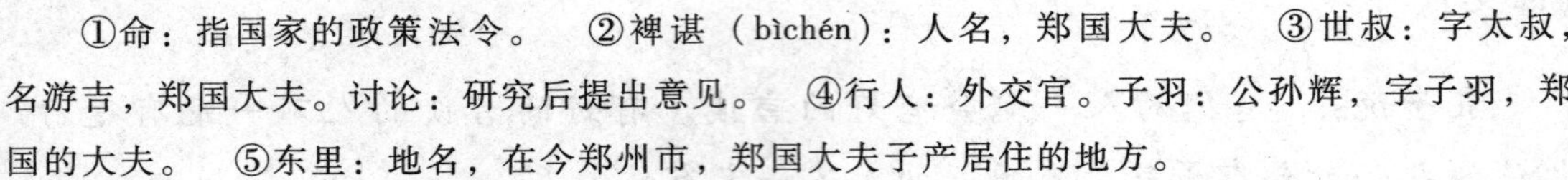

①命：指国家的政策法令。 ②裨谌（bìchén）：人名，郑国大夫。 ③世叔：字太叔，名游吉，郑国大夫。讨论：研究后提出意见。 ④行人：外交官。子羽：公孙辉，字子羽，郑国的大夫。 ⑤东里：地名，在今郑州市，郑国大夫子产居住的地方。

【译文】

孔子说："郑国制订的政策法令，由裨谌起草草稿，世叔进行探讨推敲，外交官子羽进行修饰，东里子产加工完成。"

或问子产[①]。子曰："惠人也。"问子西[②]。曰："彼哉！彼哉[③]！"问管仲[④]。曰："人也。夺伯氏骈邑三百[⑤]，饭疏食，没齿无怨言。"

【注释】

①子产：郑国大夫，曾主持郑国政治，使郑国富强。 ②子西：名申，字子西，楚国的执政大臣，政绩不大。 ③彼哉，彼哉：他呀！他呀！当时表示轻视的习惯语。 ④管仲：名夷吾，齐桓公的辅政大臣，曾佐桓公称霸诸侯。 ⑤伯氏：齐国大夫。骈邑：地名。

【译文】

有人问子产怎么样？孔子说："他是一个施惠于人的人吧。"问子西怎么样，孔子说："他呀！他呀！"问管仲怎么样，孔子说："他是个人才呀！剥夺了伯氏骈邑三百户的封地，使伯氏吃粗粮，但伯氏至死没有怨言。"

子曰："贫而无怨难，富而无骄易。"

【译文】

孔子说："贫穷而没有怨言很难做到，富有而不骄傲容易做到。"

子曰："孟公绰为赵、魏老则优[①]，不可以为滕、薛大夫[②]。"

【注释】

①孟公绰：鲁国的大夫。赵、魏：代指赵氏、魏氏，晋国最有权势的大夫。老：大夫的家臣。优：有余。 ②滕、薛：鲁国附近的小诸侯国。滕在今山东滕州市，薛在今枣庄市薛

城区。

【译文】

孔子说："孟公绰如果做晋国赵氏、魏氏的家臣则财力有余，但不能做滕国、薛国的大夫。"

子路问成人[①]。子曰："若臧武仲之知[②]，公绰之不欲[③]，卞庄子之勇[④]，冉求之艺[⑤]，文之以礼乐，亦可以为成人矣。"曰："今之成人者何必然？见利思义，见危授命，久要不忘平生之言[⑥]，亦可以为成人矣。"

【注释】

①成人：完美无缺的人。 ②臧武仲：即鲁国大夫臧孙纥，以聪明著称。 ③公绰：即鲁国大夫孟公绰，以清心寡欲著称。 ④卞庄子：鲁国的大夫，以勇气著称。 ⑤冉求：孔子的学生，多才多艺。 ⑥要：同"约"，穷困。

【译文】

子路问孔子怎样才是完美无缺的人。孔子说："聪明像臧武仲，清廉像孟公绰，勇敢像卞庄子，才艺像冉求，再用礼乐加以修饰，也就可以成为全人也了。"接着又说道："现在的完人何必要这样呢？能够见利思义，遇到危难能够献出生命，长久处于贫困而不忘记平生的诺言，也就可以成为完人了。"

子问公叔文子于公明贾曰[①]："信乎？夫子不言[②]，不笑，不取乎？"公明贾对曰："以告者过也[③]。夫子时然后言，人不厌其言；乐然后笑，人不厌其笑；义然后取，人不厌其取[④]。"子曰："其然，岂其然乎？"

【注释】

①公叔文子：名拔，卫国大夫。卫献公之孙。公明贾：姓公明，名贾，公孙文子的使臣。 ②夫子：指公叔文子。 ③以告者：以，这。告者，告诉你的人。 ④取：取财。

【译文】

孔子向公明贾询问公叔文子的为人说："老夫子真的是不说、不笑、不收取钱财吗？"公明贾回答说："给你说这话的人说得太过分了。夫子把握准时机，然后才讲话，所以人们并不讨厌他的话。内心快活，然后才笑，所以人们并不讨厌他的笑。该取钱财时才取，所以别人不讨厌他取财。”孔子说：“是这样吗？难道真的是这样吗？”

子曰：“臧武仲以防求为后于鲁[①]，虽曰不要君[②]，吾不信也。”

【注释】

①防：地名，在今山东省。臧武仲的封地。 ②要君：要挟君主。

【译文】

孔子说：“臧武仲以防城为根据地向鲁君要求立自己的后代为鲁国的卿大夫，虽然有人说他不是要挟君主，但是我不相信。”

子曰：“晋文公谲而不正[①]，齐桓公正而不谲[②]。”

【注释】

①晋文公：姓姬，名重耳，晋国的国君，春秋五霸之一。谲（jué）：欺诈，玩弄权术。②齐桓公：姓姜，名小白，春秋五霸之一。

【译文】

孔子说：“晋文公奸诈而不公正，齐桓公公正而不奸诈。”

子路曰：“桓公杀公子纠[①]，召忽死之[②]，管仲不死[③]。”曰：“未仁乎？”子曰：“桓公九合诸侯[④]，不以兵车[⑤]，管仲之力也！如其仁！如其仁！”

【注释】

①齐桓公：他和公子纠是兄弟，因为争夺君位，他杀死了公子纠。 ②召忽：公子纠家臣，公子纠被杀，他也自杀。 ③管仲：公子纠家臣，公子纠被杀后，他归服桓公，被任命为执政大臣。 ④九合诸侯：指诸侯多次会盟。 ⑤兵车：战车，代指武力。

【译文】

子路说：“齐桓公杀死了公子纠，召忽自杀殉主，管仲却没有死难。”子路问：“管仲不能称为仁德了吧？”孔子说：“齐桓公多次纠合天下诸侯会盟，而不使用武力，这都是管仲的力量啊！这就是他的仁德！这就是他的仁德！”

子贡曰："管仲非仁者与？桓公杀公子纠，不能死，又相之[①]。"子曰："管仲相桓公，霸诸侯，一匡天下，民到于今受其赐。微管仲[②]，吾其被发左衽矣[③]。岂若匹夫匹妇之为谅也[④]，自经于沟渎而莫之知也[⑤]？"

【注释】

①相：辅助。 ②微：没有。 ③被：同"披"。左衽：衣襟向左边开。被发左衽指当时少数民族装束。 ④谅：小节小信。 ⑤自经：自缢。沟渎：沟渠。

【译文】

子贡说："管仲不能称为仁人了吧？桓公杀公子纠，他作为公子纠家臣不能以身殉主，反而做了齐桓公的辅政大臣。"孔子说："管仲辅佐齐桓公，成为诸侯的霸主，匡正了天下，老百姓到现在还享受他的好处。如果没有管仲，我们恐怕早就变成了野蛮人了。怎么能像普通男女那样遵守小节小信，自缢在水沟里面没有人知道呢？"

公叔文子之臣大夫僎与文子同升诸公[①]。子闻之，曰："可以为'文'矣。"

【注释】

①僎（xún）：公叔文子家臣。升诸公：指僎与公叔子文一同做了卫国的大夫。

【译文】

公叔文子的家臣大夫僎与公叔文子同时升为卫国的大臣。孔子听到这件事，说："他可以称为'文'了。"

子言卫灵公之无道也[①]，康子曰[②]："夫如是，奚而不丧？"孔子曰："仲叔圉治宾客[③]，祝鮀治宗庙[④]，王孙贾治军旅[⑤]。夫如是，奚其丧？"

【注释】

①卫灵公：卫国国君。 ②康子：季康子，鲁国大夫。 ③仲叔圉（yǔ）：即孔文子，卫国大夫。 ④祝鮀（tuó）：卫国大夫。 ⑤王孙贾：卫国大夫。

【译文】

孔子谈到卫灵公的无道，季康子说："他那个样子，为什么不亡国呢？"

孔子说：“有仲叔圉主管接待宾客，祝鮀主管祭祀，王孙贾统率军队，像这样，怎么会亡国呢?”

子曰：“其言之不怍[①]，则为之也难。”

【注释】

①怍（zuò）：惭愧。

【译文】

孔子说：“一个人说话不知道惭愧，那么，做起来就难以兑现了。”

陈成子弑简公[①]。孔子沐浴而朝，告于哀公曰：“陈恒弑其君，请讨之。”公曰：“告夫三子[②]。”孔子曰：“以吾从大夫之后[③]，不敢不告也。君曰‘告夫三子’者!”之三子告，不可。孔子曰：“以吾从大夫之后，不敢不告也。”

【注释】

①陈成子：即陈恒，又名田成子，齐国的大夫。简公：齐简公，名壬，齐国国君。 ②三子：鲁国最有权势的三家大夫季孙、孟孙、叔孙。 ③从大夫之后：是“曾做过大夫”的谦称。

【译文】

陈成子杀死了齐简公，孔子沐浴斋戒后上朝朝见国君，他报告鲁哀公说：“陈成子杀死了他的君主，请出兵讨伐他。”哀公说：“请去报告三家大夫。”孔子说：“因为我曾经做过大夫，所以不敢不来报告，可是君主却说‘你去报告那三位大夫’吧!”孔子又去报告三位大夫，三位大夫不同意出兵讨伐。孔子说：“我因为曾经做过大夫，所以不敢不来报告。”

子路问事君，子曰：“勿欺也，而犯之[①]。”

【注释】

①犯：指谏诤，规劝。

【译文】

子路问怎样侍君，孔子说：“不要欺君，但可犯颜谏诤。”

子曰："君子上达[①]，小人下达[②]。"

【注释】

①上达：指上达于仁义。　②下达：指下达于财利。

【译文】

孔子说："君子不断地追求仁义，小人不断地贪求财利。"

子曰："古之学者为己，今之学者为人。"

【译文】

孔子说："古代人学习是为了充实提高自己，现在的人学习是为了装饰自己给别人看。"

蘧伯玉使人于孔子[①]，孔子与之坐而问焉。曰："夫子何为？"对曰："夫子欲寡其过而未能也。"使者出，子曰："使乎！使乎！"

【注释】

①蘧（qú）伯玉：名瑗，卫国大夫。

【译文】

蘧伯玉派一位使者去拜访孔子，孔子让使者坐下，然后问道："蘧伯玉老先生在做些什么？"使者回答说："他老先生想减少自己的过错而没有做到。"使者出去后，孔子说："是一位好使者啊！是一位好使者啊！"

子曰："不在其位，不谋其政。"曾子曰："君子思不出其位。"

【译文】

孔子说："不在那个职位，就不考虑那方面的政事。"曾子说："君子思虑的问题不超出他的职务范围。"

子曰："君子耻其言而过其行。"

【译文】

孔子说："君子认为言过其行是可耻的。"

子曰："君子道者三，我无能焉：仁者不忧，知者不惑，勇者不惧。"子贡曰："夫子自道也。"

【译文】

孔子说："君子所依循的道有三项，我都没有做到：仁德的人不忧愁，聪明的人不迷惑，勇敢的人不畏惧。"子贡说："这是老师自己遵循之道。"

子贡方人[①]。子曰："赐也贤乎哉[②]？夫我则不暇。"

【注释】

①方：同"谤"。方人：评论人。 ②赐：即子贡。

【译文】

子贡评头品足地议论人。孔子说："子贡啊！你就那么好吗？我就没有闲工夫说别人短处。"

子曰："不患人之不己知，患其不能也。"

【译文】

孔子说："不担心别人不了解自己，担心自己没有才能。"

子曰："不逆诈[①]，不亿不信[②]，抑亦先觉者[③]，是贤乎？"

【注释】

①逆：事先怀疑。 ②亿：同"臆"，推测。 ③抑：然而。

【译文】

孔子说："不怀疑别人欺骗自己，不揣测别人不讲信用，然而却能及早觉察出来，这才是贤人啊！”

微生亩谓孔子曰[①]：“丘何为是栖栖者与[②]？无乃为佞乎[③]？”孔子曰：“非敢为佞也，疾固也[④]。”

【注释】

①微生亩：鲁国人，姓微生，名亩。 ②栖栖：不安定的样子。 ③佞：花言巧语。④固：固执，借指固执的人（隐指微生亩）。

【译文】

微生亩对孔子说：“你为什么东奔西跑到处游说呢？你不成了一个花言巧语游说的人了吗？”孔子说：“我不敢做花言巧语的人啊，我是痛恨人们孤陋无知啊！”

子曰：“骥不称其力[①]，称其德也。”

【注释】

①骥：千里马。

【译文】

孔子说：“千里马值得称赞的不是它的力气，值得称赞的是它的品德。”

或曰：“以德报怨，何如？”子曰：“何以报德？以直报怨[①]，以德报德。”

【注释】

①以直抱怨：指心里不隐藏怨恨，即心里有怨气就以怨报怨，怨气消掉了就不要再报怨。

【译文】

有人说：“用恩德来报答怨恨，这种做法怎么样？”孔子说：“用什么来报答恩德呢？应该是以正直来报答怨恨，以恩德来报答恩德。”

子曰：“莫我知也夫！”子贡曰：“何为其莫知子也？”子曰：“不怨天，不尤人，下学而上达[①]，知我者，其天乎！”

【注释】

①下学：学人事。上达：达天命。

【译文】

孔子说："没有人知道我了呀?"子贡说："怎么说没有人知道你了呢?"孔子说："我既不埋怨上天，也不怪罪别人，我下学人事上达天命，了解我的大概只有天吧!"

公伯寮愬子路于季孙[①]。子服景伯以告[②]，曰："夫子固有惑志于公伯寮[③]，吾力犹能肆诸市朝[④]。"子曰："道之将行也与，命也；道之将废也与，命也。公伯寮其如命何!"

【注释】

①公伯寮：字子周，孔子的学生。愬（sù）：同"诉"，毁谤。季孙：鲁国的大夫。 ②子服景伯：名何，鲁国的大夫。 ③夫子：指季孙。 ④肆：陈死尸。市朝：街市。

【译文】

公伯寮在季孙氏面前诋毁子路。子服景伯将这件事告诉了孔子，说："季孙氏被公伯寮迷惑住了，我有能力让公伯寮陈尸街头以示众。"孔子说："大道将要施行起来呀，是命运哪！大道将要废弃呀，也是命运啊！公伯寮能对命运怎么样?"

子曰："贤者辟世[①]，其次辟地，其次辟色，其次辟言。"子曰："作者七人矣[②]。"

【注释】

①辟：避，逃避。 ②作者：为之者。七人：指伯夷、叔齐、虞仲、夷逸、朱张、柳下惠、少年等七人。一说指长沮、桀溺、丈人、石门、荷蒉、仪封人、楚狂接舆等七人。

【译文】

孔子说："贤人回避乱世，次一等的回避乱的地方，再次一等的回避某些人难看的脸色，更次一等的避开某些难听的话。"孔子说："这样做的已经有七个人了。”

子路宿于石门[①]。晨门曰[②]：“奚自?”子路曰：“自孔氏。”曰：“是知其不可而为之者与?”

【注释】

①石门：鲁国都城的外门。 ②晨门：早晨看城门的人。

【译文】

子路在鲁国都城的外门住了一夜。第二天清晨进城的时候，早晨开城门的人说：“从哪里来?”子路说：“从孔家来。”开门人说：“是那个知道行不通还要干的人吗!”

子击磬于卫[①]，有荷蒉而过孔氏之门者[②]，曰：“有心哉，击磬乎!”既而曰：“鄙哉，硁硁乎[③]!莫己知也，斯己而已矣[④]。深则厉，浅则揭[⑤]。”子曰：“果哉！末之难矣[⑥]。”

【注释】

①磬：一种打击乐器，用玉或石制成。 ②荷：担负。蒉：盛土的草筐。 ③硁硁(kēng)：击磬发出的声音。 ④斯己：就为自己。 ⑤深则厉，浅则揭：水深就把衣裳脱下，水浅就把衣裳提起，这是指人的进退出处应审时度势。厉：裸，脱衣渡水。揭：提起衣裳渡水。 ⑥末：无。

【译文】

孔子在卫国，有一天正在击磬，有一个挑着草筐的人从孔子门前经过，他说：“真有心哪，还击磬呢?”过一会又说：“声调这么粗鄙，铿铿的，没人知道自己，就独善其身罢了。这好比过河，水深就把衣裳脱下，水浅就把衣裳提起来。”孔子说：“果然如此，那就没什么困难了。”

子张曰：“《书》云：‘高宗谅阴[①]，三年不言。’何谓也?”子曰：“何必高宗?古之人皆然。君薨[②]，百官总己以听于冢宰三年[③]。”

【注释】

①高宗：殷王武丁，古人称他是商朝中兴的贤王。谅阴：居丧时所住的房子，又叫凶庐，

这里指守孝。 ②薨：古代诸侯国王死称薨。 ③冢宰：官名。在先秦是辅佐天子之官。后世因以冢宰为宰相之称。

【译文】

子张说："《尚书》说：'殷高宗守孝，三年不谈政事。'这是什么意思啊？"孔子说："不只是殷高宗，古人都是这样。国君死了，百官总理自己的事务完全听命于冢宰三年。"

子曰："上好礼，则民易使也。"

【译文】

孔子说："在上位的人喜欢依照礼法行事，那么百姓就容易使唤。"

子路问君子，子曰："修己以敬。"曰："如斯而已乎？"曰："修己以安人①。"曰："如斯而已乎？"曰："修己以安百姓。修己以安百姓，尧舜其犹病诸②！"

【注释】

①人：指亲族和朋友。 ②尧、舜：传说是古代的明君。病：这里有"难"的意思。

【译文】

子路问怎样才能成为君子。孔子说："加强修养保持恭敬谦逊的态度。"子路说："像这样就可以了吗？"孔子说："修养自己，使亲友安乐。"子路说："像这样就可以了吗？"孔子说："加强修养，使老百姓得到安乐。加强修养使百姓得到安乐，尧舜大概还难做到哩！"

原壤夷俟①。子曰："幼而不孙弟②，长而无述焉③，老而不死，是为贼④。"以杖叩其胫。

【注释】

①原壤：孔子的朋友。夷俟：夷，两腿叉开而坐。 ②孙弟：同"逊悌"，孝悌。 ③无述：没有建立什么功德被人称述。 ④贼：害人的人。

【译文】

原壤叉开双腿坐着等孔子。孔子说："你小时候不讲孝悌，长大了没有什么成就，老了还不死掉，真是个害人精。"孔子说完用手杖敲他的小腿。

阙党童子将命[①]。或问之曰："益者与？"子曰："吾见其居于位也[②]，见其与先生并行也[③]。非求益者也，欲速成者也。"

【注释】

①阙党：地名，在今山东曲阜县内，孔子的故乡。 ②居于位：坐在主人的位上。 ③并行：并排行走，当时礼节规定，年轻人与长辈在一起走路，应该与长辈并行而稍后。

【译文】

阙党的一个儿童向孔子传话。有人问孔子："这个儿童是个求上进的人吗？"孔子说："我看见他坐在成年人的位子上，与长辈并肩而行。他不是一个求上进的人，而是一个急于求成的人。"

卷　八

卫灵公第十五

卫灵公问陈于孔子[①]。孔子对曰："俎豆之事[②]，则尝闻之矣；军旅之事，未之学也。"明日遂行。

【注释】

①陈：同阵。布阵。　②俎豆之事：俎和豆都是古代盛肉食的器皿，这里指祭祀礼仪之事。

【译文】

卫灵公问孔子打仗怎样布阵，孔子回答说："礼仪方面的事，我曾经听说过。打仗方面的事，我没有学过。"第二天就离开了卫国。

在陈绝粮，从者病，莫能兴[①]。子路愠见曰[②]："君子亦有穷乎？"子曰："君子固穷[③]，小人穷斯滥矣[④]。"

【注释】

①兴：起来行走。　②愠：怨恨。　③固：安守。　④斯：就。滥：胡作非为。

【译文】

孔子周游列国时，在陈国断绝了粮食，跟随的人都饿病了，爬不起来。子路很不高兴地去见孔子说："君子也有穷得毫无办法的时候吗？"孔子回答说："君子虽然穷，但能够安守贫穷；小人一穷，便胡作非为。"

子曰："赐也[①]，女以予为多学而识之者与？"对曰："然，非与？"曰："非也，予一以贯之[②]。"

【注释】

①赐：孔子学生子贡。 ②一以贯之：贯穿始终。

【译文】

孔子说："赐呀，你以为我博学而且能记住各种知识吗？"子贡回答说："对呀，难道不是这样吗？"孔子解释说："不是的，我有一个基本的观念贯穿于我的整个思想和行动之中。"

子曰："由！知德者鲜矣！"

【译文】

孔子说："仲由呀，懂得德的人少得很啊。"

子曰："无为而治者，其舜也与①？夫何为哉？恭己正南面而已矣②。"

【注释】

①无为而治：指国君不亲临朝政，只任用贤人代自己管理国家，而使国家大治。 ②正南面：代指坐王位。

【译文】

孔子说："自己不做什么事而使天下太平的人大概只有舜吧！他做了什么呢？他只是庄重端正地坐在王位上罢了。"

子张问行①。子曰："言忠信，行笃敬，虽蛮貊之邦②，行矣。言不忠信，行不笃敬，虽州里③，行乎哉？立则见其参于前也④，在舆则见其倚于衡也⑤，夫然后行。"子张书诸绅⑥。

【注释】

⑦行：通达，行得通。 ②蛮貊（mò）：对我国少数民族的贱称。 ③州里：本乡本土。 ④参：显现。 ⑤衡：车辕前的横木。 ⑥绅：束在腰间的大带子。

【译文】

子张问孔子怎样才能使自己的主张行得通。孔子说："言语诚实守信，行为恭敬严肃，即使到了少数民族居住的边远之地，也行得通。言语欺诈无信，行为刻薄轻浮，即使在本乡本土，难道能行得通吗？站立的时候就好像看见‘忠信笃敬’几个字出现在眼前，坐在车上的时候就好像看见‘忠信笃敬’几个字挂在车前的横木上，这样才到处行得通。”子张把这些话写在自己的衣带上。

子曰：“直哉史鱼[①]！邦有道，如矢；邦无道，如矢。君子哉蘧伯玉！邦有道，则仕；邦无道，则可卷而怀之[②]。”

【注释】

①史鱼：卫国大夫。他临死前嘱咐儿子，不要在正堂治丧，以此劝告卫灵公进用蘧伯玉，斥退弥子瑕。史鱼生以身谏，死以尸谏的行为得到了人们的赞扬，称其正直。 ②卷而怀之：指不参与政事，柔顺而不得罪人。

【译文】

孔子说：“好一个刚直不屈的史鱼！政治清明他像箭一样直，政治黑暗他也像箭一样直。好一位君子蘧伯玉，国家政治清明，他就出仕；国家政治黑暗，他就退隐起来。”

子曰：“可与言而不与之言，失人；不可与言而与之言，失言。知者不失人，亦不失言。”

【译文】

孔子说：“可以同他谈话的人而不同他谈，这是错过人才；不可以同他谈话的人而同他谈话，这是浪费言语。聪明的人既不错过人，也不错过说话。”

子曰：“志士仁人，无求生以害仁，有杀身以成仁。”

【译文】

孔子说：“志士仁人，不以求生而损害仁义，只有杀身而成全仁义。”

子贡问为仁。子曰：“工欲善其事[①]，必先利其器[②]。居是邦也，事其大夫之贤者，友其士之仁者[3]。”

【注释】

①工：工匠。 ②利其器：修好他的工具。 ③士之仁者：士人中的仁人。

【译文】

子贡问孔子怎样实行仁德。孔子说：“工匠想做好他的工作，必须先把他的工具修好。我们居住在这个国家，就要敬奉那些大夫中的贤人，结交那些士人中的仁人。”

颜渊问为邦。子曰：“行夏之时，乘殷之辂[2]，服周之冕[3]，乐则《韶》、《舞》[4]。放郑声[5]，远佞人。郑声淫，佞人殆。”

【注释】

①时：历法。 ②辂：车。 ③冕：古代天子、诸侯、卿、大夫所戴的礼帽。 ④《韶》：舜时的音乐，《舞》：同《武》，周武王时的音乐。 ⑤放：排斥，放弃。郑声：在郑国流行的民间音乐。

【译文】

颜渊问怎样治理国家。孔子回答道：“用夏朝的历法，乘殷朝的车子，戴周朝的礼帽，音乐就演奏《韶乐》、《舞乐》。舍弃郑国的音乐，远离奸猾的小人。郑国的音乐很淫荡，奸猾的小人很危险。”

子曰：“人无远虑，必有近忧。”

【译文】

孔子说：“人没有长远的考虑，一定会有眼前的忧患。”

子曰：“已矣乎！吾未见好德如好色者也。”

【译文】

孔子说：“完了呀！我从未见过爱好美德如爱好美色那样的人。”

子曰："臧文仲其窃位者与[1]？知柳下惠之贤而不与立也[2]。"

【注释】

①臧文仲：臧孙辰，鲁国大夫。窃位：窃居其位，指不称职。 ②柳下惠：姓展，名禽，鲁国的贤人。"柳下"是他的封地，"惠"是他的私谥。

【译文】

孔子说："臧文仲可能是个做官不管事的人吧？他明知柳下惠是个贤良的人而不举用他到朝廷做官。"

子曰："躬自厚而薄责于人[1]，则远怨矣。"

【注释】

①厚：厚责。

【译文】

孔子说："多责备自己而少责备别人，则怨恨自然不会来了。"

子曰："不曰'如之何，如之何'者，吾未如之何也已矣。"

【译文】

孔子说："办事不说'怎么办，怎么办'的人，我也不知道对他们怎么办了。"

子曰："群居终日，言不及义，好行小慧，难矣哉！"

【译文】

孔子说："终日同大家聚在一起，说话不合道理，好耍小聪明，这种人难以有什么成就！"

子曰："君子义以为质[1]，礼以行之，孙以出之[2]，信以成之。君子哉！"

【注释】

①质：根本。 ②孙：同"逊"。

【译文】

孔子说："君子以义为做事的根本，用礼仪来实行它，用谦逊的言语说出它，用诚实的态度完成它。真的是位君子呀！"

子曰："君子病无能焉[①]，不病人之不己知也。"

【注释】

①病：担心，害怕。

【译文】

孔子说："君子害怕自己没有能力，不害怕别人不知道自己。"

子曰："君子疾没世而名不称焉。"

【译文】

孔子说："君子担心死后而名声不被人称颂。"

子曰："君子求诸己，小人求诸人。"

【译文】

孔子说："君子严格要求自己，小人苛刻要求别人。"

子曰："君子矜而不争[①]，群而不党[②]。"

【注释】

①矜：庄重。 ②党：结党营私。

【译文】

孔子说："君子态度庄重而不与人争执，能够合群而不与人勾结。"

子曰："君子不以言举人，不以人废言。"

【译文】

孔子说："君子不因为有些人话说得好听就提拔他们，不因为某些人品德差而废弃他们说得正确的话。"

子贡问曰："有一言而可以终身行之者乎？"子曰："其恕乎[①]！己所不欲，勿施于人。"

【注释】

①恕：推己及人，即"己所不欲，勿施于人。"

【译文】

子贡问孔子说："有一句话而终身奉行的吗？"孔子说："大概就是恕吧！自己不想做的，不要勉强地让别人做。"

子曰："吾之于人也，谁毁谁誉？如有所誉者，其有所试矣。斯民也，三代之所以直道而行也。"

【译文】

孔子说："我对于别人，诋毁过谁？赞美过谁？如果有所赞美，那也是经过考验了的。夏、商、周三代的人就是这样做的，所以三代能够走在正道上。"

子曰："吾犹及史之阙文也[①]。有马者，借与乘之[②]。今亡矣夫！"

【注释】

①阙文：文字空缺之处。阙，同"缺"。 ②"有马者，借人乘之"和前一句没什么关联，很难理解，大概是错简所致。

【译文】

孔子说："我还能够看到史书中存疑的地方。有马的人，借给别人先骑。今天没有这种精神了。"

子曰："巧言乱德。小不忍，则乱大谋。"

【译文】

孔子说："花言巧语败坏道德。小事不能忍耐，则坏大事。"

子曰："众恶之，必察焉；众好之，必察焉。"

【译文】

孔子说："众人都讨厌的人，必须考察一下；众人都喜欢的人，必须考察一下。"

子曰："人能弘道，非道弘人。"

【译文】

孔子说："人的才能能够把道发扬光大，不是道可以把人的才能扩大。"

子曰："过而不改，是谓过矣。"

【译文】

孔子说："犯了错误而不改正，这才叫错误了。"

子曰："吾尝终日不食，终夜不寝，以思，无益，不如学也。"

【译文】

孔子说："我曾经整天不吃饭，整夜不睡觉，去苦思冥想，没有什么益处，不如去学习。"

子曰："君子谋道不谋食。耕也，馁在其中矣；学也，禄在其中矣。君子忧道不忧贫。"

【译文】

孔子说："君子谋求学道，不谋求衣食。耕田嘛，常常饿肚子；学道嘛，可以做官得俸禄。君子担心学不到道，不担心贫穷。"

子曰："知及之[①]，仁不能守之，虽得之，必失之。知及之，仁能守之，不庄以涖之[②]，则民不敬。知及之，仁能守之，庄以涖之，动之不以礼，未善也。"

【注释】

①知：同"智"。之：指官位。 ②涖（lì）：同"莅"，临，到。

【译文】

孔子说："用聪明取得了官职，不能用仁德去保持它，即使得到了，也一定会失去。用聪明取得了官职，能用仁德保持它，不能用庄严的态度去治理百姓，那么百姓也不会尊敬他。用聪明取得了官职，能够用仁德保持它，能够用庄严的态度去治理百姓，但不能用礼节去动员百姓，那也不是很完善的。"

子曰："君子不可小知而可大受也[①]，小人不可大受而可小知也。"

【注释】

①知：了解，考察。受：承受。

【译文】

孔子说："君子不可以用小事情去考验他而可以让他承担重大任务，小人不可以承担重大任务而可以用小事情去考验他。"

子曰："民之于仁也，甚于水火。水火，吾见蹈而死者矣，未见蹈仁而死者也。"

【译文】

孔子说："老百姓对仁德的需要，比对水火的需要更迫切。水和火，我看见有人踩在其中而死掉的，没看见实行仁德而死掉的。"

子曰："当仁，不让于师。"

【译文】

孔子曰："面临着实行仁德的事情，可以不同老师谦让。"

子曰："君子贞而不谅[1]。"

【注释】

①贞：固守正道。谅：指不分是非守信用。

【译文】

孔子说："君子固守正道而不讲小信。"

子曰："事君，敬其事而后其食。"

【译文】

孔子说："为君主做事，应该认真工作而把食俸禄的事放在后面。"

子曰："有教无类[1]。"

【注释】

①类：区别。

【译文】

孔子说："我对谁都无区别地实施教育。"

子曰："道不同，不相为谋。"

【译文】

孔子说："主张不同，不相互商讨问题。"

子曰："辞达而已矣。"

【译文】

孔子说："言辞能把意思表达清楚就可以了。"

师冕见[1]，及阶，子曰："阶也。"及席，子曰："席也。"皆坐，子告之曰："某在斯，某在斯。"师冕出。子张问曰："与师言之道与[2]？"子曰："然，固相师之道也[3]。"

【注释】

①师冕：师，乐师。冕，乐师的名。 ②道：方法。 ③相：帮助。

【译文】

师冕来见孔子，走到台阶边，孔子说："这是台阶啦。"走到坐席边，孔子说："这是坐席啦。"大家都坐下来了，孔子告诉师冕说："某某坐在这里，某某坐在这里。"师冕辞别走了。子张问道："这是同乐师讲话的方法吗？"孔子说："是的，这就是帮助乐师的方法。"

季氏第十六

季氏将伐颛臾[1]。冉有、季路见于孔子曰："季氏将有事于颛臾。"

孔子曰："求！无乃尔是过与[2]？夫颛臾，昔者先王以为东蒙主[3]，且在邦域之中矣，是社稷之臣也。何以伐为？"

冉有曰："夫子欲之，吾二臣者皆不欲也。"

孔子曰："求！周任有言曰[4]：'陈力就列，不能者止。'危而不持，颠而不扶，则将焉用彼相矣[5]？且尔言过矣。虎兕出于柙[6]，龟玉毁于椟中[7]，是谁之过与？"

冉有曰："今夫颛臾，固而近于费[8]。今不取，后世必为子孙忧。"

孔子曰："求！君子疾夫舍曰欲之而必为之辞[9]。丘也闻有国有家者[10]，不患寡而患不均，不患贫而患不安。盖均无贫，和无寡，安无倾。夫如是，故远人不服，则修文德以来之[11]。既来之，则安之。今由与求也，相夫子，远人不服，而不能来也；邦分崩离析，而不能守也；而谋动干戈于邦内[12]。吾恐季孙之忧，不在颛臾，而在萧墙之内也[13]。"

【注释】

①季氏：即季孙氏，鲁国最有权势的贵族。这里指季康子，名肥。颛臾：鲁国的附属小国，在今山东费县西北。 ②过：责备。 ③东蒙主：主祭东蒙山神的人。东蒙，即蒙山；在今山东蒙阴县南，西南接费县界。 ④周任：古代的一位史官。 ⑤相：扶助盲人走路的人。这里引申为"助手"的意思，指冉有、子路。 ⑥兕：独角犀牛。柙：关猛兽的木笼。 ⑦龟

玉：占卜用的龟壳和祭祀用的玉器。椟：匣子。　⑧费（bì）：季康子的封地，在今山东费县。　⑨疾：痛恨。夫：指示代词，那。舍曰：避开不说。辞：托辞，辩解的话语。　⑩有国有家者：指有封国的诸侯和有封邑的卿大夫。　⑪文：文教，礼教。　⑫干戈：本义是指盾牌和兵器，这里指战争。　⑬萧墙：国君宫门内当门的照壁或屏风。后世常以萧墙之祸比喻内部潜在的危险。

【译文】

季氏将要攻打颛臾。冉有、子路去见孔子，说：“季氏准备对颛臾使用武力。”

孔子说：“冉求！这恐怕要责备你吧？颛臾，上代君王曾经让他主持东蒙山的祭祀，而且它又处在鲁国疆域之内，是鲁国的臣属国，为什么要去攻打它呢？”

冉有说：“季氏要这么干，我们两个家臣都不愿意。”

孔子说：“冉求！周任有句话说：‘担任职务就要竭尽自己的能力，如果不行，就该辞职。’如果瞎子遇到危险，助手不去扶持；将要摔倒了，助手也不去搀扶，那又要助手干什么呢？而且你的话也说错了。老虎、犀牛从笼子里跑出来，龟壳、玉器在匣子里被毁坏，这是谁的过错呢？”

冉有说：“现在那颛臾，城墙坚固，而且离季氏的封地费邑很近。如果现在不占领过来，将来必然会给子孙留下祸害。”

孔子说：“冉求！君子就痛恨那种嘴上不说想得到这种东西，却一定另找借口的人。我听说过：像诸侯、大夫这样的统治者，不担心贫穷而担心财富不平均，不担心人口少而担心境内不安定。因为财富分配平均，便无所谓贫穷；境内和睦团结，就不会觉得人口稀少；境内安宁，就没有倾覆的危险。这样做了，远方的人还不归服，就再修治仁义礼教来使他们归服。他们已经来了，就要让他们安心。现在仲由和冉求你们，辅佐季孙大夫，远方之人不归服，而不能招徕他们；国家四分五裂，而不能保全；却谋划着在国境内动用武力。我恐怕季氏的忧患不在颛臾，而在宫廷内部啊。”

孔子曰：“天下有道，则礼乐征伐自天子出；天下无道，则礼乐征伐自诸侯出。自诸侯出，盖十世希不失矣[①]；自大夫出，五世希不失矣；陪臣执国命[②]，三世希不失矣。天下有道，则政不在大夫。天下有道，则庶人不议。”

【注释】

①希：同“稀”，少有。　②陪臣：卿、大夫的家臣。

【译文】

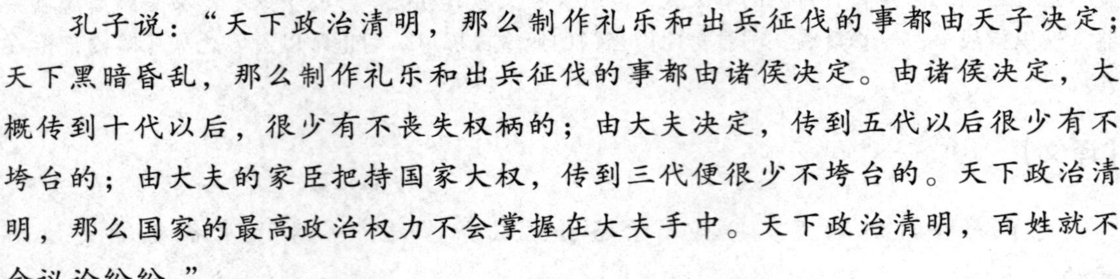

孔子说："天下政治清明，那么制作礼乐和出兵征伐的事都由天子决定；天下黑暗昏乱，那么制作礼乐和出兵征伐的事都由诸侯决定。由诸侯决定，大概传到十代以后，很少有不丧失权柄的；由大夫决定，传到五代以后很少有不垮台的；由大夫的家臣把持国家大权，传到三代便很少不垮台的。天下政治清明，那么国家的最高政治权力不会掌握在大夫手中。天下政治清明，百姓就不会议论纷纷。"

孔子曰："禄之去公室五世矣①，政逮于大夫四世矣②，故夫三桓之子孙微矣③。"

【注释】

①禄：爵禄，这里指政权。公室：春秋时诸侯的家族，这里指鲁国国君。五世：即五代。自鲁君丧失政权到孔子说这段话时，经历了宣公、成公、襄公、昭公、定公五代。 ②四世：从季氏把持鲁国政权到孔子说这段话时，经历了文子、武子、平子、桓子四代，故称四世。 ③三桓：鲁国的三家大夫孟孙氏、叔孙氏、季孙氏，都是鲁桓公的后代，故称三桓。鲁定公前三家一直掌握鲁国大权。

【译文】

孔子说："国家政权离开鲁国已经有五代了，政权落在大夫手中已经有四代了，所以桓公的三房子孙也衰微了。"

孔子曰："益者三友，损者三友。友直，友谅①，友多闻，益矣。友便辟②，友善柔，友便佞③，损矣。"

【注释】

①谅：诚信，诚实。 ②便（pián）辟：逢迎谄媚。 ③便佞：花言巧语，阿谀逢迎。

【译文】

孔子说："有益的朋友有三种，有害的朋友也有三种。同正直的人交朋友，同诚实守信的人交朋友，同见闻广博的人交朋友，便有益了。同逢迎谄媚的人交朋友，同善于当面奉承、背后毁谤的人交朋友，同夸夸其谈、花言巧语的人交朋友，便有害了。”

孔子曰：“益者三乐，损者三乐。乐节礼乐，乐道人之善，乐多贤友，益矣。乐骄乐，乐佚游，乐宴乐，损矣。”

【译文】

孔子说：“有益的快乐有三种，有害的快乐也有三种。以得到礼乐的调节为快乐，以宣扬别人的好处为快乐，以多交贤明的朋友为快乐，这就受益了。以骄奢为快乐，以放纵游荡为快乐，以吃喝宴饮为快乐，便有害了。”

孔子曰：“侍于君子有三愆[①]：言未及之而言谓之躁，言及之而不言谓之隐，未见颜色而言谓之瞽[②]。”

【注释】

①愆：过失。 ②瞽：盲人。

【译文】

孔子说：“侍奉君子容易犯三种过失：不该他说话时却先说，叫做急躁；该他说时却不说，叫做隐瞒；不看君子的脸色便贸然开口说话，叫做瞎了眼睛。”

孔子曰：“君子有三戒：少之时，血气未定，戒之在色；及其壮也，血气方刚，戒之在斗；及其老也，血气既衰，戒之在得[①]。”

【注释】

①得：指贪求名誉、地位、财富等。

【译文】

孔子说：“君子有三件应该警惕戒备的事：年轻的时候，血气还没有稳定，要警戒自己不要迷恋女色；到了壮年，血气正旺盛，要警惕逞强好斗；到了老年，血气已经衰弱，警戒自己不要贪得无厌。”

孔子曰："君子有三畏：畏天命，畏大人[①]，畏圣人之言。小人不知天命而不畏也，狎大人[②]，侮圣人之言。"

【注释】

①大人：指身居高位的人。 ②狎：轻侮，亲近而不庄重。

【译文】

孔子说："君子害怕三件事：怕天命，惧怕权贵人物，惧怕圣人的言论。小人不懂得天命，因而不害怕，轻视权贵人物，轻侮圣人的言论。"

孔子曰："生而知之者，上也；学而知之者，次也；困而学之，又其次也；困而不学，民斯为下矣。"

【译文】

孔子说："生下来就知道的人是上等，学习了才知道的人次一等；遇到困难再去学习的，又次一等；遇到困难而不学习，这种人是最下等的了。"

孔子曰："君子有九思：视思明，听思聪，色思温，貌思恭，言思忠，事思敬，疑思问，忿思难，见得思义。"

【译文】

孔子说："君子有九种事情需要考虑：看的时候，考虑看明白了没有；听的时候，考虑听清楚了没有；脸色要考虑是否温和；容貌态度要考虑是否恭敬；言论要考虑是否忠实；做事要考虑是否严肃认真；遇到疑问，要考虑怎样向人请教；发怒时要考虑会不会有后患；看见可得的，要考虑是否该得到。"

孔子曰："见善如不及，见不善如探汤[①]。吾见其人矣，吾闻其语矣。隐居以求其志，行义以达其道。吾闻其语矣，未见其人也。"

【注释】

①探汤：将手伸进沸水里。汤，开水、热水。

【译文】

孔子说："看见善良的，努力追求，好像唯恐赶不上似的；看见邪恶的，尽力避开，好像手将伸进沸水里似的。我见过这样的人，也听过这样的话。避世隐居以求保全自己的志向，做合乎正义的事来贯彻自己的主张。我听过这样的话，却没有见过这样的人。"

齐景公有马千驷[①]，死之日，民无德而称焉。伯夷、叔齐饿于首阳之下[②]，民到于今称之。其斯之谓与[③]？

【注释】

①齐景公：齐国国君，名杵臼。公元前547年—前490年在位。驷：同驾一辆车的四匹马，"千驷"即四千匹马。 ②伯夷、叔齐：商末孤竹君的两个儿子。周灭商后，耻食周粟，隐居首阳山，最后饿死。 ③"其斯之谓与"与上文不衔接，此处文字可能有缺漏。

【译文】

齐景公有马四千匹，到他死的时候，百姓们都认为他没有什么德行值得称颂的。伯夷、叔齐饿死在首阳山下，百姓到现在还称赞他们。大概说的就是这个意思吧？

陈亢问于伯鱼曰[①]："子亦有异闻乎？"

对曰："未也。尝独立，鲤趋而过庭。曰：'学诗乎？'对曰：'未也。''不学诗，无以言。'鲤退而学诗。他日，又独立，鲤趋而过庭。曰：'学礼乎？'对曰：'未也。''不学礼，无以立。'鲤退而学礼。闻斯二者。"

陈亢退而喜曰："问一得三，闻诗，闻礼，又闻君子之远其子也。"

【注释】

①陈亢：字子禽，孔子的学生。伯鱼：孔子的儿子，名鲤，字伯鱼。

【译文】

陈亢向伯鱼问道："您在老师那里得到过与众不同的教导吗？"

伯鱼回答说："没有。他曾经一个人站在那里，我快步走过庭院。他问我说：'学诗没有？'我答道：'没有。'他说：'不学诗就不善于说话。'我退回来就学诗。另一天，他又独自站在那里，我又快步走过庭院。他问道：‘学礼没有？’我答道：‘没有。’他说：‘不学礼，便无法在社会上立足。’我回来便学礼。我只听到这二件事。”

陈亢回去高兴地说：“我问一个问题，得到了三点收获：知道了学诗的意义，知道了学礼的意义，又知道了君子不偏爱自己的儿子。”

邦君之妻，君称之曰夫人，夫人自称曰小童；邦人称之曰君夫人，称诸异邦曰寡小君；异邦人称之亦曰君夫人。

【译文】

国君的妻子，国君称她叫夫人，夫人自称为小童；本国人称她为君夫人，对外国人便称她为寡小君；外国人也称她为君夫人。

卷　九

阳货第十七

阳货欲见孔子①，孔子不见，归孔子豚②。

孔子时其亡也③，而往拜之。遇诸涂④。

谓孔子曰："来！予与尔言。"曰："怀其宝而迷其邦，可谓仁乎？"曰："不可。""好从事而亟失时⑤，可谓知乎⑥？"曰："不可。""日月逝矣，岁不我与。"

孔子曰："诺，吾将仕矣。"

【注释】

①阳货：又叫阳虎，季氏家臣中最有权势的人物，当时把持着季氏的权柄和鲁国朝政。②归：同"馈"，赠送。豚：小猪。这里指蒸熟了的小猪，事见《孟子·滕文公下》。　③时：伺、窥探。亡：不在。按当时礼俗，大夫送东西给士人，如未能在家当面接受，士应去大夫家登门拜谢。孔子不愿见阳货，所以趁他不在家时去拜谢。　④涂：同"途"。　⑤亟：屡次。⑥知：同"智"。

【译文】

阳货想让孔子去见他，孔子不去见，他便送给孔子一头蒸熟了的小猪。

孔子探知阳货不在家时便去拜谢他。不料两人在路上相遇了。

阳货对孔子说："来！我同你说话。"阳货说："怀有一身本领，却听任国家的事情一塌糊涂，可以叫做仁吗？"孔子说："不可以。"阳货又说："一个人喜欢参与政事却屡次错过时机，可以叫做聪明吗？"孔子说："不可以。"阳货说："时光一天天流逝，岁月是不会等待我们的。"

孔子说："好吧，我打算做官了。"

子曰："性相近也，习相远也。"

【译文】

孔子说："人的本性是互相接近的，由于受不同环境习俗的熏陶便相距悬远了。"

子曰："唯上知与下愚不移。"

【译文】

孔子说："只有上等的聪明人和下等的愚蠢人是不可改变的。"

子之武城[①]，闻弦歌之声。夫子莞尔而笑，曰："割鸡焉用牛刀[②]？"

子游对曰[③]："昔者偃也闻诸夫子曰：'君子学道则爱人，小人学道则易使也'。"

子曰："二三子！偃之言是也。前言戏之耳。"

【注释】

①武城：鲁国的一座小城。 ②"割鸡"句：比喻治理像武城这样的小地方，用不着礼乐教化。 ③子游：孔子的学生，姓言名偃，字子游，此时任武城长官。

【译文】

孔子到了武城，听到有弹琴唱歌的声音。孔子微微一笑，说："杀鸡哪里用宰牛的刀呢？"

子游回答说："以前我听老师说过：'做官的学习了礼乐的道理，就会有仁爱之心；老百姓学习了礼乐的道理，就容易听从使唤'。"

孔子说："弟子们！言偃说的话是对的，我刚才那句话不过是开个玩笑罢了。"

公山弗扰以费畔[①]，召，子欲往。

子路不说[②]，曰："末之也已，何必公山氏之人也？"

子曰："夫召我者，而岂徒哉？如有用我者，吾其为东周乎[③]！"

【注释】

①公山弗扰：一名公山不狃，字子泄，季氏家臣。畔：同"叛"，叛乱。 ②说：同

“悦”。

③为东周：建设一个东方的周王朝。意思是说，要在东方的鲁国复兴周代的礼乐制度。

【译文】

公山弗扰盘踞在费邑图谋叛乱，叫孔子去，孔子打算去。

子路很不高兴，说：“没有地方去就算了，为什么一定要去公山氏那里呢？”

孔子说：“那个叫我去的人，难道是白白地召我吗？假如有人用我，我将使周文王、武王的德政在东方再度复兴啊！”

子张问仁于孔子。孔子曰：“能行五者于天下为仁矣。”

“请问之。”曰：“恭，宽，信，敏，惠。恭则不侮，宽则得众，信则人任焉，敏则有功，惠则足以使人。”

【译文】

子张问孔子怎样做才是仁。孔子说：“能够处处实行五种品德的，就是仁。”

子张说：“请问哪五种？”孔子说：“庄重，宽厚，诚实，奋勉，慈惠。庄重就不会遭受侮辱，宽厚就能得到大众的拥护，诚实就能得到别人的任用，奋勉工作就会成功，慈惠就能很好地使唤别人。”

佛肸召[①]，子欲往。

子路曰：“昔者由也闻诸夫子曰：‘亲于其身为不善者，君子不入也。’佛肸以中牟畔[②]，子之往也，如之何？”

子曰：“然，有是言也。不曰坚乎，磨而不磷[③]？不曰白乎，涅而不缁[④]？吾岂匏瓜也哉[⑤]？焉能系而不食？”

【注释】

①佛肸（bì xī）：晋国大夫范氏家臣，中牟城的长官。公元前490年，赵简子攻打范氏，围中牟，佛肸依据中牟来抗拒赵简子。他召孔子就在此时。 ②中牟：春秋时晋国地名，约在今河北邢台和邯郸之间。 ③磷：薄，损伤。 ④涅：一种矿石，可作黑色染料。这里作动词，染的意思。缁：黑。 ⑤匏瓜：葫芦的一种，味苦不能吃。

【译文】

佛肸叫孔子去，孔子打算去。

子路说："从前我听老师说过：'亲自做坏事的人那里，君子是不去的。'佛肸在中牟叛乱，您却要前往，怎么说得过去呢？"

孔子说："对，我有过这话。但不是说最坚硬的东西磨也磨不薄吧？不是说最白的东西染也染不黑吧？我难道是瓠瓜吗？怎么能只被人悬挂着而不给人食用呢？"

子曰："由也，女闻六言六蔽矣乎[1]？"对曰："未也。"

"居！吾语女。好仁不好学，其蔽也愚；好知不好学，其蔽也荡[2]；好信不好学，其蔽也贼[3]；好直不好学，其蔽也绞[4]；好勇不好学，其蔽也乱；好刚不好学，其蔽也狂。"

【注释】

①六言：即六字，指的是六种品德，就是文中说的仁、知、信、直、勇、刚。 ②荡：放荡不羁。 ③贼：害。 ④绞：指说话尖刻。

【译文】

孔子说："仲由，你听说过有六种品德也会带来六种弊病吗？"子路回答说："没有。"

孔子说："坐下！我告诉你。爱好仁德却不爱好学问，它的弊病是容易被愚弄；爱耍聪明却不喜好学问，它的弊病是放荡不羁；喜好诚实却不喜好学问，它的弊病是容易被人利用，反而害了自己；爱直率却不爱好学问，它的弊病是说话尖刻，刺痛人心；爱勇敢却不爱学问，它的弊病是捣乱闯祸；爱刚强却不爱学问，它的弊病是胆大妄为。"

子曰："小子，何莫学夫诗[1]？诗，可以兴，可以观，可以群，可以怨。迩之事父[2]，远之事君；多识于鸟兽草木之名。"

【注释】

①小子：指弟子们。 ②迩：近。

【译文】

孔子说："弟子们，为什么不学习诗呢？学诗，可以培养联想力，可以提高观察力，可以养成合群的性情，可以学得讽刺方法，抒发心中的怨恨。近的呢，可以运用其中的道理事奉父母；远的呢，可以用来服事君主，而且可以多知道一些鸟兽草木的名称。"

子谓伯鱼曰："女为《周南》、《召南》矣乎[①]？人之不为《周南》、《召南》，其犹正墙面而立也与[②]。"

【注释】

①《周南》、《召南》：《诗经·国风》十五个部分中的开头两部分，儒家认为其诗是合乎礼义的。 ②正墙面而立：正面朝向墙壁站立。指什么也看不见，无法向前行走。

【译文】

孔子对伯鱼说："你研究过《周南》和《召南》了吗？一个人不研究《周南》、《召南》，就好像面对墙壁站立着无法向前行走啊！"

子曰："礼云礼云，玉帛云乎哉[①]？乐云乐云，钟鼓云乎哉？"

【注释】

①玉帛：指举行礼仪时使用的玉器、丝织品等礼器。

【译文】

孔子说："礼呀礼呀，只是指玉帛之类的礼器吗？乐呀乐呀，只是指钟鼓之类的乐器吗？"

子曰："色厉而内荏，譬诸小人，其犹穿窬之盗也与[①]？"

【注释】

①穿窬（yú）：穿洞。窬，同"逾"，越墙。

【译文】

孔子说："外表声色严厉而内心怯弱，若用坏人作比喻，大概像个挖洞跳墙的小偷吧!”

子曰:“乡原[①],德之贼也[②]。”

【注释】

①乡原:原,同“愿”,忠厚。乡里人都认为他忠厚,这里指的是好好先生。 ②德之贼:德的败坏者。

【译文】

孔子说:“没有是非的好好先生,是败坏道德的人。”

子曰:“道听而途说,德之弃也。”

【译文】

孔子说:“听到道路上的传言就四处传播,这是对道德的背弃。”

子曰:“鄙夫可与事君也与哉[①]?其未得之也,患得之[②]。既得之,患失之。苟患失之,无所不至矣。”

【注释】

①鄙夫:指品德恶劣卑鄙的人。 ②患得之:当做“患不得之”。“不”字可能是古人抄写时被脱掉。

【译文】

孔子说:“怎么能同鄙夫一起事奉君主呢?当他没有得到职位的时候,总是担心得不到;已经得到了,又怕失去它。假若担心失去职位,一切恶劣的事情,就没有不做的了。”

子曰:“古者民有三疾,今也或是之亡也。古之狂也肆,今之狂也荡;古之矜也廉[①],今之矜也忿戾[②];古之愚也直,今之愚也诈而已矣。”

【注释】

①廉:本义指器物的棱角,这里比喻人的行为方正有威,不可触犯。 ②忿戾:凶恶

蛮横。

【译文】

孔子说："古时的人有三种毛病，现在或许都没有了。古代的狂人肆意直言，现在的狂人却是放荡不羁；古代矜持自尊的人威不可犯，现在矜持自尊的人却是一味凶恶蛮横；古代的愚笨人还直率，现在愚笨的人只是欺诈罢了。"

子曰："巧言令色，鲜以仁①。"

【注释】

①此条重出，见《学而第一》。

子曰："恶紫之夺朱也①，恶郑声之乱雅乐也②，恶利口之覆邦家者。"

【注释】

①紫之夺朱：朱，大红色，古代称之为正色。但春秋时鲁桓公、齐桓公等喜欢穿紫色衣服，使紫渐渐代替了红，成为诸侯衣服的正色。 ②郑声：郑国的民间地方音乐。雅乐：用于郊庙朝会的正统音乐。孔子在《卫灵公》篇中曾有"郑声淫"之语。

【译文】

孔子说："我憎恶紫色夺去了大红色的光彩和地位，厌恶郑国的通俗音乐扰乱了典雅的标准音乐，厌恶强嘴利舌颠覆国家的人。"

子曰："予欲无言①。"子贡曰："子如不言，则小子何述焉？"子曰："天何言哉？四时行焉，百物生焉，天何言哉？"

【注释】

①言：此处指的是言教。孔子主张身教重于言教，启发学生在实践中学习、思考。

【译文】

孔子说："我不想说什么了。"子贡说："您如果不说，那么我们这些弟子传述什么呢？"孔子说："天说了什么呢？四季照样运行，万物照样生长，天说了什么呢？"

孺悲欲见孔子[①]，孔子辞以疾。将命者出户[②]，取瑟而歌，使之闻之。

【注释】

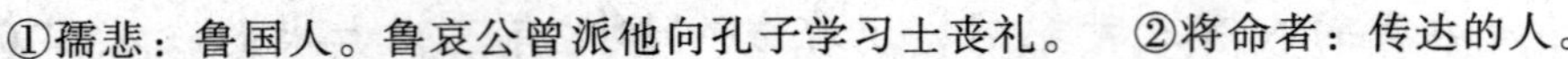

①孺悲：鲁国人。鲁哀公曾派他向孔子学习士丧礼。 ②将命者：传达的人。

【译文】

孺悲想见孔子，孔子以有病为由推辞不见。传达的人刚出房门，孔子便取下瑟来边弹边唱，故意让孺悲听到。

宰我问："三年之丧，期已久矣。君子三年不为礼，礼必坏；三年不为乐，乐必崩。旧谷既没，新谷既升[①]，钻燧改火[②]，期可已矣[③]。"

子曰："食夫稻，衣夫锦，于女安乎？"曰："安。"

"女安，则为之！夫君子之居丧，食旨不甘[④]，闻乐不乐，居处不安[⑤]，故不为也。今女安，则为之！"

宰我出。子曰："予之不仁也[⑥]！子生三年，然后免于父母之怀。夫三年之丧，天下之通丧也，予也有三年之爱于其父母乎！"

【注释】

①升：登，这里指新谷上场。 ②钻燧改火：燧，即燧石、火石，古代取火的器具。古代用的是钻木取火的方法，被钻的木头，四季不同，春天用榆柳木，夏用枣杏木，秋用柞楢木，冬用槐檀木。 ③期（jī）：同"朞"，一年。 ④旨：味美，这里指美的食物。 ⑤居处：古代守丧要住在临时搭成的草房或草棚里，睡在用草编成的垫子上，用土块做枕头。这里的"居处"是指平时住的房子。 ⑥予：宰我名予字子我。这个"予"和末句的"予"都指"宰予"。

【译文】

宰我问："父母死了要守丧三年，时间太长了。君子三年不习礼仪，礼仪一定会废弃掉；三年不奏乐，音乐一定会荒废。陈谷已经吃光了，新谷又已登场，钻火用的木头轮换了一遍，丧期一年也就可以了。"

孔子说："父母死了不到三年便吃白米饭，穿起锦缎衣服，你心里安不安呢？"宰我说："安。"

孔子说："你心安，你就去干吧！君子在服丧期间，吃美味不觉得香甜，听音乐不觉得快乐，住在家里不以为舒适，所以才不这样做。现在你觉得心安，你就去做吧！”

宰我退出来后，孔子说：“宰予真不仁呀！儿女生下来三年以后，才能脱离父母的怀抱。为父母守丧三年，是天下通行的丧礼。宰予难道就没有从父母那里得到三年的爱抚吗？”

子曰：“饱食终日，无所用心，难矣哉！不有博弈者乎[①]？为之，犹贤乎已[②]。”

【注释】

①博弈：博，古代的一种赌输赢的游戏，与棋相仿，要先掷采而后行棋。弈，即围棋。博弈，这里泛指下棋。 ②贤：胜过。已：止，什么也不干。

【译文】

孔子说：“整天吃饱了饭，对什么事都不关心，难得有出息啊！不是有下棋的游戏吗？玩玩这个，也比什么都不干好。”

子路曰：“君子尚勇乎？”子曰：“君子义以为上。君子有勇而无义为乱，小人有勇而无义为盗。”

【译文】

子路问：“君子崇尚勇敢吗？”孔子说：“君子认为义是最高尚的。君子有勇无义就会作乱，小人有勇无义就会做强盗。”

子贡曰：“君子亦有恶乎[①]？”子曰：“有恶：恶称人之恶者，恶居下流而讪上者[②]，恶勇而无礼者，恶果敢而窒者[③]。”

曰：“赐也亦有恶乎[④]？”“恶徼以为知者[⑤]，恶不孙以为勇者，恶讦以为直者[⑥]。”

【注释】

①恶（wù）：憎恶，憎恨。 ②本句的“流”字是衍文，晚唐以前的《论语》本子中都没有。 ③窒：阻塞，不通。这里引喻为顽固不化的人。 ④赐：子贡姓端木，名赐。 ⑤徼：抄袭。 ⑥讦（jié）：攻击或揭发别人的短处。

【译文】

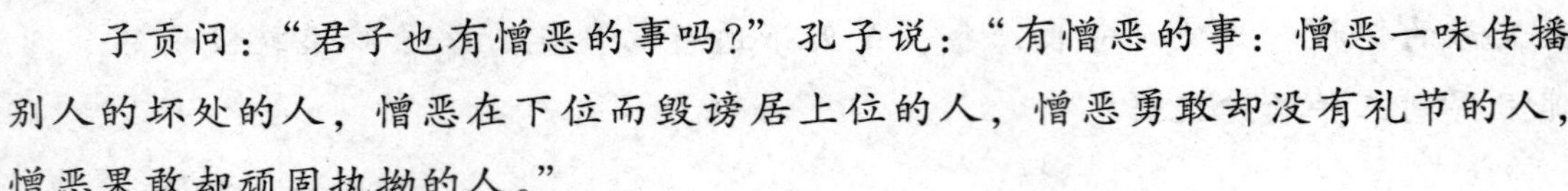
子贡问："君子也有憎恶的事吗？"孔子说："有憎恶的事：憎恶一味传播别人的坏处的人，憎恶在下位而毁谤居上位的人，憎恶勇敢却没有礼节的人，憎恶果敢却顽固执拗的人。"

孔子又说："端木赐，你也有憎恶的事吗？"子贡说："我憎恶抄袭别人的东西却自以为聪明的人，憎恶毫不谦逊却自以为勇敢的人，憎恶揭发别人隐私却自以为直率的人。"

子曰："唯女子与小人为难养也，近之则不孙[①]，远之则怨。"

【注释】

①孙：同"逊"。

【译文】

孔子说："只有女子和小人是很难和他们共处的，亲近了，他们就会无礼，疏远了，他们就会怨恨。"

子曰："年四十而见恶焉[①]，其终也已[②]。"

【注释】

①见恶：被人厌恶。见，被。　②终：终生，一辈子。

【译文】

孔子说："到了四十岁还被人厌恶，他这一生也就算完了。"

微子第十八

微子去之[①]，箕子为之奴[②]，比干谏而死[③]。孔子曰："殷有三仁焉。"

【注释】

①微子：名启，殷纣王的同母兄，封于微（今山东梁山西北）。因见商代将亡，数谏纣

王，纣王不听，于是出走。 ②箕子：名胥馀，纣王的叔叔，官太师，封于箕（今山西太谷西北）。他曾劝谏纣王，后被纣王囚禁，降为奴隶。 ③比干：纣王的叔叔，因屡谏纣王，被剖心而死。

【译文】

纣王昏庸残暴，微子便离开了他，箕子做了他的奴隶，比干因劝谏被剖心而死。孔子说："这是殷朝的三位仁人呀。"

柳下惠为士师[①]，三黜[②]。人曰："子未可以去乎？"曰："直道而事人，焉往而不三黜？枉道而事人，何必去父母之邦？"

【注释】

①柳下惠：姓展，名获，又名禽，封邑在柳下，谥惠。曾任鲁国士师，是掌管刑狱的官。 ②三黜：三，表示多次。黜，罢免。

【译文】

柳下惠担任法官，多次地被撤职。有人对他说："你不可以离开鲁国吗？"他说："正直地侍奉君主，到哪里不会被多次罢官呢？不正直地侍奉君主，为什么一定要离开自己的祖国呢？"

齐景公待孔子曰："若季氏，则吾不能；以季孟之间待之[①]。"曰："吾老矣，不能用也。"孔子行。

【注释】

①季孟：鲁国的季孙氏和孟孙氏，分别为鲁国的上卿和下卿。

【译文】

齐景公讲到怎样对待孔子时说："像鲁君对待季氏那样对待孔子，那我做不到；我要用次于季氏而高于孟氏的待遇来对待他。"后来又说："我老了，不能任用他了。"孔子便离开了齐国。

齐人归女乐[①]，季桓子受之[②]，三日不朝，孔子行。

【注释】

①归：同“馈”，赠送。女乐：女子歌舞队。 ②季桓子：鲁国的上卿季孙斯，季康子的父亲。

【译文】

齐国送许多歌姬舞女给鲁国，季桓子接受了，一连三天不上朝听政，孔子便离去了。

楚狂接舆歌而过孔子曰[①]：“凤兮凤兮[②]，何德之衰？往者不可谏，来者犹可追。已而，已而！今之从政者殆而！”

孔子下，欲与之言。趋而避之，不得与之言。

【注释】

①楚狂接舆：姓陆，名通，字接舆，楚国的隐者，为避世而假装疯狂，故称楚狂。 ②凤兮：凤即凤凰，这里喻孔子。

【译文】

楚国的狂人接舆唱着歌走过孔子的车旁，他唱道：“凤凰呀，凤凰呀！为什么德行这么衰微？过去的已不能挽回，未来的还来得及进行。算了吧，算了吧！现在的从政者太危险！”

孔子下车，想和他交谈。接舆却赶快避开，孔子未能和他交谈。

长沮、桀溺耦而耕[①]，孔子过之，使子路问津焉。

长沮曰：“夫执舆者为谁[②]？”子路曰：“为孔丘。”曰：“是鲁孔丘与？”曰：“是也。”曰：“是知津矣[③]。”

问于桀溺。桀溺曰：“子为谁？”曰：“为仲由。”曰：“是鲁孔丘之徒与？”对曰：“然。”曰：“滔滔者天下皆是也[④]。而谁以易之？且而与其从辟人之士也[⑤]，岂若从辟世之士哉。”耰而不辍[⑥]。

子路行以告。夫子怃然曰[⑦]：“鸟兽不可与同群，吾非斯人之徒与而谁与？天下有道，丘不与易也。”

【注释】

①长沮、桀溺：当时的两位隐士。耦：古代的一种耕作方法，即两人各执一耜犁，同耕一

尺宽的地。从下文看，这里所指是两人一起并肩耕作。 ②执舆：即执辔，拉马的缰绳。本是子路做的，因他已下车，所以孔子代为驾驭。 ③津：渡口。 ④滔滔：大水弥漫。这句话是比喻社会纷乱。 ⑤而：同“尔”，你，指子路。辟人之士：躲避坏人的人，指孔子。下句“辟世之士”是桀溺自指。辟，同“避”。 ⑥耰（yōu）：指播种之后平土掩盖种子的劳动。 ⑦怃然：失望发愣的样子。

【译文】

长沮、桀溺一同耕田，孔子经过那儿，让子路去问渡口在哪里。

长沮问：“那个驾车的人是谁？”子路说：“是孔丘。”长沮又问：“是鲁国的孔丘吗？”子路说：“是的。”长沮说：“他应该知道渡口在哪儿了。”

子路又去问桀溺。桀溺说：“您是谁？”子路说：“我是仲由。”桀溺说：“您是鲁国孔丘的门徒吗？”子路说：“是的。”桀溺说：“天下到处都是像弥漫的洪水一样恶浊的东西，然而你们能同谁来改变它呢？而且你与其跟着孔丘那种逃避坏人的人，还不如跟着我们这些逃避纷乱社会的人呢？”说完，他仍不停地覆盖种子。

子路回来把情况报告了孔子。孔子失望地说：“我们不能同鸟兽一起相处，如果不同这样的人群打交道，又同谁在一起呢？如果天下政治清明，我就不会同你们一起来从事改革了。”

子路从而后，遇丈人[①]，以杖荷蓧[②]。

子路问曰：“子见夫子乎？”丈人曰：“四体不勤，五谷不分，孰为夫子？”植其杖而芸[③]。子路拱而立。

止子路宿，杀鸡为黍而食之[④]，见其二子焉。

明日，子路行以告。子曰：“隐者也。”使子路反见之[⑤]，至，则行矣。

子路曰：“不仕无义。长幼之节，不可废也；君臣之义，如之何其废之？欲洁其身而乱大伦[⑥]。君子之仕也，行其义也。道之不行，已知之矣。”

【注释】

①丈人：老人。 ②蓧（diào）：古代田中除草用的工具。 ③芸：同“耘”，除草。 ④黍：黄米，当时是比较珍贵的主食。食（sì）：拿东西给人吃。 ⑤反：同“返”。 ⑥大伦：古代社会所规定的人与人之间的道德关系，以君臣、父子、夫妻、兄弟、朋友为五伦，其中君臣关系是大伦。伦，人伦。

【译文】

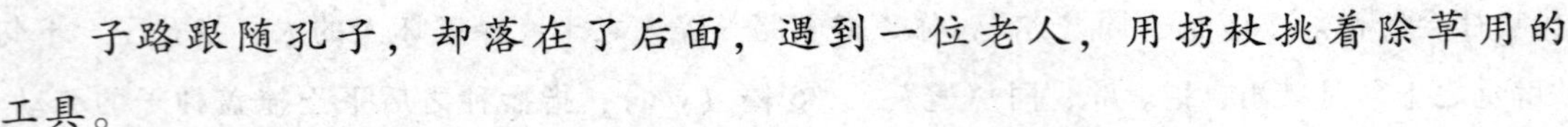

子路跟随孔子，却落在了后面，遇到一位老人，用拐杖挑着除草用的工具。

子路向老人问道："您看见我的老师了吗?"老人说："四肢不劳动，五谷不能分辨，怎么能算是老师呢?"老人说完便把手仗插在一边锄草去了。子路拱着手恭敬地站在那里。

老人便留子路到他家住宿，杀鸡、做黄米饭给他吃，而且让两个儿子出来和子路相见。

第二天，子路赶上孔子，并把这件事报告给孔子。孔子说："这是位隐士。"又叫子路返回去再见见他。等子路到了那里，老人却已经走了。

子路说："不出来做官是不对的。长幼之间的礼节不可废弃，君臣之间的关系又怎么可以废弃呢？想使自己清白，却搞乱了君臣间的重大人伦关系。君子出来做官，为的就是要实行君臣之义啊。我们的政治主张行不通，则是早已知道的了。"

逸民[①]：伯夷、叔齐、虞仲、夷逸、朱张、柳下惠、少连[②]。子曰："不降其志，不辱其身，伯夷、叔齐与!"谓："柳下惠、少连，降志辱身矣，言中伦[③]，行中虑，其斯而已矣。"谓："虞仲、夷逸，隐居放言[④]，身中清，废中权。我则异于是，无可无不可。"

【注释】

①逸民：指避世隐居的人。 ②虞仲、夷逸、朱张、少连：身世不详。 ③中：合乎，适合。 ④放言：放肆直言。

【译文】

隐逸的人士有伯夷、叔齐、虞仲、夷逸、朱张、柳下惠、少连。孔子说："不动摇自己的意志，不辱没自己的身份，要算伯夷、叔齐吧!"又说："柳下惠、少连，降低自己的意志，辱没自己的身份，可是说话合乎法度，行为经过思虑，也不过如此罢了。"又说："虞仲、夷逸，避世隐居，放肆直言，自身行为清廉，被废弃也合乎权宜。我却与这些人不同，没有什么可以，也没有什么不可以。"

太师挚适齐[1]，亚饭干适楚[2]，三饭缭适蔡[3]，四饭缺适秦，鼓方叔入于河[4]，播鼗武入于汉[5]，少师阳、击磬襄入于海[6]。

【注释】

①太师挚：《泰伯第八》有“师挚之始”，可能就是此人。 ②亚饭干：乐师，名干。古时天子诸侯要以音乐佐食，亚饭于是第二次吃饭时的乐师。 ③本句中的“缭”和下句中的“缺”分别是第三、四次吃饭时的乐师的名字。 ④鼓方叔：击鼓的乐师，名方叔。 ⑤播鼗（táo）武：摇鼗鼓的乐师，名武。鼗：即拨浪鼓，小鼓两旁系小槌，摇柄即响。 ⑥少师阳、击磬襄：少师，副乐师，名阳。击磬的乐师，名襄。磬，古代一种石制的敲击乐器。

【译文】

太师挚到齐国去了，二饭乐师干到楚国去了，三饭乐师缭到蔡国去了，四饭乐师缺到秦国去了，击鼓的方叔入居黄河之滨，摇小鼓的武入居汉水流域，少师阳和击磬的襄入居海滨。

周公谓鲁公曰[1]：“君子不施其亲[2]，不使大臣怨乎不以。故旧无大故[3]，则不弃也。无求备于一人！”

【注释】

①周公：周公旦，是孔子心目中的圣人。鲁公：周公的儿子伯禽，封于鲁。 ②施：同“弛”，放松，引申为怠慢。 ③故旧：指老臣故友。“大故”的“故”指事故，过失。

【译文】

周公对鲁公说：“君子不怠慢他的亲族，不让大臣怨恨没有被信用。老臣故友没有大的过失，就不要抛弃他们。对每一个人都不要求全责备！”

周有八士：伯达、伯适、仲突、仲忽、叔夜、叔夏、季随、季騧[1]。

【注释】

①这八人的生平事迹都不可考，有人曾根据八个人的名字分析，认为是四对双生子。伯适的“适”读 kuò，季騧的“騧”读 guā。

【译文】

周朝有八位名士：伯达、伯适、仲突、仲忽、叔夜、叔夏、季随、季騧。

卷　十

子张第十九

子张曰："士见危致命，见得思义，祭思敬，丧思哀，其可已矣。"

【译文】

子张说："士人遇到危险便能豁出生命，遇到有所得便考虑是否可得，祭祀时考虑是否严肃恭敬，临丧时考虑是否悲痛哀伤，这样也就可以了。"

子张曰："执德不弘[①]，信道不笃，焉能为有？焉能为亡[②]？"

【注释】

①弘：经学者研究，当为今之"强"字。　②亡：无，与有相对。

【译文】

子张说："遵守道德不坚决，信仰真理不忠诚，这种人，有他也可，没有他也可。"

子夏之门人问交于子张。子张曰："子夏云何？"对曰："子夏曰：'可者与之，其不可者拒之'。"

子张曰："异乎吾所闻：君子尊贤而容众，嘉善而矜不能。我之大贤与，于人何所不容？我之不贤与，人将拒我，如之何其拒人也？"

【译文】

子夏的学生问子张怎样交朋友。子张问："子夏是如何说的？"子夏的学生回答说："子夏说：'可以交的就和他交朋友，不可交的便拒绝他'。"

子张说："我所听到的与此不同：君子尊敬贤人，也能接纳普通人；称赞能干的人而且同情无能的人。我要是大贤人，对什么人不能容纳的呢？我要是不贤的人，别人会拒绝我，我又怎能去拒绝别人呢？”

子夏曰：“虽小道[1]，必有可观者焉。致远恐泥[2]，是以君子不为也。”

【注释】

①小道：与大道相对，指一般的技艺。 ②泥：拘执、难行。

【译文】

子夏说：“即使是小小的技艺，也一定会有可取之处。但它对致力于远大的事业恐怕会有妨碍，所以君子不去干它。”

子夏曰：“日知其所之，月无忘其所能，可谓好学也已矣。”

【译文】

子夏说：“每天能学到未曾知道的东西，每月能不忘已经掌握的东西，这就可以说是好学习了。”

子夏曰：“博学而笃志[1]，切问而近思，仁在其中矣。”

【注释】

①笃志：坚定自己的志向、信念。

【译文】

子夏说：“广博地学习，而且志向专一不变；对未曾理解的事恳切地求教，又多考虑当前的问题，仁德便在这当中了。”

子夏曰：“百工居肆以成其事[1]，君子学以致其道。”

【注释】

①肆：作坊。

【译文】

子夏说：“各行的工匠在作坊完成自己的工作，君子则通过学习来获得真理。”

子夏曰：“小人之过也必文。”

【译文】

子夏说：“小人有了过错，一定加以掩饰。”

子夏曰：“君子有三变：望之俨然[①]，即之也温[②]，听其言也厉。”

【注释】

①俨然：庄重的样子。 ②即：接近。

【译文】

子夏说：“君子的态度有三变：远远望去，庄重可畏；向他接近，温和可亲；听他讲话，严厉不苟。”

子夏曰：“君子信而后劳其民；未信，则以为厉己也。信而后谏；未信，则以为谤己也。”

【译文】

子夏说：“君子要得到百姓的信任后才去役使他们，否则，他们就会认为是在折磨他们；要受到君主的信任后才去进谏，否则，君主就会认为是在毁谤他。”

子夏曰：“大德不逾闲[①]，小德出入可也。”

【注释】

①逾：越过。闲：栅栏，养马的圈。这里喻为界限。

【译文】

子夏说：“人在重大节操上不能超越界限，在生活小节上有些出入是可以的。”

子游曰："子夏之门人小子，当洒扫、应对、进退，则可矣。抑末也[①]，本之则无，如之何？"

子夏闻之，曰："噫！言游过矣[②]！君子之道，孰先传焉？孰后倦焉[③]？譬诸草木，区以别矣。君子之道，焉可诬也？有始有卒者，其惟圣人乎！"

【注释】

①抑：不过，可是。 ②言游：子游姓言，名偃，字子游。 ③倦：可能是"传"字之误。

【译文】

子游说："子夏的学生们，做些洒水扫地和迎送客人、应对进退的事情，那是可以的。不过这些都是末节小事，根本的东西他们却没有学到，怎么可以呢？"

子夏听了这话，说："咳！言游说错了！君子的学术，哪一项先传授呢？哪一项后传述呢？学术就像草木一样，各个种类是应区别开来的。君子的学术，怎么可以歪曲呢？按照次序有始有终地教授学生的，大概只有圣人吧！"

子夏曰："仕而优则学，学而优则仕。"

【译文】

子夏说："官做好了，有余力就去学习；学习好了，有余力就去做官。"

子游曰："丧致乎哀而止。"

【译文】

子游说："服丧时充分表达了悲哀就可以了。"

子游曰："吾友张也，为难能也，然而未仁。"

【译文】

子游说："我的朋友子张是难能可贵的，但是还未做到仁。"

曾子曰："堂堂乎张也，难与并为仁也。"

【译文】

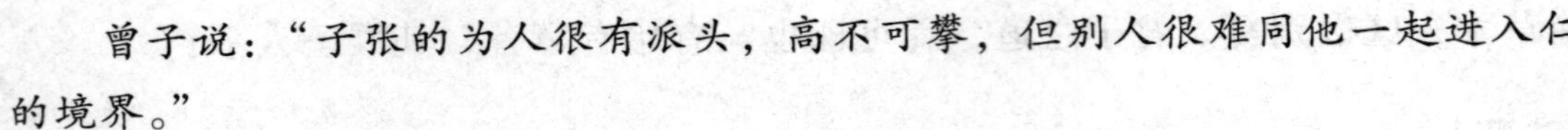

曾子说："子张的为人很有派头，高不可攀，但别人很难同他一起进入仁的境界。"

曾子曰："吾闻诸夫子：人未有自致者也[①]，必也，亲丧乎！"

【注释】

①自致：自我把感情全部流露出来。

【译文】

曾子说："我听老师说过：平常时候，人没有把内心的感情全部流露出来，如果有，一定是在父母去世的时候吧！"

曾子曰："吾闻诸夫子：孟庄子之孝也[①]，其他可能也。其不改父之臣，与父之政，是难能也。"

【注释】

①孟庄子：孟孙速，鲁国大夫。

【译文】

曾子说："我听老师说过：孟庄子的孝，其他人也可以做到。而他留用他父亲的臣僚，保持他父亲的政治措施，这是他人难以做到的。"

孟氏使阳肤为士师[①]，问于曾子。曾子曰："上失其道，民散久矣。如得其情，则哀矜而勿喜！"

【注释】

①阳肤：生平不详，可能是曾子的弟子。

【译文】

孟氏任命阳肤做法官，阳肤向曾子求教。曾子说："当政者不依规矩行事，百姓早就离心离德了。你如果能审理出罪犯的真情，就应该可怜同情他们，切不可居功自喜。”

子贡曰：“纣之不善[1]，不如是之甚也。是以君子恶居下流[2]，天下之恶皆归焉。”

【注释】

①纣：商代最后的君主，又称帝辛。因暴虐无道，为周武王所伐，自焚而死。　②下流：河的下游。这里比喻品行卑污，为众恶所归。

【译文】

子贡说：“商纣的坏处，不像现在传说的这么严重。所以君子最怕沾着恶名，一旦沾着恶名，天下什么坏的名声都会集中到他身上了。”

子贡曰：“君子之过也，如日月之食焉：过也，人皆见之；更也，人皆仰之。”

【译文】

子贡说：“君子的过失如同日食和月食：犯错误的时候，人人都看得见；当改正的时候，每个人都仰望着。”

卫公孙朝问于子贡曰[1]：“仲尼焉学？”子贡曰：“文武之道[2]，未坠于地，在人。贤者识其大者，不贤者识其小者，莫不有文武之道焉。夫子焉不学？而亦何常师之有？”

【注释】

①卫公孙朝：卫国的大夫。春秋时楚、鲁、郑等国均有人名公孙朝，故以“卫”区别之。②文武：指周文王、周武王。

【译文】

卫国的公孙朝问子贡：“仲尼的学问是从哪里学来的？”子贡说：“周文王、武王的道术并没有失传，还在人间流传。贤能的人能记住根本的部分，不贤能的人只能记住其中末节的东西，没有地方没有文王、武王的道术。我的老师何处不能学呢？而又何必要有固定的老师呢？”

叔孙武叔语大夫于朝曰[①]：“子贡贤于仲尼。”

子服景伯以告子贡[②]。子贡曰：“譬之宫墙，赐之墙也及肩，窥见室家之好。夫子之墙数仞[③]，不得其门而入，不见宗庙之美，百官之富[④]。得其门者或寡矣。夫子之云，不亦宜乎！”

【注释】

①叔孙武叔：鲁国大夫，三桓之一，名洲仇。 ②子服景伯：鲁国大夫，名何。 ③仞：长度单位。古代以七尺或八尺为一仞。 ④官：房舍，“官”的本义，“官职”是后来引申之义。

【译文】

叔孙武叔在朝廷中对大夫们说：“子贡比他的老师仲尼还要强些。”

子服景伯把这话告诉了子贡。子贡说：“拿房屋的围墙作比喻：我家的围墙只有齐肩膀那么高，人们可以从墙外看到房屋的美好。我老师家的围墙有几丈高，如果找不到大门进去，就看不见里边宗庙的雄伟富丽，房舍的多式多样。能够找到大门的人大概不多吧，那么，武叔他老人家的这话，不也是很自然的吗？”

叔孙武叔毁仲尼。子贡曰：“无以为也！仲尼不可毁也。他人之贤者，丘陵也，犹可逾也；仲尼，日月也，无得而逾焉。人虽欲自绝，其何伤于日月乎？多见其不知量也[①]。”

【注释】

①多：副词，只，仅仅。

【译文】

叔孙武叔诋毁仲尼。子贡说：“不要这样做！仲尼是诋毁不了的。别人的贤能好比山丘，还可以翻越过去；而仲尼就是太阳和月亮，是无法超越的。有人即使想自绝于太阳和月亮，那对太阳、月亮又有何损伤呢？只不过表明他不自量力罢了。”

陈子禽谓子贡曰[①]："子为恭也，仲尼岂贤于子乎？"

子贡曰："君子一言以为知，一言以为不知，言不可不慎也。夫子之不可及也，犹天之不可阶而升也。天子之得邦家者[②]，所谓立之斯立，道之斯行，绥之斯来[③]，动之斯和。其生也荣，其死也哀。如之何其可及也？"

【注释】

①陈子禽：姓陈，名元，字子禽。 ②得邦家者：指当上诸侯或卿大夫。 ③绥：安，安抚。

【译文】

陈子禽对子贡说："您对仲尼那么恭敬，难道他比您还强吗？"

子贡说："君子说一句话可以表现出他的聪明，也可以表现出他的无知，所以说话不可不谨慎。我的老师是不可赶上的，就好像青天不可以用梯子一级级地爬上去一样。我的老师如果当上诸侯或卿大夫，那正如我们所说的，他要百姓站住脚跟，百姓便都站住脚跟；引导百姓前进，百姓自然会前进；要安抚百姓，百姓自然会前来投奔；要动员百姓，百姓就会合力响应。他老人家生得光荣，死得可惜，令人悲哀。别人怎么能赶得上呢？"

尧曰第二十

尧曰："咨[①]！尔舜！天之历数在尔躬[②]，允执其中[③]。四海困穷，天禄永终。"舜亦以命禹。

曰："予小子履敢用玄牡[④]，敢昭告于皇皇后帝：有罪不敢赦。帝臣不蔽，简在帝心[⑤]。朕躬有罪[⑥]，可以万方，万方有罪，罪在朕躬。"

周有大赉[⑦]，善人是富。"虽有周亲，不如仁人。百姓有过，在予一人[⑧]。"

谨权量[⑨]，审法度，修废官，四方之政行焉。兴灭国，继绝世，举逸民，天下之民归心焉。

所重：民、食、丧、祭。

宽则得众，信则民任焉；敏则有功，公则说[⑩]。

【注释】

①咨：同"啧"，表示赞美的感叹词。 ②天之历数：古人认为日月星辰按照一定的顺序

运转，人间帝王也是如此，二者是统一的。 ③允执：允，真诚。执：把握、保持。 ④予小子履：古代帝王自认为是上天之子，所以在祭天等场合要自称“予小子”。履，商汤的名字。玄牡：黑色的公牛。 ⑤简：阅，这里是知晓的意思。 ⑥朕：我，我的，第一人称代词。从秦始皇起，成为皇帝自称专用词。 ⑦赉（lài）：赏赐，封赏。 ⑧“虽有周亲”四句：周武王封诸侯时说的话。 ⑨谨：谨慎，这里的意思是严格。权量：权衡重量和容积的标准。下句“审法度”和本句义同。 ⑩本章几段文字前后不相连贯，可能是词句有缺失。

【译文】

尧让位舜时说：“啧啧！你这位舜呀！上天的大任已经落到你的身上了，你要真诚地坚持那正确的方针。如果天下的百姓都陷入困苦贫穷的境地，上天给你的禄位也就会永远地终止了。”舜让位给禹时，也对禹说了这番话。

商汤说：“我履谨用黑色的公牛作祭品，恭敬明白地禀告伟大辉煌的天帝：有罪的人我不敢擅自赦免他。您的臣仆的善恶我也不敢隐瞒掩盖，您心里是晓得的。我本人如果有罪，就不要牵连天下万方；天下万方如果有罪，都归我一个人来承担。”

周朝大加封赏，使善人都富贵起来。周武王对天祷告说：“我虽然有至亲，但不如有仁德之人。百姓如果有罪过，都由我一人承担。”

严格地检验、审定度量衡，恢复已废弃的官职，全国的政令就会通行了。复兴灭亡了的国家，接续已断绝世系的贵族后代，选拔散亡在民间的人才，天下百姓就会诚心归顺了。

所重视的是：民众、粮食、丧礼、祭祀。

宽厚就会得到民众的拥护，诚信就会得到别人的任用，勤勉就能取得成功，公平就会使百姓高兴。

子张问于孔子曰：“何如斯可以从政矣？”子曰：“尊五美，屏四恶[①]，斯可以从政矣。”

子张曰：“何谓五美？”子曰：“君子惠而不费，劳而不怨，欲而不贪，泰而不骄，威而不猛。”

子张曰：“何谓惠而不费？”子曰：“因民之所利而利之，斯不亦惠而不费乎？择可劳而劳之，又谁怨？欲仁而得仁，又焉贪？君子无众寡，无小大，无敢慢，斯不亦泰而不骄乎？君子正其衣冠，尊其瞻视，俨然人望而畏之，斯不亦威而不猛乎？”

子张曰：“何谓四恶？”子曰：“不教而杀谓之虐；不戒视成谓之暴；慢令

致期谓之贼；犹之与人也[2]，出纳之吝谓之有司[3]。”

【注释】

①屏（bǐng）：排除。 ②犹之与人：同是给人。 ③出纳：出和入，这里是偏义词，只有“出”的意义。有司：古代管事者的称呼，职务卑微。这里的意思是“小气”、“小家子气”。

【译文】

子张向孔子问道：“怎样才可以治理政事呢？”孔子说：“尊崇五种美德，排除四种恶政，这就可以治理政事了。”

子张问：“什么是五种美德？”孔子说：“君子给人民实际的好处，而自己却不耗费；使唤百姓，百姓却不产生怨恨；自己虽然有所欲求却不贪婪；安宁矜持却不骄傲；威严却不凶猛。”

子张又问：“什么样才叫给人民以好处，自己却无所耗费？”孔子说：“根据情况，凡是人民能得到好处的，便使他们得到好处，这不就是给人民好处，自己却不耗费吗？选择可以劳动的时间、地点和对象，再去叫他们劳动，又有谁会怨恨呢？自己想要仁德，便得到了仁德，又贪求什么呢？无论人多人少，无论势力大小，君子都不敢怠慢，这不就是矜持安宁而不骄傲吗？君子做到衣冠整齐，目不斜视，态度严肃端庄，使人望见有所敬畏，这不就是有威严却不凶猛吗？”

子张问：“四种恶政又是些什么呢？”孔子说：“不先进行教育便加杀戮叫做虐；不先告诫便要求有成绩叫做暴；起先说可以缓期执行却突然要求限期完成叫做贼；同是给人财物，出手吝啬，叫做小家子气。”

孔子曰：“不知命，无以为君子也；不知礼，无以立也；不知言[1]，无以知人也。”

【注释】

①知言：善于分析别人的言语，辨其是非。

【译文】

孔子说：“不懂得命运，就没有办法做君子；不懂得礼节，就没有办法立足于社会；不善于分析人的言语，就没有办法了解人。”

大学

【春秋】曾参

大　学

大学之道[1]，在明明德[2]，在亲民[3]，在止于至善[4]。知止而后有定[5]，定而后能静[6]，静而后能安[7]，安而后能虑[8]，虑而后能得[9]。物有本末，事有终始。知所先后，则近道矣。

古之欲明明德于天下者，先治其国；欲治其国者，先齐其家[10]；欲齐其家者，先修其身；欲修其身者，先正其心；欲正其心者，先诚其意；欲诚其意者，先致其知[11]。致知在格物[12]。物格而后知至，知至而后意诚，意诚而后心正，心正而后身修，身修而后家齐，家齐而后国治，国治而后天下平。

自天子以至于庶人[13]，壹是皆以修身为本[14]。

其本乱而末治者，否也；其所厚者薄[15]，而所薄者厚，未之有也。

【注释】

①大学：大，旧音“泰”。古人八岁入小学，学习基础文化及日常礼节；十五岁入大学，学习做人的道理。道：政治主张，思想体系。这里指古代大学教育的目的、纲领。　②明：彰明，显明。明德：先天固有的善良的德性。儒家认为，一个人后天因受到褊狭气质的拘束和各种利益的蒙蔽，明德就会受到压抑，只有通过教育，才能使明德重新得到发扬。　③亲：应为“新”，使……革新，指革除旧习。　④止：到达。至善：善的最高境界。明明德、亲民、止于至善，三者是大学做学问的纲领。　⑤止：名词，到达的境界。定：立定志向。　⑥静：心不妄动，平心静气。　⑦安：居处安稳。　⑧虑：思虑周详。　⑨得：获得，收获。指得到至善。　⑩齐：整治。家：家族。　⑪致：至。知：认识。先使认识达到极点，即认识明确。⑫格：研讨，探求。物：事物。格物：穷究物理。格物、致知、诚意、正心、修身、齐家、治国、平天下八项，是大学做学问的八条目。　⑬庶人：泛指没有官爵的平民。　⑭壹是：一切，都是。　⑮厚：重视。薄：忽略。

【译文】

大学的教育纲领是：显明先天固有的善良的德性，革除旧的思想习气，以求达到最完善的境界。知道了要达到的境界，就要立下坚定的志向；有了坚定的志向，就能做到心不妄动，一心一意；做到了心不妄动，然后就能居处安稳；居处安稳之后，就能做到思虑周详；做到了思虑周详，然后才能达到最完善的境界。万物都有本末轻重，万事都有先后始终。知道了如何摆正事物的先后次序，那就接近掌握大学的纲领了。

古代想要显明美德于天下的人，首先要治理好他的邦国；要想治理好邦国，先要整治好他的家族；要想整治好家族，先要修养自己的品性；要想修养品性，先要端正好自己的思想；要想端正思想，先要使自己的意念真诚。要想意念真诚，先要认识明确。认识明确的途径在于不停探讨事物的原理。掌握了事物的原理，然后才能认识明确；有了明确的认识，然后才能意念真诚；做到了意念真诚，然后才能思想端正；思想端正，然后才能修养品性；品性得到了修养，然后才能整治家族；整治好家族，然后才能治理邦国；邦国得到了治理，然后才能天下太平。

从天子直到百姓，都要把修养品性作为根本。

根本混乱而末节却得到了治理，这是不可能出现的；就一个家族来说，不以修身为本就意味着所重视的是枝节，所忽略的倒是根本，如此能整治家族的事是从来没有的。

《康诰》曰[①]：“克明德[②]。”《大甲》曰[③]：“顾諟天之明命[④]。”《帝典》曰[⑤]：“克明峻德[⑥]。”皆自明也。

【注释】

①《康诰》：《尚书·周书》的篇名。 ②克：能够。 ③《大甲》：《尚书·商书》中的篇名。大，读作“太”。 ④顾：思念。諟古“是”字，这。明命：上天所赋予的明德使命。 ⑤《帝典》：《尧典》，《尚书·虞书》中的篇名。 ⑥峻：大。

【译文】

《尚书·康诰》上说：“能够发扬善良的德性。”《大甲》上讲：“思念上天赋予的阐明德性的使命。”《帝典》上说：“能够显明崇高伟大的德性。”这些都是说要自己发扬德性。

汤之《盘铭》曰[①]：“苟日新[②]，日日新，又日新。”《康诰》曰：“作新民[③]。”《诗》曰[④]：“周虽旧邦[⑤]，其命维新[⑥]。”是故君子无所不用其极。

【注释】

①汤：成汤，商代的开国君主。《盘铭》：刻在浴盘上的自警文辞。 ②苟：如果。新：更新，如洗除身体上的污垢一样革新旧的思想。 ③作：振作。新民：使民众自新。 ④《诗》：指《诗·大雅·文王》篇。 ⑤旧邦：古老的邦国。 ⑥其命：周朝所承受的天命。维，

助词。

【译文】

商汤的《盘铭》上说："如果每天都能更新自己，那么就应该天天更新，并且每天不间断。"《康诰》上说："振作起来，使民众自新。"《诗经》上说："周朝虽是古老的邦国，但能秉承天命自我更新。"因此，君子无处不追求最完善的境地。

《诗》云[①]："邦畿千里[②]，惟民所止[③]。"

《诗》云[④]："缗蛮黄鸟[⑤]，止于丘隅[⑥]。"子曰[⑦]："于止，知其所止，可以人而不如鸟乎！"

《诗》云[⑧]："穆穆文王[⑨]，于缉熙敬止[⑩]。"为人君，止于仁；为人臣，止于敬；为人子，止于孝；为人父，止于慈；与国人交，止于信。

《诗》云[⑪]："瞻彼淇澳[⑫]，菉竹猗猗[⑬]。有斐君子[⑭]，如切如磋，如琢如磨。瑟兮僩兮[⑮]，赫兮喧兮[⑯]。有斐君子，终不可諠兮[⑰]。"如切如磋者，道学也[⑱]。如琢如磨者，自修也。瑟兮僩兮者，恂栗也[⑲]。赫兮喧兮者，威仪也[⑳]。有斐君子，终不可諠兮者，道盛德至善，民之不能忘也。

《诗》云[㉑]："于戏！前王不忘[㉒]。"君子贤其贤而亲其亲[㉓]，小人乐其乐而利其利[㉔]，此以没世不忘也。

【注释】

①《诗》：指《诗·商颂·玄鸟》篇。 ②邦畿：君王的都城及其周围的地区。 ③惟：语助词。止：居住的地方。 ④《诗》：指《诗·小雅·缗蛮》篇。 ⑤缗蛮：鸟叫声。缗，也作绵。 ⑥丘隅：山丘的角落。 ⑦子：指孔子。 ⑧《诗》：指《诗·大雅·文王》篇。 ⑨穆穆：形容周文王端庄恭敬的样子。 ⑩于：音乌，感叹词。缉：继续。熙：光明。敬止：没一件事不是做到敬的地步。 ⑪《诗》：指《诗·卫风·淇澳》篇。 ⑫淇：淇水，在今河南省北部。澳（yù）：水弯曲的地方。 ⑬菉（lù）通"绿"。猗猗（yī yī）：美好茂盛的样子。 ⑭斐：文采。 ⑮瑟：严密的样子。僩（xiàn）：宽大的样子。 ⑯赫、喧：盛大的样子。 ⑰諠（xuān）：忘记。 ⑱道：言，讲的是。学：研习，治学。 ⑲恂栗（xún lì）：害怕，恐惧。 ⑳威仪：仪表威严。 ㉑《诗》：指《诗·周颂·烈文》篇。 ㉒于戏（wū hū）：感叹词。前王：指周文王、周武王。 ㉓君子：指后世君主。贤其贤：前"贤"字用作动词，含"尊敬"之意。后"贤"用作名词，指贤人。亲其亲：前"亲"字用作动词，亲爱、亲近，后"亲"字为名词，亲族。 ㉔小人：指后世平民。

【译文】

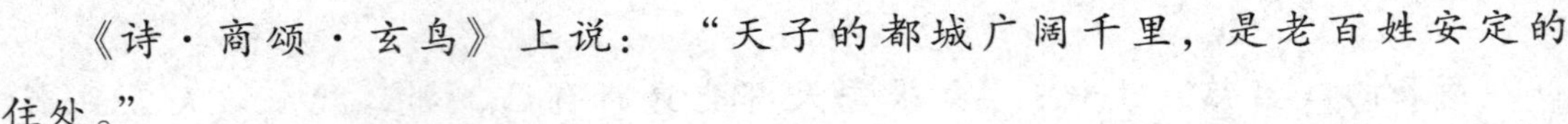

《诗·商颂·玄鸟》上说：“天子的都城广阔千里，是老百姓安定的住处。”

《诗·小雅·缗蛮》上说：“缗蛮鸣叫的黄鸟，栖息在山丘的一个角落。”孔子说：“就住处来说，黄鸟尚且知道它合适的栖息之地，人岂能不如一只鸟！”

《诗·大雅·文王》上说：“端庄恭敬的文王，你不断地光大先王美德，没有一件事不做到敬的地步。”作为君主，要努力做到仁义；作为臣子，要努力做到对主子恭敬；作为儿子，要努力做到孝敬父母；作为父亲，要努力做到对子女慈爱；和国人交往，要努力做到讲信义。

《诗·卫风·淇澳》上说：“看那弯弯的淇水河畔，碧绿的竹子俊美茂盛。那个富有文采的君子，他治学就像在切着、磋着坚硬的骨角，他修身就像在雕着、磨着精美的玉石。他庄重严肃，仪表堂堂。那个有文采的君子啊，让人永远不能忘怀。”“如切如磋”的意思，是说他如何学习求知；“如琢如磨”的意思，是指他如何自我修养；“瑟兮僩兮”的意思，是说他心存惧怯，行为谨慎；“赫兮喧兮”的意思，是说他仪表威严；“有斐君子，终不可諠兮”的意思，是说他品德高尚，达到了善的最高境界，所以人民不能忘记他。

《诗·周颂·烈文》上说：“啊呀！从前周文王、周武王的美德，人们永远不能忘记。”后来的君主都能像文王、武王那样敬重贤人，亲近亲族，让百姓们享受着欢乐，获得利益，因此他们死后多年人们仍不能忘记。

子曰：“听讼[①]，吾犹人也[②]，必也使无讼乎！”无情者不得尽其辞[③]，大畏民志[④]，此谓知本。

【注释】

①听：审理。讼：诉讼。 ②犹人：和别人一样。 ③无情：隐瞒实情。 ④大：大德。畏：使……敬畏。民志：民心。

【译文】

孔子说：“审判诉讼案件，我和别人是一样的。（所不同的是）我力求做到使诉讼案件根本不发生！”让隐瞒实情的人不敢尽说假话，用大的道义使民心畏服，这才叫懂得了根本的道理。

此谓知本[①]。此谓知之至也[②]。

【注释】

①此谓知本：程颐认为此句是衍语。 ②至：顶点。

【译文】

这就叫懂得了根本的道理。这就叫知识达到了顶点。

所谓诚其意者，毋自欺也[①]。如恶恶臭[②]，如好好色[③]。此之谓自谦[④]。故君子必慎其独也[⑤]。

小人闲居[⑥]，为不善无所不至，见君子而后厌然[⑦]，揜其不善而著其善[⑧]。人之视己，如见其肺肝然，则何益矣？此谓诚于中[⑨]，形于外[⑩]，故君子必慎其独也。曾子曰："十目所视，十手所指，其严乎[⑪]！"

富润屋[⑫]，德润身，心广体胖[⑬]，故君子必诚其意。

【注释】

①毋：不要。 ②恶恶臭：前一"恶"字音"wù"，厌恶。恶（è）臭：难闻的气味。③好好色：前一个"好"字音hào，喜好，喜爱，作动词用。好（hǎo）色：美色。 ④谦：通慊（qiè），满足，快乐。 ⑤慎其独：一人独处时谨慎不苟。独：独处。 ⑥闲居：独处，独居。 ⑦厌（yā）然：遮遮掩掩的神态。 ⑧揜（yǎn）：同"掩"，遮盖。著：显明。 ⑨诚于中：这里指心中想着什么。诚：诚实，真实，引申为想法、意念。中：心中。 ⑩形：用作动词，暴露、显现的意思。 ⑪其：同"岂"，意为"难道不是……"。 ⑫润：修饰，使……有光彩。 ⑬心广体胖（pán）：胸襟宽广，体貌安详自然。胖：宽舒，舒坦。

【译文】

所谓使意念真诚，就是说自己不要欺骗自己，要像讨厌难闻的气味、喜好美丽的女子一样出于真心。这样才能说心安理得。所以君子在一人独处时一定要小心谨慎。

那些小人闲居独处时干尽坏事，见到君子之后却躲躲闪闪，企图把他们干的坏事掩盖起来，故意装出善良的样子。其实别人看他们，就像看到他们的五脏六腑一样，这种隐恶扬善的做法又有什么用处呢？这就叫内心有什么想法，就会

在外表上表现出来。所以君子在一人独处时一定要小心谨慎。曾子说："十只眼睛看着你，十只手指指着你，难道不令人畏惧吗？"

财富可以修饰房屋，道德可以修养品性，心胸宽广，身体自然舒坦。所以君子一定要做到意念真诚。

所谓修身在正其心者：身有所忿懥[①]，则不得其正；有所恐惧，则不得其正；有所好乐，则不得其正；有所忧患，则不得其正。心不在焉，视而不见，听而不闻，食而不知其味。

此谓修身在正其心。

【注释】

①身：身心。这里指心情志向。忿懥（zhì）：愤怒。

【译文】

所谓修养自身品德在于端正自己思想，说的是一个人心中怀有愤怒之情，思想就不能端正；怀有恐惧之情，思想也不能端正；怀有喜好之情，思想也不能端正；怀有忧患之情，思想也不能端正。如果心不在焉，那看见了就会像没看见，听到了也会如同没听到，吃东西也会不知道味道。

这就是修养自身品德在于端正自己思想的道理。

所谓齐其家在修其身者：人之其所亲爱而辟焉[①]，之其所贱恶而辟焉[②]，之其所畏敬而辟焉，之其所哀矜而辟焉[③]，之其所敖惰而辟焉[④]。故好而知其恶，恶而知其美者，天下鲜矣[⑤]。

故谚有之曰："人莫知其子之恶，莫知其苗之硕。"

此谓身不修，不可以齐其家。

【注释】

①之：同"於"，对于。辟：通"僻"，偏僻。 ②贱恶（wù）：轻视厌恶。 ③哀矜：怜悯同情。 ④敖惰：傲视怠慢。敖：通"傲"。 ⑤鲜：少。

【译文】

所谓整治家族先要修养品性，说的是人们对于自己亲近喜爱的人往往产生偏爱，对自己鄙视厌恶的人往往产生偏见，对自己畏惧敬重的人往往产生偏向，对自己怜悯同情的人往往产生偏心，对自己傲视怠慢的人往往产生偏意。所以，能做到喜欢一个人又知道他的缺点，厌恶一个人又知道他的优点的人，世上是很少的啊！

因此有句谚语说："人都看不到自己儿子的缺点，看不到自己禾苗的茂盛。"

这就是不修养自己的品性，就不能整治自己家族的道理。

所谓治国必先齐其家者：其家不可教，而能教人者，无之。故君子不出家而成教于国[1]。孝者[2]，所以事君也；弟者，所以事长也；慈者，所以使众也。

《康诰》曰："如保赤子[3]。"心诚求之，虽不中，不远矣。未有学养子而后嫁者也。

一家仁，一国兴仁；一家让[4]，一国兴让；一人贪戾，一国作乱。其机如此[5]。此谓一言偾事[6]，一人定国。

尧、舜帅天下以仁[7]，而民从之；桀、纣帅天下以暴[8]，而民从之。其所令反其所好[9]，而民不从。是故君子有诸己而后求诸人[10]，无诸己而后非诸人。所藏乎身不恕[11]，而能喻诸人者[12]，未之有也。

故治国在齐其家。

《诗》云[13]："桃之夭夭[14]，其叶蓁蓁[15]。之子于归[16]，宜其家人[17]。"宜其家人，而后可以教国人。

《诗》云[18]："宜兄宜弟。"宜兄宜弟，而后可以教国人。

《诗》云[19]："其仪不忒[20]，正是四国[21]。"其为父子兄弟足法[22]，而后民法之也。

此谓治国在齐其家。

【注释】

①成教：实行教化成功。 ②孝：指子女孝敬父母，这里指臣民服事君王。下面的"弟"、"慈"和"孝"用法相似。 ③赤子：初生的婴儿。 ④让：礼让。 ⑤机：事物变化的缘由。

⑥偾（fèn）：败坏。 ⑦尧、舜：传说中父系氏族社会后期的部落联盟的两位领袖，世称圣君。帅：同"率"。率领，统帅。 ⑧桀、纣：桀，夏桀，夏代最后一位国君；纣：商代最后一位国君。二人荒淫残暴，世称暴君。 ⑨令：命令。 ⑩有诸己：自己能够做到的。诸，"之于"的谐音。 ⑪恕：恕道。不愿别人对自己做的，自己也不去对别人做，这样推己及人的品德即恕道。 ⑫喻：晓谕。这里指用恕道晓谕别人。 ⑬《诗》：指《诗·周南·桃夭》

篇。 ⑭夭夭：茂盛的样子。 ⑮蓁蓁（zhēn zhēn）：形容叶子茂盛的样子。 ⑯之：这。子：指出嫁的女子。归：古时称女子出嫁为“归”。 ⑰宜：友善，和睦。 ⑱《诗》：指《诗·小雅·蓼萧》篇。 ⑲《诗》：指《诗·曹风·鸤鸠》篇。 ⑳忒（tè）：差错。 ㉑正：匡正，治理。四国：四方的邦国。 ㉒足：可以，能够。法：效法。

【译文】

所谓治理国家必须先整治好自己的家族，说的是连自己的族人都不能教育好却能教化民众，是没有的事。所以，君子不出家门就能完成对国人的教化。子女对父母的孝，正是要用来侍奉君主的；弟弟对兄长的悌，正是要用来侍奉官长的；父母对子女的慈爱，也正是君主用来对待民众的。

《康诰》上说：“保护民众就像保护初生的婴儿一样。”只要诚心诚意去追求，即使不能完全达到，但已相差不远了。从来没听说有哪个女子是先学会了养育孩子然后才出嫁的。国君一家实行仁爱，一国便会兴起仁爱的风气；国君一家谦让，一国便会谦让成风；国君一人凶暴贪戾，全国的人都会犯上作乱。事情变化的缘由就是如此。这就叫做一句话可以败坏大事，一个人可以安定国家。尧、舜用仁政治理天下，民众都随着他们讲仁爱；桀、纣用暴政统治天下，民众也都随着他们行暴乱。国君命令百姓做的，却和国君自己喜爱做的恰恰相反，那百姓就不会听从。所以，君子应先要求自己做到，然后再去要求别人做到；先要求自己不做，然后再去禁止别人做。自己本身存有不合恕道的行为，却能晓谕别人行恕道的事是从来没有的。

因此治理国家在于先能整治好自己的家族。

《诗·周南·桃夭》上说：“桃花盛开着，叶子茂密可爱。这个女子出嫁了，全家老小和睦愉快。”家人和睦，然后可以教导国人和睦。

《诗·小雅·蓼萧》上说：“兄弟之间和睦融洽。”兄弟和睦，然后可以教导国人和睦相处。

《诗·曹风·鸤鸠》上说：“他的举止无差错，才能匡正四方国家。”国君只有先使他的父子兄弟的行为足以让人效法，而后民众才会效法他。

这就是治理国家在于先整治好他的家族的道理。

所谓平天下在治其国者：上老老[①]，而民兴孝；上长长[②]，而民兴弟；上恤孤[③]，而民不倍[④]。是以君子有絜矩之道也[⑤]。所恶于上，毋以使下；所恶于下，毋以事上；所恶于前，毋以先后；所恶于后，毋以从前；所恶于右，毋以交于左；所恶于左，毋以交于右。此之谓絜矩之道。

《诗》云[⑥]：“乐只君子[⑦]，民之父母。”民之所好好之，民之所恶恶之，此之谓民之父母。

《诗》云[⑧]：“节彼南山[⑨]，维石岩岩[⑩]。赫赫师尹[⑪]，民具尔瞻[⑫]。”有国者不可以不慎；辟，则为天下僇矣[⑬]

《诗》云[⑭]：“殷之未丧师[⑮]，克配上帝[⑯]。仪监于殷[⑰]，峻命不易[⑱]。”道得众则得国[⑲]，失众则失国。是故君子先慎乎德。有德此有人，有人此有土，有土此有财，有财此有用。德者本也，财者末也。外本内末[⑳]，争民施夺[㉑]。是故财聚则民散，财散则民聚。是故言悖而出者[㉒]，亦悖而入；货悖而入者，亦悖而出。

《康诰》曰：“惟命不于常[㉓]！”道善则得之，不善则失之矣。《楚书》曰[㉔]：“楚国无以为宝，惟善以为宝。”舅犯曰[㉕]：“亡人无以为宝[㉖]，仁亲以为宝。”

《秦誓》曰[㉗]：“若有一个臣，断断兮无他技[㉘]，其心休休焉[㉙]，其如有容焉[㉚]。人之有技，若己有之，彦之彦圣[㉛]，其心好之，不啻若自其口出[㉜]。实能容之，以能保我子孙黎民，尚以有利哉。人之有技，媢疾以恶之[㉝]，人之彦圣，而违之俾不通[㉞]。实不能容，以不能保我子孙黎民，亦曰殆哉[㉟]！”唯仁人放流之[㊱]，迸诸四夷[㊲]，不与同中国[㊳]。此谓“唯仁人为能爱人，能恶人。”见贤而不能举[㊴]，举而不能先，命也；见不善而不能退，退而不能远，过也。好人之所恶，恶人之所好，是谓拂人之性[㊵]，菑必逮夫身[㊶]。是故君子有大道，必忠信以得之，骄泰以失之[㊷]。

生财有大道：生之者众，食之者寡，为之者疾[㊸]，用之者舒[㊹]，则财恒足矣。仁者以财发身[㊺]，不仁者以身发财。未有上好仁而下不好义者也，未有好义其事不终者也，未有府库财非其财者也。孟献子曰[㊻]：“畜马乘不察于鸡豚[㊼]，伐冰之家不畜牛羊[㊽]，百乘之家不畜聚敛之臣[㊾]。与其有聚敛之臣[㊿]，宁有盗臣[51]。”此谓国不以利为利，以义为利也。长国家而务财用者[52]，必自小人矣。彼为善之，小人之使为国家，菑害并至。虽有善者，亦无如之何矣。此谓国不以利为利，以义为利也。

【注释】

①老老：尊敬老人。前一“老”字用作动词，意为把老人当做老人看待。后一“老”字为名词，指老人。　②长长：尊重长辈。前一“长”字为动词，意为把长者当做长者对待。后一“长”字为名词，指长辈，长者。　③恤孤：恤，体恤，周济。孤：幼年丧父者。　④倍：通“背”，违背，背弃。　⑤絜（xié）矩之道：絜，量度。矩，制作方形物件的工具。用自己

合乎礼仪准则的言行去规范别人的言行，这叫做“絜矩之道”。 ⑥《诗》：指《诗·小雅·南山有台》篇。 ⑦乐：快乐。只：助词。 ⑧《诗》：指《诗·小雅·节南山》篇。 ⑨节：高大。

⑩维：语助词，无义。岩岩（yān yān）：高峻的样子。 ⑪赫赫：威严的样子。师尹：周太师尹氏。 ⑫具：通“俱”，全，都。瞻：瞻仰。 ⑬僇：通“戮”，杀戮。 ⑭《诗》：指《诗·大雅·文王》篇。 ⑮师：众，指民众。 ⑯配：符合。 ⑰仪：通“宜”，应该。监：鉴戒，借鉴。 ⑱峻：大。 ⑲道：言，说的是。 ⑳外本内末：外，疏远。内：亲近。远离德而亲近财。 ㉑争民：与民争利。施夺：施行掠夺。 ㉒悖：悖逆，违背正理。 ㉓惟：惟独。命：天命。常：始终如一。 ㉔《楚书》：指《国语·楚语》。 ㉕舅犯：晋文公重耳的舅舅狐偃，字子犯。 ㉖亡人：流亡在外的人，指重耳。 ㉗《秦誓》：指《尚书·周书·秦誓》篇。 ㉘断断：诚实专一的样子。 ㉙休休：宽大、宽容的样子。 ㉚有容：能容忍人。 ㉛彦圣：英才聪敏之人。 ㉜不啻（chì）：不只是。 ㉝媢疾：妒忌。 ㉞违：阻抑。 ㉟殆：危险。 ㊱放流：流放，放逐。之：指上面提到的不能容人的人。 ㊲迸（bǐng）：通“屏”，屏退，驱逐。四夷：四方边远的部族。 ㊳中国：指全国中心地区。不同于现代意义的“中国”。 ㊴举：推举，荐举。 ㊵拂：违背，违逆。 ㊶菑：古“灾”字。逮：及。 ㊷骄泰：骄傲奢侈。 ㊸疾：迅速。 ㊹舒：舒缓。 ㊺发身：发，发达。意为提高品德修养。 ㊻孟献子：鲁国大夫仲孙蔑。 ㊼畜马乘：畜养一乘车马，指初做大夫官的人。察：料理，关注。豚：小猪。 ㊽伐冰之家：指卿、大夫之家。因卿、大夫家丧祭时能用冰保存遗体。 ㊾百乘之家：拥有一百辆车乘的家族，指有封地的卿大夫。 ㊿聚敛之臣：指搜刮钱财的家臣。 (51)盗臣：指偷窃府库财货的家臣。 (52)长：君长。务：专心。

【译文】

所谓要使天下太平在于首先治理好国家，说的是在上位的人尊敬老人，民众便会兴起讲孝道之风；上位的人尊重长者，民众便会兴起讲悌道之风；上位的人体恤孤儿，民众便不会背离。所以君子有“絜矩之道”。厌恶我的上级这样对待我，我就不去这样对待我的下级；厌恶我的下属这样对待我，我就不去这样对待我的上级；厌恶我前面的人这样对待我，我就不去这样对待我后面的人；厌恶我后面的人这样对待我，我就不去这样对待我前面的人；厌恶我右面的人这样对待我，我就不去这样对待我左边的人；厌恶我左边的人这样对待我，我就不去这样对待我右边的人，这就叫做“絜矩之道”。

《诗·小雅·南山有台》上说：“快乐的君子啊，是老百姓的父母。”老百姓喜爱的他也喜爱，老百姓厌恶的他也厌恶，这样才能称为是老百姓的父母。

《诗·小雅·节南山》上说：“高大的南山，岩石真险峻。威严的周太师尹氏，老百姓都在注视着您。”身为国君的人不能不小心谨慎；如果言行出现偏颇，就会受到天下人的惩罚。

《诗·大雅·文王》上说：“殷朝没有丧失民众的时候，德行还能够符合上帝的要求。后人应该借鉴殷商灭亡的教训，守住天命很不容易。”这是说得到民众就会得国，失去民众就会失国。所以君子首先要认真谨慎地修养品德。有了美德就会得到民众，有了民众就会有土地，有了土地就会有财富，有了财富就能使用。道德是根本，财富是末节。远离根本而亲近末节，就会于民争利施行掠夺。因此聚敛财货就会民心离散，分散财货就会民心凝聚。所以，对民众说出无理的话，也会得到无理的回敬；用不正当的手段取得的财货，也会不正当地失去。

《康诰》上说：“只有天命是不会始终如一的。”说的是行善道就会得到天命，不行善道就会失去它。《国语·楚语》上说：“楚国没有什么可作为国宝的，只是把‘善’当做国宝。”舅犯说：“流亡在外的人没有什么可当做宝贝的，只把仁爱亲族当做宝贝。”

《尚书·周书·秦誓》上说：“如果有这样一个大臣，他忠诚老实，虽没有什么才能，但心地宽和，能够容忍别人。别人有的才能，就像他自己也有一样；别人有的美德，他从内心喜欢，而不只是口头上说说而已。这种人如能重用，便可以保护我的子孙后代和黎民百姓，对国家也是有利的。如果别人有才能，他就嫉妒厌恶；别人有美德，就故意压抑使他不能上达，这种人是不能加以重用的，因为他不能保护我的子孙后代和黎民百姓，也可以说这种人是很危险的！”只有仁德的人才会把这些嫉贤妒能的人给以流放，驱逐到边远的蛮夷之地，不让他们和仁人同住在中国。这就叫只有仁人君子能够懂得爱什么人，恨什么人。遇到了贤人却不去推举，推举却又不愿让他位居自己之上，这便是怠慢；遇到恶人却不能将他罢退，罢退了又不将他疏远，这是一种错误。喜爱众人厌恶的，厌恶众人喜爱的，这便是违背人的天性，灾难就一定会降到他身上。因此，君子对于治理国家掌握有根本原则，那就是一定要用忠信去得到，放纵奢侈就会失去它。

生产财富有条基本道理：从事生产财富的人多而享用的人少，生产的速度快而使用的速度慢，那么财富便会经常充足了。有仁德的人运用财富来提高自身的品德修养，不讲仁德的人却用生命去积聚财富。没有在上位的人爱好仁而下面民众却不爱好义的，没有民众爱好义而事情不能成功的，也没有爱好义的民众不把国家财富当做自己的财富加以爱护的。孟献子说：“能畜养四匹马的士大夫家，就不要去计较那些养鸡喂猪的小利；能够丧祭用冰的大夫家，不要再去畜养牛羊；拥有百辆车乘的卿大夫家，不再收容搜刮财富的家臣。与其有这种搜刮财富的家臣，倒不如有偷盗府库钱财的家臣。”这就是说一个国家不应该以利为利，应该以义为利。身为国家的君王却一心致力于聚积财富，这一定是出自小人的主意。如果国君欣赏这些小人，使用他们去办国家大事，那灾难祸害会一起降临。到时候即使再有贤能的人出来挽救，也会无可奈何了。这就是国家不应该以利为利、应该以义为利的道理。

中庸

【战国】子思

中　庸

天命之谓性[1]，率性之谓道，修道之谓教。

道也者，不可须臾离也。可离非道也。是故君子戒慎乎其所不睹，恐惧乎其所不闻。莫见乎隐[2]，莫显乎微[3]。故君子慎其独也。

喜怒哀乐之未发，谓之中[4]。发而皆中节[5]，谓之和。中也者，天下之大本也；和也者，天下之达道也[6]。致中和，天地位焉，万物育焉。

【注释】

①天命之谓性：天命，即天理。谓，称作。性，本性。　②莫见乎隐：见，体现。乎，同“于”，表示比较。隐，此处指心中微小的变化。　③微：此处指一般人察觉不到的事情。　④中：不偏不倚。　⑤中节：符合法度。　⑥达道：《中庸》认为，人的感情和谐，这是天下共同遵循的道理。故称“达道”。

【译文】

上天的定命就是性，依顺本性而行动就是道，按照道去修明并施行就是教。

道，是不可片刻离开的。如果可以离开，那就不是道了。所以君子在别人看不到的地方也是谨慎敬戒的；在别人听不到的地方也是畏惧小心的。隐蔽的东西没有不被发现的，细微的东西没有不显露出来的。所以君子在独处时要谨慎。

人的喜怒哀乐没有表现出来的时候叫做中，表现出来合乎法度叫做合。中是天下万物的根本，和是贯通天下的准则。达到中和的境地，天地就各居其位了，万物也就生长了。

仲尼曰：“君子中庸[1]，小人反中庸。君子之中庸也，君子而时中。小人之中庸也[2]，小人而无忌惮[3]也。”

【注释】

①中庸：不偏不倚，既不过分也无不足。　②小人之中庸也：据晋代王肃《礼记》注本，应是“小人之反中庸也”。　③忌惮：顾忌和畏惧。

【译文】

仲尼说："君子的言行合于中庸，小人的言行违反了中庸。因为君子做到中庸，所以君子时时恰如其分；因为小人违反中庸，所以小人肆无忌惮。"

子曰："中庸，其至矣乎！民鲜能久矣！"

【译文】

孔子说："中庸是最高的准则了，平民很少有人能长久实行它。"

子曰："道[1]之不行也，我知之矣：知者过之，愚者不及也。道之不明也，我知之矣：贤者过之，不肖者[2]不及也。人莫不饮食也，鲜能知味也。"

【注释】

①道：指中庸之道。 ②不肖者：原意为不像先人有良好的品德的人。此处指不贤的人。

【译文】

孔子说："中庸之道不能实行，我知道原因了：聪明的人超过了中庸的规范，愚笨的人没有达到它。中庸之道不被人了解，我知道原因了：贤德的人要求过高，不贤的人要求太低。人没有不吃不喝的，但很少有人能品出它的滋味。"

子曰："道其不行矣夫！"

【译文】

孔子说："中庸之道大概不能实行了！"

子曰："舜其大知也与！舜好问而好察迩言[1]，隐恶而扬善，执其两端[2]，用其中于民，其斯以为舜乎！"

【注释】

①迩言：浅近的话。 ②执其两端：掌握两方面的极端。

【译文】

孔子说："舜大概是最聪明的人吧？舜喜好发问，又善于详审那些浅近的话。他隐去别人的缺点，宣扬别人的优点，掌握好、坏两个方面的极端，运用中庸之道去治理百姓，这就是舜所以被称为'舜'的原因吧！"

子曰："人皆曰予知。驱而纳诸罟擭[①]陷阱之中，而莫之知辟也。人皆曰予知，择乎中庸，而不能期月[②]守也。"

【注释】

①罟擭：罟（gǔ），捕捉鸟兽的网。擭（huò），装有机关的捕兽的木笼。 ②期（jī）月：一整月。

【译文】

孔子说："人们都说自己聪明。如果把他驱赶到捕网、木笼和陷阱中，却不知道怎样躲避。人们都说自己聪明，虽然选择了中庸之道，却连一个月也不能坚持实行。"

子曰："回[①]之为人也，择乎中庸，得一善，则拳拳服膺而弗失之矣。"

【注释】

①回：指颜回，孔子的学生。

【译文】

孔子说："颜回就是这样的人，他选择了中庸之道，他得到这一善道，就牢牢记在心里，不把它忘掉。"

子曰："天下国家可均[①]也，爵禄可辞也，白刃可蹈也，中庸不可能也。"

【注释】

①均：朱熹注："平治也。"即治理公正。

【译文】

孔子说："天下国家可以平定治理，官爵俸禄可以辞掉不受，锋利的刀刃可以踩踏闯过，中庸之道却不容易做到。”

子路问强[1]。子曰：“南方之强与？北方之强与？抑而强[2]与？宽柔以教，不报无道，南方之强也，君子居之。衽金革[3]，死而不厌，北方之强也，而强者居之。故君子和而不流[4]，强哉矫[5]！中立而不倚，强哉矫！国有道，不变塞焉，强哉矫！国无道，至死不变，强哉矫！”

【注释】

①子路：孔子的学生，名仲由。子路好勇，故问强。 ②而强：指不属于南北方，处于中原腹地之强。 ③衽金革：以金革为卧处，指好勇善战。 ④和而不流：平和而不随波逐流。 ⑤矫：强貌。

【译文】

子路问怎样才算“刚强”。孔子说：“你问的是南方的刚强，还是北方的刚强，或者是你认为的刚强？用宽厚温和的精神感化别人，对横暴无理也不报复，这是南方的刚强，君子就属于这类刚强。以兵器甲胄当枕席，在战场拼杀而死也不后悔，这是北方的刚强，强悍的人属于这种刚强。所以君子和顺而不随波逐流，这才是刚强！君子中立而不偏不倚，这才是刚强！国家政治清明，君子不改变穷困时的操守，这才是刚强！国家政治混乱，君子宁死不改变操守，这才是刚强！”

子曰：“素隐[1]行怪，后世有述焉；吾弗为之矣。君子遵道而行，半途而废，吾弗能已矣。君子依乎中庸。遁世不见知而不悔，唯圣者能之。”

【注释】

①素隐：素，据《汉书》应为“索”。隐，隐僻之理。

【译文】

孔子说：“寻求隐僻的道理，办事怪异，虽然后世有人称赞他们，但我决不做这样的事。君子遁道而进，半途而废，但我决不中途停止。君子依循中庸之道行事，埋没在世上不被理解也决不后悔。只有圣人才能这样做。”

君子之道费[1]而隐。

夫妇[②]之愚可以与知焉。及其至也，虽圣人亦有所不知焉。夫妇之不肖，可以能行焉。及其至也，虽圣人亦有所不能焉。天地之大也，人犹有所憾。故君子语大，天下莫能载焉；语小，天下莫能破焉。

《诗》云[③]："鸢飞戾[④]天，鱼跃于渊。"言其上下察也。

君子之道，造端[⑤]乎夫妇。及其至也，察乎天地。

【注释】

①费：广大。 ②夫妇：指匹夫匹妇，即普通男女。 ③《诗》云：此处引《诗经·大雅·旱麓》诗句。 ④戾：至、到。 ⑤造端：造立端绪，即开始。

【译文】

君子之道，广大而又精微。

普通男女虽然愚昧，也可以知道君子之道。道的高深之处，即使是圣人也有了解不到的。普通男女虽然不贤明，也可以实行君子之道。道的最高境界，即使是圣人也有不能达到的。天地是广阔无边的，人还有不满足之处。所以，君子说到大，天下没有可以承载的；说到小，天下没有能够剖析的。

《诗经》上说："鸱鹰飞向高空，鱼儿跳跃深渊。"这是说对上对下都能详察。

君子之道，开始于普通男女，达到最高境界，就和天地相互交接了。

子曰："道不远人，人之为道而远人，不可以为道。《诗》云[①]：'伐柯伐柯，其则不远。'执柯以伐柯，睨[②]而视之，犹以为远。故君子以人治人，改而止。忠恕违道不远，施诸己而不愿，亦勿施于人。"

"君子之道四，丘未能一焉：所求乎子，以事父未能也；所求乎臣，以事君未能也；所求乎弟，以事兄未能也；所求乎朋友，先施之未能也。庸德之行，庸言之谨，有所不足，不敢不勉，有余不敢尽；言顾行，行顾言，君子胡不慥慥[③]尔。"

【注释】

①《诗》云：此处引《诗经·豳风·伐柯》诗句。 ②睨：斜视。 ③慥慥：笃厚、老实。

【译文】

孔子说："中庸之道并不远离人们。如果有人行道时使它远离人们，那就不能叫中庸之道了。《诗经》上说：‘伐木作斧柄，伐木作斧柄，作柄的方法并不远。’拿着斧柄做样子来砍斧柄，斜着眼睛就可以看见斧柄，还认为离得很远。君子用人的道理来治理人事，直到人们改正前非为止。忠和恕离中庸之道不远了。不愿意别人施加给自己的，也不要加给别人。”

“君子的行为准则有四项，我连一项也不能完全做到。像要求儿子那样孝顺父母，我没有完全做到；像要求臣子那样忠于君王，我没有完全做到；像要求弟弟那样敬爱兄长，我没有完全做到；要求朋友讲信用，我没有首先做到。平日道德的实行，日常言语的谨慎，我都做得不够圆满，不敢不努力去弥补；做得好的，也不敢说做得圆满了。言语要顾及行动，行动要顾及言语。能这样做，君子怎能不是忠厚老实的呢?”

君子素其位[①]而行，不愿乎其外。素富贵，行乎富贵；素贫贱，行乎贫贱；素夷狄，行乎夷狄；素患难，行乎患难，君子无入[②]而不自得焉。

在上位，不陵下；在下位，不援[③]上。正己而不求于人，则无怨。上不怨天，下不尤人。故君子居易以俟命[④]，小人行险以徼幸。

子曰：“射有似乎君子：失诸正鹄[⑤]，反求诸其身。”

【注释】

①素其位：安于现在所处的地位。 ②入：处于： ③援：高攀。 ④“故君子”句：易，平安的地位。命，天命。 ⑤正鹄：箭靶的中心。

【译文】

君子安于现在的地位，不做分外的事。处在富贵的地位，就做富贵的人应该做的事；处在贫贱的地位，就做贫贱人应该做的事；住在夷狄地区，就做在夷狄地区可以办到的事；处于患难之中，就做在患难中应做的事；君子无论处在什么情况下，没有不悠然自得的。

处在上位，不欺凌在下位的人；处在下位，不高攀在上位的人。端正自己而不去责求别人，这样就没有怨恨，上不怨天命，下不抱怨别人。所以君子安处自己的地位以等待天命，小人则做冒险的事以妄求侥幸。

孔子说：“射箭好比君子做人，没有射中靶心，应该从自己身上找原因。”

君子之道，譬如行远，必自迩；譬如登高，必自卑。《诗》曰[①]：“妻子好合，如鼓[②]瑟琴。兄弟既翕[③]，和乐且耽。宜尔室家，乐尔妻帑[④]。”子曰：“父母其顺矣乎！”

【注释】

①《诗》曰：此处引《诗经·小雅·棠棣》诗句。 ②鼓：弹奏。 ③翕（xì）：和睦。 ④帑：通“孥”，儿女。

【译文】

君子实行中庸之道，就像走远路，一定要从近处开始；就像登高山，一定要从低处开始。《诗经》上说：“和妻子情投意合，如同弹奏琴瑟。兄弟感情融洽，和睦亲热。你的家庭美满，你的妻儿欢乐。”孔子说：“像这样的家庭，父母就会心情舒畅了。”

子曰：“鬼神之为德，其盛矣乎！视之而弗见，听之而弗闻，体物而不可遗。使天下之人齐明[①]盛服，以承祭祀，洋洋[②]乎如在其上，如在其左右。”

“《诗》曰[③]：‘神之格思，不可度思，矧[④]可射[⑤]思。’夫微之显[⑥]，诚之不可揜，如此夫。”

【注释】

①齐明：齐，通“斋”，斋戒。明，洁净。 ②洋洋：舒缓飘浮的样子。 ③《诗》曰：此处引《诗经·大雅·抑》诗句。 ④矧（shěn）：况且。 ⑤射：通“斁”，厌倦。 ⑥微之显：从微到显。

【译文】

孔子说：“鬼神的德行，真是盛大啊！看它看不到形状，听它听不到声音。它体现在万物之中，而且不能把它遗忘。鬼神可以使天下的人斋戒净心，穿上华丽的祭服，敬奉祭祀它们。鬼神好像舒缓漂浮在人们的上空，又好像在人们的左右。”

“《诗经》上说：‘神的降临不可揣测，怎能懈怠不敬呢？’鬼神隐微虚无，又明显至极，诚心不可掩盖就像这样啊！”

子曰：“舜其大孝也与！德为圣人，尊为天子，富有四海之内。宗庙飨之，子孙保之。故大德，必得其位，必得其禄，必得其寿。故天生之物，必因其材而笃焉。故栽者培之，倾者覆[①]之。”

“《诗》曰[②]：‘嘉乐君子，宪宪[③]令德。宜民宜人，受禄于天。保佑命之，自天申之。’故大德者，必受命。”

【注释】

①覆：摧败。 ②《诗》曰：此处引《诗经·大雅·假乐》诗句。 ③宪宪：原诗作显显。显明兴盛的样子。

【译文】

孔子说：“舜算是最孝顺的人吧！他有圣人的德行，有天子的尊贵，拥有四海之内的财富。他享受宗庙的祭献，子子孙孙永远保持祭祀不断。所以有大德的人，必然得到应有的地位，必然得到应有的财富，必然得到应有的名望，必然得到应有的高寿。所以天生万物，必定依据自身的材质来决定是否厚施，能栽培的就一定栽培，要倾覆的就只能倾覆。”

“《诗经》上说：‘欢乐优雅的君子，具有明显的美德。让庶民安居乐业，上天赐给他福禄。上天保佑，福禄永远享受。’所以，大仁大德的人，必然会得到上天之命而做天子。”

子曰：“无忧者，其惟文王乎！以王季[①]为父，以武王为子。父作之，子述之。武王缵大王[②]、王季、文王之绪，壹戎衣而有天下，身不失天下之显名。尊为天子，富有四海之内。宗庙飨之，子孙保之。”

“武王末受命，周公成文、武之德，追王[③]大王、王季，上祀先公以天子之礼。斯礼也，达乎诸侯大夫，及士、庶人。父为大夫，子为士，葬以大夫，祭以士；父为士，子为大夫，葬以士，祭以大夫。期之丧[④]达乎大夫，三年之丧达乎天子，父母之丧，无贵贱一也。”

【注释】

①王季：古公亶父的儿子，名季历，称西伯。 ②大王：即太王，指古公亶父，文王称王后追尊他为太王。 ③追王（wàng）：后代追尊先祖以“王”的称号。 ④期之丧：一周年的守丧期。

【译文】

孔子说：“无忧无虑的人，大概只有文王吧！王季是他的父亲，武王是他的儿子。父亲开创基业，再由武王继承。武王继承太王、王季、文王的事业，一穿上戎装就取得天下。没有失去显赫的名声，贵为天子，拥有四海之内的财富，死后在宗庙享受祭献，子子孙孙永保祭祀不断。”

“武王晚年才承受上天之命，周公完成了文王、武王的德业，追尊太王、王季为王，以天子的礼节追祭祖先。这种礼制一直通达到诸侯、大夫、士人、庶民。如果父亲是大夫，子是士，父亲去世用大夫的礼节安葬，用士的礼节祭祀。如果父亲是士，子是大夫，父亲去世用士的礼节安葬，用大夫的礼节祭祀。一年的守丧期通行到大夫，三年的守丧期通行到天子。给父母守丧的日期，没有贵贱之分，都是一样的。”

子曰：“武王、周公，其达孝矣乎！夫孝者，善继人①之志，善述人之事者也。春秋修其祖庙，陈其宗器，设其裳衣②，荐③其时食。”

“宗庙之礼，所以序昭穆④也；序爵，所以辨贵贱也；序事⑤，所以辨贤也；旅酬⑥下为上，所以逮贱也；燕毛⑦，所以序齿也。”

“践其位，行其礼，奏其乐，敬其所尊，爱其所亲，事死如事生，事亡如事存，孝之至也。”

“郊社之礼，所以事上帝也；宗庙之礼，所以祀乎其先也。明乎郊社之礼、禘尝⑧之义，治国其如示诸掌乎？”

【注释】

①人：此处指先祖。下一个“人”字同。　②裳衣：指祖宗生前穿的衣裳。　③荐：献上。

④序昭穆：祭祀时，以始祖牌位居中，二、四、六世在始祖左边，为“昭”；三、五、七世在右，为“穆”。　⑤事：在祭祀中担任的职事。　⑥旅酬：祭祀将要结束时，旁系亲属兄弟与直系亲属兄弟按次序敬酒。旅，次序。　⑦燕毛：按年龄而不按地位排列宴会席位。毛，毛发，指年龄。　⑧禘尝：禘，五年一次大祭，只有天子能举办。尝，一年四季的小祭，秋季的叫“尝”。

【译文】

孔子说：“武王和周公可以说是通达孝道的人了。孝就是很好地继承先祖的遗志，很好地完成先祖的事业。春、秋时节，整理祖庙，陈列宗器，摆设先祖留下的衣裳，进献应时的食品。”

“宗庙的祭礼要排列左昭右穆的次序；排列爵位的次序，是要区分贵贱；

排列执事人的次序，是要区分各人的贤能；晚辈给长辈举杯劝酒，是为了把恩荣延及年幼的人。按年龄排列宴会的座次，是为了表明年龄长幼。”

“站在应站的位置上，举行先王传下的祭礼，演奏先王时代的音乐，尊敬先王所尊敬的祖先，亲爱先王所亲爱的臣民。侍奉死者就像侍奉生者，侍奉已亡者如同侍奉现存者，这才是尽孝到极点了。”

“举行郊社祭祀是为了侍奉上帝；宗庙的祭祀是为了祭祀祖先。明白了‘郊社’、‘禘尝’祭礼的意义，那么治理国家就像看手掌上的东西那样容易啊！”

哀公[1]问政。子曰：“文、武之政，布在方策[2]。其人存[3]，则其政举；其人亡，则其政息。人道敏[4]政，地道敏树。夫政也者，蒲卢[5]也。故为政在人，取人以身，修身以道，修道以仁。仁者，人也，亲亲为大。义者，宜也，尊贤为大。亲亲之杀[6]，尊贤之等，礼所生也。在下位不获乎上，民不可得而治矣[7]。故君子不可以不修身，思修身不可以不事亲，思事亲不可以不知人，思知人不可以不知天。”

“天下之达道五，所以行之者三：曰君臣也，父子也，夫妇也，昆弟也，朋友之交也，五者，天下之达道也；知、仁、勇三者，天下之达德也，所以行之者一也。或生而知之，或学而知之，或困而知之，及其知之，一也；或安而行之，或利而行之，或勉强而行之，及其成功，一也。”

子曰：“好学近乎知，力行近乎仁，知耻近乎勇。知斯三者，则知所以修身；知所以修身，则知所以治人；知所以治人，则知所以治天下国家矣。”

“凡为天下国家有九经[8]，曰修身也，尊贤也，亲亲也，敬大臣也，体群臣也，子庶民[9]也，来百工也，柔远人[10]也，怀[11]诸侯也。修身则道立，尊贤则不惑，亲亲则诸父昆弟不怨，敬大臣则不眩，体群臣则士之报礼重，子庶民则百姓劝[12]，来百工则财用足，柔远人则四方归之，怀诸侯则天下畏之。”

“齐明盛服，非礼不动，所以修身也；去谗远色，贱货而贵德，所以劝贤也；尊其位，重其禄，同其好恶，所以劝亲亲也；官盛任使[13]，所以劝大臣也；忠信重禄，所以劝士也；时使薄敛[14]，所以劝百姓也；日省月试[15]，既禀称事[16]，所以劝百工也；送往迎来，嘉善而矜不能，所以柔远人也；继绝世[17]，举废国[18]，治乱持[19]危，朝聘[20]以时，厚往而薄来，所以怀诸侯也。凡为天下国家有九经，所以行之者，一也。”

“凡是豫[21]则立，不豫则废。言前定则不跲[22]，事前定则不困，行前定则不疚，道前定则不穷。”

“在下位不获乎上，民不可得而治矣；获乎上有道，不信乎朋友，不获乎上矣；信乎朋友有道，不顺乎亲，不信乎朋友矣；顺乎亲有道，反诸身不诚，不顺乎亲矣；诚身有道，不明乎善，不诚乎身矣㉓。”

“诚者，天之道也。诚之㉔者，人之道也。诚者不勉而中，不思而得，从容中道，圣人也。诚之者，择善而固执之者也。”

“博学之，审问之，慎思之，明辨之，笃行之。”

“有弗学，学之弗能弗措㉕也；有弗问，问之弗知弗措也；有弗思，思之弗得弗措也；有弗辨，辨之弗明弗措也；有弗行，行之弗笃弗措也。人一能之，己百之；人十能之，己千之。果能此道矣，虽愚必明，虽柔必强。”

【注释】

①哀公：姓姬，名蒋，春秋时鲁国国君。　②布在方策：布，陈述，记载。方策，方册，典籍。　③其人存：那样的人存在。人，指贤人。　④人道敏：人道，为人的道理，指以人施政。敏，勉力。　⑤蒲卢：蒲苇。比喻从政如能得到贤臣会很快成功。　⑥杀：等差。　⑦“在下位”两句：据《礼记》郑玄注，此处误重。　⑧九经：九条准则。　⑨子庶民：像爱护儿子那样对待庶民。　⑩柔远人：安抚远处来的外族人。　⑪怀：安抚。　⑫劝：勉力。　⑬官盛任使：盛，多。任使，足够使用。　⑭时使薄敛：使百姓服劳役不误农时，收赋税不繁重。　⑮日省月试：省，视察。试，考核。　⑯既禀称事：既禀，粮食之类的生活物资。称，符合。事，成果。　⑰继绝世：继，继承，延续。使卿大夫的后代恢复食禄，延续世系。　⑱举废国：举，复兴。废国，已没落的邦国。　⑲持：扶持。　⑳朝聘：诸侯定期朝见天子。　㉑豫：事先准备。　㉒跲（jiá）：窒碍，不顺畅。　㉓此处一段与《孟子·离娄上》一段基本相同，多认为是《孟子》引用《中庸》。　㉔诚之：使之诚，使自己做到诚。　㉕弗措：弗，不。措，废置，废弃。

【译文】

鲁哀公问治理国家。孔子说：“文王、武王的政令，典籍中有记载。文王、武王那样的人存在，他们的政治主张就能实行；文王、武王那样的人不存在，他们的政治主张就消失了。以人施政道理在于使政治昌明，以沃土植树的道理在于使树木生长。以人施政就像蒲苇容易生长那样容易取得成效。所以治理政事，在于得到贤人，得到贤人，在于国君的自身修养。修养自己要靠道德，修养道德要靠仁爱。所谓仁，就是人，亲爱亲族是最大的仁。所谓义，就是宜，尊敬贤人就是最大的义。这都是从‘礼’上产生出来的。处在下位的人得不到上面的支持，就不能治理好民众。所以君子不能不修养自己；要修养自己，不能不侍奉好亲人；要侍奉好亲人，不能不了解人；要了解人，不能不了解天道的法则。”

“天下通行的道有五项，实行这五项道的方法有三种。君臣、父子、夫妇、兄弟、朋友交往，这五项是天下通行的道。智、仁、勇，这三种是天下通行的美德。实行的道理是一样的。有的人生下来就知道这些道理，有些人经过学习才知道，有的人经过艰难、困惑和探索才知道。他们终于知道通行的道理是一样的。有的人是从容安然地实行这些道理，有些人是看到了好处才去实行的，有的人是勉强去实行的。获得成功时，效果也是一样的。”

孔子说：“爱学习就接近智慧，努力行善就接近仁爱，知道耻辱就接近勇敢。知道这三点，就懂得修养自己的方法；懂得修养自身，就懂得治理人；懂得治理人，就懂得治理天下国家。”

“大凡治理天下国家有九条准则：修养自身，尊重贤人，亲爱亲人，尊敬大臣，体谅下臣，爱民如子，招集各种工匠，安抚远方来客，怀柔诸侯。修养自身，道德就能树立；尊重贤人，遇事就不会迷惑；亲爱亲人，叔伯、兄弟就不会抱怨；尊敬大臣，处事就不会糊涂；体谅下臣，士人回报的礼仪就隆重；爱民如子，百姓就会更加努力；招集各种工匠，财货就会充足；安抚远方来客，四方的百姓就来归顺；怀柔诸侯，天下的人都会畏服。”

“斋戒沐浴，服饰端庄，不合乎礼的事不做，这就是修养自身的方法。摒弃奸佞小人，远离女色，轻钱物而重道德，这是劝勉贤人的方法。尊崇亲族的爵位，厚给他们的俸禄，好恶和他们一致，这是劝勉人们亲爱亲族的方法。下属的官员众多，任凭使用，这是劝勉大臣的方法。忠诚信实，厚禄供养，这是劝勉士人的方法。按照时令役使，减轻赋税，这是劝勉百姓的方法。每天察看，每月考查，付给粮食与他们的工效相称，这是劝勉各种工匠的方法。去时护送，来时欢迎，嘉奖有才能的人，同情才能不足的人，这是安抚边远来客的方法。继承已断绝世系的家族，复兴已颓败的邦国，治理混乱，扶持危难，按时朝问聘问，送礼从厚，纳贡从薄，这是怀柔诸侯的方法。大凡治理天下国家有九条准则，实施这些准则的道理是一样的。”

“凡事有准备就能成功，没有准备就会失败。讲话之前预先想好，讲起话来就不会中断。办事之前预先想好，做起来就不会遭受挫折。行动之前预先想好，行动起来就不会抱愧。实行道德之前预先想好，实行起来就不会行不通。”

“处在下位的人，如果得不到上面的支持，就不能治理好民众。要得到上面的支持有方法：交朋友要讲信用，得不到朋友的信任，就不会得到上面的信任；要得到朋友的信任也有方法：对父母要孝顺，不孝顺父母就得不到朋友的信任；孝顺父母也有方法：要使自己诚实，如果不诚实，就不会孝顺父母；使自己诚实也有方法：明白什么是善，不明白什么是善，就不能使自己诚实。”

“‘诚’是上天赋予的道理，努力做到‘诚’，是为人的原则。诚实是人不用勉强就会处事得当，不用思虑就能言谈合适，行为符合中庸之道，圣人就是这样。‘诚’就是要选择善道，而且牢牢把握。”

“广泛地学习，详细地研究，慎重地思考，清楚地辨别，忠实地贯彻。”

“要么不学，学了没有掌握就不中止；要么不询问，问了还不明白就不中止；要么不思考，思考了却没有结果就不中止；要么不辨别，辨别了还不清楚就不中止；要么不做，做了却不彻底就不要停止。别人一次能做好，我用百倍的努力；别人十次能做好，我用千倍的工夫。果真能按照这种方法，即使是愚昧的人也一定会变得聪明，即使是柔弱的人也一定会变得刚强。”

自诚明谓之性，自明诚谓之教。诚则明矣，明则诚矣。

【译文】

由真诚而明察事理，这是出于天性；由明察而达到真诚，这是因为教化。真诚就是明察，明察就是真诚。

唯天下至诚，为能尽其性；能尽其性，则能尽人之性；能尽人之性，则能尽物之性；能尽物之性，则可以赞天地之化育；可以赞天地之化育，则可以与天地参①矣。

【注释】

①参：并列。

【译文】

只有天下至诚的圣人，才能充分发挥他的本性；能充分发挥自己的本性，就能充分发挥人的本性，就能充分发挥万物的本性；能充分发挥万物的本性，就可以帮助天地培育万物；能帮助天地培育万物，就可以与天地并列而处了。

其次致曲[①]。曲能有诚，诚则形[②]，形则著，著则明，明则动，动则变，变则化[③]。唯天下至诚为能化。

【注释】

①曲：细小之事。 ②形：显露。 ③化：感化，此指人不自觉地改恶从善。

【译文】

次于圣人的贤人，能推究细小之事的道理，由此也可以达到真诚的境界。达到真诚就会表现出来，表现出来就会日益显著，日益显著就会光辉明亮，光辉明亮就会感动外物，感动外物就会变革人心，变革人心就会使社会产生好的教化。只有天下至诚的人才能感化众人。

至诚之道，可以前知。国家将兴，必有祯祥[①]；国家将亡，必有妖孽；见乎蓍龟[②]，动乎四体[③]。祸福将至：善必先知之；不善必先知之。故至诚如神。

【注释】

①祯祥：吉祥。 ②蓍龟：蓍草和龟甲，古人用来占卜。 ③四体：四肢，此指人的动作。

【译文】

至诚之道可以预知未来的事情。国家将要兴盛，必定会有吉祥的征兆；国家将要衰亡，必定会有妖孽作怪，呈现在蓍草、龟甲上，表现在人的动作上。祸福即将来临时：善事一定可以预先知道，不善之事也一定可以预先知道。所以说至诚之道如同神灵。

诚者，自成[①]也；而道，自道[②]也。诚者，物之始终，不诚无物。是故君子诚之为贵。诚者，非自诚己而已也，所以成物也。成己，仁也；成物，知也。性之德也，合外内之道也，故时措[③]之宜也。

【注释】

①自成：自己成全自己。 ②自道：引导自己。 ③措：实施。

【译文】

诚就是完成自身的品德修养，道就是引导自己走向完成修养的道路。诚贯穿万物的始终，没有诚就没有万物。所以君子以诚为贵。诚，并不是完成自身的修养就够了，还要成全万物。完成自己的修养是仁，成全万物就是智，仁和智是上天赋予的美德，结合了天地、内外的规律，任何时候实行无不合适。

故至诚无息。不息则久，久则征，征[①]则悠远，悠远则博厚，博厚则高明。博厚所以载物也，高明所覆物也，悠久所以成物也。博厚配地[②]，高明配天，悠久无疆。如此者，不见而章，不动而变，无为而成。

天地之道，可一言[③]而尽也。其为物不贰，则其生物不测。天地之道，博也，厚也，高也，明也，悠也，久也。

今夫天，斯昭昭之多[④]，及其无穷也，日月星辰系焉，万物覆焉。今夫地，一撮土之多，及其广厚，载华岳而不重，振[⑤]河海而不泄，万物载焉。今夫山，一卷[⑥]石之多，及其广大，草木生之，禽兽居之，宝藏兴焉。今夫水，一勺之多，及其不测，鼋鼍、蛟龙、鱼鳖生焉，货财殖焉。

《诗》云[⑦]："维天之命，于穆不已！"盖曰天之所以为天也。"於乎不显，文王之德之纯！"盖曰文王之所以为文也，纯亦不已。

【注释】

①征：效验。 ②配地：与地有相同功效。 ③一言：一句话。 ④多：指人们见到的只是一部分。 ⑤振：整治。 ⑥卷：通"拳"。 ⑦《诗》云：此处引《诗经·周颂·维天之命》诗句。

【译文】

至诚是不间断的，不间断就会长久延续，长久延续就有效验，有效验就会悠远无穷，悠远无穷就会广博深厚，广博深厚就高超明智。广博深厚，就能承载万物；高超明智，就能覆盖万物；悠远无穷，就能使万物生长。广博深厚可以与地相配，高超明智可以与天相配，悠远无穷可以像天地那样永无止境。这样，不表现却很明显，没有活动却有变化，无所作为却自然成功。

天地的道，可以用一句话来概括：它自身诚而不贰，化育万物，不可测度。天地的法则是：广博、深厚、高超、精明、悠远、长久。

现在说天，它是一片光明，以至无穷无尽，上面悬系着日月星辰，覆盖着万物。现在说地，它是一撮撮泥土，以至广博深厚，承载着华山而不觉得沉重，汇聚河海而不泄漏，一切万物都被大地承载。现在说山，不过是一块块小石头，以至广阔高大，草木生长在上面，禽兽居住在上面，宝藏从山里开发出

来。现在说水，不过是一勺勺水，以至深广莫测，里面生长者鼋、鼍、蛟、龙、鱼、鳖，各种财货也都从水中生出。

《诗经》上说："天道在运行，庄严肃穆，永不停息。"这大概是说天之所以成为天的道理。"啊，多么光明显赫，文王德行纯正。"这大概是说文王之所以成为文王，纯正的品德常行不止。

大哉圣人之道！洋洋乎发育万物，峻极于天。优优[①]大哉！礼仪三百，威仪三千。待其人而后行。故曰：苟不至德，至道不凝[②]焉。故君子尊德性而道[③]问学，致广大而尽精微，极高明而道中庸，温故而知新，敦厚以崇礼。

是故居上不骄，为下不倍[④]。国有道[⑤]，其言足以兴；国无道，其默足以容[⑥]。《诗》曰[⑦]："既明且哲，以保其身。"其此之谓与。

【注释】

①优优：和适，宽裕。 ②凝：郑玄注："凝犹成"。 ③道：施行。 ④倍：通"背"。违背。 ⑤国有道：指太平盛世。 ⑥兴：兴起，此指被朝廷任用。 ⑦《诗》曰：此处引《诗经·大雅·烝民》诗句。

【译文】

伟大啊！圣人之道。它充满天地之间，生养万物，与天一样崇高。真是宽广伟大啊，礼的大纲有三百条，礼的细节有三千条，等到圣人出世才能实施。所以说：如果没有极大的德，极高的道，是不能成功的。所以君子尊崇德性，又注重学习，使德性和学问日益广大，竭尽精细隐微，达到高超的境界，又遵循中庸之道。既温习已经了解的道理，又认识新的道理。崇尚礼节又为人忠厚。

因此，身居高位的人不骄傲，身处下位的人不违背上级。国家政治清明时他的主张能够被采纳；国家政治黑暗时他的沉默能使自己安身。《诗经》上说："既明达道理又洞察是非，就能保全自己。"说的就是这个意思。

子曰："愚而好自用[①]，贱而好自专，生乎今之世，反古之道。如此者，灾及其身也。"

"非天子，不议礼[②]，不制度[③]，不考文。今天下车同轨，书同文，行同伦。虽有其位，苟无其德，不敢作礼乐焉。虽有其德，苟无其位，亦不敢作礼乐焉。"

子曰："吾说复礼，杞[4]不足征也；吾学殷礼，有宋存焉；吾学周礼，今用之，吾从周。"

【注释】

①自用：只凭主观意图办事。 ②议礼：指修订礼仪。 ③制度：创立法度。 ④杞：国名，故城在今河南杞县。

【译文】

孔子说："愚昧的人喜欢自以为是，卑贱的人喜欢独断专行。生活在当今时代，却要恢复古代的制度。这样灾祸就会降落在他身上。"

"如果不是天子，就不要议论礼仪，不要创立法度，不要考核文字。现在天下车辙统一，文字形体相同，伦理道德一样。虽有天子的地位，如果没有天子的美德，不敢制作礼乐；虽有美德，如果没有天子的地位，也不敢制作礼乐。"

孔子说："我解说夏朝的礼法，杞国的文献不能作为验证；我学习殷朝的礼法，有殷的后代宋国存在；我学习周朝的礼法，正是现在使用，我遵从周礼。"

王天下有三重焉[1]，其寡过矣乎！上焉者，虽善无征，无征不信，不信民弗从；下焉者，虽善不尊，不尊不信，不信民弗从。

故君子之道本诸身，征诸庶民，考诸三王而不缪，建诸天地而不悖[2]，质诸鬼神而无疑，百世以俟圣人而不惑。

质诸鬼神而无疑，知天也；百世以俟圣人而不惑，知人也。是故君子动而世为天下道，行而世为天下法，言而世为天下则。远之则有望，近之则不厌。《诗》曰[3]："在彼无恶，在此无射；庶几夙夜，以永终誉。"君子未有不如此而蚤有誉于天下者也。

【注释】

①王天下有三重焉：王，作为君王。三重，三件重要的事。 ②建诸天地而不悖：君子之道符合天地之道。 ③《诗》曰：引《诗经·周颂·振鹭》诗句。

【译文】

君子统治天下有三件重要的事（议礼、制度、考文），如能做好，大概就很少有过失了。在上位的人虽然行为很好，但是没有验证，没有验证民众就不相信，不听从。处在下位的人虽然行为很好，但没有尊贵的地位，民众也不相信，不听从。

所以君子的道，是以自身做依据，在民众那里得到验证。考查夏、商、周三代先王而没有谬误，树立在天地之间没有违逆，卜问鬼神也没有怀疑，百世以后等待圣人的出现也没有疑惑。

卜问鬼神没有怀疑，这是懂得天理；百世以后等待圣人出现没有疑惑，这是知道人情。所以君子的举动世世代代作为天下人的法度，言行世世代代作为天下人的准则。从远处使人仰望恭敬，在近处则没有厌倦之意。《诗经》上说："在国内无人怨恨，在朝廷无人讨厌。日夜操劳，永远保持名望。"君子不这样做却能获得美名，是从来不会有的。

仲尼祖述[①]尧、舜，宪章[②]文、武；上律天时，下袭[③]水土。譬如天地之无不持载[④]，无不覆帱[⑤]，譬如四时之错行，如日月之代[⑥]明。万物并育而不相害，道并行而不相悖；小德川流，大德敦化[⑦]，此天地之所以为大也。

【注释】

①祖述：崇尚、效法。 ②宪章：效法、遵从。 ③袭：因袭。 ④持载：承载。 ⑤覆帱：覆盖。 ⑥代：交替。 ⑦敦化：以淳朴化育万物。

【译文】

仲尼崇尚尧、舜，效法文王、武王，上依天时规律，下因袭水土习性。好像天地，没有什么不能承载，没有什么不能覆盖。又好像四季的交替，太阳月亮的轮流照耀。万物共同生长却不相互妨碍，天地之道同时运行却相互并不违背。小德如江河长流不息，大德以淳朴化育万物，这就是天地之所以伟大的道理。

唯天下至圣为能聪明睿智，足以有临[①]也；宽裕温柔，足以有容[②]也；发强刚毅，足以有执也；齐庄中正，足以有敬也；文理密察，足以有别也。

溥博渊泉[③]，而时出之。溥博如天，渊泉如渊。见而民莫不敬，言而民莫不信，行而民莫不说。

是以声名洋溢乎中国，施及蛮貊[④]。舟车所至，人力所通；天之所覆，地之所载；日月所照，霜露所队；凡有血气者，莫尊亲，故曰配天。

【注释】

①有临：居上临下。 ②容：包容。 ③渊泉：深远。 ④蛮貊：指少数民族。

【译文】

只有天下最圣明的人，才是聪明智慧的，能够治理民众；宽宏大量，足以包容一切；奋发勇敢，刚健坚毅，能决断天下大事；庄重中正，足以得到人们的尊敬；条理精密，能够辨别是非。

圣人的美德就像天空那样辽阔，像潭水那样深远无穷。表现在仪表上，百姓没有不敬佩的；表现在言语中，百姓没有不听从的；表现在行为上，百姓无不欣悦。

因此圣人的美名广泛流传在中原，一直传到少数民族地区。凡是车船能行驶的地方，人力能通行的地方，上天覆盖，大地承载的地方，日月照耀，霜露降下的地方，凡是有血气的人，没有不尊敬、亲近他的。所以说圣人的美德可以与天地相比配。

唯天下至诚，为能经纶天下之大经[①]，立天下之大本，知天地之化育。夫焉有所倚？肫肫[②]其仁，渊渊其渊，浩浩其天。苟不固聪明圣知达天德者，其孰能知之？

【注释】

①“为能经纶”句：经纶，整理丝缕，理出丝绪叫经，编成绳叫纶。经纶引申为治理国家大事。大经，大法。 ②肫肫：诚挚。

【译文】

只有天下至诚的人，才能谋划天下的大法，树立天下的根本法则，知道天地的生长变化。这哪里需要有所依傍？仁德是那样真挚，像潭水一样沉静幽深，像苍天一样浩茫广大。如果不是聪明而通达天赋美德的人，有谁又能知道天的真诚呢？

《诗》曰[①]：“衣锦尚䌹”，恶其文之著也。故君子之道暗然而日章；小人之道的然[2]而日亡。君子之道淡而不厌，简而文，温而理，知远之近，知风之自，知微之显，可与入德矣。

《诗》云[3]："潜虽伏矣，亦孔之昭。"故君子内省不疚，无恶于志。君子之所不可及者，其唯人之所不见乎？

《诗》云[4]："相在尔室，尚不愧于屋漏[5]。"故君子不动而敬，不言而信。

《诗》曰[6]："奏假[7]无言，时靡有争。"是故君子不赏而民劝，不怒而民威于铁钺。

《诗》曰[8]："不显惟德，百辟其刑[9]之。"是故君子笃恭而天下平。

《诗》云[10]："予怀明德，不大声以色[11]。"子曰："声色之于化民，末也。"《诗》[12]曰："德輶[13]如毛。"毛犹有伦。"上天之载，无声无臭。"至矣！

【注释】

①《诗》曰：引《诗经·卫风·硕人》。②的然：鲜明、显著。③《诗》云：引《诗经·小雅·正月》诗句。④《诗》云：引《诗经·大雅·抑》诗句。⑤"屋漏"句：意为心地光明。⑥《诗》曰：引《诗经·商颂·烈祖》诗句。⑦奏假：祈祷。⑧《诗》曰：引《诗经·周颂·烈文》诗句。⑨"不显"两句：不显，大显。辟，诸侯。刑，通"型"，示范。⑩《诗》云：引《诗经·大雅·皇矣》诗句。⑪色：容貌。⑫《诗》曰：引《诗经·大雅·烝民》诗句。⑬輶：轻。

【译文】

《诗经》中说："穿着锦服，罩着单衣。"这是讨厌文彩太鲜明。所以君子之道是，深藏不露却日益显彰；小人之道是，显露无遗却渐渐消亡。君子之道，简朴而有文彩，温和而有条理，知道远是从近处开始的，知道教化别人从自己开始，知道隐微的事情会变化为明显，这就进入圣人的德行之中了。

《诗经》中说："鱼儿潜伏在水中，还是清晰可见。"所以君子内心反省没有不安，不会有愧心。别人不可比及君子，在于君子在别人看不到的地方也严格要求自己。

《诗经》中说："你独自在室内，也要无愧神灵。"所以君子虽没有行动，也很恭敬；虽没有言谈，也很诚实。

《诗经》中说："进奉诚心，感动神灵，肃静无言，不敢争执。"所以君子不必赏赐而百姓就受到了鼓励，不用发怒百姓也很畏惧刑法的威严。

《诗经》中说："上天的德性最明显，各方诸侯都要效行。"所以君子笃实谦恭，能使天下太平。

《诗经》中说："我怀念您的美德，虽然没有号令。"孔子说："用号令、厉色去感化百姓，这是没有抓住根本。"《诗经》中说："美德轻如羽毛。"有毛还有形迹。"上天的运行，无声无息。"这是最高的境界。

孟子

【战国】孟子

梁惠王[①] 上

孟子见梁惠王，王曰："叟不远千里而来，亦将有以利[②]吾国乎？"

孟子对曰："王何必曰利？亦有仁义而已矣。王曰：'何以利吾国？'大夫曰：'何以利吾家？'士庶人曰：'何以利吾身？'上下交征利而国危矣。万乘之国[③]，弑[④]其君者，必千乘之家；千乘之国，弑其君者，必百乘之家。万取千焉，千取百焉，不为不多矣。苟为后义而先利，不夺不餍。未有仁而遗其亲者也，未有义而后其君者也。王亦曰仁义而已矣，何必曰利？"

【注释】

①梁惠王：《孟子》一书共有七篇，都是以开头几个字为篇名。东汉赵岐在为《孟子》作注时，又把每一篇分为上下两篇。梁惠王，战国时期魏国国君，名罃，死后谥"惠"。公元前369年继诸侯位，公元前344年自封为王，由安邑迁都大梁，故称梁惠王。　②利：富国强兵之谓。

③万乘之国：乘（shèng），古代兵车计量单位。古时以兵车的数量来衡量天子、诸侯、大夫的等级和实力，故有"万乘之国"、"千乘之国"、"百乘之家"等说法。　④弑：以下杀上，以卑杀尊。

【译文】

孟子拜见梁惠王，惠王说："老人家不远千里而来，将会对我的国家有很多利益吧？"

孟子回答说："大王为什么要说利益呢？只要有仁义就可以了。王说：'怎样才能有利于我的国家？'大夫说：'怎样才能有利于我的家族？'士人和百姓们说：'怎样才能有利于我自己？'这样从上到下都去追求利，这个国家就很危险了！一个拥有万辆兵车的国家，以下犯上杀害国君的，必定是拥有千辆兵车的公卿贵族；一个拥有千辆兵车的国家，以下犯上杀害国君的，必定是拥有百辆兵车的贵族。在万乘之国中拥有千辆兵车，在千乘之国中拥有百辆兵车，不能说是不多。若是将利益放在前面而将仁义放在后面，那么不夺取更多的财富就永远不会满足。另一方面，没有讲'仁'的人会遗弃他的父母的，也没有讲'义'的人会犯上作乱的。大王您只要讲仁义就行了，为什么要讲利益呢？"

孟子见梁惠王。王立于沼[①]上，顾鸿雁麋鹿，曰："贤者亦乐此乎？"

孟子对曰："贤者而后乐此，不贤者虽有此，不乐也。《诗》[②]云：'经始灵台[③]，经之营之，庶民攻之[④]，不日成之。经始勿亟，庶民子来。王在灵囿，麀鹿攸伏[⑤]，麀鹿濯濯[⑥]，白鸟鹤鹤[⑦]。王在灵沼，於牣[⑧]鱼跃。'文王以民力为台、为沼，而民欢乐之，谓其台曰'灵台'，谓其沼曰'灵沼'，乐其有麋鹿鱼鳖。古之人与民偕乐，故能乐也。《汤誓》曰：'时日害丧？予及女偕亡[⑨]。'民欲与之偕亡，虽有台池鸟兽，岂能独乐哉？"

【注释】

①沼：池。 ②《诗》：《诗经》，此处引用《大雅·灵台》诗句。 ③灵台：文王台的名称。 ④攻：工作、治理。 ⑤麀鹿攸伏：麀鹿，母鹿。攸伏，安闲地卧着。 ⑥濯濯：肥壮皮毛有光泽。 ⑦鹤鹤：洁白。 ⑧牣："满"的意思。 ⑨时日害丧，予及女偕亡：时，"是"、"此"的意思。日，指暴君夏桀。女，即汝、你。此处引用《尚书》句。

【译文】

孟子拜见梁惠王。梁惠王站在沼池边上，环顾着四周的鸿雁和麋鹿，说："贤人也喜欢这样的情景吗？"

孟子回答说："只有贤人才能真正享受这样的生活乐趣；不贤德的人，虽然也会拥有这一切，但不会有真正的快乐。《诗经》上说：'开始修建灵台，操心来经营，百姓们共同努力工作，很快就建成了。文王说不要着急，百姓却更加卖力。文王在园囿里，母鹿安闲地卧着，鹿儿肥壮，皮毛光亮，鸟儿肥胖，羽毛洁白。文王在灵沼旁，满池的鱼儿跳跃。'文王征用百姓的劳役来修建高台和池塘，而百姓们却乐于为文王劳作，称其高台为'灵台'，称其池塘为'灵沼'，也为文王的园囿中有鸟兽鱼鳖而高兴。古代的君王和百姓们一起享受快乐，所以就有真正的快乐。《尚书·汤誓》说：'如今的太阳啊，你何时消亡？我宁愿和你一起灭亡。'百姓宁愿和他一起灭亡，这样的君主，即使拥有高台、池塘和鸟兽，难道能独自享受快乐吗？"

梁惠王曰："寡人之于国也，尽心焉耳矣。河内凶[①]，则移其民于河东[②]，移其粟于河内。河东凶亦然。察邻国之政，无如寡人之用心者。邻国之民不加少[③]，寡人之民不加多，何也？"

孟子对曰："王好战，请以战喻。填然鼓之[④]，兵刃既接，弃甲曳兵而走[⑤]，或百步而后止，或五十步而后止。以五十步笑百步，则何如？"

曰："不可。直[⑥]不百步耳，是亦走也。"

曰："王如知此，则无望民之多于邻国也。不违农时，谷不可胜食也；数罟不入洿池[⑦]，鱼鳖不可胜食也；斧斤以时入山林，材木不可胜用也。谷与鱼鳖不可胜食，材木不可胜用，是使民养生、丧死无憾也。养生、丧死无憾，王道[⑧]之始也。五亩之宅，树之以桑，五十者可以衣帛矣；鸡豚狗彘之畜，无失其时，七十者可以食肉矣；百亩之田，勿夺其时，数口之家可以无饥矣；谨庠序[⑨]之教，申之以孝悌之义，颁白者不负戴于道路矣[⑩]。七十者衣帛食肉，黎民不饥不寒，然而不王者，未之有也。狗彘食人食而不知检，涂有饿莩而不知发[⑪]，人死，则曰：'非我也，岁也。'是何异于刺人而杀之，曰：'非我也，兵也。'王无罪岁，斯天下之民至焉。"

【注释】

①凶：指农业歉收之年。　②河内、河东：均为魏国的土地，以黄河为界而言方向。　③加少："减少"的意思。　④填：敲鼓的声音。　⑤走：此指逃跑。　⑥直："但"、"只不过"的意思。　⑦数罟：细密的渔网。洿：水塘。　⑧王道：君主以仁义治天下的政策。　⑨庠序：古代的学校。　⑩颁白：头发花白，指老年人。负戴：肩背、头顶，此泛指繁重的体力劳动。　⑪发：发仓廪以赈灾。

【译文】

梁惠王说："我治理国家，真是费尽了心机。河内遭了灾，粮食歉收，我就把河内的一些百姓迁移到河东去，又把河东的粮食运到河内来赈济百姓。若是河东遭了灾也是这样。考察邻国治理国家，没有像我这样用心尽力的。可是，邻国的百姓也没有减少，我国的百姓也没有增多，这是为什么呢？"

孟子回答说："大王好打仗，请让我用打仗来作比喻。战鼓隆隆，刀枪相接，面对面搏杀，打了败仗的一方丢盔弃甲，拖着兵器逃跑，有些人跑了一百步后停了下来，有些人只跑了五十步就停下来了。那些只跑了五十步的人就嘲笑跑了一百步的人胆小怕死，结果会怎样呢？"

梁惠王说："那些嘲笑别人胆小怕死的人，不过是不到一百步罢了，实质上也是逃跑了。"

孟子说："大王既然懂得这个道理，就不会再企望自己的百姓多于邻国。如果不违背农时，收获的粮食就吃不完；不用细密的渔网在池塘里打鱼，鱼鳖就吃不完；有节制地进入山林砍伐木柴，木材也就用不完。粮食和鱼鳖吃不完，木材也用不完，就能使百姓对养生送死都没有什么可遗憾的。对养生送死没有遗憾，这就是以仁义治理天下的开始。五亩大的宅院，种上桑树，五十岁以上的人就可以穿上丝帛衣服。家禽家畜的饲养，都有一定的规矩，七十岁以上的老人就能有肉吃。在百亩的田地中，按照农时来进行耕种，一家人都不再挨饥受饿。认真办好学校，反复宣讲孝悌的道理，头发花白的老人就不会背负着重物在路上行走。七十岁的老人有丝帛衣服穿，有肉吃，老百姓不挨冻受饿，能做到这一步而不被百姓拥护称王的，从来没有过。但若是富人家的猪狗和人吃得一样好，却没有人去制止，道路上有饿死的人却还不发粮赈济。百姓饿死了，却说'不是我的错，是年成不好。'这和用兵器杀了人，却说'不是我杀的人，是兵器杀的'有什么两样？大王不再归罪于年成不好，这样天下的百姓就来归顺您了。"

梁惠王曰："寡人愿安承教。"

孟子对曰："杀人以梃与刃，有以异乎？"

曰："无以异也。"

"以刃与政，有以异乎？"

曰："无以异也。"

曰："庖有肥肉，厩有肥马，民有饥色，野有饿莩，此率兽而食人也。兽相食，且人恶之，为民父母，行政不免于率兽而食人，恶在[①]其为民父母也？仲尼曰：'始作俑[②]者，其无后乎！'为其像人而用之也。如之何其使斯民饥而死也？"

【注释】

①恶在："何在"的意思。 ②俑：殉葬用的木偶人。

【译文】

梁惠王说："我很乐意接受您的指教。"

孟子说："杀人用木棍和用刀，有不同吗？"

梁惠王说："没有什么不同。"

孟子说："用刀杀人和用苛政害死人，有不同吗？"

梁惠王回答说："没有什么不同。"

孟子说："一方面是富人厨房里有肥肉，马圈里有肥壮的马，另一方面百姓们面带饥色，野地里倒着饿死人的尸体，这就等于是带领着野兽来吃人。野兽之间相互蚕食，人们尚且厌恶它，百姓的父母官施行苛政，就像率领着野兽来吃人一样，怎能配做百姓的父母官呢？孔子说：‘第一个用俑来做殉葬品的人，他要断子绝孙的！’这是因为俑像人形却用来做陪葬品。照此说来，又怎能使这些百姓饿死呢？”

梁惠王曰：“晋国[①]，天下莫强焉，叟之所知也。及寡人之身，东败于齐，长子死焉[②]；西丧地于秦七百里[③]；南辱于楚[④]。寡人耻之，愿比死者一洒之[⑤]，如之何则可？”

孟子对曰：“地方百里而可以王。王如施仁政于民，省刑罚，薄税敛，深耕易耨，壮者以暇，日修其孝悌忠信，入以事其父兄，出以事其长上，可使制梃以挞秦、楚之坚甲利兵矣。彼夺其民时，使不得耕耨以养其父母。父母冻饿，兄弟妻子离散。彼陷溺[⑥]其民，王往而征之，夫谁与王敌？故曰：‘仁者无敌。’王请勿疑。”

【注释】

①晋国：魏本晋大夫魏斯，与韩氏、赵氏共分晋地，号称三晋，故惠王自称晋国。 ②东败于齐，长子死焉：惠王三十年（公元前340年）魏国伐韩，齐国伐魏救韩，魏败于马陵，太子申被俘。 ③西丧地于秦七百里：惠王十七年（公元前353年）秦国攻克魏少梁，后魏国又多次被迫献出土地和城池。 ④南辱于楚：惠王后元十一年（公元前324年）楚国在襄陵打败魏国。 ⑤比：“为”的意思。洒之：洗之。 ⑥陷溺：此指“暴虐害民”之意。

【译文】

梁惠王说：“我们晋国，在当时，天下没有比她更强大的了，您老人家是知道的。但是到了我做国君时，在东方败给了齐国，失去了我的长子；在西方败给了秦国，失去了河西之地七百里；在南方又受辱于楚国。我为此而感到耻辱，希望能为那些死去的人报仇雪恨，我该怎样做呢？”

孟子回答说：“拥有方圆百里的地域就可以称王。大王您如果施仁政于民，减免刑罚，减少赋税，使百姓勤于农业，深耕细作，使青壮年人尽力于农事的同时，而又有闲暇的时间每天学习孝悌忠信的道理，在家里用这些道理侍奉父母兄长，出来做官时用这些道理侍奉上级。能做到这样，如果秦、楚之敌来犯，可使百姓制作木棍来抗击敌军坚韧的盔甲和锐利的刀枪。秦、楚那些大国，侵夺老百姓的生产和休息时间，百姓们不能春种秋收以养活父母。他们的父母挨冻受饿，兄弟妻子离散。秦国、楚国的当政者施暴政使百姓陷入苦难之中，如果大王前去征讨，谁能成为您的敌手呢？所以说：'仁者无敌于天下。'大王您不要再犹豫了。"

孟子见梁襄王[1]，出，语人曰："望之不似人君，就之而不见所畏焉[2]。卒然[3]问曰：'天下恶乎定？'"

"吾对曰：'定于一。'"

"'孰能一之？'"

"对曰：'不嗜杀人者能一之。'"

"'孰能与之？'"

"对曰：'天下莫不与也。王知夫苗乎？七八月之间旱，则苗槁矣。天油然作云，沛然下雨，则苗浡然兴之矣。其如是，孰能御之[4]？今夫天下之人牧[5]，未有不嗜杀人者也。如有不嗜杀人者，则天下之民皆引领[6]而望之矣。诚如是也，民归之，由水之就下，沛然谁能御之？'"

【注释】

①梁襄王：梁惠王子，名嗣。 ②不似人君，不见所畏：言其无威仪。 ③卒然：突然。 ④御：禁止。 ⑤人牧：国君。 ⑥引领：伸着脖子。

【译文】

孟子拜见梁襄王，出来后对人说："从远处看他，不像是个国君，走近看他，也显不出国君的威严。他突然间问道：'怎样才能使天下安定？'"

"我回答说：'天下统一才能够安定。'"

"'谁能统一天下呢？'"

"我回答说：'不嗜杀人的国君才能统一天下。'"

"'谁会追随这样的国君呢？'"

"我回答说：'天下没有人不追随他的。大王知道禾苗生长的情况吗？七八月之间干旱无雨，禾苗就会干枯。天上突然出现乌云，下起了大雨，禾苗又勃然生长起来。像这种情况谁能阻挡得住呢？如今天下各国的君王，没有不嗜杀人的。如果有不嗜杀人的君王，那么天下的百姓都会伸着脖子盼望着追随他。如果真是这样，百姓的归顺依附，就像从上向下流淌的河水，这样的势头谁能阻挡得住呢？'"

齐宣王[①]问曰："齐桓、晋文[②]之事，可得闻乎？"

孟子对曰："仲尼之徒无道桓、文之事者，是以后世无传焉，臣未之闻也。无以，则王乎？"

曰："德何如则可以王矣？"

曰："保民而王，莫之能御也。"

曰："若寡人者，可以保民乎哉？"

曰："可。"

曰："何由知吾可也？"

曰："臣闻之胡龁[③]曰：王坐于堂上，有牵牛而过堂下者，王见之，曰：'牛何之？'对曰：'将以衅钟[④]。'王曰：'舍之！吾不忍其觳觫[⑤]，若无罪而就死地。'对曰：'然则废衅钟与？'曰：'何可废也？以羊易之！'——不识有诸？"

曰："有之。"

曰："是心足以王矣。百姓皆以王为爱[⑥]也，臣固知王之不忍也。"

王曰："然，诚有百姓者。齐国虽褊小，吾何爱一牛？即不忍其觳觫，若无罪而就死地，故以羊易之也。"

曰："王无异于百姓之以王为爱也。以小易大，彼恶知之？王若隐[⑦]其无罪而就死地，则牛羊何择焉？"

王笑曰："是诚何心哉？我非爱其财而易之以羊也。宜乎百姓之谓我爱也。"

曰："无伤也，是乃仁术也，见牛未见羊也。君子之于禽兽也，见其生，不忍见其死；闻其声，不忍食其肉。是以君子远庖厨也。"

王说，曰："《诗》云[⑧]：'他人有心，予忖度之。'夫子之谓也。夫我乃行之，反而求之，不得吾心。夫子言之，于我心有戚戚[⑨]焉。此心之所以合于王者，何也？"

曰："有复于王者曰：'吾力足以举百钧[⑩]，而不足以举一羽；明足以察秋毫之末，而不见舆薪[⑪]'，则王许之乎？"

曰："否。"

"今恩足以及禽兽，而功不至于百姓者，独何与？然则一羽之不举，为不用力焉；舆薪之不见，为不用明焉；百姓之不见保，为不用恩焉。故王之不王，不为也，非不能也。"

曰："不为者与不能者之形，何以异？"

曰："挟太山[12]以超北海，语人曰：'我不能。'是诚不能也。为长者折枝[13]，语人曰：'我不能。'是不为也，非不能也。故王之不王，非挟太山以超北海之类也；王之不王，是枝折之类也。老吾老，以及人之老；幼吾幼，以及人之幼。天下可运于掌。《诗》云[14]：'刑于寡妻[15]，至于兄弟，以御于家邦。'言举斯心加诸彼而已。故推恩足以保四海，不推恩无以保妻子。古之人所以大过人者，无他焉，善推其所为而已矣。今恩足以及禽兽，而功不至于百姓者，独何与？权，然后知轻重；度[16]，然后知长短。物皆然，心为甚。王请度之。抑王兴甲兵，危士臣，构怨于诸侯，然后快于心与？"

王曰："否。吾何快于是？将以求吾所大欲也。"

曰："王之所大欲，可得闻与？"

王笑而不言。

曰："为肥甘不足于口与？轻暖不足于体与？抑为彩色不足视于目与？声音不足听于耳与？便嬖[17]不足使令于前与？王之诸臣皆足以供之，而王岂为是哉？"

曰："否。吾不为是也。"

曰："然则王之所大欲可知已。欲辟土地朝秦楚[18]，莅中国而抚四夷也。以若所为，求若所欲，犹缘木而求鱼也。"

王曰："若是其甚与？"

曰："殆有甚焉。缘木求鱼，虽不得鱼，无后灾。以若所为，求若所欲，尽心力而为之，后必有灾。"

曰："可得闻与？"

曰："邹人与楚人战，则王以为孰胜？"

曰："楚人胜。"

曰："然则小固不可以敌大，寡固不可以敌众，弱固不可以敌强。海内之地，方千里者九，齐集有其一。以一服八，何以异于邹敌楚哉？盖亦反其本矣。今王发政施仁，使天下仕者皆欲立于王之朝，耕者皆欲耕于王之野，商贾皆欲藏于王之市，行旅皆欲出于王之涂，天下之欲疾其君者皆欲赴诉于王。其若是，孰能御之？"

王曰："吾惛，不能进于是矣。愿夫子辅吾志，明以教我。我虽不敏，请尝试之。"

曰："无恒产而有恒心[19]者，惟士能为。若民，则无恒产，因无恒心。苟无恒心，放辟邪侈，无不为已。及陷于罪，然后从而刑之，是罔[20]民也。焉有仁人在位，罔民而可为也？是故明君制民之产，必使仰足以事父母，俯足以畜妻子，乐岁终身饱，凶年免于死亡；然后驱而善之，故民之从之也轻。今也制民之产，仰不足以事父母，俯不足以畜妻子，乐岁终身苦，凶年不免于死亡。此惟救死而恐不赡㉑，奚暇治礼义哉？王欲行之，则盍㉒反其本矣：五亩之宅，树之以桑，五十者可以衣帛矣；鸡豚狗彘之畜，无失其时，七十者可以食肉矣；百亩之田，勿夺其时，八口之家可以无饥矣；谨庠序之教，申之以孝悌之义，颁白者不负戴于道路矣。老者衣帛食肉，黎民不饥不寒，然而不王者，未之有也。"

【注释】

①齐宣王：姓田氏，名辟疆。 ②齐桓、晋文：指齐桓公、晋文公，春秋时期先后称霸。 ③胡龁：齐国臣子。 ④衅钟：新钟铸成，宰杀活动物，取血以祭祀。 ⑤觳觫：因恐惧而发抖的样子。 ⑥爱：吝惜。 ⑦隐：可怜。 ⑧《诗》云：此处引《诗经·小雅·巧言》诗句。 ⑨戚戚："心动"的意思。 ⑩百钧：三十斤为一钧，百钧，"至重难举"的意思。 ⑪舆薪：载着柴火的车，喻大而易见。 ⑫太山：即泰山。 ⑬折枝：此处为"弯腰行礼"的意思。 ⑭《诗》云：此处引《诗经·大雅·思齐》诗句。 ⑮寡妻：谦辞，寡德之妻。 ⑯权：秤锤。度：大尺。此处名词作动词用，指用秤称，用尺量。 ⑰便嬖：君主身边受宠幸的人。 ⑱朝秦楚：使秦楚这样的大国来朝。 ⑲恒心：人所常有之善心。 ⑳罔：同"网"。 ㉑赡：足够。 ㉒盍：何不。

【译文】

齐宣王问孟子："齐桓公、晋文公在春秋时称霸的事迹可以讲给我听听吗？"

孟子回答说："孔子的学生，从来不谈论齐桓公、晋文公的事情，所以春秋以后就没有流传下来，我也没有听说过。如果您一定要听，那就谈谈以德称王的'王道'如何？"

齐宣王说："以德怎样才能称王呢？"

孟子说："用爱护百姓的方法称王，没有人可以阻挡。"

齐宣王问："像我这样的人，可以做到爱民吗？"

孟子说："可以。"

齐宣王问："您怎么知道我可以呢？"

孟子说：“我曾听胡龁说过这样一件事：您坐在殿堂上，有人牵着一头牛从堂前走过，您看到了，问：‘要把牛牵到哪里去？’回答说：‘要宰了它来祭钟。’您说：‘放了这头牛，我不忍心看它浑身发抖，毫无罪过而被送到屠宰场。’牵牛的人问：‘那就废弃祭钟的仪式吗？’您说：‘怎能废弃呢！用羊来代替。’不知是否有这样的事？”

齐宣王说：“有这件事。”

孟子说：“您有这样的心，足可以称王天下了。百姓们都认为您是吝啬爱财，我原就知道您这是不忍之心。”

齐宣王说：“是啊，是有些这样的百姓。齐国虽然小，我还不至于吝惜一头牛。只是不忍心看它浑身发抖，毫无罪过就被送进屠宰场，所以用羊来代替。”

孟子说：“百姓认为您吝啬爱财，您也不要奇怪。用小的来代替大的，老百姓怎能知道您的想法呢？只是，您如果可怜牛无罪而去送死，那么牛与羊有什么区别呢？”

齐宣王笑道：“我自己也说不清这是一种什么样的想法？我的本意并不是因为爱财而用羊来代替牛。老百姓说我吝啬爱财，从表面上看也有道理。”

孟子说：“这没有什么关系，仁爱就是体现在一些具体的事情之中，只不过您见到了牛而没有见到羊罢了。君子对于动物，看到它活着，不忍心看着它死去；听到它的哀鸣声，不忍心吃它的肉。所以君子都离开厨房远远的。”

齐宣王笑着说：“《诗经》中说：‘别人的心思，我能揣摩到。’您正是这样的人。而我在做了这件事后，扪心自问，却体会不到自己的心理。您的话说到了我的心里，我心中有感而动。您说我的内心合于王道之术，是什么原因呢？”

孟子说：“若是有人向您说：‘我的力量足以举起一百钧的重物，却不能托起一根羽毛；我的视力足以看清秋天鸟羽上的细毛，却看不见一大车子木柴。’您赞同这种说法吗？”

齐宣王说：“我不赞成。”

孟子说：“现在您的恩泽可以施及于鸟兽，而百姓们却享受不到，这是为什么呢？而那些托不起一根羽毛的人，是不用力的缘故；看不见一大车子木柴的人，是不用视力的缘故；老百姓得不到保护，是因为不施行恩泽的缘故。所以说您还没有成为仁德君王，只是不肯去做，而不是做不到。”

齐宣王问：“不肯去做与不能做到，在形式上有什么不同吗？”

孟子答道："用胳膊夹着泰山去跨过北海，对别人说：'我做不到。'这是真的做不到。对年长的人弯腰行礼，对别人说：'我做不到。'这是不去做，而不是做不到。所以说您没有成为仁德的君王，不属于夹着泰山去跨过北海一类事，而是属于对年长者弯腰行礼一类的事。赡养、尊敬自己家里的长辈，从而推广到赡养、尊敬别人的长辈；关心抚养自己的晚辈，从而推广到关心抚养别人的晚辈。照此原则去做，管理天下国家，就如同运作在手掌之内。《诗经》中说：'先给妻子做出榜样，然后推广到兄弟，最后推广到宗族和国家。'这是说，用同样的'心'扩展到其他方面并不是做不到的。所以说，推广恩惠，足以保卫四海的安定，不推广恩惠连自己的妻子儿女也保护不了。古时的圣人之所以大大超过一般人，没有什么特殊的地方，只不过是善于推广他内心的善行罢了。如今您的恩泽足以达到禽兽身上，而百姓们却没有得到好处，这是为什么呢？称一称，然后才知道轻重；量一量，然后才知道长短。事物都是一样的道理，人的心更是如此。请大王好好想想吧。或者说，您一定要征调军队，让将士们冒死征战，与别的诸侯国结下怨仇，然后心里才感到愉快吗？"

宣王说："不。我怎能以此为快呢？我这样做不过是为了使我最大的欲望得到满足。"

孟子问道："您最大的欲望可以给我说说吗？"

宣王笑而不言。

孟子问道："是甘美的食物没有满足口腹的欲求？是轻暖的衣服没有满足身体的欲求？或是缤纷的色彩没有满足视觉的欲求？美妙的音乐没有满足听觉的欲求？宠幸的人没有听命于您？您的臣下可以把这一切都供奉给您，难道您是为了这些吗？"

宣王说："不，我不是为了这些。"

孟子说："那么，您最大的欲望我知道了。您是想扩大领土，使秦国、楚国这样的大国都来朝拜，君临中国而安抚四方少数民族。但是，以您的所作所为，去追求您的欲望，就好比要爬到树上去捉鱼一样。"

宣王问："有这么严重吗？"

孟子答道："可能比这更严重。爬到树上去捉鱼，虽然得不到鱼，却也不会招来灾祸。而以您的作为去追求您的欲望，尽心尽力去做，结果必定招来灾祸。"

宣王说："可以说给我听听吗？"

孟子问："如果邹国人与楚国人打仗，您认为谁能打胜？"

宣王答："楚国人胜。"

孟子说："这就是说：'小必定打不过大，少必定打不过多，弱必定打不过强。四海之内的土地，方圆千里的有九块，齐国的土地加到一起也就是占九分之一。以一去征服八，这跟邹国与楚国打仗有什么区别呢？我们再返回到根本问题上来讨论。如果您现在能施行仁政，使天下做官的人都想为齐国的朝廷服务，天下的农民都想在齐国的土地上耕种，天下的商人都想在齐国的集市上做生意，天下的旅客都想出入于齐国的道路，天下那些怨恨本国君主的人，都来向您诉说。如果这样的话，谁能抵挡得住您呢？"

宣王说："我很糊涂，达不到您所说的那种境界。希望先生辅佐我实现我的志向，明确地教导我。我虽不够机敏，也愿意试一试。"

孟子说："没有固定的产业，却有坚定不移的道德理想和行为准则，只有士人才能做得到。至于老百姓，如果没有固定的产业，就没有坚定不移的道德理想和行为准则，他们为所欲为，行为不规，到犯了罪，然后处以刑罚，这就等于张开法网让百姓钻进去。哪有仁义的人坐王位，却让百姓自投法网的呢？所以圣明的君主制定的百姓的产业，一定要使百姓上足以赡养父母，下足以抚养妻子儿女，年成好时，一年到头吃饱穿暖，灾年时也不至于冻饿而死。然后引导百姓走上仁义之路，这就很容易做到了。而现在的君王制定的百姓的产业，上不足以赡养父母，下不足于抚养妻子儿女，年成好时也是终年劳苦，灾年时难免冻饿而死。这样的话，百姓只图保全自己的性命都来不及，哪里还顾得上学习礼义道德呢？大王要施行仁政，为什么不从根本上着手呢？五亩大的宅院，种上桑树，五十岁以上的人就可以穿上丝帛衣服；家畜、家禽的饲养，都不失其时，七十岁以上的人就可以有肉吃了；在百亩大的田地中，按农时耕种，八口之家就可以不受饥饿了；认真办好学校，反复宣讲孝悌的道理，头发花白的老人也就不会背负着重物在路上行走。老人有丝帛衣服穿，有肉吃，黎民百姓不挨饿受冻，能做到这样而不被百姓拥护称王的，从来也没有过。"

梁惠王下

庄暴[①]见孟子，曰："暴见于王[②]，王语暴以好乐[③]，暴未有以对也。"曰："好乐何如？"

孟子曰："王之好乐甚，则齐国其庶几[④]乎！"

他日见于王，曰："王尝语庄子以好乐，有诸？"

王变乎色，曰："寡人非能好先王之乐也，直好世俗之乐耳。"

曰："王之好乐甚，则齐其庶几乎！今之乐犹古之乐也。"

曰："可得闻与？"

曰："独乐乐，与人乐乐，孰乐？"

曰："不若与人。"

曰："与少乐乐，与众乐乐，孰乐？"

曰："不若与众。"

"臣请与王言乐。今王鼓乐于此，百姓闻王钟鼓之声、管籥[5]之音，举疾首蹙頞[6]而相告曰：'吾王之好乐鼓，夫何使我至于此极[7]也？父子不相见，兄弟妻子离散！'今王田猎于此，百姓闻王车马之音，见羽旄之美，举疾首蹙頞而相告曰：'吾王之好田猎，夫何使我至于此极也？父子不相见，兄弟妻子离散！'此无他，不与民同乐也。今王鼓乐于此，百姓闻王钟鼓之声、管籥之音，举欣欣然有喜色而相告曰：'吾王庶几无疾病与，何以能鼓乐也？'今王田猎于此，百姓闻王车马之音，见羽旄之美，举欣欣然有喜色而相告曰：'吾王庶几无疾病与，何以能田猎也？'此无他，与民同乐也。今王与百姓同乐，则王矣。"

【注释】

①庄暴：齐国大臣。 ②王：此指齐宣王。 ③乐：音乐。 ④庶几：差不多，言近于治。

⑤管、籥：均为吹奏乐器。 ⑥举：都。蹙頞：皱着眉头。 ⑦极：穷苦。

【译文】

庄暴拜见孟子，说："我去见王，王跟我说他喜好音乐，我不知如何回答他。"又说："喜好音乐，究竟如何？"

孟子说："王非常喜好音乐，那么齐国差不多也就能治理好了。"

又一天，孟子见到齐宣王，说："您曾对庄子说过您喜好音乐，有这事吗？"

齐宣王变了脸色，说："我并不喜爱古代先王的音乐，只是喜爱现在世俗的音乐而已。"

孟子说："您对音乐非常喜欢，齐国也就差不多能治理好了。现在的音乐和古时的音乐是一样的。"

齐宣王说："能说说其中的道理吗？"

孟子问："一个人欣赏音乐，与跟别人一起欣赏音乐，哪个更快乐呢？"

齐宣王答："一个人欣赏不如与别人一起欣赏更快乐。"

孟子问："和少数人一起欣赏，与跟很多人一起欣赏，哪个更快乐呢？"

齐宣王答："和少数人一起欣赏，不如与很多人一起欣赏更快乐。"

孟子说："请允许我为您讲述欣赏音乐与快乐的道理。您现在若是在此击鼓奏乐，百姓们听到钟鼓之声、管籥之音，都会感到头痛，皱着眉头，相互议论道：'我们的国王喜爱钟鼓音乐，却为什么让我们穷苦到这般地步呢？父子不能相见，兄弟妻子儿女四散分离。'您现在若是在这里打猎，百姓们听到车马的声音，看到华美的仪仗，都会感到头痛，皱着眉头，相互议论道：'我们的国王喜爱打猎，却为什么让我们穷苦到这般地步呢？父子不能相见，兄弟妻子儿女四散分离。'这其中没有更多的原因，就是因为没有和老百姓一起享受快乐的缘故。您现在若是在此击鼓奏乐，百姓们听到钟鼓之声、管籥之音，都欣欣然有喜色，相互议论道：'我们的国王身体很健康，不然怎会击鼓奏乐呢？'您现在若是在这里打猎，百姓们听到车马的声音，看到华美的仪仗，都欣欣然有喜色，相互议论道：'我们的国王身体很健康，不然怎会去打猎呢？'这其中没有别的原因，就是因为能和老百姓一起享受快乐的缘故。现在您如果能和百姓一起享受快乐，就能够真正称王。"

齐宣王问曰："文王之囿[①]方七十里，有诸？"

孟子对曰："于传[②]有之。"

曰："若是其大乎？"

曰："民犹以为小也。"

曰："寡人之囿方四十里，民犹以为大，何也？"

曰："文王之囿方七十里，刍荛者[③]往焉，雉兔者[④]往焉，与民同之。民以为小，不亦宜乎？臣始至于境，问国之大禁，然后敢入。臣闻郊关[⑤]之内有囿方四十里，杀其麋鹿者如杀人之罪，则是方四十里为阱[⑥]于国中。民以为大，不亦宜乎？"

【注释】

①囿：养动物的园子。 ②传：此谓"古书"。 ③刍荛者：打柴割草的人。刍，草。荛，柴。 ④雉兔者：打猎的人。 ⑤郊关：郊，国外百里为郊。关，古时边境出入的地方设置的守卫处所。 ⑥阱：捕野兽的陷坑，此言陷民于死地。

【译文】

齐宣王问道："周文王的园子方圆有七十里，是这样的吗？"

孟子回答说："古代史书上有这样的记载。"

齐宣王问："真的有那么大吗？"

孟子说："老百姓还认为小呢。"

齐宣王问："我的园子，只有方圆四十里，百姓却认为太大了，这是为什么？"

孟子答道："周文王的园子方圆七十里，打柴割草的人可以进去，打猎的人也可以进去，与百姓一起享用园子。百姓觉得园子小，不是很合情合理的吗？我刚到齐国边境的时候，先了解齐国最严厉的禁令后才敢入境。我听说在远郊有一座方圆四十里的园子，如果杀死了园中的麋鹿，与杀人同罪，这方圆四十里的园子就成了百姓的陷阱。百姓认为园子太大了，不也是合情合理的吗？"

齐宣王问曰："交邻国有道乎？"

孟子对曰："有。惟仁者为能以大事小，是故汤事葛①，文王事昆夷②。惟智者为能以小事大，故大王③事獯鬻④，勾践事吴。以大事小者，乐天者也；以小事大者，畏天者也。乐天者保天下，畏天者保其国。《诗》云⑤：'畏天之威，于时保之。'"

王曰："大哉言矣！寡人有疾，寡人好勇。"

对曰："王请无好小勇。夫抚剑疾视曰：'彼恶敢当我哉！'此匹夫之勇，敌一人者也。王请大之！《诗》云⑥：'王赫斯怒，爰整其旅。以遏徂莒，以笃周祜⑦，以对于天下。'此文王之勇也。文王一怒而安天下之民。《书》曰⑧：'天降下民，作之君，作之师，惟曰其助上帝宠之，四方有罪无罪惟我在，天下曷敢有越厥志？'一人衡行⑨于天下，武王耻之。此武王之勇也。而武王亦一怒而安天下之民。今王亦一怒而安天下之民，民惟恐王之不好勇。"

【注释】

①葛：古国名，嬴姓。 ②昆夷：周朝时西戎国名。 ③大王：指周文王祖父周太王。 ④獯鬻：古时少数民族名。 ⑤《诗》云：此处引《诗经·周颂·我将》诗句。 ⑥《诗》云：此处引《诗经·大雅·皇矣》诗句。 ⑦祜：福。 ⑧《书》曰：此处引《尚书·泰誓》篇。

⑨衡行：横行。

【译文】

齐宣王问道："与邻国交往有什么原则和方法吗？"

孟子回答说："有。只有仁者才能以大国的地位去服事小国，所以商汤服事葛伯，文王服事昆夷。只有智者才能以小国的地位去服事大国，所以太王服事獯鬻，越王勾践服事吴王夫差。以大国的地位去服事小国，是乐天者；以小国的地位去服事大国，是畏天者。乐天者可以保天下，畏天者可以保邦国。《诗经》中说：'敬畏上天的威严，就可以保住平安。'"

齐宣王说："您这番话真是高见！我有毛病，喜好逞强斗勇。"

孟子说："请您不要喜好小勇。一个人手抚着宝剑，瞪着眼说：'你怎敢抵挡我！'这是匹夫之勇，只能战胜一个人。请您把眼光放得远大一点！《诗经》中说：'文王赫然发怒，于是整顿军队。阻止了侵略阮国的敌人，以笃周王朝的福祐，以答天下仰望之心。'这是文王的大勇。文王一发怒而使天下人得到安宁。《尚书》中说：'上天降生了百姓，又安排了君王，安排了师长，上天只是说，君王和师长是帮助上天来爱护百姓，四方之人无论有罪的、无罪的，都由我来负责，天下有谁敢超越本分？'殷纣王横行天下，武王以此为奇耻大辱而加以征伐，这是武王的大勇。武王也是一发怒而使天下人得到安宁。如果现在您也能一发怒而使天下人得到安宁，百姓还只怕您不喜好勇敢呢！"

齐宣王见孟子于雪宫[①]，王曰："贤者亦有此乐乎？"

孟子对曰："有。人不得，则非其上矣。不得而非其上者，非也；为民上而不与民同乐者，亦非也。乐民之乐者，民亦乐其乐；忧民之忧者，民亦忧其忧。乐以天下，忧以天下，然而不王者，未之有也。昔者齐景公[②]问于晏子[③]曰：'吾欲观于转附、朝儛[④]，遵海而南，放于琅玡[⑤]。吾修何而可以比于先王观也？'晏子对曰：'善哉问也！天子适诸侯曰巡狩。巡狩者，巡所守也。诸侯朝于天子曰述职。述职者，述所职也。无非事者。春省耕而补不足，秋省敛[⑥]而助不给。夏谚曰：'吾王不游，吾何以休？吾王不豫[⑦]，吾何以助？一游一豫，为诸侯度。'今也不然，师行而粮食，饥者弗食，劳者弗息。睊睊胥谗[⑧]，民乃作慝[⑨]。方命[⑩]虐民，饮食若流。流连荒亡，为诸侯忧。从流下而忘反谓之流，从流上而忘反谓之连，从兽无厌谓之荒，乐酒无厌谓之亡。先王无流连之乐，荒亡之行，惟君所行也。'景公说，大戒[⑪]于国，出舍于郊，于是始兴发补不足。召太师[12]曰：'为我作君臣相说[13]之乐！'盖《徵招》《角招》[14]是也。其诗曰：'畜君何尤[15]？'畜君者，好君也。"

【注释】

①雪宫：齐宣王的离宫。 ②齐景公：春秋时齐国国君，名杵臼。公元前547年—前490年在位。 ③晏子：晏婴，齐国大臣。 ④转附、朝儛：均为山名。 ⑤琅玡：齐国东南境内邑名。 ⑥敛：收获。 ⑦豫：出游。 ⑧睊睊胥谗：睊睊，侧目。胥，相。谗：毁谤。形容侧目相视，毁谤批评。 ⑨慝：怨恶。 ⑩方命：方，逆，违反。命，天命。 ⑪戒：告示。 ⑫太师：乐官。 ⑬说：悦。 ⑭《徵招》《角招》：乐有五声，三曰角，四曰徵。招，通"韶"，舜乐。 ⑮畜君何尤：畜，取悦。尤，过错。意谓"取悦君有何过错"？

【译文】

齐宣王在雪宫接见孟子，宣王问："贤人也有这样的快乐吗？"

孟子回答说："有。人们如果得不到（这样的快乐），就会埋怨君王。因为得不到而埋怨君王是不对的；但作为君王而不能与民同乐，也是不对的。以百姓的快乐为自己的快乐的人，百姓也会以他的快乐为自己的快乐；以百姓的忧愁为自己的忧愁的人，百姓也会以他的忧愁为自己的忧愁。以天下人之乐为乐，以天下人之忧为忧，这样的人不能为王，是从来没有的。过去，齐景公曾问晏子：'我想到转附、朝儛两座山上去巡视，沿着海岸向南走，一直走到琅邪。我怎样做才可以和古代圣王的巡视相比拟呢？'晏子回答说：'您问得太好了！天子到诸侯国去叫巡狩。巡狩，就是巡察各个诸侯所守的疆土。诸侯去朝见天子叫述职。述职，就是陈述报告自己所承担的职责。没有无事、无故而出行的。春天去视察耕作，给那些困难的农户以帮助，秋天去视察收获，给那些歉收的农户以补助。夏朝的谚语说：'我们的君王不来视察，我们怎能休生养息？我们的君王不来巡视，我们怎能得到帮助？君王的视察和巡游，是诸侯的法度。'现在却不是这样，出巡时兴师动众，耗费粮草，使饥饿的百姓得不到食物，劳作的人不能休息。百姓侧目而视，怨声载道，甚至开始为非作歹。这样违背天命去虐待百姓，没完没了地大吃大喝，流连荒亡，诸侯都为此而担忧。顺流而下忘记返回叫做'流'，逆流而上忘记返回叫做'连'，打猎不知厌倦叫做'荒'，过度饮酒不知满足叫做'亡'。古时候的圣贤君主没有流连荒亡的行为。怎样去做，就看您的行动了。'齐景公听后很高兴，先告示于全国，然后出宫殿来到郊外，发赈济给贫苦的百姓。齐景公又召见乐官，说：'为我创作君臣同乐的歌曲！'这就是《徵招》、《角招》。其歌唱道：'畜君有什么错？'所谓畜君，就是取悦于君王。"

齐宣王问曰："人皆谓我毁明堂[1]，毁诸？已乎？"

孟子对曰："夫明堂者，王者之堂也。王欲行王政，则勿毁之矣。"

王曰："王政可得闻与？"

对曰："昔者文王之治岐[2]也，耕者九一[3]，仕者世禄，关市讥而不征[4]，泽梁[5]不禁，罪人不孥[6]。老而无妻曰鳏，老而无夫曰寡，老而无子曰独，幼而无父曰孤。此四者，天下之穷民而无告者。文王发政施仁，必先斯四者。《诗》[7]云：'哿[8]矣富人，哀此茕[9]独。'"

王曰："善哉言乎！"

曰："王如善之，则何为不行？"

王曰："寡人有疾，寡人好货。"

对曰："昔者公刘[10]好货，《诗》云[11]：'乃积乃仓，乃裹糇粮[12]。于橐于囊[13]，思戢用光[14]。弓矢斯张[15]，干戈戚扬[16]，爰方启行[17]。'故居者有积仓，行者有裹粮也，然后可以爰方启行。王好货，与百姓同之，于王何有[18]？"

王曰："寡人有疾，寡人好色。"

对曰："昔者大王好色，爱厥妃。《诗》[19]云：'古公亶父[20]，来朝走马，率西水浒[21]，至于岐下[22]，爰及姜女[23]，聿来胥宇[24]。'当是时也，内无怨女，外无旷夫。王如好色，与百姓同之，于王何有？"

【注释】

①明堂：古代帝王宣明政教的地方。此处指泰山明堂，周天子东巡狩接受诸侯朝拜之处。因周天子不再巡狩，诸侯又不能使用，有人提议拆毁。 ②岐：古邑名。周族古公亶父因受戎狄威逼，自豳迁于岐山下周原。 ③九一：井田制，国家将每平方里土地按"井"字形划作九区，分配农民耕种；中一区为公田，余八区为私田，分授八家；公田由八家助耕，全部收获交公。 ④讥、征：讥，稽查。征，征税。 ⑤泽梁：在沼泽河流中拦水捕鱼的用具。 ⑥孥：妻子儿女。 ⑦《诗》云：此处引《诗经·小雅·正月》篇诗句。 ⑧哿：嘉、乐。 ⑨茕：孤独无依。 ⑩公刘：古代周族领袖。传为后稷曾孙。夏代末年率领周族迁到豳。 ⑪《诗》云：此处引《诗经·大雅·公刘》诗句。 ⑫糇粮：干粮。 ⑬橐、囊：盛放物品的器具，囊大橐小。 ⑭思戢用光：思，发语词，无意。戢（jí），和、安。光，光大、兴旺。 ⑮斯：语助词。张，备好。 ⑯干：盾。戚，斧。扬，又名钺，大斧。 ⑰爰：于是。方，开始。 ⑱何有：意为何难之有。 ⑲《诗》云：此处引《诗经·大雅·绵》诗句。 ⑳古公亶父：即周太王。 ㉑率西水浒：率，循、沿着。西，岐山在豳西。水浒，水边，即谓水旁边。 ㉒岐下：岐山之下。岐山在今陕西省岐山县东北。 ㉓姜女：姜姓女子，古公亶父之

妻，亦称太姜。 ㉔聿来胥宇：聿，发语词。胥，省视、视察。屋，屋宇。

【译文】

齐宣王问道："别人都建议我把明堂拆毁，（你说）是拆掉呢，还是不拆？"

孟子答道："所谓明堂，是有道德而能统一天下的王者的殿堂。您要实行王政，就不要拆毁它。"

宣王问："怎样去实行王政呢？可以讲给我听听吗？"

孟子回答："从前周文王治理岐周这个地方，对农民的税率是九分抽一；对做官的人给以世代承袭的俸禄；在关卡和集市上，只稽查而不征税；任何人到湖泊捕鱼也不加禁止；犯罪的人，刑罚只及于他本人，不牵连妻子儿女。老年而没有妻子的叫做鳏夫，老年而没有丈夫的叫做寡妇，没有儿女的老人叫做孤独者，死了父亲的儿童叫做孤儿。这四种人，是世上穷苦又没有依靠的人。周文王实行仁政，一定先保护这四种人。《诗经》上说：'有钱的富人是可以过得去的，只可怜这些孤苦伶仃的人。'"

宣王说："说得太好了！"

孟子说："您如果认为这话好，为什么不去实行呢？"

宣王说："我有毛病，我喜爱钱财。"

孟子答道："从前公刘也喜好财货，《诗经》上说：'露天堆积着粮囤，粮食装满仓，裹好的干粮装满了橐和囊，国家祥和又兴旺。箭上弦，弓开张，各种武器肩上扛，前进的队伍浩浩荡荡。'留在家里的人仓库里有粮食，行军的人有干粮，这才能带领军队前进。王如果喜爱钱财，能和百姓一同享用，那么实行王政还有什么困难呢？"

宣王又说："我还有个毛病，我喜好女色。"

孟子答道："从前周太王也喜好女色，非常疼爱他的妃子。《诗经》上说：'古公亶父第二天清早便骑着马，沿着西边的河岸来到岐山之下，还带着妻子姜氏女，来这里视察住处。'在周太王的时代，家家都没有嫁不出去的女孩，也没有找不到妻子的单身汉。您如果喜好女色，能让老百姓也一样，（使他们都能得到家庭的满足，）实行王政还有什么困难呢？"

孟子谓齐宣王曰："王之臣有托其妻子于其友而之楚游者，比[①]其反也，则冻馁其妻子，则如之何？"

王曰："弃之。"

曰："士师[2]不能治士，则如之何？"

王曰："已之。"

曰："四境之内不治，则如之何？"

王顾左右而言他。

【注释】

①比（bì）：及也，至也。 ②士师：古代的司法官。

【译文】

孟子对齐宣王说："如果您的一个臣子把他的妻子儿女托付给朋友照顾，自己游楚国去了。等他回来的时候，发现自己的妻子儿女正在挨饿受冻。对这样的朋友，该怎么办呢？"

宣王说："和他绝交。"

孟子又问："假如管刑罚的长官不能管理好他的下属，应该怎么办呢？"

宣王说："撤掉他！"

孟子又问："假若一个国家治理得很不好，那又该怎么办呢？"

宣王左右张望，把话题扯到别处去了。

孟子见齐宣王，曰："所谓故国者，非谓有乔木之谓也，有世臣之谓也。王无亲臣矣，昔者所进，今日不知其亡[1]也。"

王曰："吾何以识其不才而舍之？"

曰："国君进贤，如不得已，将使卑逾尊，疏逾戚，可不慎与？左右皆曰贤，未可也；诸大夫皆曰贤，未可也；国人皆曰贤，然后察之；见贤焉，然后用之。左右皆曰不可，勿听；诸大夫皆曰不可，勿听；国人皆曰不可，然后察之；见不可焉，然后去之。左右皆曰可杀，勿听；诸大夫皆曰可杀，勿听；国人皆曰可杀，然后察之；见可杀焉，然后杀之。故曰，国人杀之也。如此，然后可以为民父母。"

【注释】

①亡：指去位、离去。

【译文】

孟子拜见齐宣王，说："我们平时所说的'故国'，并不是说那个国家有高大的树木的意思，而是那个国家有世代建立功业的老臣的意思。您现在没有可以信赖的大臣了，过去所进用的人，现在都罢免了。"

宣王问："怎样才能识别那些缺乏才能的人而不用他们呢？"

孟子答道："国君进用贤能的人，如果迫不得已的话，就会使原来的卑贱者超过尊贵者，原来的疏远者超过亲近者，对这种事能不慎重吗？左右亲近的人都说某人好，不可轻信；诸位大夫都说某人好，不可轻信；国中的人都说某人好，然后再考察他，发现他真有才干，然后再任用他。左右亲近的人都说某人不好，不要轻信；诸位大夫都说某人不好，也不可轻信；国中的人都说某人不好，然后观察他，发现他真的不好，然后再罢免他。左右亲近的人都说某人该杀，不要听信；诸位大夫都说某人该杀，也不要听信；国中的人都说某人该杀，然后审察他，发现他真的该杀，然后再杀他。所以说，这是国中人杀的。这样，才能做百姓的父母。"

齐宣王问曰："汤放桀，武王伐纣，有诸？"

孟子对曰："于传[①]有之。"

曰："臣弑[②]其君，可乎？"

曰："贼'仁'者，谓之'贼'；贼'义'者，谓之'残'；残贼之人，谓之一夫[③]。闻诛一夫纣矣，未闻弑君也。"

【注释】

①传：传记。　②弑：以下犯上，如子弑父，臣弑君。　③一夫：即独夫，失去了百姓大众，成为孤独者的意思。

【译文】

齐宣王问道："商汤流放夏桀，武王讨伐殷纣，有这回事吗？"

孟子答道："史书中有这样的记载。"

宣王问："作为臣子而杀掉他的君主，可以吗？"

孟子说："破坏'仁'的人叫做'贼'；践踏'义'的人叫做'残'；这类人又叫做'独夫'。我只听说周武王诛杀了独夫殷纣，没有听说过他是以臣弑君的。”

孟子见齐宣王，曰：“为巨室[①]，则必使工师求大木。工师得大木，则王喜，以为能胜其任也。匠人斫[②]而小之，则王怒，以为不胜其任矣。夫人幼而学之，壮而欲行之，王曰：‘姑舍女所学而从我。’则何如？今有璞玉[③]于此，虽万镒[④]，必使玉人雕琢之。至于治国家，则曰：‘姑舍女所学而从我。’则何以异于教玉人雕琢玉哉？”

【注释】

①室：《吕氏春秋·骄恣篇》：“齐宣王为大室，大益百亩，堂上三百户。以齐之大，具之三年而未能成。”孟子的话，是用事实来作比喻。 ②斫：砍削。 ③璞玉：玉在石中者。 ④镒：重量单位，20两为一镒。

【译文】

孟子谒见齐宣王，说：“盖一所巨大的宫室，一定要工匠去寻找巨大的木料。工匠找到了巨大的木料，于是王就高兴，认为他能够胜任建造大宫室的任务。如果木工把那木料砍小了，于是王就发怒，认为他不能胜任这项任务。一个人，从小就学习一门专业，长大了便想运用实行。可是，王却说：‘放弃你所学的专业，听从我的话。’结果会怎样呢？假如王有一块未经雕琢的璞玉，虽然它价值很高，也要请玉匠来雕琢它。可是一说到治理国家，您却（对政治家）说：‘放弃你所学的专业，听从我的话吧！’（在这件事上）为什么和叫玉匠雕琢璞玉不一样呢？”

齐人伐燕，胜之。宣王问曰：“或谓寡人勿取，或谓寡人取之。以万乘之国伐万乘之国，五旬而举之，人力不至于此。不取，必有天殃。取之，何如？”

孟子对曰：“取之而燕民悦，则取之。古之人有行之者，武王是也。取之而燕民不悦，则勿取。古之人有行之者，文王是也。以万乘之国伐万乘之国，箪食壶浆[①]以迎王师，岂有他哉？避水火也。如水益深，如火益热，亦运[②]而已矣。”

【注释】

①箪食壶浆：箪（dān）：盛饭的竹筐。食（shì）：饭。浆：用米熬成的酸汁，用以代酒。 ②运：转。民心转移的意思。

【译文】

齐国攻打燕国，大获全胜。齐宣王问道："有人劝我不要兼并燕国，也有人劝我兼并它。以万乘兵车的大国攻打万乘兵车的大国，只用五十天就打下来了，靠人力是做不到的，（一定是天意如此。）如果我不兼并燕国，上天会降下灾难来，兼并它，怎么样？"

孟子回答说："如果兼并燕国而它的百姓很高兴，就兼并它。古人有这样做的，周武王就是这样。如果兼并燕国而它的百姓不高兴，那就不兼并。古人有这样做的，周文王就是这样。以万乘兵车的大国攻打万乘兵车的大国，燕国的百姓用筐盛饭，用壶盛酒来欢迎您的军队，难道会有别的意思吗？不过是为了逃避水深火热的苦日子罢了。如果水深火热的苦日子有增无减，百姓就会转而希望别人来解救他们。"

齐人伐燕，取之。诸侯将谋救燕。宣王曰："诸侯多谋伐寡人者，何以待之？"

孟子对曰："臣闻七十里为政于天下者，汤是也。未闻以千里畏人者也。《书》曰：'汤一征，自葛始[①]。'天下信之，东面而征，西夷怨；南面而征，北狄怨，曰：'奚为我后？'民望之，若大旱之望云霓也。归市者不止，耕者不变，诛其君而吊[②]其民，若时雨降，民大悦。《书》曰：'徯我后[③]，后来其苏[④]。'今燕虐其民，王往而征之，民以为将拯己于水火之中也，箪食壶浆以迎王师。若杀其父兄，系累[⑤]其子弟，毁其宗庙，迁其重器[⑥]，如之何其可也？天下固畏齐之强也，今又倍地而不实行仁政，是动天下之兵也。王速出令，反其旄倪[⑦]，止其重器，谋于燕众，置君而后去之，则犹可及止也。"

【注释】

①汤一征，自葛始：为《尚书》逸文。 ②吊：安抚，慰问。 ③徯（xī）我后：徯，等待。后：君王。 ④苏：更生、复活。 ⑤系累：束缚、捆绑。 ⑥重器：国家的宝器，有权力象征的意义。 ⑦旄倪（máo ní）：旄，同耄，八九十岁的老人。倪，小孩子。

【译文】

齐国攻打燕国，兼并了它。别的诸侯国谋划救助燕国。齐宣王问道："很多诸侯国正在谋划着攻打我，该怎样对付呢？"

孟子回答说："我听说，有凭借着方圆七十里的国土来统一天下的，商汤就是一个例子。我却没有听说过有方圆千里的国土还害怕别国的。《尚书》上说：'商汤征战，从葛国开始。'天下人都信从商汤，向东方进军，西方的夷人便抱怨；向南方进军，北方的狄人便抱怨，人们都说：'为什么把我们放到后面呢？'人们盼望商汤，正像大旱时盼望乌云一样。（在商汤征战时，）商贩照常往来做买卖，农民照常耕田劳作。商汤诛杀暴虐的国君，安抚百姓，就像是大旱时的及时雨，百姓非常高兴。《尚书》上说：'等待我们的君王，他的到来使我们复苏。'如今燕国的君主虐待他的百姓，您去征伐他，那里的百姓都认为是要把自己从水深火热的苦难中拯救出来，因此都用筐盛着饭，用壶盛着酒，来迎接您的军队。假如您杀害他们的父兄，掳掠他们的子弟，毁掉他们的宗庙，搬走他们国家的宝器，这怎么可以呢？天下各国本来就害怕齐国的强大，现在齐国的土地扩大了一倍，却又不实行仁政，这就会招致各国动用武力来干涉。您赶快发布命令，送回燕国被俘的老老少少，停止搬运燕国的宝器，与燕国的人士协商，择立一位燕王，然后从燕国撤军，这样做，还来得及使各国停止兴兵动武。"

邹与鲁哄①，穆公②问曰："吾有司③死者三十三人，而民莫之死④也。诛之，则不可胜诛；不诛，则疾视其长上之死而不救，如之何则可也？"

孟子对曰："凶年饥岁，君之民老弱转⑤乎沟壑，壮者散而之四方者，几⑥千人矣；而君之仓廪实，府库充，有司莫以告，是上慢而残下也。曾子⑦曰：'戒之戒之！出乎尔者，反乎尔者也。'夫民今而后得反之也。君无尤⑧焉！君行仁政，斯民亲其上，死其长矣。"

【注释】

①哄（hòng）：交战。 ②穆公：指邹穆公。 ③有司：有关的官吏。 ④莫之死：即"莫死之"的倒装，意为"没有人为他们而牺牲"。 ⑤转："弃尸"的意思。 ⑥几：几乎。 ⑦曾子：孔子弟子曾参。 ⑧尤：责备、归罪。

【译文】

邹国同鲁国发生了冲突。邹穆公问孟子："这次冲突，我的官吏死了三十三人，而老百姓却没有一个为他们死难的。杀了他们吧，杀不了那么多；不杀吧，他们眼看着长官被杀却不去营救，实在可恨。怎么办才好呢？"

孟子答道："灾荒的年成，您的百姓，年老体弱的弃尸于山沟野地，年轻力壮的四处逃荒，差不多有上千人；而您的谷仓里堆满了粮食，库房中充满了财宝，这种情况，您的官吏谁也不来报告，这是对上级的怠慢及对百姓的残害。曾子说过：‘警惕啊，警惕！你怎样对待别人，别人怎样回报你。’现在老百姓正是得到了回报的机会。您不要责备他们。您如果实行仁政，您的百姓自然就会热爱他们的上级，情愿为他们的上级去牺牲了。”

滕文公问曰：“滕[①]，小国也，间于齐、楚。事齐乎？事楚乎？”

孟子对曰：“是谋非吾所能及也。无已，则有一焉：凿斯池也，筑斯城也，与民守之，效[②]死而民弗去，则是可为也。”

【注释】

①滕：周朝的一个弱小诸侯国，始祖为周文王之子错叔绣，故城在今山东滕县西南。②效：献、致。

【译文】

滕文公问道：“滕国是一个弱小的国家，处在齐国和楚国之间。是服事齐国呢？还是服事楚国？”

孟子回答说：“这个问题不是我的能力所能解决的。非说不可的话，那就只有一个主意：把护城河挖深，把城墙加固，和百姓一起来保卫它，宁肯献出生命，百姓都不会退却，那还能有些作为。”

滕文公问曰：“齐人将筑薛[①]，吾甚恐，如之何则可？”

孟子对曰：“昔者大王居邠[②]，狄人侵之，去之岐山之下居焉。非择而取之，不得已也。苟为善，后世子孙必有王者矣。君子创业垂统，为可继也。若夫[③]成功，则天也。君如彼何哉？强[④]为善已矣。”

【注释】

①薛：周朝初年的一个小国，近滕，齐取其地而城之。 ②邠：在今陕西旬县西。 ③若夫：表示转折的连词，相当“至于”。 ④强：勉强、尽量。

【译文】

滕文公问道：“齐国人准备薛地的城池防卫，我很害怕，怎么办才好？”

孟子回答说：“过去周太王居于邠地，狄人来侵犯，他们便搬到岐山之下去居住。这并不是周太王的选择而决定的，是不得已而为之。如果实行善政，后代子孙中一定有成为君王的。有德君子建功立业传给子孙，正是为了能够一代一代的传承下去。至于能不能成功，就要靠天命了。您怎样去对待齐国人呢？只有努力实行善政罢了。”

滕文公问曰：“滕，小国也，竭力以事大国，则不得免焉。如之何则可？”

孟子对曰：“昔者大王居邠，狄人侵之。事之以皮币[①]，不得免焉；事之以犬马，不得免焉；事之以珠玉，不得免焉。乃属[②]其耆老[③]而告之曰：‘狄人之所欲者，吾土地也。吾闻之也：君子不以其所以养人者害人。二三子何患乎无君？我将去之。’去邠，逾梁山[④]，邑于岐山之下居焉。邠人曰：‘仁人也，不可失也。’如之者如归市。”

“或曰：‘世守也，非身[⑤]之所能为也，效死勿去。’”

“君请择于斯二者。”

【注释】

①皮币：指裘皮和缯帛。 ②属：召集、集合之意。 ③耆（qí）老：此指有威望的老年人。古时有“六十曰耆，七十曰老”的说法。 ④梁山：在今陕西乾县西北五里。 ⑤身：本人之意。

【译文】

滕文公问道：“滕国是一个小国，尽心竭力地服事大国，仍然难免于灾祸，该怎么办才好呢？”

孟子回答说：“古时候周太王居住在邠地，狄人来侵犯，太王贡奉出裘皮和丝绸，狄人没有停止侵犯；又贡奉出名优犬马，狄人也没有停止侵犯；又贡奉出珍宝，狄人还是没有停止侵犯。太王便招集当地的长老，对他们说：‘狄人所要的是我们的土地。（土地只是养人之物，）我听说过：有道德的君子不能为养人之物反而使人遭到祸害。你们何必害怕没有君主呢？我将要离开这里，’（免得你们受害。）于是离开了邠地，越过梁山，在岐山之下重新建立城邑居住下来。邠地的百姓说：‘这是一位有仁德的人，我们不能失去他。’追随而去的人像赶集一样络绎不绝。”

“也有人说：‘这是祖宗传下来的基业，并不是自身可以自由选择的，宁可献出生命，也不能离开。’”

“以上两条路，您可以选择其中任何一条。”

鲁平公将出，嬖人[①]臧仓者请曰："他日君出，则必命有司所之。今乘舆已驾矣，有司未知所之，敢[②]请。"

公曰："将见孟子。"

曰："何哉，君所谓轻身以先于匹夫者？以为贤乎？礼义由贤者出，而孟子之后丧逾前丧[③]。君无见焉！"

公曰："诺。"

乐正子入见，曰："君奚为不见孟轲也？"

曰："或告寡人曰：'孟子之后丧逾前丧。'是以不往见也。"

曰："何哉，君所谓逾者？前以士，后以大夫[④]；前以三鼎，而后以五鼎[⑤]与？"

曰："否。谓棺椁衣衾[⑥]之美也。"

曰："非所逾也，贫富不同也。"

乐正子见孟子，曰："克[⑦]告于君，君未来见也。嬖人有臧仓者沮君，君是以不果来也。"

曰："行，或使之；止，或尼[⑧]之。行止，非人所能也。吾之不遇鲁侯，天也。臧氏之子焉能使予不遇哉？"

【注释】

①嬖人：嬖幸之人，受君王宠幸的人，指妻妾，也指小臣，此为后者。 ②敢：表敬副词。
③后丧逾前丧：后丧指母丧，前丧指父丧。 ④前以士，后以大夫：以士之礼办父亲的丧葬，以大夫之礼办理母亲的丧葬。 ⑤前以三鼎，而后以五鼎：鼎是一种古代的器皿，大小不一，用途也有所不同。此三鼎、五鼎仍是士之礼和大夫之礼的区别。 ⑥棺椁衣衾：均为丧葬用品。椁，外椁。衣衾，装殓的衣被。 ⑦克：乐正子名克。 ⑧尼：阻止。

【译文】

鲁平公准备外出，宠幸的小臣臧仓请示道："平日您外出，一定要把去的地点告知管事的人。现在车马都已准备好了，管事的人还不知道您要到哪里去，因此来请示。"

平公说："我要去拜访孟子。"

臧仓说："您为什么屈尊去拜访一个普通的人呢？您认为孟子是贤德的人吗？贤德的人的行为应该合乎礼义，而孟子后来为母亲办丧事的隆重，超过了以前为他父亲办丧事。这能算贤德吗？您不要去见他！"

平公说："好吧。"

乐正子去见平公，问道："您为什么不去见孟轲呢？"

平公说："有人告诉我：'孟子办母亲的丧事，大大超过以前办他父亲的丧事'，所以不去看他了。"

乐正子问："您所说的超过，是什么意思？是办父亲的丧事用士之礼，办母亲的丧事用大夫之礼吗？还是前用三鼎之礼，后用五鼎之礼？"

平公说："不是，是指棺椁衣衾的精美。"

乐正子说："这不能叫'超过'，这只是前后贫富不同罢了。"

乐正子去见孟子，说："我同平公讲了，他打算来看您。可是有一个宠幸的小臣叫臧仓的阻止了他，他因此不来了。"

孟子说："做一件事，行，也许有一种力量的指使；不去做一件事，止，也许有一种力量在阻止。'行'与'止'，不是单凭人力所能做到的。我不能和鲁侯相见，是由于天命。那个姓臧的小子怎能使我不和鲁侯相见呢？"

公孙丑上

公孙丑[①]问曰："夫子当路[②]于齐，管仲、晏子[③]之功，可复许[④]乎？"

孟子曰："子诚齐人也，知管仲、晏子而已矣。或问乎曾西[⑤]曰：'吾子[⑥]与子路[⑦]孰贤？'曾西蹵[⑧]然曰：'吾先子[⑨]之所畏也。'曰：'然则吾子与管仲孰贤？'曾西艴然[⑩]不悦，曰：'尔何曾比予于管仲？管仲得君如彼其专也，行乎国政如彼其久也，功烈如彼其卑也。尔何曾比予于是？'"曰[⑪]："管仲，曾西之所不为也，而子为[⑫]我愿之乎？"

曰："管仲以其君霸，晏子以其君显。管仲、晏子犹不足为与？"

曰："以齐王，由[⑬]反手也。"

曰："若是，则弟子之惑滋甚。且以文王之德，百年而后崩[⑭]，犹未洽于天下；武王、周公[⑮]继之，然后大行。今言王若易然，则文王不足法与？"

曰："文王何可当[⑯]也？由汤至于武丁，贤圣之君六七作[⑯]，天下归殷久矣，久则难变也。武丁朝诸侯，有天下，犹运之掌也。纣之去武丁未久也，其故家遗俗，流风善政，犹有存者；又有微子、微仲、王子比干、箕子、膠鬲[⑰]——皆贤人也——相与[⑱]辅相之，故久而后失之也。尺地，莫非其有也；一民，莫非其臣也。然而文王犹方百里起，是以难也。齐人有言曰：'虽有智慧，不如乘势；虽有镃基[⑲]，不如待时。'今时则易然也：夏后、殷、周之盛，地未有过千里者也，而齐有其地矣；鸡鸣狗吠相闻，而达乎四境，而齐有其民矣。地不改辟矣，民不改聚矣，行仁政而王，莫之能御也。且王者之不作，未有疏于此时者也；民之憔悴于虐政，未有甚于此时者也。饥者易为食，渴者易为饮。孔子曰：'德之流行，速于置邮而传命⑳。'当今之时，万乘之国行仁政，民之悦之，犹解倒悬也。故事半古之人，功必倍之，惟此时为然。"

【注释】

①公孙丑：孟子弟子，齐国人。 ②当路：当政、当权。 ③管仲、晏子：管仲，齐桓公之相；晏子，齐景公之相。《史记》有《管晏列传》。 ④许：兴。 ⑤曾西：曾参之子，名申，字子西。 ⑥吾子：亲密的对称敬辞。 ⑦子路：孔子弟子，即仲由。 ⑧蹵然：不安的样子。 ⑨先子：古人用以称呼已去世的长辈。此指曾西的父亲曾参。 ⑩艴（fú）然：恼怒的样子。 ⑪曰：仍是孟子所说，表示孟子说话时有停顿。 ⑫为：同谓。 ⑬由：同犹。 ⑭百年而后崩：古代传说"文王九十七乃崩。" ⑮周公：姬旦，文王之子，武王之弟，辅助武王伐纣，统一天下；又辅助成王定乱，安定天下。 ⑯当：对等、相称。 ⑰微子、微仲、王子比干、箕子、膠鬲（gé）：微子，名启，纣的庶兄。微仲，微子之弟，名衍。王子比干，纣的叔父，被纣所杀。箕子，也是纣的叔父，被纣所囚禁。膠鬲，纣的大臣。 ⑱相与：共同。 ⑲镃基：锄头。 ⑳置邮而传命。置、邮，相当于后代的驿站传递。命，国家政令。

【译文】

公孙丑问道："您如果在齐国当权，管仲、晏子的功业可以复兴吗?"

孟子说："你真是一个齐国人，只知道管仲、晏子。曾经有人问曾西：'你和子路相比，谁更贤德?'曾西不安地说：'他是我父亲所敬畏的人，（我哪能和他相比?）'那人又问：'那么你与管仲相比，谁更贤德?'曾西听了很不高兴，说：'你怎么竟拿我跟管仲相比？管仲得到君王的信任是那样专一，行使国家政权是那样长久，而功绩却是那样卑小。你为什么拿我跟他相比?'"停了一会儿，孟子又说："管仲是曾西都不愿跟他相比的人，你以为我愿意跟他相比吗?"

公孙丑说："管仲辅佐齐桓公使他称霸诸侯，晏子辅佐齐景公使他名扬诸侯。管仲、晏子难道不值得学习吗?"

孟子说："以齐国来统一天下，易如反掌。"

公孙丑说："如果是这样，我就更不明白了。像周文王那样的德行，而且活了一百岁，仍未能统一天下；周武王、周公旦继承了他的事业，德政大行，然后才统一天下。如今您把统一天下说得那么容易，那么连周文王也不值得效法吗?”

孟子说:“怎能同周文王相比较呢?从商汤到武丁,贤明的君主有六七位,天下的人归服商朝已经很久了,时间长了便难于改变。武丁时代,诸侯来朝,治理天下好像是运物于手掌之中。纣王的时代距武丁并不远,当时的忠臣世家、善良习俗、先民遗风、仁惠政教,有些仍流传于世。再加上又有微子、微仲、王子比干、箕子、膠鬲等宗亲大臣——他们都是贤德之人——共同辅佐殷王室,所以经历了很长时间才亡国。当时没有一尺土地不归殷朝所有,没有一个百姓不是殷朝的臣民。然而周文王还能凭借方圆百里的小国以创立丰功伟业,所以是很困难的。齐国有句话:‘虽然有聪明,还得趁形势;虽然有锄头,还得等待季节。’现在的时势要实行王政就容易多了:在夏、商、周最兴盛的时代,也没有方圆超过千里的诸侯国,而现在的齐国却有这样广大的土地。鸡鸣狗叫之声,在齐国四境之内处处相闻,(人烟如此稠密,)齐国有这么多的百姓。国土不用再开拓,百姓不用再增加,只要实行仁政来统一天下,没有人能阻止得了。而且统一天下的圣贤君王未出现,从来没有像这样长久过;百姓在暴政下痛苦生活,从来没有比现在更严重的。饥饿的人不苛择食物,口渴的人不苛择饮料。孔子说过:‘德政的流行,比驿站送达政令还要迅速。’现在这个时候,拥有万辆兵车的大国要实行仁政,老百姓的高兴,就好像被人倒挂着而给解放了一般。所以只用古人一半的力气,却能得到一倍的效果,只有在这个时代才行。”

公孙丑问曰:“夫子加[①]齐之卿相,得行道焉,虽由此霸王,不异[②]矣。如此,则动心否乎?”

孟子曰:“否。我四十不动心。”

曰:“若是,则夫子过孟贲[③]远矣。”

曰:“是不难。告子[④]先我不动心。”

曰:“不动心有道乎?”

曰:“有。北宫黝[⑤]之养勇也:不肤桡[⑥],不目逃,思以一豪挫于人,若挞之于市朝[⑦];不受于褐宽博[⑧],亦不受于万乘之君;视刺万乘之君,若刺褐夫;无严[⑨]诸侯,恶声至,必反之。孟施舍[⑩]之所养勇也,曰:‘视不胜犹胜也。量敌而后进,虑胜而后会[⑪],是畏三军者也。舍岂能为必胜哉?能无惧而已矣。’孟施舍似曾子,北宫黝似子夏[⑫]。夫二子之勇,未知其孰贤,然而孟施舍守约也。昔者曾子谓子襄[⑬]曰:‘子好勇乎?吾尝闻大勇于夫子[⑭]矣:自反而不缩[⑮],

虽褐宽博，吾不惴[16]焉；自反而缩，虽千万人，吾往矣。’孟施舍之守气，又不如曾子之守约也。”

曰：“敢问夫子之不动心与告子之不动心，可得闻与？”

“告子曰：‘不得与言[17]，勿求于心[18]；不得于心，勿求于气[19]。’不得于心，勿求于气，可；不得于言，勿求于心，不可。夫志，气之帅也；气，体之充也。夫至至焉，气次焉；故曰：‘持[20]其志，无暴[21]其气。”

“既曰‘志至焉，气次焉’，又曰‘持其志，无暴其气’者，何也？”

曰：“志壹[22]则动气，气壹则动志也。今夫蹶者、趋者，是气也，而反动其心。”

“敢问夫子恶乎长？”

曰：“我知言，我善养吾浩然[23]之气。”

“敢问何为浩然之气？”

曰：“难言也。其为气也，至大至刚，以直养而无害，则塞于天地之间。其为气也，配义与道；无是，馁也。是集义[24]所生者，非义袭而取之也。行有不慊于心，则馁矣。我故曰，告子未尝知义，以其外之也。必有事焉，而勿正[25]，心勿忘，勿助长也。无若宋人然：宋人有闵[26]其苗之不长而揠之者，芒芒然[27]归，谓其人[28]曰：‘今日病[29]矣！予助苗长矣！’其子趋而往视之，苗则槁矣。天下之不助苗长者寡矣。以为无益而舍之者，不耘苗者也；助之长者，揠苗者也——非徒无益，而又害之。”

“何谓知言？”

曰：“诐辞[30]知其所蔽，淫辞知其所陷，邪辞知其所离[31]，遁辞知其所穷[32]——生于其心，害于其政；发于其政，害于其事。圣人复起，必从吾言矣。”

“宰我[33]、子贡[34]善为说辞，冉牛[35]、闵子[36]、颜渊[37]善言德行。孔子兼之，曰：‘我于辞命，则不能也。’然则夫子既圣矣乎？”

曰：“恶[38]！是何言也？昔者子贡问于孔子曰：‘夫子圣矣乎？’孔子曰：‘圣则吾不能，我学不厌而教不倦也。’子贡曰：‘学不厌，智也；教不倦，仁也。仁且智，夫子既圣矣。’夫圣，孔子不居，是何言也？”

“昔者窃[39]闻之：子夏、子游[40]、子张[41]皆有圣人之一体，冉牛、闵子、颜渊则具体而微，敢问所安。”

曰：“姑舍是[42]。”

曰：“伯夷[43]、伊尹[44]何如？”

曰："不同道。非其君不事，非其民不使；治则进，乱则退，伯夷也。何事非君，何使非民；治亦进，乱亦进，伊尹也。可以仕则仕，可以止则止[45]，可以久则久，可以速则速，孔子也。皆古圣人也，吾未能有行焉；乃所愿，则学孔子也。"

"伯夷、伊尹于孔了，若是班[46]乎？"

曰："否。自有生民以来，未有孔子也。"

曰："然则有同与？"

曰："有。得百里之地而君之，皆能以朝诸侯，有天下。行一不义，杀一不辜，而得天下，皆不为也。是则同。"

曰："敢问其所以异？"

曰："宰我、子贡、有若[47]，智足以知圣人，污不至阿其所好。宰我曰：'以予观于夫子，贤于尧、舜远矣。'子贡曰：'见其[48]礼而知其政，闻其乐而知其德。由百世之后，等[49]百世之王，莫之能违也。自生民以来，未有夫子也。'有若曰：'岂惟民哉？麒麟之于走兽，凤凰之于飞鸟，太山之于丘垤[50]，河海之于行潦[51]，类也。圣人之于民，亦类也。出于其类，拔乎其萃，自生民以来，未有盛孔子也。"

【注释】

①加：居。 ②异：奇异。 ③孟贲：古代勇士。 ④告子：事迹不可详考，曾于孟子辩论。 ⑤北宫黝（yǒu）：其人已不可考。 ⑤桡（náo）：却，退。 ⑦市朝：此指集市。 ⑧褐宽博：古代所谓贱者之服。 ⑨严：畏惧。 ⑩孟施舍：孟施为复姓，其人已不可考。 ⑪会：会合交锋。 ⑫子夏：孔子弟子子商。 ⑬子襄：曾子的弟子。 ⑭夫子：指孔子。 ⑮缩：此为"曲直"之"直"。 ⑯惴：惊惧。 ⑰不得与言：意为人家能服我口却未能服我心。 ⑱勿求于心：不要在思想上找原因。 ⑲气：意气。 ⑳持：守。 ㉑暴：乱。 ㉒壹：专一。 ㉓浩然：盛大、流行。 ㉔集义：正义的积累。下句"义袭"是指偶然的正义行为。 ㉕正：定，此指一定的目的。 ㉖闵：忧，担心。 ㉗芒芒然：疲惫的样子。 ㉘其人：家人。 ㉙病：疲倦。 ㉚诐（bì）辞：偏颇之辞。 ㉛离：离于正则为邪，故称"邪辞知其所离"。 ㉜穷：理有所穷而后辞遁。 ㉝宰我：孔子的学生宰予。 ㉞子贡：孔子的学生端木赐。 ㉟冉牛：孔子的学生冉耕，字伯牛。 ㊱闵子：孔子的学生闵损，字子骞。 ㊲颜渊：孔子的学生颜回，字子渊。 ㊳恶：叹词，表示惊讶。 ㊴窃：表示自谦。 ㊵子游：孔子的学生言偃。 ㊶子张：孔子的学生颛孙师。 ㊷姑舍是：此句可理解为"暂且不谈这个"。 ㊸伯夷：商朝孤竹君的长子，与其弟叔齐互相让位，终于逃去。周武王灭商后，两人不食周粟，饿死于首阳山。 ㊹伊尹：商汤的大臣。 ㊺止：此与"仕"相对。 ㊻班：同等。 ㊼有若：孔子的学生，鲁人。 ㊽其：指孔子。 ㊾等：比较。 ㊿丘垤（dié）：小土

堆。 ㊿行潦（lǎo）：浅水洼。

【译文】

公孙丑问道："老师若做了齐国的卿相，能够实行仁义之道，由此可以成就王霸的业绩，也是不足为奇的。如果这样，您是否有所心动呢？"

孟子说："不。我从四十岁以后就不再动心了。"

公孙丑说："这么看来，老师比孟贲强多了。"

孟子说："这并不难。告子能够不动心比我还早呢。"

公孙丑问："做到不动心有方法吗？"

孟子说："有。北宫黝是培养勇气：肌肤被刺，毫不退缩；眼睛被戳，不眨一眨。他认为在一丝一毫之处受挫于别人，就像在大庭广众之下受到鞭打一样；既不能忍受普通百姓的侮辱，也不能忍受大国君主的侮辱。把刺杀大国君主看得如同刺杀普通百姓一样。对诸侯君主毫不畏惧，若是挨了骂一定要回去。孟施舍培养勇气的方法又不同，他说：'我对待不能战胜的敌人，跟对待足以战胜的敌人一样。如果先估量敌人的力量再前进，先考虑胜败再交锋，这种人若遇到众多的敌人一定会害怕。我怎能一定打胜仗呢？只不过是无所畏惧罢了！'孟施舍养勇像曾子，北宫黝的养勇像子夏。这两个人的勇气，我也不知道谁更好一些。但是孟施舍的方法比较可行。从前曾子对子襄说：'你喜欢勇敢吗？我曾经从老师那里听到过关于大勇的理论：反躬自问，自己理亏，纵然对方是卑贱的人，我不去恐吓他；反躬自问，正义在我，对方纵有千军万马，我也勇往直前。'孟施舍的养勇只是保持一股无所畏惧的盛气，不如曾子养勇所遵循的原则。"

公孙丑说："我大胆地问问您：老师的不动心和告子的不动心，可以告诉我吗？"

孟子说："告子说：'假如不能在言语上得胜，便不必去求助于思想；假如不能在思想上得胜，便不必求助于意气。'（我认为：）不能在思想上得胜，便不必求助于意气，是对的；不能在言语上得胜，便不必求助于思想，是不对的。思想是意气的主帅，意气感情是充满体内的力量，思想意志到了哪里，意气感情也就在哪里表现出来。所以说：'要坚定自己的思想意志，也不要滥用意气感情。'"

公孙丑说："您既然说'思想意志到了哪里，意气感情也就在哪里表现出来，'您又说'要坚定自己的思想意志，又不要滥用意气感情。'这是什么道理呢？”

孟子说：“（它们之间是相互影响的。）思想意志专注于某一处，意气感情就会跟着转移，意气感情若是专注于某一处，思想意志也会受到影响。例如奔跑和跌倒，这只是气的作用，结果又反过来影响到思想。”

公孙丑问：“请问老师的长处在什么地方？”

孟子说：“我能知道别人言语的得失，也善于培养我的浩然之气。”

公孙丑问：“请问什么叫浩然之气？”

孟子说：“这很难说清楚。浩然之气是一种最伟大、最刚强的气，用正义去培养它，不要加以伤害，就会充满于天地之间，无所不在。这种气，要与道和义相配合，不这样就毫无力量。浩然之气，是正义的不断积累而产生的，并不是靠偶然的正义行为就能得到的。做了有愧的事，浩然之气就减弱了。所以我说，告子并不懂得什么是义，他们把义看成是外在的东西。（义是内心之物，）一定要培养它，但又不能有特定的目的；心中要常想到它，但又不能人为地帮助它生长。不能像那个宋国人那样：宋国有一个担心禾苗长不快而去把它拔高的人，十分疲倦地回家，对家里人说：‘今天累坏了！我帮助禾苗长高了！’他儿子赶快跑去一看，禾苗都枯槁了。其实天下不拔苗助长的人是很少的。认为培养工作没有益处而舍弃不干的人，就好比种庄稼不锄草的懒汉；为了帮助生长而去拔苗的人，不但没有好处，反而会伤害禾苗。”

公孙丑问：“怎样才是善于分析别人的言论的得失？”

孟子说：“对偏颇的言论，知道它片面性之所在；对过分的言论，知道它沉溺之处；对不合正道的言论，知道它偏离正道的原因；对躲闪的言论，知道它理屈之所在。这些言论从心中产生，就会在政治上造成危害；如果在政治中实行，就会危害具体的工作。如果圣人再度出现，也一定会认为我这些话是对的。”

公孙丑说：“宰我、子贡善于言辞，冉牛、闵子、颜渊善于阐述道德。孔子则兼有两个方面的长处，但他还说：‘我对于言辞不太擅长。’而老师您，（在言辞和道德两方面都擅长，）您已经是圣人了吧？”

孟子说：“哎！这是什么话！从前子贡问孔子说：‘老师已经是圣人了吗？’孔子说：‘圣人，我做不到。我不过是学习不知满足，教育人不知疲劳罢了。’子贡说：‘学习不知满足，这是智；教育人不知疲劳，这是仁。既仁又智，老师已经是圣人了。’圣人，连孔子都不敢自居，（你却这样评论我，）这是什么话！”

公孙丑说："我从前听说过，子夏、子游、子张都具备圣人的一部分长处；冉牛、闵子、颜渊大体近于圣人，只是不够完备精深。请问老师您自认为处于一种什么地位？"

孟子说："暂且不谈这个。"

公孙丑问："伯夷和伊尹怎么样？"

孟子答道："也不相同。不是他心目中理想的君主，他不去服事；不是属于自己的百姓，他不去使唤；天下太平就出来做官，天下昏乱就退而隐居，这是伯夷的做法。任何君主都可以去服事，任何百姓都可以去使唤；太平也做官，不太平也做官，这是伊尹的做法。应该做官就做官，应该辞职就辞职，应该继续干就继续干，应该结束就结束，这是孔子的做法。他们都是古代的圣人，可惜我没有做到。至于我的愿望，是学习孔子。"

公孙丑问："伯夷、伊尹和孔子，他们是一样的吗？"

孟子答道："不。自有人类以来，没有人能比得上孔子。"

公孙丑问："那么他们三人有相同的地方吗？"

孟子回答："有。如果他们有方圆百里的土地做君王，他们都能使诸侯来朝拜，从而统一天下。做一件不义的事，杀一个无辜的人，因而得到天下，他们都不会去做。这就是他们相同的地方。"

公孙丑问："请问，他们不同的地方在哪里？"

孟子说："宰我、子贡、有若三人，他们的聪明知识足以了解圣人，即使他们不好，也不至于偏袒他们所喜爱的人。宰我说：'以我的眼光来看老师，比尧舜强多了。'子贡说：'见到孔子制作的礼，就可以了解那种政治；听到孔子制作的乐，就可以知道那种德教。即使在百代之后去评价百代以来的君王，任何一个君王都不能违离孔子之道。从有人类以来，还没有出现过孔夫子这样的人。'有若说：'难道仅仅人类有高下的不同吗？麒麟对于走兽，凤凰对于飞鸟，太山对于土堆，河海对于小溪，何尝不是同类，圣人对于百姓，亦是同类。但他远远超出同类，大大高出同辈，自有人类以来，没有比孔子更伟大的。'"

孟子曰："以力假仁者霸，霸必有大国；以德行仁者王，王不待大——汤以七十里，文王以百里。以力服人者，非心服也，力不赡①也；以德服人者，中心悦而诚服也，如七十子②之服孔子也。《诗》云③：'自西自东，自南自北，无思④不服。'此之谓也。"

【注释】

①赡：足。 ②七十子：孔子弟子三千，身通六艺者，七十有二人，通称为“七十子”。③《诗》云：此处引《诗经·大雅·文王有声》诗句。④思：语助词，无意。

【译文】

孟子说：“依仗武力又假借仁义之名可以称霸诸侯，称霸一定要凭借国力的强大；依靠道德来实行仁政可以称王天下，称王的不必以强大的国力为凭借——商汤仅有方圆七十里的土地，周文王也仅有方圆百里的土地。依靠武力使人服从，人家不会心悦诚服，而是力量不足以反抗；用德行来使人服从，人家才会心悦诚服，就好像孔子的弟子们归服孔子一样。《诗经》上说：‘从东从西，从南从北，无不心悦诚服。’正是这个意思。”

孟子曰：“仁则荣，不仁则辱；今恶辱而居不仁，是犹恶湿而居下也。如恶之，莫如贵德而尊士，贤者在位，能者在识；国家闲暇[①]，及是时，明其政刑。虽大国，必畏之矣。《诗》云[②]：‘迨天之未阴雨，彻彼桑土，绸缪[③]牖户。今此下民[④]，或敢侮予？’孔子曰：‘为此诗者，其知道乎！能治其国家，谁敢侮之？’今国家闲暇，及是时，般乐怠敖[⑤]，是自求祸也。祸福无不自己求之者。《诗云》[⑥]：‘永言配命[⑦]，自求多福。’《太甲》[⑧]曰：‘天作孽，犹可违；自作孽，不可活。’此之谓也。”

【注释】

①国家闲暇：指国家无内乱外忧。 ②《诗》云：此处引《诗经·豳风·鸱鸮》诗句。③绸缪（mòu）：补葺。 ④下民：民，人。诗句以鸱鸮口吻，其巢在上，故称人为“下民”。 ⑤般（pàn）乐怠敖：般乐，音乐。怠，惰怠。敖，遨、出游。 ⑥《诗云》：此处引《诗经·大雅·文王》诗句。 ⑦永言配命：永，长。配命，言我周朝之命与天命相配。 ⑧《太甲》：指《尚书·太甲》篇。

【译文】

孟子说：“如果实行仁政，就会有荣耀；不实行仁政，就会遭受屈辱。如今人们厌恶屈辱而又不实行仁政，这就好像是厌恶潮湿而又自处于低洼之地一样。若是真的厌恶屈辱，最好的方法是崇尚道德、尊敬士人，使贤能的人居于应得的官位，有才能的人担任相应的职务。国家没有内忧外患，趁这个时候修明政治法典，即使是强大的邻国也会畏惧它。《诗经》上说：‘（鸟雀）趁着还没有阴天下雨，叼些桑树的根皮，修理门户。下面的人们，谁敢把我来欺负！’孔子说：‘作这首诗的人，他懂得道啊！能治理他的国家，谁还敢侮辱他？’如今国家没有内忧外患，追求享乐，怠惰游玩，这等于自己寻求祸害。祸害与幸福，没有不是自己找来的。《诗经》上说：‘永远于天命相配，自己去寻求更多的幸福。’《太甲》上说：‘上天降下的灾害还可以躲避，自作的罪孽，逃也逃不了。’正是这个意思。”

孟子曰：“尊贤使能，俊杰在位，则天下之士皆悦，而愿立于其朝矣；市，廛而不征，法而不廛[①]，则天下之商皆悦，而愿藏于其市矣；关，讥而不征[②]，则天下之旅[③]皆悦，而愿出其路矣；耕者，助而不税[④]，则天下之农皆悦，而愿耕于其野矣；廛[⑤]，无夫里之布[⑥]，则天下之民皆悦，而愿为之氓[⑦]矣。信能行此五者，则邻国之民仰之若父母矣。率其子弟，攻其父母，自生民以来未有能济者也。如此，则无敌于天下。无敌于天下者，天吏[⑧]也。然而不王者，未之有也。”

【注释】

①廛（chán）而不征，法而不廛：市场中的商舍不征税，货物按规定的方法出售不征税。前一个“廛”字指商舍，又一个“廛”字指一种税的名称。 ②讥：讥斥，此处是“稽查”的意思。 ③旅：行旅。 ④助而不税：在公田上劳动以代替交税。 ⑤廛：此处指民居。 ⑥夫里之布：赋税。 ⑦氓：由其他地方前来归附之民。 ⑧天吏：奉行天命，谓之天吏。

【译文】

孟子说：“尊重贤人，使用有能力的人，杰出的人才都有官位，那么，天下的士人都会很高兴，愿意为朝廷服务；在市场上，商用房舍不征税，按照规定的方法出售货物也不征税，那么，天下的商人都很高兴，愿意把货物存放于市场上；关卡，只盘查而不征税，那么，天下的旅客都很高兴，愿意经过那里的道路；对耕田的人，实行井田制，只助耕公田，不再征税，天下的农民都很高兴，愿意在那里的田野上耕种；人们居住的地方，不征收赋税，那么，天下的百姓都很高兴，愿意在那里居住。如果真正做到这五个方面，那么，邻国的老百姓都会像对待父母一样仰慕他。（如果邻国之君要带领这样的人民来攻打他，就好比）率领儿女们来攻打他们的父母，自从有人类以来，这种事没有能成功的。像这样，就会无敌于天下。无敌于天下的人就叫‘天吏’。如此而不能统一天下的，是从来没有的。”

孟子曰：“人皆有不忍人[1]之心。先王有不忍人之心，斯有不忍人之政矣。以不忍人之心，行不忍人之政，治天下可运之掌上。所以谓人皆有不忍人之心者，今人乍见孺子将入于井，皆有怵惕恻隐之心——非所以内变[2]于孺子之父母也，非所以要[3]誉于乡党朋友也，非恶其声而然也。由是观之，无恻隐之心，非人也；无羞恶之心，非人也；无辞让之心，非人也；无是非之心，非人也；恻隐之心，仁之端也；羞恶之心，义之端也；辞让之心，礼之端也；是非之心，智之端也。人之有是四端也，犹其有四体也。有是四端而自谓不能者，自贼者也；谓其君不能者，贼其君者也。凡有四端于我[4]者，知皆扩而充之矣，若火之始然[5]，泉之始达。苟能充之，足以保[6]四海；苟不充之，不足以事父母。”

【注释】

①不忍人：怜恤、恻隐的意思。 ②内交：结交。 ③要（yāo）：求。 ④我：此处作“己”字用。 ⑤然：同燃。 ⑥保：与“保民而王”的“保”字同义。

【译文】

孟子说：“每个人都有怜恤、恻隐之心。先王因为有怜恤、恻隐之心，于是才有怜恤、恻隐的政治。用怜恤、恻隐之心来实行政治，治理天下，就好像用手掌摆弄小玩艺儿一样容易。之所以说人人都有怜恤、恻隐之心，其道理就在于：譬如有人突然看见一个小孩子要掉到井里了，都会产生出惊骇、同情的心情——并不是因为自己要借此结交小孩子的父母，也不是想在同乡朋友中博取名誉，也不是不想听到小孩子的哭声。由此看来，一个人，如果没有同情之心，就不能叫做人；如果没有羞耻之心，就不能叫做人；如果没有推让之心，就不能叫做人；如果没有是非之心，就不能叫做人。同情之心，是仁的萌芽；羞耻之心，是义的萌芽；推让之心，是礼的萌芽；是非之心，是智的萌芽。人有这四种萌芽，就好像四肢一样。有这四种萌芽却认为自己不行的人，是自暴自弃的人；认为他的君主不行的人，就是戕害他的君主。所有具有这四种萌芽的人，如果把它们扩充发扬起来，就好像刚刚燃烧的火，刚刚流出的泉水，（具有强大的生命力。）如果能够扩充发扬，便足以安定天下；如果不能扩充发扬，那么就连赡养父母都做不到。”

孟子曰："矢人岂不仁于函人[①]哉？矢人唯恐不伤人，函人唯恐伤人。巫[②]、匠[③]亦然。故术不可不慎也。孔子曰：'里[④]仁为美。择不处仁，焉得智？'夫仁，天之尊爵也，人之安宅也。莫之御而不仁，是不智也。不仁、不智，无礼、无义，人役也。人役而耻为役，由[⑤]弓人而耻为弓，矢人而耻为矢也。如耻之，莫如为仁。仁者如射，射着正己而后发；发而不中，不怨胜己者，反求诸己而已矣。"

【注释】

①函人：制造盔甲、铠甲的人。 ②巫：巫医。 ③匠：木工。 ④里：居住。 ⑤由：同犹。

【译文】

孟子说："制造弓箭的人要比制造盔甲的残忍吗？制造弓箭的人唯恐弓箭不能伤害人，而制造盔甲的人唯恐人被刀箭伤害。巫医（看病为活人服务）、木匠（制造棺椁为死人服务）也是如此，（因职业不同而想法不同。）所以说，选择谋生的职业不能不慎重。孔子说：'住的地方，要选择仁德之处。不选择仁德之处，怎么能说是聪明呢？'仁，是天赋予人最尊贵的爵位，是人居住的最好地方。没有人阻挡你，却不去行仁，这是愚蠢。不仁、不智、无礼、无义，这种人只能做仆役。当仆役而又自以为耻，正好比制造弓的人以造弓为耻，制造箭的人以造箭为耻一样。如果真以为耻，最好还是去行仁。行仁的人好比射箭一样，射手先端正自己的姿态而后放箭，如果没有射中，不要埋怨胜过自己的人，反省自己就是了。"

孟子曰："子路，人告之以有过，则喜。禹闻善言，则拜。大舜有[①]大焉，善与人同，舍己从人，乐取于人以为善。自耕稼、陶、渔[②]以至为帝，无非取于人者。取诸人以为善，是与人为善也。故君子莫大乎与人为善。"

【注释】

①有：同又。 ②耕稼、陶、渔：据《史记·五帝本纪》，舜曾耕于历山，渔于雷泽，陶于河滨。

【译文】

孟子说："子路，当别人指出他的错误时，他就高兴。禹听到了善言，就给人敬礼。大舜更了不起，（当别人的意见是正确的时候，）善于与别人一致，抛弃自己的不是，接受人家的是，把非常快乐地向别人学习当做一件善事。从他种庄稼、做陶器、做渔夫，一直到做帝王，没有一处优点不是从别人那里学来的。学习别人的优点来自己行善，这就是同别人一道行善。所以说，君子最高的德行就是与别人一道行善。”

孟子曰：“伯夷，非其君不事，非其友不友。不立于恶人之朝，不与恶人言。立于恶人之朝，与恶人言，如以朝衣朝冠坐于涂炭。推恶恶之心，思与乡人立，其冠不正，望望然[①]去之，若将浼焉[②]。是故诸侯虽有善其辞命而至者，不受也。不受也者，是亦不屑就已。柳下惠[③]不羞污君，不卑小官；进不隐贤[④]，必以其道；遗佚[⑤]而不怨，阨穷而不悯[⑥]。故曰：‘尔为尔，我为我，虽袒裼裸裎[⑦]于我侧，尔焉能浼我焉？’故由由然[⑧]与之偕而不自失焉，援而止之而止。援而止之而止者，是亦不屑去已。”孟子曰：“伯夷隘，柳下惠不恭。隘与不恭，君子不由[⑨]也。”

【注释】

①望望然：“去之而不顾”的样子。 ②浼（měi）：污。 ③柳下惠：春秋时鲁国人，名展禽。 ④进不隐贤：“见贤人而不隐蔽”之意。 ⑤遗佚：不被任用。 ⑥悯：忧。 ⑦袒裼裸裎：裸露身体。 ⑧由由然：高兴。 ⑨由：行。

【译文】

孟子说：“伯夷，不是他理想的君主，不去侍奉；不是他理想的朋友，不去结交。不站在坏人的朝廷里，不同坏人说话；站在坏人的朝廷里，同坏人说话，好像是穿着礼服，戴着礼帽坐在泥路上或灰炭上。把这种厌恶坏人坏事的心理推广开来，他的想法是，同乡下人站在一起，如果那人帽子没有戴正，便不高兴地走开，好像自己会染脏似的。所以当时的诸侯君王用好言好语招他去做官，他也不接受，就是因为不屑于与这些人接近。柳下惠却不以侍奉坏君主为耻，不以自己的官小为卑下；入朝做官，不隐瞒自己的才能，但一定按照他的原则办事；不被任用，也不怨恨；穷困潦倒，也不忧愁。所以他说：‘你是你，我是我，你纵然赤身裸体在我身旁，怎么能玷污我呢？’所以他很高兴地同别人在一起，并且一点也不失常态。拉住他，叫他留下，他就留下。拉他留他，就留住了他，就是因为用不着离开的缘故。”孟子又说：“伯夷的做法太狭隘，柳下惠的做法不严肃。狭隘与不严肃，君子是不这样做的。”

公孙丑下

孟子曰："天时不如地利，地利不如人和。三里之城，七里之郭，环而攻之而不胜。夫环而攻之，必有得天时者矣；然而不胜者，是天时不如地利也。城非不高也，池非不深也，兵革非不坚利也，米粟非不多也；委[①]而去之，是地利不如人和也。故曰：域[②]民不以封疆之界，固国不以山溪之险，威天下不以兵革之利。得道[③]者多助，失道者寡助。寡助之至，亲戚畔[④]之；多助之至，天下顺之。以天下之所顺，攻亲戚之所畔。故君子有不战，战必胜矣。"

【注释】

①委：放弃。 ②域：界限。 ③道：此指正义、真理。 ④畔：同"叛"。

【译文】

孟子说："天时不如地利，地利不如人和。方圆三里的内城，方圆七里的外城，包围起来攻打它，却不能取胜。既然围起来攻打，一定合乎天时的战机，但却不能取胜，这说明得天时不如占地利。（从守城的一面看，）城墙不是不高，护城河不是不深，兵器和铠甲不是不锐利、坚固，粮草不是不充足，（敌人来攻打）便弃城而走，这说明占地利不如得人和。所以说，限制人民的活动不必靠国家的疆界，保卫国家不必靠山川的险阻，威慑天下也不必靠武器的锐利。实行仁政就会得到很多人的帮助，不实行仁政帮助他的人就很少。帮助的人少到极点时，连亲戚都背叛了他；帮助他的人多到极点时，天下的人都归顺他。用天下人都归顺的力量去攻打连亲戚都背叛的人，那么，仁君圣主要么不打仗，如果打仗，必定会胜利。"

孟子将朝王，王使人来曰："寡人如[①]就见者也，有寒疾，不可以风。朝[②]，将视朝，不识可使寡人得见乎？"

对曰："不幸而有疾，不能造朝。"

明日，出吊于东郭氏[③]。公孙丑曰："昔者辞以病，今日吊，或者[④]不可乎？"

曰："昔者疾，今日愈，如之何不吊？"

王使人问疾，医来。

孟仲子[5]对曰："皆者有王命，有采薪之忧[6]，不能造朝。今病小愈，趋造于朝，我不识能至否乎？"

使数人要[7]于路，曰："请必无归，而造于朝！"

不得已而之景丑氏[8]宿焉。

景子曰："内则父子，外则君臣，人之大伦也。父子主恩，君臣主敬。丑见王之敬子也，未见所以敬王也。"

曰："恶！是何言也！齐人无以仁义与王言者，岂以仁义为不美也？其心曰'是何足与言仁义也'云尔，则不敬莫大乎是。我非尧舜之道，不敢以陈于王前，故齐人莫如我敬王也。"

景子曰："否，非此之谓也。《礼》曰：'父召无诺[9]，君命召，不俟驾。'固将朝也，闻王命而遂不果，宜与夫《礼》若不相似然。"

曰："岂谓是与？曾子曰：'晋、楚之富，不可及也。彼以其富，我以吾仁；彼以其爵，我以吾义。吾何慊[10]乎哉？'夫岂不义而曾子言之？是或一道也。天下有达尊三：爵一，齿一，德一。朝廷莫如爵，乡党莫如齿，辅世长民莫如德。恶得有其一以慢其二哉？故将大有为之君，必有所不召之臣，欲有谋焉，则就之。其尊德乐道，不如是，不足与有为也。故汤之于伊尹，学焉而后臣之，故不劳而王；桓公之于管仲，学焉而后臣之，故不劳而霸。今天下地醜[11]德齐，莫能相尚，无他，好臣其所教，而不好臣其所受教。汤之于伊尹，桓公之于管仲，则不敢召。管仲且犹不可召，而况不为管仲者乎？"

【注释】

①如：宜，当。　②朝：此处读 zhāo，早晨。　③东郭氏：齐国大夫。　④或者：表示能问副词。　⑤孟仲子：孟子的叔伯兄弟，从学于孟子。　⑥采薪之忧：生病的代词。当时交际上的习惯语。　⑦要（yāo）：阻拦。　⑧景丑氏：其人不可考。　⑨父召无诺：《礼记·曲礼》说："父召无诺，先生召无诺，唯而起。"其注说："应辞唯于诺。"意为，父亲召唤，应答时应比"诺"更恭敬。　⑩慊：少。　⑪醜：方言，"同"的意思。

【译文】

孟子准备去朝见齐王，恰巧齐王派人来，说："我本应该来看你，但是着凉了，不能见风。明天早上上朝时，我会临朝办理公务，不知那时能否见到你？"

孟子答道："很不幸，我也有病，不能上朝拜见。"

第二天，孟子要到东郭大夫家去吊丧。公孙丑说："昨天托辞有病，谢绝了齐王的召见，今天又去吊丧，也许不合适吧？”

孟子说：“昨天有病，今天好了，为什么不能去吊丧？”

齐王派人来探视病情，医生也来了。

孟仲子对来人说：“昨天王派人来传令，孟子生病了，不能奉命上朝。今天刚好一点，赶紧上朝去了，但不知是否已经到了。”

于是，孟仲子派了好几个人等在路上阻拦孟子，说：“请您无论如何不要回家，赶快到朝廷上去！”

孟子不得已，只得躲到景丑氏家去过夜。

景子说：“在家里有父子，在世上有君臣，这是人与人之间最重要的关系。父子之间以恩爱为主，君臣之间以恭敬为主。我只看见齐王对您很尊敬，却没有看见您是怎样尊敬齐王的。”

孟子说：“咳！这是什么话！在齐国人中，没有一个拿仁义的道理向齐王进言的，难道他们认为仁义不好吗？他们心里想：‘对这样的君王谈仁义有什么用呢？’这才是对王的最大的不敬。而我呢，不是尧舜的仁义之道，从不在齐王面前陈述，所以，在齐国人中，没有谁比我更尊敬王的了。”

景丑说：“不，我说的不是指这个。《礼记》上说：‘父亲召唤，立即起身；君主召唤，不等备好车马就先走。’你本来准备去朝见君王，一听到君王的召唤反而不去了。似乎和《礼记》上说的不相符合吧。”

孟子说：“原来你说的是这件事。曾子说：‘晋国和楚国的富有，我们是赶不上的。但是，他有他的财富，我有我的仁；他有他的爵位，我有我的义。我有什么可遗憾的呢？’曾子说的这些话难道没有道理吗？这大概是有一定的道理的。天下最尊贵的东西有三样：一是爵位，一是年龄，一是道德。在朝廷中，爵位最重要；在乡里，年龄最重要；而辅佐君王统治百姓，道德最重要。哪能凭着爵位来轻视年龄和道德呢？所以大有作为的君主一定有他不能召唤的臣子，如果有事要商量，就亲自到臣子那里去。尊尚道德而乐于行仁政，如果不是这样，就不必和他做什么事业了。所以，商汤对于伊尹，先向他学习，然后以他为臣，于是不费力气就统一了天下；齐桓公对于管仲，也是先向他学习，然后以他为臣，于是不费力气就称霸于诸侯。现在，各个大国地域大小差不多，道德作风也差不多，彼此之间谁也不能称霸，没有别的原因，就是因为君主只喜欢听话的人为臣，而不喜欢能教导他的人为臣。商汤对于伊尹，桓公对于管仲，就不敢随便召唤。管仲尚且不能随便召唤，更何况高于管仲，并不以管仲为榜样的人呢！”

陈臻[①]问曰："前日于齐，王馈兼金[②]一百[③]而不受；于宋，馈七十镒而受；于薛[④]，馈五十镒而受。前日之不受是，则今日之受非也；今日之受是，则前日之不受非也。夫子必居一于此矣。"

孟子曰："皆是也。当在宋也，予将有远行，行者必以赆[⑤]，辞曰：'馈赆。'予何为不受？当在薛地，予有戒心[⑥]，辞曰：'闻戒，故为兵馈之。'予何为不受？若于齐，则未有处[⑦]也。无处而馈之，是货[⑧]之也。焉有君子而可以货取乎？"

【注释】

①陈臻：孟子的弟子。 ②兼金：上等的好金，其价倍于常者，故称"兼金"。古时所谓"金"。不是黄金，一般指铜。 ③一百：一百镒，二十两为一镒。 ④薛：此时薛已亡于齐，为齐国的一个封邑。 ⑤赆：路费。 ⑥戒心：据赵岐注，时有恶人欲害孟子，孟子戒备。 ⑦未有处：没有理由接受礼物。 ⑧货："贿赂"之意。

【译文】

陈臻问道："以前在齐国，齐王送给您上等金一百镒，您不接受；在宋国，宋君送给您七十镒，您接受了；在薛，薛君送给您五十镒，您也接受了。如果说过去不接受是正确的，那么现在的接受就是错的；如果现在接受是对的，那么过去不接受就是不对的。二者之中老师一定有一个错误。"

孟子说："都是正确的。在宋国的时候，我准备远行，远行的人一定要有些路费，宋君说：'送上一点路费。'我为什么不接受呢？在薛的时候，我听说路上有危险，需要戒备，薛君说：'听说你需要戒备，送点钱给你买兵器吧。'我为什么不接受呢？至于在齐国，就没有什么理由。没有理由而赠送钱，这等于是贿赂。哪有君子接受贿赂的道理呢？"

孟子之平陆[①]，谓其大夫[②]曰："子之持戟之士[③]，一日而三失伍[④]，则去之[⑤]否乎？"

曰："不待三。"

"然则子之失伍也亦多矣。凶年饥岁，子之民老羸转于沟壑，壮者散而之四方者，几千人矣。"

曰："此非距心之所得为也。"

曰："今有受人之牛羊而为之牧之者，则必为之求牧[⑥]与刍矣。求牧与刍而不得，则反诸其人乎？抑亦立而视其死与？"

曰："此则距心之罪也。"

他日，见于王曰："王之为都[7]者，臣知五人焉。知其罪者，惟孔距心。"为王诵[8]之。

王曰："此则寡人之罪也。"

【注释】

①平陆：齐国边境邑名。 ②大夫：战国时邑宰也称大夫。 ③持戟之士：守卫的士兵。 ④失伍：失其行伍，即脱离职守。 ⑤去之：罢去，开除。 ⑥牧：牧地。 ⑦都：都邑。 ⑧诵：背诵复述。

【译文】

孟子到了平陆，对当地的长官孔距心说："如果你的守卫士兵，一天三次脱离岗位，你会开除他吗？"

答道："不必等到三次，我就开除他了。"

孟子说："那么，你自己失职的地方也很多。灾荒年成，你的百姓，年老体弱的抛尸于山沟中，年轻力壮的逃亡四方，已将近千人了。"

孔距心说："这不是我的力量所能做到的。"

孟子说："假如现在有一个人，接受别人的牛羊而替别人放牧，他必须为牛羊找到牧场和草料。如果找不到牧场和草料，是将牛羊退还原主呢？还是站在那里看着牛羊一只只死掉？"

孔距心说："这么说来，是我的错了。"

过了一些时候，孟子朝见齐王，说："齐国的都邑长官，我认识五位，能认识自己的过错的，只有孔距心一人。"于是把过去的事复述了一遍。

齐王说："这是我的错啊！"

孟子谓蚳鼃[1]曰："子之辞灵丘[2]而请士师[3]，似也，为其可以言也。今既数月矣，未可以言与？"

蚳鼃谏于王而不用，致为臣而去[4]。

齐人曰："所以为蚳鼃则善矣；所以自为，则吾不知也。"

公都子[5]以告。

曰："吾闻之也：有官守者，不得其职则去；有言责者，不得其言则去。我无官守，我无言责也，则吾进退，岂不绰绰然有余裕哉？"

【注释】

①蚳鼃（chí wā）：齐国大夫。 ②灵丘：齐国边境邑名。 ③士师：狱官。 ④谏于王而不用，致为臣而去：赵岐注："三谏而不用，致仕而去。" ⑤公都子：孟子弟子。

【译文】

孟子对蚳鼃说："你辞去灵丘的地方官职，要求做治狱官，似乎有道理，因为可以向王进言。如今已经过去几个月了，还不能向王进言吗？"

蚳鼃向王进谏，王不采纳，于是辞职而去。

齐国有人说："孟子替蚳鼃出的主意是不错。但是他自己是怎样做的，我还不知道。"

公都子把这话告诉了孟子。

孟子说："我听说过：有官职的，如果无法尽其职责，就可以辞职；有进谏责任的，如果言不听、计不从，也可以辞职。我既没有官职，又没有进谏的责任，那么我的行动，不是有很宽绰的回旋余地吗？"

孟子为卿于齐，出吊于滕[①]，王使盖[②]大夫王驩[③]为辅行[④]。王驩朝暮见，反齐滕之路，未尝与之言行事也。

公孙丑曰："齐卿之位，不为小矣；齐滕之路，不为近矣。反之而未尝与言行事，何也？"

曰："夫既或治之，予何言哉？"

【注释】

①出吊于滕：到滕国去吊丧。 ②盖（gě）：齐国邑名。 ③王驩：盖地方长官。 ④辅行：副使。

【译文】

孟子在齐国做卿，奉命到滕国去吊丧，齐王派盖邑的长官王驩为副使。王驩和孟子每天都在一起，往返于齐滕两国之间的路上，而孟子却没有同他谈一句出使的公事。

公孙丑问道："齐国卿的官位，不算小了；齐、滕之间的距离不算近了。你往返一趟，却不和王驩谈出行的公事，这是为什么？"

孟子说："既然他一个人独断独行了，我还说什么呢？"

孟子自齐葬于鲁[①]，反于齐，止于嬴[②]。

充虞[③]请曰："前日不知虞之不肖，使虞敦匠[④]事。严[⑤]，虞不敢请。今愿窃有请也：木若以[6]美然。”

曰：“古者棺椁无度，中古[7]棺七寸，椁称之。自天子达于庶人，非直为观美也，然后尽于人心。不得[8]，不可以为悦；无财，不可以为悦。得之为[9]有财，古之人皆用之，吾何为独不然？且比[10]化者[11]，无使土亲肤，于人心独无恔[12]乎？吾闻之：君子不以天下俭其亲。”

【注释】

①自齐葬于鲁：孟子在齐国做官，母丧，归葬于鲁。　②嬴：地名，故城在今莱芜县西北。　③充虞：孟子弟子。　④匠：指木工。　⑤严：指时间很紧。　⑥以：太。　⑦中古：一说为西周之前，一说为西周之后。　⑧不得：不合法制的规定。　⑨为：与。　⑩比：为。　⑪化者：死去的人。　⑫恔：快慰。

【译文】

孟子从齐国到鲁国，安葬了母亲，又回齐国去，到了嬴地，停留下来。

充虞请问道：“前不久承蒙您不嫌弃我的愚钝，让我监管棺椁的制造。当时时间很紧迫，我不敢请教。现在我冒昧地请教：棺木似乎太好了。”

孟子答道：“上古对棺椁的尺寸，没有一定的规矩；到中古时代，对棺木的规定是七寸厚，椁与此相称就可以。从天子一直到老百姓，并不仅仅是为了美观，而是因为这样做才算尽了孝心。不按法度的规定，心中不高兴；没有足够的钱财，心中也不高兴。在符合法度而又有足够财力的条件下，古人都尽力去做，我为什么不能这样做呢？而且，为了不使死者的肌肤与泥土相挨，孝子的心难道不快慰吗？我听说过：君子不会因为别人的看法而在父母身上省钱。”

沈同[1]以其私问曰：“燕可伐与？”

孟子曰：“可。子哙[2]不得与人燕，子之[3]不得受燕与子哙。有仕[4]于此，而子悦之，不告于王而私与之吾子之禄爵；夫士也，亦无王命而私受之于子，则可乎？——何以异于是？”

齐人伐燕。

或问曰：“劝齐伐燕，有诸？”

曰：“未也。沈同问：‘燕可伐与？’吾应之曰：‘可。’彼然而伐之也。彼如曰：‘孰可以伐之？’则将应之曰：‘为天吏，则可以伐之。’今有杀人者，或问之曰：‘人可杀与？’则将应之曰：‘可。’彼如曰：‘孰可以杀之？’则将应之曰：‘为士师，则可以杀之。’今以燕伐燕，何为劝之哉？”

【注释】

①沈同：齐国大臣。 ②子哙：燕王。 ③子之：燕相国。 ④仕：通“士”。

【译文】

沈同以个人身份问孟子：“可以讨伐燕国吗？”

孟子答道：“可以。燕王子哙不能够（按自己的意思）把燕国交给别人，相国之子也不能从子哙那里接受燕国。假如有一个士在此，你很喜欢他，于是不向王报告就私自把自己的俸禄和爵位都让给他；而他呢，也没有王的任命就私自接受了俸禄爵位，这样可以吗？——燕国的事和这个例子有什么区别吗？”

齐国出兵讨伐燕国。

有人问孟子：“您劝齐国讨伐燕国，有这样的事吗？”

孟子回答：“没有。沈同问我：‘可以讨伐燕国吗？’我回答说：‘可以。’他们就这样去攻打燕国了。若是他再问：‘谁可以去攻打燕国？’那么我会说：‘只有天吏才可以去攻打。’假如现在有一个杀人犯，有人问：‘这个犯人该杀吗？’我会说：‘该杀。’假如他再问：‘谁可以杀他呢？’那我就会说：‘只有治狱官才可以去杀他。’如今，用一个和燕国同样的齐国去讨伐燕国，就等于以燕国去讨伐燕国，我为什么要劝阻他呢？”

燕人畔[①]。王曰：“吾甚惭于孟子。”

陈贾[②]曰：“王无患焉。王自以为与周公孰仁且智？”

王曰：“恶！是何言也？”

曰：“周公使管叔监殷，管叔以殷畔[③]。知而使之，是不仁也；不知而使之，是不智也。仁智，周公未之尽也，而况于王乎？贾请见而解之。”

见孟子，问曰：“周公何人也？”

曰：“古圣人也。”

曰：“使管叔监殷，管叔以殷畔也，有诸？”

曰：“然。”

曰：“周公知其将畔而使之与？”

曰：“不知也。”

“然则圣人且有过与？”

曰：“周公，弟也；管叔，兄也。周公之过，不亦宜乎？且古之君子，过则改之；今之君子，过则顺之。古之君子，其过也，如日月之食[④]，民皆见之；及其更也，民皆仰之。今之君子，岂徒顺之，又从为之辞。”

【注释】

①燕人畔：齐破燕，燕王哙死，子之亡。赵国从韩国召回燕公子职，立为燕王，即燕昭王。燕昭王在其他诸侯国的支持下反抗齐国。 ②陈贾：齐国大夫。 ③管叔以殷畔：事见《史记·管蔡世家》。 ④食：通“蚀”。

【译文】

燕国人起来反抗齐国。齐王说：“我对孟子感到十分惭愧。”

陈贾说：“王不要担心。您自己认为，在仁和智方面您和周公相比谁更强呢？”

齐王说：“哎！这是什么话！（我哪能同周公相比？）”

陈贾说：“周公使管叔监督殷国，管叔却率领殷遗民叛乱。这一结果，如果周公早已预见到了，却仍然使管叔去监督，那就是不仁；如果周公没有预见到，就是不智。仁和智，周公都没有完全做到，何况您呢？我愿意去见孟子向他解释。”

于是，陈贾来见孟子，问道：“周公是什么样的人？”

答道：“是古代的圣人。”

问道：“周公派管叔监督殷，管叔却率领殷遗民造反，有这回事吗？”

答道：“有。”

陈贾说：“周公是早预见到管叔会造反而派他去吗？”

答道：“周公是不会预见到的。”

陈贾问：“这样说来，圣人也会有过错吗？”

答道：“周公是弟弟，管叔是哥哥，（周公不去怀疑哥哥会叛乱。）周公的这种错误，不也是合乎情理的吗？而且，古代的君子，有了过错随即改正；今天的君子，有了过错就将错就错。古代的君子，他的过错就好像日食、月食，老百姓都能看得到，当他改正的时候，人们都敬仰钦佩。今天的君子，不仅将错就错，而且还为错误进行辩护。”

孟子致为臣而归[①]。王就见孟子，曰：“前日愿见而不可得，得侍同朝，甚喜。今又弃寡人而归，不识可以继此而得见乎？”

对曰：“不敢请耳，固所愿也。”

他日，王谓时子[2]曰："我欲中国[3]而授孟子室，养弟子以万钟[4]，使诸大夫国人皆有所矜式[5]。子盍为我言之？"

时子因陈子而以告孟子。陈子以时子之言告孟子。

孟子曰："然。夫时子恶知其不可也？如使予欲富，辞十万[6]而受万，是为欲富乎？季孙[7]曰：'异哉子叔疑[8]！使己为政，不用，则亦已矣，又使其弟子为卿。人亦孰不欲富贵？而独于富贵之中有私龙断[9]焉。'古之为市也，以其所有易其所无者，有司者治之耳。有贱丈夫[10]焉，必求龙断而登之，以左右望，而罔市利。人皆以为贱，故从而征之。征商自此贱丈夫始矣。"

【注释】

①致为臣而归：辞去臣的职务返回家乡。 ②时子：齐国大臣。 ③中国：国之中。 ④钟：一钟等于六石四斗。 ⑤矜式：尊敬、效法。 ⑥十万：言其多，不必作确数看。 ⑦季孙：其人已不可考。 ⑧子叔疑：其人已不可考。 ⑨龙断：即"垄断"。 ⑩丈夫：成年男子的通称。

【译文】

孟子辞去齐国大臣的职务准备回家。齐王来到孟子的住处相见，说："以前想见到您却见不到，后来能够一起共事，我非常高兴。现在您又抛弃我而回去了，不知以后还能相见吗？"

孟子说："对此，我不敢请求罢了，这正是我本来的愿望。"

过了一段时间，齐王对时子说："我想在城中给孟子一所房子，用万钟粟供养他的弟子，使我国的官吏和百姓都有效法的榜样。你何不替我向孟子谈一谈？"

时子托陈子转告孟子。陈子就把时子的话告诉了孟子。

孟子说："我知道了。时子哪晓得这件事不能做呢？假如我贪图财富，辞去十万万钟的俸禄而接受一万钟的赐予，这难道是贪图财富吗？季孙说过：'子叔疑这个人真奇怪！自己要做官，别人不用，也就罢了，又让他的弟子做卿大夫。谁不想富贵？但他却是希望把富贵垄断于一人之身。'古时候做买卖，以有易无，有专门的机构来管理。但有个卑贱的汉子，却希望把所有的利益都垄断于自身，他左边望望，右边看看，想把好处都网罗过来。人们都觉得这人卑贱，因此抽他的税。向商人抽税便从此开始了。"

孟子去齐，宿于昼[1]。有欲为王留行者，坐而言。不应，隐几而卧。

客不悦曰："弟子齐宿[2]而后敢言，夫子卧而不听，请勿复敢见矣。"

曰："坐！我明语子。昔者鲁缪公[3]无人乎子思之侧，则不能安子思；泄柳，申详[4]无人乎缪公之侧，则不能安其身。子为长者[5]虑，而不及子思。子绝长者乎？长者绝子乎？"

【注释】

①昼：齐国邑名，在今山东淄博市。 ②齐宿：齐，斋。斋宿，斋宿一天，以示恭敬。③鲁缪公：即鲁穆公。 ④泄柳、申详：两人都是鲁穆公时的贤人。 ⑤长者：孟子自称。

【译文】

孟子离开齐国，在昼邑过夜。有一位想替齐王挽留孟子的人，恭敬地坐着同孟子说话。孟子却不加理会，依在几案上打瞌睡。

客人很不高兴，说道："我昨天恭敬斋戒，今天才敢与您说话，您却不听，以后再也不敢与您相见了。"（于是，起身要走。）

孟子说："请坐下，让我明白地告诉你。（古人怎样对待贤人呢？）鲁缪公对待子思，如果子思身边没有人侍奉，就觉得自己不能安心；而泄柳、申详这些人，如果没有（贤人）在鲁缪公身边，他们自己也不安心。你为我这个长者想想，连子思和鲁缪公那样的往事都未考虑到，（不去劝说齐王改变态度，只用空话留我，）这样，是你跟我过不去呢？还是我跟你过不去？"

孟子去齐，尹士[1]语人曰："不识王之不可以为汤武，则是不明也；识其不可，然且至，则是干泽[2]也。千里而见王，不遇故去，三宿而后出昼，是何濡滞也？士则兹不悦？"

高子[3]以告。

曰："夫尹士恶知预哉？千里而见王，是予所欲也。不遇故去，岂予所欲哉？予不得已也。予三宿而出昼，于予心犹以为速，王庶几改之！王如改诸，则必反予。夫出昼，而王不予追也，予然后浩然有归志。予虽然，岂舍王哉？王由[4]足用[5]为善。王如用予，则岂徒齐民安？天下之民举安。王庶几改之！予日望之！予岂若是小丈夫然哉——谏于其君而不受，则怒，悻悻然见[6]于其面，去则穷日之力而后宿哉？"

尹士闻之，曰："士诚小人也。"

【注释】

①尹士：齐国人。 ②干泽：干，求。泽：禄。 ③高子：孟子弟子。 ④由：同“犹”。⑤足用：足以。 ⑥见：同“现”。

【译文】

孟子离开了齐国。尹士对别人说：“识别不出齐王达不到商汤、周武王那样的圣明，那便是孟子不明智；明明知道齐王不行，还是要来，那便是孟子贪求富贵。不远千里来与齐王相见，不得知遇而离开，在昼邑停了三天才离开，为什么这样磨蹭呢？我对此就很不高兴。”

高子把这话告诉了孟子。

孟子说：“那个尹士哪能了解我呢？不远千里来见齐王，这是我的愿望。得不到知遇而离开，难道也是我的愿望吗？只是我不得已罢了。我在昼停了三天才离开，在我看来还太快了，我还希望齐王会改变态度。齐王如果改变态度，一定会把我召回。我离开昼邑，而齐王没有追回我，于是我才下决心回家乡去。虽然这样，我难道肯抛弃齐王吗？齐王还是可以行仁政的。假如齐王用我，何止齐国的百姓会得到太平，天下的百姓都能得到太平。齐王也许会改变态度，我天天在盼望着！我难道像那样小器的人吗？向王进劝谏之言，不得采纳，于是便恼怒，满脸不高兴，一旦离开，非得走到筋疲力尽不肯歇脚吗？”

尹士听了这些话后，说：“我真是个小人。”

孟子去齐，充虞路问曰：“夫子若有不豫色然。前日虞闻诸夫子曰：‘君子不怨天，不尤人。’”

曰：“彼一时，此一时也。五百年必有王者兴，其间必有名世者①。由周而来，七百有余岁矣②。以其数，则过矣；以其时考之，则可矣。夫天未欲平治天下也；如欲平治天下，当今之世，舍我其谁也？吾何为不豫哉？”

【注释】

①名世者：指辅佐王者之才。 ②七百有余岁矣：此时距周武王时已有七百余年。

【译文】

孟子离开齐国，在路上，充虞问道：“您看起来好像很不高兴的样子。从前我听您说过：‘君子不抱怨天，不责怪别人。’”

孟子说："那时是那时，现在是现在。每过五百年必定有一位圣王兴起，其间也必定有命世辅佐之才。从周武王以来，到现在已经七百多年了。论年数已超过了五百年；从时势来看，现在正是出现圣君贤臣的时候。上天不想使天下太平吧；如果想使天下太平，在当今世界上，除了我还有谁呢？我为什么不高兴呢？"

孟子去齐，居休[①]。公孙丑问曰："仕而不受禄，古之道乎？"

曰："非也。于崇[②]，吾得见王，退而有去志，不欲变，故不受也。继而有师命[③]，不可以请。久于齐，非我志也。"

【注释】

①休：地名，距孟子家约百里。 ②崇：地名，今不可考。 ③师命：师旅之命。

【译文】

孟子离开齐国，停留在休这个地方。公孙丑问道："做官却不受俸禄，合乎古道吗？"

孟子回答："不。在崇这个地方，我见到了齐王，回来后就有离开的想法，不想改变，所以不接受俸禄。不久，齐国有战事，不能请求离开。长久地留在齐国，不是我的心愿。"

滕文公上

滕文公为世子[①]，将之楚，过宋[②]而见孟子。孟子道性善，言必称尧舜。

世子自楚反，复见孟子。孟子曰："世子疑吾言乎？夫道一而已矣。"成覸[③]谓齐景公曰："'彼，丈夫也；我，丈夫也。吾何畏彼哉？'颜渊曰：'舜，何人也？予，何人也？有为者亦若是。'公明仪[④]曰：'文王，我师也；周公岂期我哉？'今滕，绝长补短[⑤]，将五十里也，犹可以为善国。《书》曰：'若药不瞑眩[⑥]，厥疾不瘳[⑦]。'"

【注释】

①世子：即"太子"。 ②过宋：经过宋。 ③成覸（gàn）：齐国勇士。 ④公明仪：曾子弟子。 ⑤绝长补短：当时计算土地面积的常用语。 ⑥瞑眩：药物发作时心里难受时的感

受。　⑦瘳：病愈。

【译文】

滕文公做太子的时候，要到楚国去，经过宋国，会见了孟子。孟子同他谈了人性善的理论，每句话不离尧、舜。

太子从楚国回来，又来见孟子。孟子说："太子怀疑我的话吗？天下的真理就这么一个，成覸对齐景公说：'他是个男子汉，我也是个男子汉。我为什么怕他呢？'颜渊说：'舜是什么样的人，我也是什么样的人，有作为的人也会像他那样。'公明仪说：'文王是我的老师，周公难道会欺骗我吗？'现在的滕国，如果把疆土截长补短，方圆将近五十里，还可以治理成一个好国家。《尚书》上说：'药物如果不能让病人感到难受，病是不会痊愈的。'"

滕定公薨[①]，世子谓然友[②]曰："昔者孟子尝于我言于宋，于心终不忘。今也不幸至于大故[③]，吾欲使子问于孟子，然后行事。"

然友之邹，问于孟子。

孟子曰[④]："不亦善乎！亲丧，固所自尽也。曾子曰：'生，事之以礼；死，葬之以礼，祭之以礼，可谓孝矣。'诸侯之礼，吾未之学也；虽然，吾尝闻之矣。三年之丧[⑤]，齐疏之服[⑥]，饦粥之食[⑦]，自天子达于庶人，三代共之。"

然友反命，定为三年之丧。父兄百官皆不欲，曰："吾宗国[⑧]鲁先君莫之行，吾先君亦莫之行也，至于子之身而反之，不可。且《志》[⑨]曰：'丧祭从先祖。'曰：'吾有所受之也。'"

谓然友曰："吾他日未尝学问，好驰马试剑。今也父兄百官不我足也，恐其[⑩]不能尽于大事。子为我问孟子！"

然友复之邹问孟子。

孟子曰："然。不可以他求者也。孔子曰：'君薨，听于冢宰，歠[⑪]粥，面深墨，即位而哭，百官有司莫敢不哀，先之也。'上有好者，下必有甚焉者矣。君子之德，风也；小人之德，草也。草尚之风，必偃[⑫]。是在世子。"

然友反命。

世子曰："然；是诚在我。"

五月居庐[⑬]，未有命戒。百官族人可，谓曰知[⑭]。及至葬，四方来观之，颜色之戚，哭泣之哀，吊者大悦。

【注释】

①滕定公薨：滕定公，文公之父。薨，侯王死为“薨”。 ②然友：人名，世子之傅。③大故：重大的事故。 ④曾子曰：此处所引曾子的话，本是孔子对樊迟所说。 ⑤三年之丧：按儒家所说，上古便行三年之丧。 ⑥齐疏之服：用粗布做成的丧服，缝衣边。 ⑦飦(zhān)粥之食：稠粥。 ⑧宗国：周朝重宗法，鲁、滕诸国的始封祖都是周文王的儿子，而周公封鲁，于行辈为较长，其余姬姓诸国都以鲁为宗国。 ⑨《志》：记事的书或文章称“志”，但此处所引何书不详。 ⑩其：世子自指。 ⑪歠(chuò)：饮。 ⑫偃：倒下。 ⑬五月居庐：居住在丧庐中五个月。 ⑭百官族人可，谓曰知：此处疑有阙误。

【译文】

滕定公死了，太子对他的师傅然友说：“过去我曾在宋国和孟子交谈过，心里一直不曾忘记。今日不幸遭遇父丧，我想请你去向孟子请教，然后再办丧事。”

然友便到邹国，去求教孟子。

孟子说：“不是很好吗？父母的丧事，本应该尽心竭力。曾子说：‘当他们在世时，要依礼去侍奉；他们去世了，要依礼去安葬，依礼去祭祀，这可以说是尽孝了。’诸侯的礼节，我虽然不曾学习过，但也听说过。实行三年的丧礼，穿着粗布缝边的孝服，吃粥，从天子到百姓，夏、商、周三代都是这样。”

然友回国复命，太子便决定实行三年的丧礼。滕国的父老官吏都不愿意，说：“我们的宗国鲁国的历代君主都没有这样实行丧礼，我们历代的祖先也没有实行过，到你这一代却改变了祖先的做法，这是不行的。而且《志》上说：‘丧礼、祭礼一定要依从祖宗的规矩。’我们的道理是从这一传统继承下来的。”

太子对然友说：“我过去没有搞过学问，只喜欢跑马舞剑。现在父老官吏都对我不满意，恐怕我不能尽力把丧礼办好。你再替我去请教孟子。”

然友又到邹国去请教孟子。

孟子说：“知道了；这是不能求于别人的。孔子说过：‘君主死了，太子把一切事务交给宰相处理，喝着粥，面色深黑，在灵前痛哭流涕，大小官吏没有人敢不悲哀，因为太子亲自带头的缘故。’居上位的喜好什么，下面的人肯定会更加喜好。君子的德好比风；小人的德好比草，风向哪边吹，草就向哪边倒。这件事完全取决于太子。”

然友回国复命。

太子说："对，这事取决于我。"

于是太子住在丧庐中五个月，不曾颁布过命令和戒令。官吏和同族们都很赞成，认为这样做是知礼。等待举行葬礼的时候，四面八方的人都来观礼，太子容色的悲惨，哭泣的哀痛，使前来吊丧的人都非常满意。

滕文公问为国。

孟子曰："民事不可缓也。《诗》云[①]：'昼尔于茅，宵尔索绹；亟其乘屋[②]，其始播百谷。'民之为道也，有恒产者有恒心，无恒产者无恒心。苟无恒心，放僻邪侈，无不为已。及陷乎罪，然后从而刑之，是罔民也。焉有仁人在位，罔民而可为也？是故贤君必恭俭礼下，取于民有制。阳虎[③]曰：'为富不仁矣，为仁不富矣。'"

"夏后氏五十而贡，殷人七十而助，周人百亩[④]而彻，其实皆什一也。彻者，彻[⑤]也；助者，藉[⑥]也。龙子[⑦]曰：'治地莫善于助，莫不善于贡。'贡者，校[⑧]数岁之中以为常。乐岁，粒米狼戾[⑨]，多取之而不为虐，则寡取之；凶年粪其田而不足，则必取盈焉。为民父母，使民盻盻然[⑩]，将终岁勤动，不得以养其父母，又称[⑪]贷而益之，使老稚转乎沟壑，恶在其为民父母也？夫世禄，滕固行之矣。《诗》云[⑫]：'雨我公田，遂及我私。'惟助为有公田。由此观之，虽周亦助也。"

"设为庠序学校[⑬]以教之。庠者，养也；校者，教也；序者，射也。夏曰校，殷曰序，周曰庠；学则三代共之。皆所以明人伦也。人伦明于上，小民亲于下。有王者起，必来取法，是为王者师也[⑭]。"

"《诗》云[⑮]：'周虽旧邦，其命惟新。'文王之谓也。子力行之，亦以新子之国！"

使毕战[⑯]问井地[⑰]。

孟子曰："子之君将行仁政，选择而使子，子必勉之！夫仁政，必自经界始。经界不正，井地不均[⑱]，谷禄[⑲]不平，是故暴君污吏必漫其经界。经界既正，分田制禄可坐而定也。"

"夫滕，壤地褊小，将为[⑳]君子焉，将为野人焉。无君子，莫治野人；无野人，莫养君子。请野九一而助，国中什一使自赋。卿以下必有圭田[㉑]，圭田五十亩；余夫二十五亩。死徒无出乡，乡田同井，出入相友，守望相助，疾病相扶持，则百姓亲睦。方里而井，井九百亩，其中为公田。八家皆私百亩，同养公田；公事毕，然后敢治私事，所以别野人也。此其大略也，若夫润泽之，则在君与子矣。”

【注释】

①《诗》云：此处引《诗经·豳风·七月》诗句。 ②于茅、索绹、乘：于，往。茅，割茅草。索绹，搓绳子。乘，治、修。 ③阳虎：鲁国正卿季氏的家臣，与孔子同时，字货。曾一度挟持季氏，专鲁国国政，后因失败而出亡。 ④五十、七十、百亩：这只是孟子假托古史以阐述自己的理想。 ⑤彻：通。 ⑥藉：凭借。 ⑦龙子：古代贤人。 ⑧校：同“较”，比较。 ⑨狼戾：狼藉。 ⑩盻盻然：勤苦不休息的样子。 ⑪称：举。 ⑫《诗》云：此处引《诗经·小雅·大田》诗句。 ⑬庠、序、校：乡里学校的名称。 ⑭为王者师：朱熹注：“滕国偏小，虽行仁政，未必能兴王业；然为王者师，则虽不有天下，而其泽亦足以及天下矣。” ⑮《诗》云：此处引《诗经·大雅·文王》诗句。 ⑯毕战：滕国的臣子。 ⑰井地：即井田。 ⑱钧：同“均”。 ⑲谷禄：同义复词。古人俸禄用谷，所以“谷”有“禄”义。 ⑳为：有。 ㉑圭田：供祭祀用的田地。

【译文】

滕文公问孟子有关治理国家的问题。

孟子说：“百姓的事情是最要紧的。《诗经》上说：‘白天割取茅草，晚上搓成绳索，赶紧修缮房屋，到时播种五谷。’百姓的基本情况是：有固定产业的人才有固定的道德观念和行为准则，没有固定产业的人就不会有固定的道德观念和行为准则。假如没有固定的道德观念和行为准则，就会违法乱纪，胡作非为，什么事都干得出来。等到他们犯了罪，然后加以处罚，这等于是陷害百姓。哪有仁者执政却做出陷害百姓的事呢？所以贤明的君主一定要恭谦节俭，有礼貌地对待臣下，尤其是征收赋税有一定的节制。阳虎曾说过：‘要发财致富就不能讲仁爱，讲仁爱就不能发财致富。’”

“（古代的税收制度是：）夏代每五十亩地实行‘贡’法，商代每七十亩地实行‘助’法，周代每一百亩地实行‘彻’法，这三种制度都是十分抽一。‘彻’是‘通’的意思，‘助’是借助的意思。古代贤人龙子说过：‘田税最好是助法，最不好是贡法。’贡法是比较几年的收成取一个定数（做标准）。丰收年成，谷物遍地堆积，多征收一点也不算苛暴，却并不多征收；灾荒年成，收成连第二年肥田的费用都不够，却必须征满定额。君主号称百姓的父母，让百姓整年辛勤劳作，而结果却连养活父母都无能为力，还要借贷来补足赋税，致使一家老小抛尸于山沟之中，作为百姓父母的作用又在哪儿呢？做大官的人都有世代相袭的俸禄，这一办法滕国早就实行了，（为什么百姓不能有一定的田地收入呢?)《诗经》上说：‘雨水先落在公田里，然后再落到私田。’只有助法才有公田，从这点看，就是在周朝，也是实行助法的。”

“要兴办庠、序、学、校来教育百姓。‘庠’的意思是培养，‘校’的意思是教导，‘序’的意思是习射。(地方学校)夏代叫‘校’，商代叫‘序’，周代叫‘庠’。至于学，是三代共有的称呼。教育的目的是阐明人与人之间的伦理道德关系。这些道德关系，在上面的诸侯大夫都明白了，下面的小民百姓自然会亲密无间。如果有圣王兴起，一定会来效法，这样便做了圣王的老师了。”

“《诗经》上说：‘周虽然是一个古老的国家，国运却充满着新气象。’这是赞美文王的诗句。你努力实行吧，也让你的国家气象一新!”

滕文公又派毕战问井田制的问题。

孟子说：“你的君主准备实行仁政，选择你来问我，你一定要努力去做。实行仁政，一定要从划分田界开始。田界划分得不正确，井田的大小就不均匀，作俸禄的田租也不会公平合理，所以，暴虐的君王、贪官污吏一定要打乱正确的田界。如果田界正确了，分配百姓以田地、制定官吏的俸禄，都可以毫不费力地决定了。”

“滕国的土地狭小，可也得有官吏有百姓。没有官吏，就没有人管理百姓；没有百姓，也就没有人养活官吏。我建议：郊野用九分抽一的助法，城市用十分抽一的贡法。公卿以下的官吏一定得有祭祀用的圭田，每家五十亩；如果他家还有多余的劳力，每个劳力再各给二十五亩。无论是埋葬或是搬迁，都不能离开本乡本土。同一井田的各家，出入往来，相互友爱；防御盗贼，相互帮助；患有疾病，相互照顾，那么百姓之间就能亲爱和睦。每一里见方的土地为一个井田，每一井田有九百亩，当中一百亩是公田，另外八百亩分给八家作私田。这八家共同来耕种公田。公田耕作完了，再去料理私人的事务，这就是区别官吏和百姓的办法。这不过只是个大概，至于怎样安排调度，那就在于你的君王和你本人了。”

有为神农之言[①]者许行，自楚之滕，踵门而告文公曰：“远方之人闻君行仁政，愿受一廛而为氓[②]。”

文公与之处。

其徒数十人，皆衣褐，捆[③]屦、织席以为食。

陈良[④]之徒陈相与其弟辛负耒耜而自宋之滕，曰：“闻君行圣人之政，是亦圣人也。愿为圣人氓。”

陈相见许行而大悦，尽弃其学而学焉。

陈相见孟子，道许行之言曰："滕君则诚贤君也；虽然，未闻道也。贤者与民并耕而食，饔飧[5]而治。今也滕有仓廪府库，则是厉[6]民而以自养也，恶得贤？"

孟子曰："许子必种粟而后食乎？"

曰："然。"

"许子必织布而后衣乎？"

曰："否。许子衣褐。"

"许子冠乎？"

曰："冠。"

曰："奚冠？"

曰："冠素。"

曰："自织之与？"

曰："否。以粟易之。"

曰："许子奚为不自织？"

曰："害于耕。"

曰："许子以釜甑爨，以铁[7]耕乎？"

曰："然。"

"自为之与？"

曰："否。以粟易之。"

"以粟易械器者，不为厉陶冶；陶冶亦以其械器易粟者，岂为厉农夫哉？且许子何不为陶冶，舍[8]皆取诸宫中[9]而用之？何为纷纷然与百工交易？何许子之不惮烦？"

曰："百工之事，固不可耕且为也。"

"然则治天下独可耕且为与？有大人[10]之事，有小人之事。且一人之身，而百工之所为备，如必自为而后用之，是率天下而路[11]也。故曰：或劳心，或劳力；劳心者治人，劳力者治于人；治于人者食人，治人者食于人，天下之通义也。"

"当尧之时，天下犹未平。洪水横流，泛滥于天下。草木畅茂，禽兽繁殖，五谷不登，禽兽偪[12]人，兽蹄鸟迹之道交于中国。尧独忧之，举舜而敷[13]治亚。舜使益掌火，益烈山泽而焚之，禽兽逃匿。禹疏九河[14]，瀹济、漯[15]而注诸海，决汝、汉，排淮、泗而注之江[16]，然后中国可得而食也。当时是也，禹八年于外，三过其门而不入，虽欲耕，得乎？”

“后稷[17]教民稼穑，树艺五谷[18]。五谷熟而民人育。人之有道也，饱食、暖衣、逸居而无教，则近于禽兽。圣人有[19]忧之，使契[20]为司徒，教以人伦——父子有亲，君臣有义，夫妇有别，长幼有序，朋友有信。放勋[21]曰：‘劳之来之，匡之直之，辅之翼之，使自得之，又从而振德之。’圣人之忧民如此，而暇耕乎？”

“尧以不得舜为己忧，舜以不得禹、皋陶[22]为己忧。夫以百亩之不易为己忧者，农夫也。分人以财谓之惠，教人以善谓之忠，为天下得人者谓之仁。是故以天下与人易，为天下得人难。孔子曰：‘大哉尧之为君！惟天为大，惟尧则之，荡荡乎民无能名焉！君哉舜也！巍巍乎有天下而不与焉！’尧舜之治天下，岂无所用其心哉？亦[23]不用于耕耳。”

“吾闻用夏变夷者，未闻变于夷者也。陈良，楚产也，悦周公、仲尼之道，北学于中国。北方之学者，未能或之先也。彼所谓豪杰之士也。子之兄弟事之数十年，师死而遂倍[24]之。昔者孔子没，三年之外，门人治任[25]将归，入揖于子贡，相向而哭，皆失声，然后归。子贡反，筑室于场，独居三年，然后归。他日，子夏、子张、子游以有若似圣人，欲以所事孔子事之，强曾子。曾子曰：‘不可。江汉以濯之，秋阳以暴[26]之，皜皜乎不可尚已。’今也南蛮鴂舌[27]之人，非先王之道，子倍子之师而学之，亦异于曾子矣。吾闻出于幽谷迁于乔木者，未闻下乔木而入于幽谷者。《鲁颂》曰[28]：‘戎狄是膺，荆舒是惩。’周公方且膺之，子是之学，亦为不善变矣。”

“从许子之道，则市贾[29]不贰，国中无伪，虽使五尺[30]之童适市，莫之或欺。布帛长短同，则贾相若；麻缕丝絮轻重同，则贾相若；五谷多寡同，则贾相若；屦大小同，则贾相若。”

曰：“夫物之不齐，物之情也。或相倍蓰[31]，或相什伯，或相千万。子比而同之，是乱天下也。巨屦小屦[32]同贾，人岂为之哉？从许子之道，相率而为伪者也，恶能治国家？”

【注释】

①神农之言：神农，上古传说中的人物，与伏羲、燧人并称三皇。春秋战国诸子，多托所谓古代圣主以自重，当时的农家学派也托之于神农。 ②氓：从其他地方来的人称为“氓”。 ③捆（kǔn）：织。 ④陈良：梁启超《先秦政治思想史》认为即《韩非子·显学》中的“仲良氏之儒”。 ⑤饔飧（yōng sūn）：饔，早餐。飧：晚餐。此处用作动词，即做饭。 ⑥厉：病。此处作“伤害”讲。 ⑦铁：此指农具。 ⑧舍：什么。 ⑨宫中：家中。古时住宅

都称为宫，秦汉以后才专指帝王所居为宫。 ⑩大人：与“小人”相对，或指德者，或指有地位者。此处指后者。 ⑪路：败。 ⑫偪：古“逼”字。 ⑬敷：遍。 ⑭九河：指徒骇、太史、马颊、覆釜、胡苏、简、絜、钩盘、鬲津。⑮济、漯：济，水名，源自今河南济源王屋山。漯（tà），水名，古漯水出自今山东朝城。 ⑯决汝、汉，排淮、泗而注之江：这是孟子在叙述禹治水的功劳，不必拘泥文字。 ⑰后稷：相传为周朝始祖，姬姓，名弃。帝尧时农师。 ⑱五谷：指稻、黍、稷、麦、菽。 ⑲有：同“又”。 ⑳契（xiè）：相传为殷朝的祖先。 ㉑放勋：帝尧的名字。 ㉒皋陶（gāo yáo）：传说中东夷族首领，虞舜时任司法官。㉓亦：但。 ㉔倍：同“背”。 ㉕治任：收拾行李。 ㉖暴：“曝”的本字。 ㉗鴃（jué）舌：说话像鸟语一样难懂。 ㉘《鲁颂》曰：此处引《诗经·鲁颂·閟宫》诗句。 ㉙贾：同“价”。 ㉚五尺：约合今三尺半。 ㉛蓰（xī）：五倍。 ㉜巨屦小屦：巨，粗。小，细。

【译文】

有一个奉行神农氏学说的人叫许行，从楚国到滕国，谒见滕文公，说：“我这个远方而来的人听说您实行仁政，希望能得到一个住所，做您的百姓。”

滕文公给了他房屋。

他的门徒几十个人，都穿着粗麻织成的衣服，以打草鞋、编席子为生。

陈良的门徒陈相和他的弟弟陈辛，背着农具，从宋国来到滕国，说：“听说您实行圣人之政，那么，您也是圣人了。我愿意做圣人的百姓。”

陈相见了许行，非常高兴，完全抛弃了以前的学说而向许行学习。

陈相来见孟子，转述了许行的话，说道：“滕君的确是个贤明的君主，虽然如此，但他还不是真正懂得治国的道理。贤明的君主应当和百姓一起耕种，一起吃饭，自己做饭，并且还要治理国家。如今滕国有储存粮食的仓库，存放财物的库府，这是伤害百姓来奉养自己，怎能是贤明呢？”

孟子说：“许子一定是自己种庄稼才吃饭吗？”

陈良说：“对。”

“许子一定自己织布才穿衣吗？”

“不，许子只穿粗麻织成的衣服。”

“许子戴帽子吗？”

答道：“戴。”

孟子问：“戴什么帽子？”

答道：“戴白丝绸的帽子。”

孟子问：“是自己织的吗？”

答道：“不，是用谷米换来的。”

孟子问："为什么不自己织呢？"

答道："因为妨碍种庄稼。"

孟子问："许子用锅甑做饭，用铁器耕田吗？"

答道："对。"

"自己做的吗？"

答道："不，是用谷米换来的。"

孟子说："用谷米换取炊具和农具，不能说是对瓦匠和铁匠的伤害；那么瓦匠和铁匠用炊具和农具换取粮食，难道说是伤害了农夫吗？而且许子为什么不亲自烧窑、冶铁，什么东西都从自己家里取用？为什么许子要一次又一次地与工匠做买卖？为什么许子这样不怕麻烦？"

陈相答道："各种工匠的工作，本来就不是边耕种边做手艺的。"

孟子说："那么，难道管理国家就能做到边耕种边治理吗？有官吏做的事情，有百姓做的事情。一个人（所需要的生活用品）必须靠各种工匠的工作才能齐备，如果一件件东西都要自己制造出来才去用它，这是率领天下的人疲于奔命。所以说，有的人做脑力劳动，有的人做体力劳动；脑力劳动者统治别人，体力劳动者被别人统治；被别人统治者供养别人，统治别人者被别人供养，这是通行天下的道理。"

"在尧的时代，天下还不安定，洪水横流，四处泛滥，草木茂密，鸟兽成群的繁殖，五谷却没有收成，禽兽危害人类，到处都有兽蹄鸟迹。尧为此感到忧愁，把舜选拔出来负责治理工作。舜派伯益掌管火政，伯益便点火焚烧山野沼泽，使鸟兽逃散隐匿。禹疏通九河，掘通济水和漯水，引入大海，挖掘汝水和汉水，疏濬淮水和泗水，引入长江，然后中原地区才可以耕种。在这个时候，禹在外治水八年，三次经过自己的家门都没有进去，即使他想亲自种庄稼，可能吗？"

"后稷教导百姓耕种庄稼，栽培五谷。五谷成熟了就可以养育百姓。人之所以为人，吃饱了，穿暖了，住的安逸了，如果没有教养，也和禽兽差不多。圣人又为此忧虑，便派契担任司徒，教育人伦道德——父子之间有骨肉之亲，君臣之间有礼义之道，夫妻之间有内外之别，老少之间有长幼之序，朋友之间有真诚之信。尧说：'督促他们，安抚他们，开导他们，纠正他们，帮助他们，保护他们，使他们各得其所，然后加以提携和教诲。'圣人为百姓考虑地如此周到而烦苦，还有闲暇去种庄稼吗？"

"尧为得不着舜这样的人而忧虑，舜为得不着禹和皋陶这样的人而忧虑。

为百亩之田没有种好而忧虑的，那是农夫。把钱财分给别人的叫做惠，把为善之道教给别人的叫做忠，为天下找到出色的人才的叫做仁。所以说，把天下让给别人容易，为天下找到出色的人才却困难。孔子说：‘伟大啊，尧这样的圣君！只有天最伟大，也只有尧能效法天。尧的圣德广阔无边，人们找不到恰当的词来赞美他！舜也是了不起的圣君！多么崇高伟大，虽然拥有天下，自己却不享受！’尧舜治理天下，难道不用心思吗？只是没有用在种庄稼上罢了。”

“我只听说过用华夏的先进来改变落后的狄夷，没听说过用狄夷改变华夏。陈良，本是生长在楚国，却喜爱周公、孔子的学说，由南而北到中原来学习，北方的读书人还没有能超过他的，他真所谓豪杰之士啊。你们兄弟向他学习了几十年，他一死，竟背叛了他。从前，孔子去世了，他的门徒们守孝三年之后，收拾行李准备回家，行前到子贡处作揖告别，相对而哭，泣不成声，然后才回去。子贡又到墓地重新筑屋，独自住了三年，这才回去。过了些时候，子夏、子张、子游认为有若有点像孔子，想以尊敬孔子之礼来尊敬他，还勉强曾子同意。曾子说：‘不行。就好像用江、汉之水洗濯过，在阳光下曝晒过，真是洁白的无以复加了。（谁能和孔子相比呢？）’现在许行这南方蛮子，说话怪腔怪调，也来指责祖先圣王之道，你们却背叛你们的老师去向他学习，那和曾子的态度便相反了。我听说有飞出幽暗深谷而迁到大树上的鸟，没有听说过离开高大的树木而飞进幽暗深谷的鸟。《鲁颂》上说：‘攻击戎狄，痛惩荆舒。’（楚国这样的国家，）周公还要攻击他，你却向他学习，这也是不善于用华夏改变狄夷。”

陈相说：“如果按照许子的学说，就会做到市场上物价一致，人人都没有欺诈行为，即使让一个小孩子去市场，也没有人欺骗他。布匹丝绸的长短一样，价钱便一样；麻线丝棉的轻重一样，价钱便一样；谷米的多少一样，价钱便一样；鞋的大小一样，价钱便一样。”

孟子说：“各种东西的品种质量不一样，这是自然的。它们的价格有的相差一倍五倍，有的相差十倍百倍，有的相差千倍万倍。要使它们完全一致，就是扰乱天下。好鞋和坏鞋价钱相同，人们会这样干吗？听从许子的主张，是带领大家相互欺诈，怎能治理好国家呢？”

墨者[①]夷之因徐辟[②]而求见孟。孟子曰：“吾固愿见，今吾尚病。病愈，我且往见，夷子不[③]来！”

他日，又求见孟子。孟子曰：“吾今则可以见矣。不直，则道不见[④]：我且直之。吾闻夷子墨者。墨之治丧也，以薄为其道也[⑤]。夷子思以易天下，岂以为非是而不贵也。然而夷子葬其亲厚，则是以所贱事亲也。”

徐子以告夷子。

夷子曰：“儒者之道，古之人若保赤子，此言何谓也？之则以为爱无差等，施由亲始。”

徐子以告孟子。

孟子曰：“夫夷子信以为人之亲其兄之子为若亲其邻之赤子乎？彼有取尔也：赤子匍匐将入井，非赤子之罪也。且天之生物也，使之一本，而夷子二本故也。盖上世尝有不葬其亲者，其亲死，则举而委之于壑。他日过之，狐狸食之，蝇蚋姑嘬[⑥]之，其颡有泚[⑦]，睨而不视。夫泚也，非为人泚，中心达于面目。盖归反虆梩[⑧]而掩之。掩之诚是也，则孝子仁人之掩其亲，亦必有道矣。”

徐子以告夷子。夷子怃然为间曰：“命[⑨]之矣。”

【注释】

①墨者：信奉墨子学说的人。 ②徐辟：孟子的弟子。 ③不：勿。 ④见：同“现”。 ⑤“墨之治丧”两句：墨子著《薄葬篇》，主张薄葬。 ⑥蝇蚋姑嘬：蚋（ruì），昆虫，形似蝇。姑，此处作“咀嚼”讲。 ⑦泚（cǐ）：出汗的样子。 ⑧虆梩（léi sì）：虆，盛土的筐子。梩，铲土的工具。 ⑨命：“教”的意思。

【译文】

墨家的信徒夷之通过徐辟的关系求见孟子。孟子说：“我本来愿意相见，但我现在有病，病好了，我会去看他，他不必来！”

过了一段时间，夷子又要求会见孟子。孟子说：“我现在可以会见他。但是，如果不直话直说，真理表现不出来，我姑且照直说吧。我听说夷子是墨家的信徒，墨家办理丧事，以节俭为原则。夷子也想以薄葬来改变天下，自然是认为不薄葬就不足为贵。但是他自己埋葬他的父母却相当丰厚，那便是以他所轻贱的东西来对待他的父母了。”

徐子把这话告诉了夷子。

夷子说：“儒家的学说认为，古代君王爱护百姓好像爱护婴儿一样，这句话是什么意思呢？我认为这是说人与人的爱并没有亲疏远近的区分，只是实行起来从父母开始罢了。”

徐子又把这话告诉了孟子。

孟子说：“夷子真的相信人们爱他的侄儿，和爱邻居的婴儿一样吗？他不过是根据这一点：婴儿在地上爬行，快要掉到井里了，这自然不是婴儿的过错。（这时候，不管是谁见了都会去救的。但这只是一个特殊的例子。）况且天生万物，只有一个根源，（就人来说，只有父母，）而夷子却认为有两个根源。大概上古时曾有过不埋葬父母的人，父母死了，抬着尸体抛弃在山沟里。以后经过那里，看到狐狸正在咬食尸体，苍蝇蚊子在咀吮尸体，不禁额头上流汗，斜着眼不敢正视。这种流汗，不是流给别人看的，而是由于内心悔恨而在外表上显露出来。他会回家拿了铲子、土筐把尸体掩埋起来。掩埋尸体诚然是对的，那么，孝子仁人埋葬他们的父母，自然有他的道理了。”

徐子把这话告诉了夷子，夷子很怅然地停了一会儿，说：“我明白了。”

滕文公下

陈代[①]曰：“不见诸侯，宜若小然；今一见之，大则以王，小则以霸。且《志》曰：‘枉尺而直寻[②]。’宜若可为也。”

孟子曰：“昔齐景公田，招虞人以旌[③]，不至，将杀之。志士不忘在沟壑，勇士不忘丧其元。孔子奚取焉？取非其招不往也。如不待其招而往，何哉？且夫枉尺而直寻者，以利言也。如以利，则枉寻直尺而利，亦可为与？昔者赵简子[④]使王良[⑤]与嬖奚[⑥]乘，终日而不获一禽。嬖奚反命曰：‘天下之贱工也。’或以告王良。良曰：‘请复之。’强而后可，一朝而获十禽。嬖奚反命曰：‘天下之良工也。’简子曰：‘我使掌与女乘。’谓王良。良不可，曰：‘吾为之范[⑦]我驰驱，终日不获一；为之诡遇[⑧]，一朝而获十。《诗》云[⑨]：‘不失其驰，舍矢如破。’我不贯[⑩]与小乘，请辞。’御者且羞与射者比，比而得禽兽，虽若丘陵，弗为也。如枉道而从彼，何也？且子过矣：枉己者，未有能直人者也。”

【注释】

①陈代：孟子的弟子。　②寻：长度单位，八尺为一寻。　③招虞人以旌：虞人，守苑囿的官吏。旌，饰以羽毛的旗。古代君王有所召唤，一定有相当的信物为凭，召唤大夫用旌，召唤士用弓，若是召唤虞人用皮冠。因此用旌召唤虞人是不合礼仪的。　④赵简子：晋国正卿赵鞅。　⑤王良：春秋末年的善御者。　⑥嬖奚：嬖，即“嬖人”，奚是其名。　⑦范：规范。此指按规则驾车。　⑧诡遇：不按规则驾车。　⑨《诗》云：此处引《诗经·小雅·车攻》诗句。　⑩贯：通“惯”。

【译文】

陈代说：“不去谒见诸侯，似乎只是拘泥于小节吧；现在去谒见诸侯，从大处讲可以实行仁政，统一天下；从小处讲，可以改变局面，成就霸业。而且《志》上说：‘所曲折的只有一尺，而所伸直的却有八尺。’好像可以干一番。”

孟子说：“从前齐景公去打猎，用有羽毛装饰的旌旗召唤管理猎场的官吏，（因不合礼仪，）猎场官吏不去，景公便准备杀他。但有志之士不怕死后弃尸山沟，勇敢的人不怕掉脑袋。孔子赞许他哪一点呢？就是赞许他对于不合礼的召唤，他硬是不去。假如我不等诸侯的召唤便前往，那又是怎样的呢？而且你说所曲折的只有一尺，所伸直的却有八尺，这完全是从谋利的观点而言。如果只讲利益，屈折八尺伸直一尺也有利益，也可以干吗？从前赵简子命令王良为他的一个叫奚的宠臣驾车去打猎，整整一天也没有打到一只鸟。奚向赵简子报告说：‘王良是天下最拙劣的驾车人。’有人把这话告诉了王良。王良说：‘请再来一次。’奚勉强同意，结果一个早上便打中十只鸟。奚又回报说：‘王良是天下最好的驾车人。’赵简子说：‘那么，我就叫他专门为你驾车。’便同王良说，王良不肯，说：‘我为他按规矩驾车，整天打不着一只鸟；为他违背规矩驾车，一个早上便打到十只。可是《诗经》上说过：“按照规矩而驾车，箭一放出便中的。”我不习惯为小人驾车，这差事我不能担当。’一个驾车人尚且以同坏的射手合作为耻，这种合作得到的猎物即使堆积如山，也不肯去做。如果我们屈辱自己的志向而去追随诸侯，那只是为什么呢？而且你错了，自己不正直的人，是从来不能使别人正直的。”

景春[①]曰：“公孙衍[②]、张仪[③]，岂不诚大丈夫哉？一怒而诸侯惧，安居而天下息。”

孟子曰：“是焉得为大丈夫乎？子未学礼乎？丈夫之冠[④]也，父命之；女子之嫁也，母命之，往送之门，戒之曰：‘往之女家，必敬必戒，无违夫子！’以顺为正者，妾妇之道也。居天下之广居，立天下之正位，行天下之大道[⑤]。得志与民由之，不得志独行其道。富贵不能淫，贫贱不能移，威武不能屈，此之谓大丈夫。”

【注释】

①景春：人名，与孟子同时代人。　②公孙衍：即魏人犀首，是当时著名的说客。　③张仪：魏人，战国时期的纵横家。　④丈夫之冠：古时男子到二十岁，便叫做成人，行加冠礼。　⑤居天下之广居，立天下之正位，行天下之大道：朱熹的注解为：“广居，仁也；正位，礼也；大道，义也。”

【译文】

景春说："公孙衍和张仪难道不是真正的大丈夫吗？他们一发怒，诸侯便都害怕，他们安静下来，天下便太平无战事。"

孟子说："这怎么能叫做大丈夫呢？你没有学过礼吗？男子举行加冠礼的时候，父亲给以训导；女子出嫁的时候，母亲给以训导，送她到门口，告诫她说：'到了夫家，一定要恭敬，要谨慎，不要违背丈夫。'以顺从为原则，这是妇女之道。至于男子，应当住在天下最广阔的住宅（仁）里，站在天下最正确的位置（礼）上，走在天下最光明的大路（义）上。得志的时候，偕同百姓沿着大道前进；不得志的时候，也独自坚持自己的原则。富贵不能使他迷乱心智，贫贱不能改变他的意志，威武不能使他屈膝变节，这样才能叫做大丈夫。"

周霄[①]问曰："古之君子仕乎？"

孟子曰："仕。《传》曰：'孔子三月无君，则皇皇[②]如也。出疆必载质[③]。'公明仪曰：'古之人三月无君，则吊[④]。'"

"三月无君则吊，不以急乎？"

曰："士之失位也，犹诸侯之失国家也。《礼》曰[⑤]：'诸侯耕助，以供粢盛[⑥]；夫人蚕缫，以为衣服[⑦]。牺牲[⑧]不成，粢盛不洁，衣服不备，不敢以祭。惟士无田，则亦不祭。'牲杀、器皿、衣服不备，不敢以祭，则不敢以宴，亦不足吊乎？"

"出疆必载质，何也？"

曰："士之仕也，犹农夫之耕也；农夫岂为出疆舍其耒耜哉？"

曰："晋国[⑨]亦仕国也，未尝闻仕如此其急。仕如此其急也，君子之难仕，何也？"

曰："丈夫生而愿为之有室，女子生而愿为之有家。父母之心，人皆有之。不待父母之命，媒妁之言，钻穴隙相窥，逾墙相从，则父母、国人皆贱之。古之人未尝不欲仕也，又恶不由其道。不由其道而往者，与钻穴隙之类也。"

【注释】

①周霄：魏国人，其年代当在梁惠王与襄王之时。 ②皇皇：同"惶惶"。 ③质：同"贽"或"挚"，初次见面表示诚意的礼物，士人一般用雉。 ④吊：内心悲戚。 ⑤《礼》

曰：此处引《礼记·祭统》。⑥粢盛（zī chéng）：盛在祭器内以供祭祀的谷礼。⑦衣服：专指祭祀穿用的衣服。⑧牺牲：祭祀时所杀的牲畜。⑨晋国：此处指魏。

【译文】

周霄问道："古代的君子做官吗？"

孟子答道："做官。《传》上说：'孔子要是三个月不被君王任用，就惶惶不安。离开一个国家，一定要带着和别国君主初次见面的礼物。'公明仪也说过：'古代人如果三个月不被君王任用，就心中悲伤。'"

周霄问："三个月不被君王任用，不也太急了吗？"

孟子答道："士失去了官位，就好像诸侯失掉了国家。《礼》上说：'诸侯亲自耕种用以祭祀的谷物；夫人亲自养蚕缫丝，用以做祭祀用服。牛羊不肥壮，谷物不洁净，祭服不齐备，不敢用来祭祀。士若没有（供给祭祀的）田地，也不能祭祀。'牛羊、祭具、祭服不齐备，不敢祭祀，也就不能举行宴会，这还不值得悲伤吗？"

周霄又问："离开国界一定带着见面礼物，又是什么道理呢？"

孟子答道："士人做官，好比农夫耕田；农夫难道离开国家就舍弃他的农具吗？"

周霄说："魏国也是一个有官可做的国家，我却不曾听说过求官这样急迫的。求官这样急迫，君子又不轻易做官，又是什么道理呢？"

孟子说："男孩子一生下来，父母便希望将来给他找妻室；女孩子一生下来，父母便希望将来给她找婆家。父母的这种心情，人人都有。但是，若不等待父母的许可，不经过媒人的介绍，自己便钻洞扒门缝相互窥探，爬墙头去私会，那么，父母和社会上的人都会看不起他们。古代的人并不是不想做官，只是厌恶不合乎礼义来求官，通过不合礼义的手段去做官，就和男女钻洞扒门缝是一样的。"

彭更[①]问曰："后车数十乘，从者数百人，以传食[②]于诸侯，不以泰乎？"

孟子曰："非其道，则一箪食不可受于人；如其道，则舜受尧之天下，不以为泰——子以为泰乎？"

曰："否。士无事而食，不可也。"

曰："子不通功易事，以羡[③]补不足，则农有余粟，女有余布；子如通之，则梓匠、轮舆[④]皆得食于子。于此有人焉，入则孝，出则悌，守先王之道，以待[5]后之学者，而不得食于子。子何尊梓匠、轮舆而轻为仁义者哉？”

曰：“梓匠、轮舆，其志将以求食也；君子之为道也，其志亦将以求食与？”

曰：“子何以其志为哉？其有功于子，可食而食之矣。且子食志乎？食功乎？”

曰：“食志。”

曰：“有人于此，毁瓦画墁[6]，其志将以求食也，则子食之乎？”

曰：“否。”

曰：“然则子非食志也，食功也。”

【注释】

①彭更：孟子的弟子。②传食：转食。③羡：多，余。④梓匠、轮舆：梓人、匠人为木工，轮人（制车轮）、舆人（制车厢）为制车工。⑤待：扶持。⑥墁：墙壁上的涂饰。

【译文】

彭更问道：“跟随的车子有几十辆，跟随的人有几百，走到哪都由诸侯供养，（您这样做）不也太过分了吗？”

孟子答道：“如果不合乎道理，就是一篮饭也不能接受；如果合理，舜接受了尧的天下，都不以为过分——你以为过分了吗？”

彭更说：“不。但是读书人不干事，白吃饭，是不可以的。”

孟子说：“你如果不与人交流劳动成果，互换各行业的产品，用多余的来弥补不足的，就会使农民有多余的粮食，妇女有多余的布匹，（但却不能互通有无；）如果能互通有无，那么，木匠、车工都能从你那里得到吃的（穿的）。假定这里有个人，在家孝顺父母，出外尊敬长辈，严守古代圣王之道，用来培养后来的学者，却不能从你这里得到吃的（穿的）。那么，你为什么重视木匠、车工，却轻视仁义之士呢？”

彭更说：“木匠、车工，他们的动机是为了谋生；君子追求真理，那动机也是为了谋生吗？”

孟子说：“为什么要论他们的动机呢？他们对你有功劳，可以给饭吃，便给他们饭吃。再者，你是论动机给饭吃呢？还是论功劳给饭吃？”

彭更说：“论动机。”

孟子说：“假如这里有个人，把屋瓦打碎，在墙壁上乱画，他的动机也是为了谋食，你给他饭吃吗？”

彭更说：“不给。”

孟子说：“那么，你不是论动机，而是论功劳的了。”

万章[1]问曰：“宋，小国也。今将行王政，齐、楚恶而伐之，则如之何？”

孟子曰：“汤居亳[2]，与葛[3]为邻，葛伯放[4]而不祀。汤使人问之曰：‘何为不祀？’曰：‘无以供牺牲也。’汤使遗之牛羊。葛伯食之，又不以祀。汤又使人问之曰：‘何为不祀？’曰：‘无以供粢盛也。’汤使亳众往为之耕，老弱馈食。葛伯率其民，要其有酒食黍稻者夺之，不授者杀之。有童子以黍肉饷，杀而夺之。《书》曰：‘葛伯仇饷。’此之谓也。为其杀是童子而征之，四海之内皆曰：‘非富天下也，为匹夫匹妇复仇也。’汤始征，自葛载[5]，十一征而无敌于天下。东面而征，西夷怨，南面而征，北狄怨，曰：‘奚为后我？’民之望之，若大旱之望雨也。归市者弗止，芸者不变，诛其君，吊其民，如时雨降，民大悦。《书》曰：‘徯我后？后来其无罚！’‘有攸[6]不惟臣，东征，绥厥士女，篚厥玄黄[7]，绍我周王见休[8]，惟臣附于大邑周。’其君子实玄黄于篚以迎其君子，其小人箪食壶浆以迎其小人。救民于水火之中，取其残而已矣。《太誓》曰：‘我武惟扬，侵于[9]之疆，则取于残，杀伐用张，于汤有光。’不行王政云尔，苟行王政，四海之内皆举首而望之，欲以为君。齐、楚虽大，何畏焉？”

【注释】

①万章：孟子的弟子。 ②亳（bó）：地名，商汤都城。据《汉书·地理志》，在今商丘北。 ③葛：古国名，嬴姓，故城在今河南宁陵县北。 ④放：放纵、放肆。 ⑤载：始。 ⑥攸：攸国。 ⑦篚厥玄黄：篚（fěi），盛物的竹器，此处用作动词，把东西装在筐中。玄黄，本为束帛的颜色，此处代指束帛。 ⑧休：美。 ⑨于：古国名。

【译文】

万章问道：“宋国是个小国家，如今想实行仁政，齐、楚两个大国却因此嫉恨，而出兵攻打它，怎么办呢？”

孟子说：“汤住在亳地，和葛国是邻国，葛伯放纵无道，不行祭祀之礼。汤派人去问：‘为什么不祭祀？’答道：‘没有牛羊做祭品。’汤派人给他送去牛羊。葛伯把牛羊吃了，却不用来祭祀。汤又派人去问：‘为什么不祭祀？’答道：‘没有谷米做祭物。’汤派亳地的百姓去为他们耕种，老弱者给耕田的人送饭。葛伯却领着他的百姓拦截那些拿着酒菜的送饭人进行抢夺，不肯交出来的便杀掉。有个小孩子去送饭和肉，葛伯竟杀死孩子，抢走饭和肉。《尚书》上说：‘葛伯仇视送饭人’，说的就是这件事。汤因为葛伯杀了这个小孩子而征讨他，天下的人都说：‘汤不是贪图天下的财富，而是为老百姓报仇。’汤的征伐是从葛国开始的，出征十一次，无敌于天下。向东方出征，西方的夷人就埋怨，向南方出征，北方的狄人就埋怨，说：‘为什么不先打我们这里？’老百姓盼望他，正像大旱之年盼望雨水一样。（作战的时候，）做买卖的没有停止，种地的依然种地，杀掉暴虐的君主，安抚百姓，就像及时雨从天而降，老百姓非常高兴。《尚书》中说：‘等待我们的王！王来了我们便不再受罪了！’又说：‘攸国不肯臣服，周王便东征讨伐，安定男女百姓，把黑色和黄色的丝帛装满筐，请求和周王相见，得到光荣，作大周国的臣民。’那里的君子把黑色和黄色的丝帛装满筐来迎周国的君子，百姓用筐盛饭、用壶装酒来迎接周国的百姓。周王出师是把百姓从水深火热中解救出来，除掉残暴的君主罢了。《太誓》上说：‘我们的威武要发扬，攻打到于国的疆土上，杀掉那残暴的君王，把一切该死的清除光，这样的功绩比汤还要辉煌。’不实行仁政便罢了，如果实行仁政，天下的人都举首盼望着，要拥护他做君王；齐国、楚国虽然强大，有什么害怕的呢？”

孟子谓戴不胜[①]曰：“子欲子之王之善与？我明告子。有楚大夫于此，欲其子之齐语也，则使齐人傅诸？使楚人傅诸？”

曰：“使齐人傅之。”

曰：“一齐人傅之，众楚人咻[②]之，虽日挞而求其齐也，不可得矣；引而置之庄岳[③]之间数年，虽日挞而求其楚，亦不可得矣。子谓薛居州，善士也，使之居于王所。在于王所者，长幼卑尊皆薛居州也，王谁与为不善？在王所者，长幼卑尊皆非薛居州也，王谁与为善？一薛居州，独[④]如宋王何？”

【注释】

①戴不胜：人名，宋国之臣。 ②咻（xiū）：喧哗。 ③庄岳：齐国的街里名。据顾炎武《日知录》庄是街名，岳是里名。 ④独：将。

【译文】

孟子对戴不胜说：“你想让你的君王向善吗？我明白告诉你。（比如说）

有一个楚国的大夫，想让他的儿子学说齐国话，那么，是让齐国人来教他呢？还是让楚国人来教他？”

答道：“让齐国人来教。”

孟子说：“一个齐国人来教他，却有许多楚国人来打扰，即使每天鞭打他，逼他说齐国话，也是做不到的；假如把他领到齐国的庄街、岳里去住上几年，即使每天鞭打他，逼他说楚国话，也是做不到的。你认为薛居州是个好人，让他住在王宫里。如果住在王宫里的人，无论长幼尊卑都是好人，那么，君王同谁去干坏事呢？如果王宫里的人，无论长幼尊卑都不是好人，那么，君王又能同谁干出好事来呢？一个薛居州又能把宋王怎么样呢？”

公孙丑问曰：“不见诸侯何义？”

孟子曰：“古者不为臣不见。段干木[①]逾垣而辟之，泄柳闭门而不内[②]，是皆已甚。迫，斯可以见矣。阳货欲见孔子[③]而恶无礼。大夫[④]有赐于士，不得受于其家，则往拜其门。阳货瞰[⑤]孔子之亡[⑥]也，而馈孔子蒸豚；孔子亦瞰其亡也，而往拜之。当是时，阳货先，岂得不见？曾子曰：‘胁肩谄笑，病于夏畦[⑦]。’子路曰：‘未同而言，观其色赧赧然，非由之所知也。’由是观之，则君子之所养，可知已矣。”

【注释】

①段干木：人名，魏文侯时的贤者。 ②内：同“纳”。③阳货欲见孔子：事见《论语·阳货》篇。“见”，为使动用法，意为阳货想让孔子来见。 ④大夫：阳货虽不是鲁国之卿，但为正卿季氏的总管，所以也得称大夫。而这时孔子未有官职，故称士。 ⑤瞰：窥伺，打听。 ⑥亡：出门不在家。 ⑦畦：灌园，浇水。

【译文】

公孙丑问道：“不主动去谒见诸侯，是什么道理？”

孟子答道：“在古代，如果不是诸侯的臣属，就不去谒见。段干木跳墙而走，躲避（魏文侯），泄柳紧闭大门不接待（鲁穆公），这都做得过分。如果迫不得已，也可以相见。阳货想让孔子来看他，自己又不愿失礼，（他就利用当时的礼节，）大夫对士有所赏赐，当时如果士不在家，不能亲自拜谢，则要前往大夫家里去拜谢。因此阳货探听到孔子不在家的时候，给他送去一个蒸乳猪；孔子也探听到阳货不在家时，才去答谢。在这个时候，阳货如果先去看孔子，孔子哪能不去看他呢？曾子说：‘耸着肩膀，做出讨好的笑脸，这比夏天在菜地里劳动还要累。'子路说：'分明心里不愿意，却勉强和他说话，脸上又表现出惭愧的颜色，这种人我是看不起的。'由此看来，君子怎样培养自己的品德，就可以知道了。"

戴盈之[1]曰："什一，去关市之征，今兹[2]未能。请轻之，以待来年，然后已，何如？"

孟子曰："今有人日攘[3]其邻之鸡者，或告之曰：'是非君子之道。'曰：'请损之，月攘一鸡，以待来年，然后已。'——如知其非义，斯速已矣，何待来年？"

【注释】

①戴盈之：宋国大夫。 ②兹：年。 ③攘：与偷窃有所不同，古人称"凡六畜自来而取之曰'攘'。"

【译文】

戴盈之说："实行十分抽一的税率，免除关卡和商品的赋税，今年还办不到，准备先减轻一些，等到明年再完全实行，怎么样？"

孟子说："现在有个人每天偷邻居一只鸡，有人告诉他说：'这不是君子的行为。'他说：'那就先减少一些，每个月偷一只，等到明年再完全不偷。'——如果知道这种行为不合道理，就应该马上停止，为什么要等到明年呢？"

公都子[1]曰："外人皆称夫子好辩，敢问何也？"

孟子曰："予岂好辩哉？予不得已也。天下之生久矣，一治一乱。当尧之时，水逆行，泛滥于中国，蛇龙居之，民无所定，下者为巢，上者为营窟[2]。《书》曰：'洚水警余。'洚水者，洪水也。使禹治之。禹掘地而注之海，驱蛇龙而放之菹[3]，水由地中行，江、淮、河、汉是也。险阻既远，鸟兽之害人者消，然后人得平土而居之。

尧、舜既没，圣人之道衰，暴君代作[4]。坏宫室以为污池，民无所安息；弃田以为园囿，使民不得衣食。邪说暴行又作，园囿、污池、沛泽多而禽兽至。及纣之身，天下又大乱。周公相武王诛纣，伐奄三年讨其君，驱飞廉[5]于海隅而戮之，灭国者五十，驱虎、豹、犀、象而远之，天下大悦。《书》曰：

‘丕[6]显哉，文王谟！丕承哉，武王烈，佑启我后人，咸以正无缺。’”

“世道衰微，邪说暴行有[7]作，臣弑其君者有之，子弑其父者有之。孔子惧，作《春秋》。《春秋》，天子之事也。是故孔子曰：‘知我者其惟《春秋》乎！罪我者其惟《春秋》乎！’”

“圣王不作，诸侯放恣，处士[8]横议，杨朱[9]、墨翟[10]之言盈天下。天下之言不归杨，则归墨。杨氏为我，是无君也；墨氏兼爱，是无父也。无父无君，是禽兽也。公明仪曰：‘庖有肥肉，厩有肥马；民有饥色，野有饿莩。此率兽而食人也。’杨、墨之道不息，孔子之道不著，是邪说诬民，充塞仁义也。仁义充塞，则率兽食人，人将相食。吾为此惧，闲[11]先圣之道，距杨、墨，放淫辞，邪说者不得作。作于其心，害于其事；作于其事，害于其政。圣人复起，不易吾言矣。”

“昔者禹抑洪水而天下平，周公兼夷狄驱猛兽而百姓宁，孔子成《春秋》而乱臣贼子惧。《诗》云：‘戎狄是膺，荆舒是惩，则莫我敢承[12]。’无父无君，是周公所膺也。我亦欲正人心，息邪说，距诐行，放淫辞，以承三圣者。岂好辩哉？予不得已也。能言距杨、墨者，圣人之徒也。”

【注释】

①公都子：孟子的弟子。 ②营窟：类似于窑洞。 ③菹（zū）：沼泽地带。 ④代作：代，更。代作，更代而作。 ⑤飞廉：殷纣王手下的勇夫，善走。 ⑥丕：大。 ⑦有：同“又”。 ⑧处士：有才德而隐居不仕的人。 ⑨杨朱：其人事迹可参看《庄子》及《淮南子》。 ⑩墨翟：鲁人，一说宋人，著有《墨子》一书。 ⑪闲：木栏，引申为防卫、捍卫。 ⑫承：抵御。

【译文】

公都子说：“别人都说您喜欢辩论，这是为什么呢？”

孟子说：“我难道喜欢辩论吗？我是迫不得已才辩论。人类社会存在已经很久了，太平一时，动乱一时。在唐尧的时代，洪水横流，到处泛滥，大地成为蛇、龙的居处，人们无处安身，低处的人在树上安身，高处的人便打洞穴居住。《尚书》说：‘洚水警告我们。’洚水就是洪水。尧命令禹来治水。禹疏通河道，把洪水引入大海，把蛇和龙驱赶到草泽里，水顺着河床流动，长江、淮河、黄河、汉水便是这样。危险既已消除，害人的鸟兽也逃匿了，人们才能在平原居住。”

“尧、舜死了以后，圣人之道逐渐衰落，残暴的君主不断出现，他们毁坏民宅来做深池，使百姓无处安身；破坏农田来做园林，使百姓没有吃穿。荒谬的学说、残暴的行为随之兴起，园林、深池、草泽多了起来，禽兽纷纷涌来。到商纣时，又天下大乱。周公辅助武王诛杀纣王，又讨伐奄国，三年之后又杀掉了奄君，并把飞廉赶到海边杀掉了他，一共有五十六个国家被消灭，把老虎、豹子、犀牛、大象赶到远方，天下的百姓非常高兴。《尚书》说：'多么辉煌啊，文王的谋略！多么伟大啊，武王的功绩！帮助我们，开导我们，直到后代，使大家都正确而没有缺点。'"

"世道衰落，道义衰微，荒谬的学说、残暴的行为又抬头了，有臣子杀死君王的，也有儿子杀死父亲的。孔子深为忧虑，写了一部《春秋》。《春秋》（作为历史著作，）本应是天子负责（指派人写作，孔子却不得已而作了。）所以孔子说：'了解我的人，是由于这部《春秋》，责骂我的人，也是由于这部《春秋》啊！'"

"（从那以后，）圣明的君主不再出现，诸侯无所忌惮，有才德而不出仕的士人也大发议论，杨朱、墨翟的学说充满天下。天下的言论不属于杨朱派便属于墨翟派。杨派主张一切为了个人，这是否定对君王的尽忠，就是目无君王；墨派主张天下同仁兼爱，这是否定对父亲的尽孝，就是无视父亲。目无父辈，目无君王，那就成了禽兽。公明仪说过：'厨房里有肥肉，马厩里有肥马，但老百姓都面有饥色，郊外躺着饿死的尸体，这等于是率领着野兽来吃人。'杨朱、墨翟的学说不禁止，孔子的学说就不能发扬，这便是荒谬的学说欺骗了百姓，阻塞了仁义的道路，也就等于率领野兽来吃人，人与人也将相互残杀。我为此而感到忧虑，准备捍卫古代圣人的学说，反对杨墨的学说，驳斥荒谬的言论，使发表谬论的人不能得逞。那些荒谬的学说，发于内心，便会危害工作；危害了事业，也就危害了政治。即使圣人再度兴起，也会同意我这番话的。"

"从前，大禹治服了洪水，天下才得到太平，周公兼并了夷狄，赶跑了猛兽，百姓才得以安宁，孔子写作了《春秋》，而使那些叛乱的臣子，不孝的儿子感到害怕。《诗经》上说：'攻击戎狄，惩罚荆舒，就没有人敢与我为敌。'目无父母、目无君上的人，正是周公所要惩罚的。我也要端正人心，消除邪说，反对偏激的行为，驳斥荒唐的言辞，继承大禹、周公、孔子三位圣人的事业。难道我喜欢辩论吗？我是迫不得已才辩论的。能够以言论来反对杨、墨的人，是圣人的门徒。"

匡章[①]曰："陈仲子[②]岂不诚廉士哉？居於陵[③]，三日不食，耳无闻，目无

见也。井上有李，螬[④]食实者过半矣，匍匐往，将[⑤]食之，三咽，然后耳有闻，目有见。”

孟子曰：“于齐国之士，吾必以仲子为巨擘[⑥]焉。虽然，仲子恶能廉？充仲之操，则蚓而后可者也。夫蚓，上食槁壤，下饮黄泉。仲子所居之室，伯夷之所筑与？抑亦盗跖[⑦]之所筑与？所食之粟，伯夷之所树与？抑亦盗跖之所树与？是未可知也。”

曰：“是何伤哉？彼身织屦，妻辟纑[⑧]，以易之也。”

曰：“仲子，齐之世家也。兄戴，盖[⑨]禄万钟。以兄之禄为不义之禄而不食也，以兄之室为不义之室而不居也，辟[⑩]兄离母，处于於陵。他日归，则有馈其兄生鹅者，已频顣[⑪]曰：‘恶用是鶃鶃[⑫]者为哉？’他日，其母杀是鹅也，与之食之。其兄自外至，曰：‘是鶃鶃之肉也。’出而哇之。以母则不食，以妻则食之。以兄之室则弗居，以于陵则居之。是尚为能充其类也乎？若仲子者，蚓而后充其操者也。”

【注释】

①匡章：齐国人，曾为齐威王将。其言行见于《战国策·齐策》、《吕氏春秋·不屈》等。②陈仲子：齐国人，亦称田仲、於陵仲子等。 ③於（wū）陵：地名，在今山东长山县南。 ④螬：蛴螬，金龟子的幼虫。 ⑤将：取。 ⑥巨擘（bò）：擘，大拇指，比喻杰出的人物。 ⑦盗跖：春秋时有名的大盗，柳下惠的兄弟。 ⑧辟纑：对麻的加工。 ⑨盖（gě）：地名，为陈戴的采邑。 ⑩辟：同“避”。 ⑪频顣：皱眉缩鼻，表示不高兴。 ⑫鶃鶃：鹅叫声。

【译文】

匡章说：“陈仲子难道不真是一个廉洁的人吗？他住在於陵，三天没有吃东西，耳朵没有了听觉，眼睛没有了视觉。井上有个李子，金龟子已蛀食了大半，他爬过去，拿来吃了，吃了三口，耳朵才有了听觉，眼睛才有了视觉。”

孟子说：“在齐国的士人中，我一定把仲子看作特别杰出的人物。但是，仲子怎能算是廉洁呢？要推广仲子的操行，只有把人变成蚯蚓之后才能办到。蚯蚓，在地面上吃干土，在地下喝泉水。（真是廉洁之至。）而仲子住的房子，是伯夷那样廉洁的人建造的呢？还是盗跖那样的强盗建造的呢？他所吃的粮食，是伯夷那样廉洁的人种植的呢？还是盗跖那样的强盗种植的呢？这都是不知道的。”

匡章说：“那有什么关系呢？他亲自编草鞋，他妻子绩麻练麻，用这些换来的。”

孟子说："仲子是齐国的宗族大家。他的哥哥陈戴，从盖邑收入的俸禄高达万钟之多。他却认为他哥哥的俸禄是不义之物，不去吃它；认为他哥哥的房屋为不义之房，不去住它。避开哥哥，离开母亲，独自住在於陵。有一天回到家里，恰巧有人给他哥哥送去一只活鹅，他皱着眉头说：'要这种哦哦叫唤的东西做什么呢?'过了几天，他母亲杀了这只鹅，给他吃鹅肉。他哥哥正好从外面回来，说：'这就是那只哦哦叫唤的东西呀。'他跑出门去把肉吐出来。母亲的东西不吃，却吃妻子的东西；哥哥的房子不住，却住在於陵。这还能算是推广廉洁之义到了顶点吗？像仲子这样的行为，只有把人变成蚯蚓后，才能推广到顶点。"

离 娄 上

孟子曰："离娄[①]之明、公输子[②]之巧，不以规矩，不能成方员；师旷[③]之聪，不以六律[④]，不能正五音[⑤]；尧舜之道，不以仁政，不能平治天下。今有仁心仁闻而民不被其泽，不可法于后世者，不行先王之道也。故曰，徒善不足以为政，徒法不能以自行。《诗》云[⑥]：'不愆不忘，率由旧章。'遵先王之法而过者，未之有也。圣人既竭目力焉，继之以规矩准绳，以为方员平直，不可胜用也；既竭耳力焉，继之以六律正五音，不可胜用也；既竭心思焉，继之以不忍人之政，而仁覆天下矣。故曰，为高必因丘陵，为下必因川泽。为政不因先王之道，可谓智乎？是以惟仁者宜在高位。不仁而在高位，是播其恶于众也。上无道揆[⑦]也，下无法守也，朝不信道，工不信度[⑧]，君子犯义，小人犯刑，国之所存者幸也。故曰，城郭不完，兵甲不多，非国之灾也；田野不辟，货财不聚，非国之害也。上无礼，下无学，贼民兴，丧无日矣。《诗》曰[⑨]：'天之方蹶，无然泄泄。'泄泄犹沓沓也。事君无义，进退无礼，言则非先王之道者，犹沓沓也。故曰，责难于君谓之恭，陈善闭邪[⑩]谓之敬，吾君不能谓之贼。"

【注释】

①离娄：相传为黄帝时人，目力极强，能于百步之外看到秋毫之末。 ②公输子：名班，鲁国人，因此又叫鲁班，著名建筑工匠。 ③师旷：晋平公的乐师，古代著名音乐家。 ④六律：指十二律中的六个阳律。十二律依次为：黄钟、大吕、太簇、夹钟、姑洗、仲吕、蕤宾、林钟、夷则、南吕、无射、应钟。其中奇数为"律"，偶数为"吕"。 ⑤五音：古代音阶，即宫、商、角、徵、羽。 ⑥《诗》云：此处引《诗经·大雅·假乐》诗句。 ⑦揆：度量。

⑧度：指尺码。 ⑨《诗》曰：此处引《诗经·大雅·板》诗句。 ⑩闭邪：意为“闭君主之邪心”。

【译文】

孟子说：“即使有离娄那样的目力，公输班那样的技巧，如果不用圆规和曲尺，也不能准确地画出方形和圆形；即使有师旷那样的听力，如果不用六律，也不能校正五音；即使有尧舜之道，如果不实行仁政，也不能治理好天下。现在的诸侯，虽有仁爱的心愿和仁爱的声誉，但百姓却受不到他的恩泽，他的政治也不值得后代效法，就是因为他们没有实行先代圣王之道。所以说，只有好的愿望，还不足以治理政治；只有好的办法，但它不能自动实行。《诗经》上说：‘不要偏离，不要遗忘，一切遵循传统的规章。’遵循前代圣王的法度而犯错误，是从来没有过的。圣人既已竭尽眼力，又用圆规、曲尺、水准、绳墨，制造出方的、圆的、平的、直的东西，这些东西便会用之不尽；圣人既已竭尽耳力，又用六律来校正了五音，各种音阶也就运用无穷了；圣人既已竭尽了脑力，又实行仁政，那么，仁爱就会遍及天下。所以说，筑高台一定要凭借丘陵，挖深池一定要凭借沼泽。治理天下不凭借先代圣王之道，能说是明智吗？因此，只有仁者才应该居于统治地位。如果不仁的人占据统治地位，就会把他的罪恶传播给民众。在上的没有道德规范，在下的没有法律制度，朝廷不守道义，工匠不守尺度，君子违犯义理，小人触犯刑法，国家还能生存的，那真是太侥幸了。所以说，城墙不坚固，军备不充足，并不是国家的灾难；田野没有开垦，物资不丰富，不是国家的祸害；在上的人没有礼义，在下的人没有教育，违法的人得势，国家的灭亡也就快了。《诗经》上说：‘上天正在动，不要这样多言。’多言即啰嗦。事君不义，进退无礼，说话便诋毁前代圣王之道，这就是‘喋喋多言’。所以说，用仁政来要求君王叫做‘恭’，向君王陈述仁义、抵制异端叫做‘敬’；如果认为君王不能行仁政就不去劝告，就叫做‘贼’。”

孟子曰：“规矩，方员之至[①]也；圣人，人伦之至也。欲为君，尽君道；欲为臣，尽臣道。二者皆法尧舜而已矣。不以舜之所以事尧事君，不敬其君者也；不以尧之所以治民治民，贼其民者也。孔子曰：‘道二，仁与不仁而已矣。’暴其民甚，则身弑国亡；不甚，则身危国削，名之曰‘幽’、‘厉’[②]，虽孝子慈孙，百世不能改也。《诗》云[③]：‘殷鉴不远，在夏后之世。’此之谓也。”

【注释】

①至；极。 ②幽、厉：昏暗乱常为幽，杀戮无辜为厉。都是恶谥号。 ③《诗》云：此处引《诗经·大雅·荡》诗句。

【译文】

孟子说：“圆规和曲尺是方圆的标准，圣人是做人的标准。作为君王，就要尽君王之道；作为臣子，就要尽臣子之道。这二者都效法尧舜就行了。不用舜服事尧的态度来服事君王，就是对君王的不恭敬；不用尧治理百姓的态度来治理百姓，就是对百姓的残害。孔子说：‘治理国家的方法有两种，行仁政和不行仁政罢了。’残害暴虐百姓太厉害，就会身死国亡；不太厉害，自身也会受到危害，国力会被削弱，死了的谥号叫做‘幽’，叫做‘厉’，即使他有孝子慈孙，历经百代也更改不了。《诗经》上说：‘殷商可借鉴的教训并不遥远，就是前一代的夏朝。’说的正是这个意思。”

孟子曰：“三代之得天下也以仁，其失天下也以不仁。国之所以废兴存亡者亦然。天子不仁，不保四海；诸侯不仁，不保社稷；卿大夫不仁，不保宗庙[①]；士庶人不仁，不保四体。今恶死亡而乐不仁，是犹恶醉而强[②]酒。”

【注释】

①宗庙：卿大夫有采邑然后有宗庙。此处宗庙实指采邑。 ②强：勉强。

【译文】

孟子说：“夏、商、周三代能够得到天下是由于行仁政，他们丧失天下是由于不行仁政。国家的兴起和衰败、生存和灭亡也是这个道理。天子如果不仁，就不能保住天下；诸侯如果不仁，就不能保住国家；卿大夫如果不仁，就保不住宗庙，士人和百姓如果不仁，就保不住自己的身体。现在有些人害怕死亡，却乐于不仁，这好比害怕醉酒，却要勉强喝酒一样。”

孟子曰：“爱人不亲，反其仁；治人不治，反其智；礼人不答，反其敬——行有不得者皆反求诸己，其身正而天下归之。《诗》云：‘永言配命，自求多福。’”

【译文】

孟子说："我爱别人，但别人不亲近我，就得反问自己，自己的仁爱够不够？我管理别人，但没有管理好，就得反问自己，自己的智慧和知识够不够？我礼貌地对待别人，但没有得到回敬，就得反问自己，自己的恭敬够不够？——任何行为如果没有得到预期的效果，都要反躬自问，只有自身端正，天下的人才会归向他。《诗经》上说：'常想着行为是否符合天意，幸福全靠自己寻求。'"

孟子曰："人有恒言，皆曰'天下国家'。天下之本在国，国之本在家，家之本在身。"

【译文】

孟子说："人们经常说这句话：'天下国家'。可见天下的根本在于国，国的根本在于家，而家的根本在于个人。"

孟子曰："为政不难，不得罪于巨室。巨室之所慕，一国慕之；一国之所慕，天下慕之。故沛然德教溢乎四海。"

【译文】

孟子说："搞政治并不难，只要不得罪那些世臣大家。因为他们所敬慕的，全国人都会敬慕；全国人所敬慕的，天下人都会敬慕。这样德教就可以浩浩荡荡地洋溢于天下了。"

孟子曰："天下有道，小德役大德[①]，小贤役大贤；天下无道，小役大，弱役强。斯二者，天也。顺天者存，逆天者亡。齐景公曰：'既不能令，又不受命，是绝物也。'涕出而女于吴[②]。今也小国师大国而耻受命焉，是犹弟子而耻受命于先师也。如耻之，莫若师文王。师文王，大国五年，小国七年，必为政于天下矣。《诗》云[③]：'商之孙子，其丽[④]不亿[⑤]。上帝既命，侯于周服，侯服于周，天命靡常。殷士肤敏，祼将于京[⑥]。'孔子曰：'仁不可为众也。夫国君好仁，天下无敌。'今也欲无敌于天下而不以仁，是犹执热而不以濯也。《诗》云[⑦]：'谁能执热，逝不以濯？'"

【注释】

①小德役大德："小德役于大德"之意，省去"于"字。 ②涕出而女于吴：女，嫁女。此句是说齐景公嫁女给吴王阖庐，送到郊外，哭泣而别。 ③《诗》云：此处引《诗经·大雅·文王》诗句。 ④丽：数量。 ⑤亿：古人以10万为亿。 ⑥祼将于京：祼，亦作灌，古代祭祀仪式，把酒倒在地上以迎接鬼神。将，助，助祭。京，周朝都城镐京。 ⑦《诗》云：此处引《诗经·大雅·桑柔》诗句。

【译文】

孟子说："如果天下治理有道，道德不高的人为道德高的人所役使，不太贤能的人为贤能的人所役使；如果天下治理无道，力量小的为力量大的所役使，弱的为强的所役使。这两种情况，都是由天意决定的。顺从天意者生存，违背天意者灭亡。齐景公曾说过：'既不能命令别人，又不接受别人的命令，这是绝路一条。'因此流着眼泪把女儿嫁到吴国。现在弱国以强国为师，却又以接受命令为耻，这就像学生以接受老师的命令为耻一样。如果真以为耻，最好以文王为师。以文王为师，大国家需要五年，小国家需要七年，就一定可以得到天下的政治权力。《诗经》上说：'商的子孙后代，人数何止十万。上天既已授命于文王，他们便都归服周朝。归服了周朝，可见天命也可以转移。殷代的臣子虽然英俊聪明，也要参加灌酒的祭仪助祭于镐京。'孔子说：'仁德的力量不能按人数多少来计算。如果君王喜好仁德，就会天下无敌。'现在，有些诸侯想天下无敌，却又不讲仁德，就好像手执热物，却不用凉水浸手一样。《诗经》说：'谁能手拿热东西，却又不肯先用凉水浸手？'"

孟子曰："不仁者可与言哉？安其危而利其菑，乐其所以亡者。不仁而可与言，则何亡国败家之有？有孺子歌曰：'沧浪[1]之水清兮，可以濯我缨[2]；沧浪之水浊兮，可以濯我足。'孔子曰：'小子听之！清斯濯缨，浊斯濯足矣。自取之也。'夫人必自侮，然后人侮之；家必自毁，而后人毁之；国必自伐，而后人伐之。《太甲》曰[3]：'天作孽，犹可违；人作孽，不可活。'此之谓也。"

【注释】

①沧浪：前人有多种解说，一说为水青色；一说为水名，汉水的支流；一说为地名，在今湖北均县北。 ②缨：系帽子的丝带。 ③《太甲》曰：此处引《尚书·太甲》篇句。

【译文】

孟子说："难道可以和不仁的人商谈吗？他们看到别人遇到危险而无动于衷，利用别人的灾难来取利，把导致国家灭亡的事当做乐事来追求。不仁的人如果还可以同他商议，那怎么会发生家破国亡的事呢？从前有个小孩唱道：'沧浪之水清呀，可以洗我的帽缨；沧浪之水浊呀，可以洗我的双脚。'孔子说：'学生们听着！水清就洗帽缨，水浊就洗双脚，这都是根据水的情况决定的。'所以，人必定先有自取侮辱的行为，别人才会侮辱他；家必定先有自取破败的原因，别人才会毁坏它；国必定先有自取讨伐的原因，别人才会讨伐它。《太甲》上说：'上天作的孽还可逃避，自己做的孽逃也逃不掉。'说的正是这个意思。"

孟子曰："桀纣之失天下也，失其民也；失其民者，失其心也。得天下有道：得其民，斯得天下矣；得其民有道：得其心，斯得民矣；得其心有道：所欲与之聚之，所恶勿施尔也。民之归仁也，犹水之就下，兽之走圹[①]也。故为渊驱鱼者，獭也；为丛驱爵[②]者，鹯也；为汤、武驱民者，桀与纣也。今天下之君有好仁者，则诸侯皆为之驱矣。虽欲无王，不可得已。今之欲王者，犹七年之病求三年之艾[③]也。苟为不畜，终身不得。苟不志于仁，终身忧辱，以陷于死亡。《诗》云[④]：'其何能淑，载胥及溺[⑤]。'此之谓也。"

【注释】

①圹：同"旷"，旷野。 ②爵：同"雀"。 ③艾：草本植物，可供灸病之用，以此为喻。 ④《诗》云：此处引《诗经·大雅·桑柔》诗句。 ⑤其何能淑，载胥及溺：淑，善。胥，相。及，与。

【译文】

孟子说："桀和纣之所以丧失天下，是由于失去了百姓的支持；他们失去百姓支持，是由于失去了民心。获得天下的方法是：获得了百姓的支持，就获得了天下；获得百姓支持的方法是：获得了民心，就获得了百姓的支持；获得民心的方法是：他们所希望的，就为他们聚积起来，他们所厌恶的，不要强加给他们，如此而已。百姓归附仁政仁德，就好像水往低处流，野兽向旷野奔跑一样。所以，从深池把鱼驱赶出来的是水獭，从丛林把鸟雀驱赶出来的是鹞鹰，替商汤、周武把百姓赶来的是夏桀、殷纣。现在天下的诸侯如果有好仁的人，那么，其他诸侯都会替他把百姓驱赶来了。纵使他不想统一天下，也是不可能的。但是，现在这些希望统一天下的人，就好像害了七年的病，要用三年的陈艾来医治一样。如果平常不积蓄，一辈子都得不到。如果不立志行仁政，终生都会忧患受辱，以至于陷入死亡。《诗经》上说：‘那如何能办得好，不过是相率落水被淹罢了。’也正是这个意思。”

孟子曰：“自暴[1]者，不可与有言[2]也；自弃者，不可与有为[3]也。言非[4]礼义，谓之自暴；吾身不能居仁由义，谓之自弃也。仁，人之安宅也；义，人之正路也。旷安宅而弗居，舍正路而不由，哀哉！”

【注释】

①暴：害。　②有言：有善言。　③有为：有所作为。　④非：破坏。

【译文】

孟子说：“自己残害自己的人，不能和他谈出有价值的言语；自己抛弃自己的人，不能和他做出有价值的事业。说出破坏礼义的话，这是自己残害自己；自己认为不能以仁居心，不能由义而行，叫做自己抛弃自己。仁是人类最安适的住宅；义是人类最正确的道路。让最安适的住宅空着不去住，把最正确的道路空着不去行走，多么可悲呀！”

孟子曰：“道在尔而求诸远，事在易而求之难。人人亲其亲，长其长，而天下平。”

【译文】

孟子说：“道在近处却往远处寻求，事情本来容易却往难处做。——只要人人都爱自己的双亲，尊敬自己的长辈，天下就太平了。”

孟子曰：“居下位而不获于上[1]，民不可得而治也。获于上有道，不信于友，弗获于上矣；信于友有道，事亲弗悦，弗信于友矣；悦亲有道，反身不诚，不悦于亲矣；诚身有道，不明乎善，不诚其身矣。是故诚者，天之道也；思诚者，人之道也。至诚而不动者，未之有也；不诚，未有能动者也。”

【注释】

①获于上：得其上之信任。

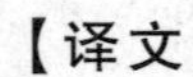

【译文】

孟子说：“职位卑下，又得不到上级的信任，是不能把百姓治理好的。要得到上级的信任有方法，若得不到朋友的信任，也就得不到上级的信任。要得到朋友的信任也有方法，若是侍奉父母而不能使父母高兴，也就得不到朋友的信任。要使父母高兴也有方法，若是反躬自问，心意不诚，也就不能使父母高兴了。要使自己有诚心诚意的态度也有方法，若是不首先明白什么是善，也就不能使自己有诚心诚意了。因此，诚是自然的规律。真正诚心，而不能使别人感动，是不曾有过的；而缺乏诚心，是不能感动别人的。”

孟子曰：“伯夷辟纣，居北海之滨[1]，闻文王作，兴曰：‘盍归乎来！吾闻西伯[2]善养老者。’太公[3]辟纣，居东海之滨[4]，闻文王作，兴曰：‘盍归乎来！吾闻西伯善养老者。’二老者，天下之大老也，而归之，是天下之父归之也，天下之父归之，其子焉往？诸侯有行文王之政者，七年之内，必为政于天下矣。”

【注释】

①居北海之滨：伯夷，孤竹国世子。北海，在今河北昌黎县北。 ②西伯：即周文王。 ③太公：指姜太公。 ④居东海之滨：姜太公逃避殷纣王，而居于东海，在今山东莒县东。

【译文】

孟子说：“伯夷避开纣王，住在北海之滨，听说文王兴起，便说：‘为什么不到西伯那里去呢？我听说西伯是善于养老人的。’姜太公避开纣王，住在东海之滨，听说文王兴起，便说：‘为什么不到西伯那里去呢？我听说西伯是善于养老人的。’伯夷和姜太公这两位老人，是天下最有声望的老人，都归服于西伯，这就等于天下的父老都归服于西伯了。既然天下的父老都归服了，他们的儿子还往哪里去呢？如果诸侯中有实行文王的政治的，最多七年，就一定能掌握天下的政权了。”

孟子曰："求也为季氏宰[①]，无能改于其德，而赋粟倍他日。孔子曰：'求非我徒也，小子鸣鼓而攻之可也。'由此观之，君不行仁政而富之，皆弃于孔子者也，况于为之强战？争地以战，杀人盈野；争城以战，杀人盈城。此所谓率土地而食人肉，罪不容于死。故善战者服上刑[②]，连诸侯[③]者次之，辟草莱、任土地者次之。"

【注释】

①求也为季氏宰：求，即冉求，字子有，孔子的学生。季氏，鲁国卿相。宰，总管、家臣。

②服上刑：判以重刑。 ③连诸侯："连结诸侯"之意。

【译文】

孟子说："冉求当了季氏的总管，不仅没有改变季氏的德行，反而把赋税增加了一倍。孔子说：'冉求不是我的学生，你们可以大张旗鼓地攻击他。'由此看来，君主不实行仁政，那些帮助他聚敛财富的人，都是被孔子所厌弃的，何况那些替不仁的君主卖力作战的人！为争夺土地而战，杀死的人遍野都是；为争夺城池而战，杀死的人满城都是，这就是率领土地来吞食人肉，死刑都不足以抵偿他们的罪过。所以好战的人应当受最重的刑罚，（为了增加赋税让百姓）开垦荒地（破坏田制）的人受再次一等刑罚。"

孟子曰："存[①]乎人者，莫良于眸子[②]。眸子不能掩其恶。胸中正，则眸子瞭[③]焉；胸中不正，则眸子眊[④]焉。听其言也，观其牟子，人焉廋[⑤]哉？"

【注释】

①存：观察。 ②眸子：瞳仁。 ③瞭：明亮。 ④眊：眼睛失神。 ⑤廋：隐匿。

【译文】

"观察一个人，莫过于观察他的眼睛。因为眼睛掩饰不了人的丑恶。内心光明正大，眼睛就明亮；内心不纯正，眼睛就昏暗。听一个人说话的时候，观察他的眼睛，这个人的善恶怎能隐藏呢？"

孟子曰："恭者不侮人，俭者不夺人。侮、夺人之君，惟恐不顺焉，恶得为恭、俭？恭、俭岂可以声音、笑貌为哉？"

【译文】

孟子说："恭敬别人的人不会侮辱别人，节俭的人不会掠夺别人。侮辱别人、掠夺别人的诸侯，只怕别人不顺从自己，怎能做到恭敬和节俭？恭敬和节俭难道可以仅凭好听的声音和笑脸做出来吗？"

淳于髡[①]曰："男女授受不亲，礼与？"

孟子曰："礼也。"

曰："嫂溺，则援之以手乎？"

曰："嫂溺不援，是豺狼也。男女授受不亲，礼也；嫂溺，援之以手者，权[②]也。"

曰："今天下溺矣，夫子之不援，何也？"

曰："天下溺，援之以道；嫂溺，援之以手。——子欲手援天下乎？"

【注释】

①淳于髡（kūn）：人名，齐国人，曾仕于齐威王、齐宣王之朝。 ②权：变通。

【译文】

淳于髡问："男女之间不手递手传递东西，这是礼制吗？"

孟子答道："是礼制。"

又问："那么，假如嫂子掉在水里，可以用手去拉她吗？"

答道："嫂子掉在水里不去拉她，那简直是豺狼。男女之间不亲手接递东西，这是礼制；嫂子掉在水里，用手去拉她，这是变通的办法。"

又问："现在天下的人都掉在水里了，您不去拉他们，这又是为什么？"

答道："天下的人都掉在水里了，要用'道'去拯救他们；嫂子掉在水里了，用手去救援——你难道要我用手去救援天下的人吗？"

公孙丑曰："君子之不教子，何也？"

孟子曰："势不行也。教者必以正。以正不行，继之以怒。继之以怒，则反夷[①]矣。'夫子教我以正，夫子未出于正也。'则是父子相夷也。父子相夷，则恶矣。古者易子而教之，父子之间不责善。责善则离，离则不详莫大焉。"

【注释】

①夷：此指伤感情。

【译文】

公孙丑问："君子不亲自教育儿子，这是为什么？"

孟子答道："这是因为情势不通。教育一定要用正理正道。用正理正道没有效果，接着就会愤怒。一愤怒，就会伤害感情。（儿子会说，）'您用正理正道教训我，而您的所作所为也没有达到正理正道的标准。'这就是父子间伤了感情。父子间伤了感情，那就不好了。古时候人们相互交换儿子来教育，使父子间不因勉强求好而相责备。勉强求好而相责备，就会使父子间产生隔阂，父子间有了隔阂，那是最不好的事。"

孟子曰："事，孰为大？事亲为大；守，孰为大？守身为大。不失其身而能事其亲者，吾闻之矣；失其身而能事其亲者，吾未之闻也。孰不为事？事亲，事之本也；孰不为守？守身，守之本也。曾子养曾皙[①]，必有酒肉；将彻，必请所与；问有余，必曰：'有。'曾皙死，曾元[②]养曾子，必有酒肉；将彻，不请所与；问有余，曰：'亡矣。'——将以复进[③]也。此所谓养口体者也。若曾子，则可谓养志[④]也。事亲若曾子者，可也。"

【注释】

①曾皙：曾参的父亲，孔子的学生。 ②曾元：曾参的儿子。 ③将以复进：准备以后进用。 ④养志：按时父母的意愿去做。

【译文】

孟子说："侍奉谁最重要？侍奉父母最重要。守护什么最重要？守护自己的操守最重要。不失自己的品德节操而又能侍奉父母的，我听说过；失去了自己的品德节操却又能侍奉父母的，我没有听说过。谁都有要侍奉的事，但是，侍奉父母是最根本的；谁都有要守护的，但是，守护自己的品德节操是最根本的。曾子奉养他的父亲曾皙，每餐一定要酒肉；饭后撤下去时，一定要问剩下的给谁；父亲若问还有没有剩余，一定说：'有。'曾皙死了，曾元赡养曾子，也是每餐一定备有酒肉；饭后撤下去时，不问剩下的给谁了；曾子若问还有没有剩余，便说：'没有了。'意思是留下准备下次进用。这叫做口体之养。像曾子那样对待父亲，才叫做‘养志’。奉养父母，做到曾子那样就可以了。”

孟子曰：“人不足与適[①]也，政不足间[②]也。惟大人为能格君心之非。君仁，莫不仁；君义，莫不义；君正，莫不正。一正君而国定矣。”

【注释】

①適：同“谪”，谴责。 ②间：非议。

【译文】

孟子说：“那些当政的小人不值得去谴责，他们的政治也不值得去非议；只有具有大德的人才能去纠正君王的过错。君王仁，没有人不仁；君王义，没有人不义；君王正，没有人不正。一旦君王端正了，国家也就安定了。”

孟子曰：“有不虞[①]之誉，有求全之毁。”

【注释】

①虞：预料。

【译文】

孟子说：“有预料不到的赞誉，也有过于苛求的诋毁。”

孟子曰：“人之易[①]其言也，无责[②]耳矣。”

【注释】

①易：轻易。 ②无责：“不足责”的意思。

【译文】

孟子说：“人轻易地把什么话都随口说出，那就不足责备了。”

孟子曰：“人之患在好为人师。”

【译文】

孟子说：“人的毛病就在于好做别人的老师。”

乐正子从于子敖[①]之齐。

乐正子见孟子。孟子曰："子亦来见我乎？"

曰："先生何为出此言也？"

曰："子来几日矣。"

曰："昔者[②]。"

曰："昔者，则我出此言也，不亦宜乎？"

曰："舍馆[③]未定。"

曰："子闻之也，舍馆定，然后求见长者乎？"

曰："克有罪。"

【注释】

①子敖：王驩字子敖。　②昔者：昨天。　③舍馆：客舍。

【译文】

乐正子跟着王子敖到了齐国。

乐正子去拜见孟子。孟子问："你也来看我吗？"

乐正子答："老师为什么这样说呢？"

孟子问："你来了几天了？"

答道："昨天来的。"

孟子又问："既然昨天来的，那么，我说这话不是很应该吗？"

乐正子说："住所没有找好。"

孟子说："你听说过，要等住所找好了才去拜见长辈吗？"

乐正子说："我错了。"

孟子谓乐正子曰："子之从于子敖来，徒餔啜[①]也。我不意子学古之道而以餔啜也。"

【注释】

①餔啜：吃喝。

【译文】

孟子对乐正子说："你跟随着王子敖来，只是为着吃喝罢了。我没想到你

学习古人的大道，竟然是为了吃喝。”

孟子曰：“不孝有三[①]，无后为大。舜不告而娶，为无后也，君子以为犹告也。”

【注释】

①不孝有三：古人所谓三不孝是：阿意曲从，陷亲不义；家贫亲老，不为禄仕；不娶无子，绝先祖祀。

【译文】

孟子说：“不孝顺的情况有三种，其中以没有子孙最大。舜不禀告父母就娶，是因为怕没有子孙后代。因此，君子认为这和禀告了父母是一样的。”

孟子曰：“仁之实，事亲是也；义之实，从兄是也；智之实，知斯二者弗去是也；礼之实，节文斯二者是也；乐之实，乐斯二者，乐则生矣。生则恶可已也；恶可已，则不知足之蹈之，手之舞之。”

【译文】

“仁的主要内容是侍奉父母；义的主要内容是顺从兄长；智的主要内容是明白这二者的道理而不背离它；礼的主要内容对这二者适宜地加以调节；乐的主要内容是从这二者中产生快乐。快乐一产生就无法停止；不能停止就会不自觉地手舞足蹈起来。”

孟子曰：“天下大悦而将归己。视天下悦而归己犹草芥也，惟舜为然。不得乎亲，不可以为人；不顺乎亲，不可以为子。舜尽事亲之道而瞽瞍[①]厎豫[②]，瞽瞍厎豫而天下化。瞽瞍厎豫而天下之为父子者定，此之谓大孝。”

【注释】

①瞽瞍：舜的父亲。　②厎（zhǐ）豫：厎，致，招致。豫，快乐。

【译文】

孟子说：“天下的人都悦服自己，而且将归附自己，把这一切看得像草芥一样，只有舜才能做得到。得不到父母的欢心，不可以做人；不能顺从父母的心愿，不能做儿子。舜竭尽一切来侍奉父母，使他父亲瞽瞍变得高兴了；瞽瞍高兴使天下人受到感化。瞽瞍高兴了，天下的父子伦常也确定了规范，这就叫做大孝。”

离　娄　下

孟子曰：“舜生于诸冯，迁于负夏，卒于鸣条①，东夷之人也。文王生于岐周②，卒于毕郢③，西夷之人也。地之相去也，千有余里；世之相后也，千有余岁。得志行乎中国，若合符节④。先圣后圣，其揆⑤一也。”

【注释】

①诸冯、负夏、鸣条：舜是传说中的人物，这三处地名也无法确定，从文意看，应在中国东部。　②岐周：在今陕西岐山县东北。　③毕郢：在今陕西咸阳市东。　④符节：符、节都是古时表示印信之物，多用玉、角、铜、竹制成，可剖为两半，各执一半，相合准确无误，即作为信物。　⑤揆：尺度。

【译文】

孟子说：“舜出生在诸冯，后迁居到负夏，死在鸣条，是东方人。文王出生在岐周，死在毕郢，是西方人。两地相距一千多里，时代相距一千多年。他们在中国的所作所为，就像符节那样完全吻合。前代的圣人和后代的圣人，他们的原则是相同的。”

子产①听②郑国之政，以其乘舆③济人于溱、洧④。孟子曰：“惠而不知为政。岁十一月⑤，徒杠⑥成；十二月，舆梁⑦成。民未病涉也。君子严其政，行辟⑧人可也，焉得人人而济之？故为政者，每人而悦之，日亦不足矣。”

【注释】

①子产：公孙侨字子产，春秋时郑国大夫。　②听：处理。　③乘舆：意为所乘之车。舆，本指车厢，此处代指车子。　④溱、洧（zhēn wěi）：溱，水名，发源于河南密县。洧，水名，发源于河南登封。　⑤十一月：指周历，夏历为九月。下句“十二月”，夏历为十月。⑥徒杠：可以走人的小桥。　⑦舆梁：可以走车马的大桥。　⑧辟：开道。

【译文】

子产主持郑国的政务，用他所乘坐的车子帮助别人渡过溱水和洧水。孟子说："这只是小恩小惠，他并不懂得政治。如果能在十一月修成可以走人的小桥，十二月修成可以走车马的大桥，百姓就不会再为过河而发愁了。君子只要能把政务处理好，他外出时，鸣锣开道都可以，哪能一个一个帮助别人渡河呢？如果主持政务的人，要去讨每一个人的欢心，时间也是不够用的。"

孟子告齐宣王曰："君之[①]视臣如手足，则臣视君如腹心；君之视臣如犬马，则臣视君如国人；君之视臣如土芥，则臣视君如寇仇。"

王曰："礼，为旧君有服[②]。何如斯可为服矣？"

曰："谏行言听，膏泽下于民；有故而去，则君使人导之出疆，又先于其所往；去三年不反，然后收其田里。此之谓三有礼焉。如此，则为之服矣。今也为臣，谏则不行，言则不听；膏泽不下于民；有故而去，则君搏执之，又极[③]之于其所往；去之日，遂收其田里。此之谓寇仇。寇仇，何服之有？"

【注释】

①之："若"的意思。 ②为旧君有服：已离职的臣下为原先的君王服孝。《仪礼·丧服篇》有大夫为旧君服孝三月之文。 ③极：穷，困。此处为使动用法，"使其处境困难"之意。

【译文】

孟子告诉齐宣王说："君王把臣下当做手足来看待，那么臣下就会把君王当做腹心来看待；君王把臣下当做狗、马来看待，那么臣下就会把君王当做普通人来看待；君王把臣下当做泥土和草芥来看待，那么臣下就会把君王当做仇敌来看待。"

齐宣王说："按照礼制的规定，已经离职的臣下还要对过去的君王服孝，君王应该怎样对待臣下，臣下才会为他服孝呢？"

孟子说："臣下的劝谏，君王能够实行，建议能够听从，恩惠能够下施于百姓；臣子因故不得不离开，君王派人引导他离开国境，并且先派人到他要去的那个地方作好安排；离开三年不回来，才收回他的土地房屋。这叫做三有礼。这样做，臣下就会为他服孝了。如今做臣下，劝谏不被接受，建议不被听从；恩惠不能下施于百姓；因故不得不离开，君王还把他捆绑起来，并在他去的那个地方使他穷困；离开的那一天，就收回他的土地房屋。这叫做仇敌。既然视为仇敌，臣下还会服孝吗？"

孟子曰："无罪而杀士，则大夫可以去；无罪而戮民，则士可以徙。"

【译文】

孟子说："士人没有罪而被杀掉，那么大夫便可以离去；百姓没有罪而被杀戮，那么士人便可以迁徙。"

孟子曰："君仁，莫不仁；君义，莫不义。"

【译文】

孟子说："君王若仁，就没有人不仁；君王若义，就没有人不义。"

孟子曰："非礼之礼，非义之义，大人弗为。"

【译文】

孟子说："似是而非的礼，似是而非的义，君子是不去做的。"

孟子曰："中也养不中，才也养不才①。故人乐有贤父兄也。如中也弃不中，才也弃不才，则贤不肖之相去，其间不能以寸②。"

【注释】

①中、养：中，即中庸，又可以理解为"美德"。养，熏陶。 ②其间不能以寸："不能以寸量"之意，即非常接近。

【译文】

孟子说："品德修养好的人去教育、熏陶品德修养不好的人，有才能的人去教育、熏陶没有才能的人。所以人们都喜欢有贤能的父兄。如果品德修养好的人嫌弃品德修养差的人，有才能的人嫌弃没有才能的人，那么，贤与不贤之间的差距也近得不能用分寸来计量了。"

孟子曰："人有不为也，而后可以有为。"

【译文】

孟子说："人要有所不为，然后才能有所为。"

孟子曰："言人之不善，当如后患何？"

【译文】

孟子说："宣扬别人的不好，招来后患怎么办呢？"

孟子曰："仲尼不为已甚者。"

【译文】

孟子说："孔子不做太过分的事。"

孟子曰："大人者，言不必信，行不必言，惟义所在。"

【译文】

孟子说："有德行的人，说话不一定句句守信，办事不一定贯彻始终，一切以义为原则。"

孟子曰："大人者，不失其赤子之心者也。"

【译文】

孟子说："有德行的人，是能保持那种天真、淳朴的童心的人。"

孟子曰："养生者不足以当大事，惟送死可以当大事。"

【译文】

孟子说："养活父母算不上什么大事，只有给他们送终才算得上大事。"

孟子曰："君子深造之以道，欲其自得之也。自得之，则居之安；居之安，则资之深；资之深，则取之左右逢其原。故君子欲其自得之也。"

【译文】

孟子说："君子依循正确的方法来寻求高深的造诣，就是要求他自觉地认识和把握。自觉地认识和把握，就能牢固掌握而不动摇；牢固地掌握而不动摇，就会积蓄很深；积蓄很深，便运用自如，左右逢源。因此，君子要自觉地有所得。”

孟子曰：“博学而详说之，将以反说约也。”

【译文】

孟子说：“广博地学习，并能详细地讲说它，达到融会贯通，进而简略地述说大义的地步。”

孟子曰：“以善服人者，未有能服人者也；以善养人，然后能服天下。天下不心服而王者，未之有也。”

【译文】

孟子曰：“用善来使人服气，是不能使人服气的；用善来教育、熏陶人，这才能使天下的人都信服。天下的人不心服却能统一天下的，是从来没有过的。”

孟子曰：“言无实不详。不详之实，蔽贤者当之。”

【译文】

孟子说：“言论无实际内容是不好的。这种不好的结果，应当由阻碍贤才进用的人来承担。”

徐子[①]曰：“仲尼亟称于水，曰：‘水哉，水哉[②]！’何取于水也？”

孟子曰：“原泉混混[③]，不舍昼夜，盈科[④]而后进，放乎四海。有本者如是，是之取尔。苟为无本，七八月之间雨集，沟浍皆盈；其涸也，可立而待也。故声闻[⑤]过情，君子耻之。”

【注释】

①徐子：名辟，孟子的弟子。 ②水哉：此处徐子引孔子的话无处可考。 ③混混：同“滚滚”。 ④科：坎。 ⑤声闻：名誉。

【译文】

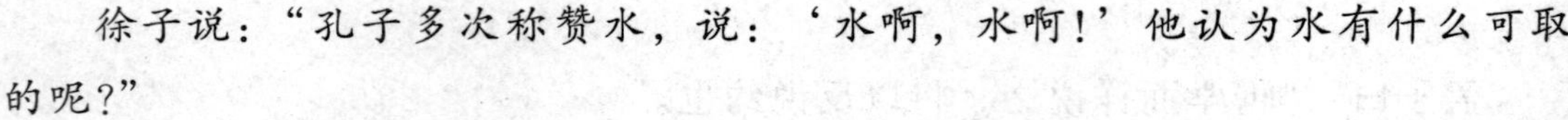

徐子说："孔子多次称赞水，说：'水啊，水啊！'他认为水有什么可取的呢？"

孟子说："有源头的泉水滚滚而来，昼夜不停，把低洼之处注满，又继续向前奔流，一直流到大海。有本源的都是这样，孔子就取它这一点罢了。假如没有本源，七八月间雨水多，注满了沟渠，但是一会儿就干涸了。所以，名誉超过实际情况，君子引以为耻。"

孟子曰："人之所以异于禽兽者几希，庶民去之，君子存之。舜明于庶物，察于人伦，由仁义行，非行仁义也。"

【译文】

孟子说："人和禽兽之间的差别就那么一点点。一般百姓抛弃它，君子却保存它。舜明白事物的规律，详察人类的常情，于是从仁义之路而行，而不是把仁义作为工具、手段来使用。"

孟子曰："禹恶旨酒而好善言。汤执中，立贤无方①。文王视民如伤，望道而②未之见。武王不泄③迩，不忘远。周公思兼三王，以施四事。其有不合者，仰而思之，夜以继日；幸而得之，坐以待旦。"

【注释】

①方：常，常法。 ②而：如。 ③泄：狎，态度不严肃。

【译文】

孟子说："禹讨厌美酒，却喜欢善言。汤坚持中正之道，举拔贤人却不拘泥于常规。文王对待百姓好像他们受了伤一样（加以安抚），追求真理，虽已求得，却又好像未曾见到一样，（努力不懈地追求。）武王不轻慢身边的近臣，不遗忘四方的臣民。周公想要兼学夏、商、周三代的圣王，以施行禹、汤、文王、武王的勋业。如果有不符合的情况，他抬头认真思考，白天没有想通，夜里接着考虑；一旦想通了，他便坐等到天亮去实行。"

孟子曰："王者之迹[1]熄而《诗》亡，《诗》亡然后《春秋》作。晋之《乘》，楚之《梼杌》，鲁之《春秋》[2]，一也。其事则齐桓、晋文，其文则史。孔子说：'其义则丘窃取之矣。'"

【注释】

①迹：前人留下的事迹、言论。 ②《乘》、《梼杌》、《春秋》：晋、楚、鲁三国的史书名。

【译文】

孟子说："圣王的事迹消失了，《诗》也就没有了；《诗》没有了，孔子便创作了《春秋》。（各国都有叫做《春秋》的史书，）晋国的又叫《乘》，楚国的又叫《梼杌》，鲁国的仍叫《春秋》，它们都是一样的，所记载的不外乎齐桓公、晋文公之类，所用的笔法不过一般史书的笔法。（孔子则不同，）他说：'我在《春秋》中采用了褒贬善恶的大义。'"

孟子曰："君子之泽[1]，五世而斩；小人之泽，五世而斩。予未得为孔子徒也，予私淑[2]诸人也。"

【注释】

①泽：影响。 ②私淑：私下敬仰、羡慕。

【译文】

孟子说："君子的流风余韵五代以后便断绝了，小人的影响五代以后也断绝了。我没有能够做孔子的门徒，我是私下向他的弟子学习来的。"

孟子曰："可以取，可以无取，取伤廉；可以与，可以无与，与伤惠；可以死，可以无死，死伤勇。"

【译文】

孟子说："可以取，可以不取，取了对廉洁有损害；可以施与，可以不施与，施与了对恩惠有损害；可以死，可以不死，死了对勇武有损害。"

逄蒙[①]学射于羿[②]，尽羿之道，思天下惟羿为愈己，于是杀羿。孟子曰："是亦羿有罪焉。"

公明仪曰："宜若无罪焉。"

曰："薄乎云尔，恶得无罪？郑人使子濯孺子侵卫，卫使庾公之斯追之。子濯孺子曰：'今日我疾作，不可以执弓，吾死矣夫！'问其仆曰：'追我者谁也？'其仆曰：'庾公之斯也。'曰：'吾生矣。'其仆曰：'庾公之斯，卫之善射者也。夫子曰吾生，何谓也？'曰：'庾公之斯学射于尹公之他，尹公之他学射于我。夫尹公之他，端人也，其取友必端矣。'庾公之斯至，曰：'夫子何为不执弓？'曰：'今日我疾作，不可以执弓。'曰：'小人学射于尹公之他，尹公之他学射于夫子。我不忍以夫子之道反害夫子。虽然，今日之事，君事也，我不敢废。'抽矢，扣轮，去其金，发乘矢[③]而后反。"

【注释】

①逄（páng）蒙：既为羿的学生，又是羿的家人，后背叛羿，帮助寒浞杀羿。 ②羿：夏代有穷国之君。 ③乘矢：四矢。

【译文】

逄蒙跟羿学习射箭，完全学得了羿的技艺，他便想，天下的人只有羿比自己强，于是就把羿杀了。孟子说："这件事羿也有过错。"

公明仪说："好像没有什么过错吧。"

孟子说："过错不大罢了，怎能说没有一点过错呢？郑国曾派子濯孺子侵犯卫国，卫国便派庾公之斯去追击他。子濯孺子说：'今天我的病发作了，拿不了弓，我死定了。'问驾车的人说：'追我的人是谁？'驾车的人答：'是庾公之斯。'子濯孺子说：'我有生路了。'驾车的人说：'庾公之斯是卫国有名的射手，您反而说有生路了，这是为什么？'答道：'庾公之斯是跟尹公之他学的射箭，尹公之他又是跟我学的。尹公之他是个正派的人，他选择的朋友、学生一定也是正派人。'庾公之斯追了上来，问：'老师为什么不拿弓？'子濯孺子说：'今天我的病发作了，拿不了弓。'庾公之斯说：'我跟尹公之他学习射箭，尹公之他又跟您学习。我不忍心用您的技艺来伤害您。但是，今天的事是国家的公事，我又不敢废弃不顾。'于是抽出箭，在车轮上敲了几下，把箭头敲掉，发射了四箭，然后回去了。"

孟子曰；“西子[①]蒙不洁，则人皆掩鼻而过之；虽有恶人[②]，齐戒沐浴，则可以祀上帝。”

【注释】

①西子：西施。 ②恶人：相貌丑陋的人。

【译文】

孟子说：“如果西施身上沾上脏东西，别人从她身边走过时，也会捂着鼻子；即使是相貌丑陋的人，如果他斋戒沐浴，也可以祭祀上帝。”

孟子曰：“天下之言性也，则故而已矣。故者以利[①]为本。所恶于智者，为其凿也。如智者若禹之行水也，则无恶于智矣。禹之行水也，行其所无事也。如智者亦行其所无事，则智亦大矣。天之高也，星辰之远也，苟求其故，千岁之日至[②]，可坐而致也。”

【注释】

①利：“顺”的意思。 ②日至：指冬至。

【译文】

孟子说：“天下人讨论人性，只要能够推求其所以然就行了。推求其所以然，在于顺其自然之理。人们厌恶使用聪明，是因为聪明容易穿凿附会。如果聪明的人像禹治水那样，人们就不会厌恶聪明了。禹治水，就在于让水无所妨碍，顺其自然。假如聪明的人也能顺其自然，那就是大聪明了。天很高，星辰很遥远，只要能推求其所以然，千年以后的冬至，也可以坐着推算出来。”

公行子[①]有子之丧，右师[②]往吊。入门，有进而与右师言者，有就右师之位而与右师言者。孟子不与右师言，右师不悦曰：“诸君子皆与驩言，孟子独不与驩言，是简驩也。”

孟子闻之，曰：“礼，朝廷不历[③]位而相与言，不逾阶而相揖也。我欲行礼，子敖以我为简，不亦异乎？”

【注释】

①公行子：齐国大夫。 ②右师：官名，此指盖大夫王驩，字子敖。 ③历：“越过”

之意。

【译文】

公行子死了儿子，右师去吊唁，他一进门，便有人上前同他说话，（他坐下了，）又有人到他席位前同他说话。孟子没有同他说话，他不高兴地说："各位大夫都同我说话，只有孟子不同我说话，这是怠慢我。"

孟子听到这话后，说："按照礼节，在朝廷中不跨过位次交谈，也不超过阶梯来作揖。我依礼而行，子敖却认为我怠慢了他，不是很奇怪吗？"

孟子曰："君子所以异于人者，以其存心也。君子以仁存心，以礼存心。仁者爱人，有礼者敬人。爱人者，人恒爱之；敬人者，人恒敬之。有人于此，其待我以横逆[①]，则君子必自反也：我必不仁也，必无礼也，此物奚宜至哉？其自反而仁矣，自反而有礼矣，其横逆由是也，君子必自反也：我必不忠。自反而忠矣，其横逆由是也，君子曰：'此亦妄人也已矣。如此，则与禽兽奚择[②]哉？于禽兽又何难[③]焉？'是故君子有终身之忧，无一朝之患也。乃若所忧则有之：舜，人也；我，亦人也。舜为法于天下，可传于后世，我由未免为乡人也，是则可忧也。忧之如何？如舜而已矣。若夫君子所患则亡矣。非仁无为也，非礼无行也。如有一朝之患，则君子不患矣。"

【注释】

①横逆：蛮横无理。 ②择：区别。 ③难：责难。

【译文】

孟子说："君子与普通人的区别，就在于居心不同。君子居心合乎仁，合乎礼。仁者爱人，有礼者尊敬别人。爱别人的人，别人也常爱他；尊敬别人的人，别人也常尊敬他。假定这里有个人，他对我蛮横无理，那么，君子一定会反躬自问：我一定不仁，一定无礼，不然，这种态度怎么会来呢？反躬自问以后，我做到仁，做到礼，那人的蛮横无理仍然不改，君子一定又反躬自问：我一定不忠。反躬自问以后，我做到忠，那人仍然蛮横无理，君子就会说：'这是个狂妄的人罢了。既是这样，与禽兽有什么区别呢？对于禽兽又责备什么呢？'所以君子有长期的忧虑，而没有突发的痛苦。像这样的忧虑是有的：舜，是人；我，也是人。舜为天下人做了榜样，名声传于后世，而我仍是个普通的人，这才是值得忧虑的事。忧虑了又该怎么办呢？向舜学习就是了。至于君子别的痛苦就没有了。不仁的事不干，非礼的事不做。即使一旦有了意外的祸患，君子也不以为痛苦了。”

禹、稷当平世，三过其门而不入，孔子贤之。颜子当乱世，居于陋巷，一箪食，一瓢饮，人不堪其忧，颜子不改其乐，孔子贤之①。孟子曰：“禹、稷、颜回同道。禹思天下有溺者，由己溺之也；稷思天下有饥者，由己饥之也，是以如是其急也。禹、稷、颜子易地则皆然。今有同室之人斗者，救之，虽被发缨冠②而救之，可也；乡邻有斗者，被发缨冠而往救之，则惑也，虽闭户可也。”

【注释】

①“颜子当乱世”等句：事见《论语·雍也》。 ②被发缨冠：披着头发戴帽子。意即不暇束发，而结缨往救，言急也，同室中可以，在乡邻中就是失礼了。

【译文】

禹、稷处在政治安定的时代，三次路过自己的家门都没有进去，孔子称赞他们。颜子处在政治昏乱的时代，住在狭窄的小巷里，一筐饭，一瓢水，别人都受不了那种艰苦，颜子却自得其乐，孔子称赞他。孟子说：“禹、稷、颜回处世的道理都是一样的。禹想到天下有被水淹没的人，就好像是自己使他们被淹没了一样；稷想到天下有挨饿的人，就好像是自己使他们挨饿一样，所以他们解救百姓才那样迫切。禹、稷和颜回如果互换一下处境，颜回也会三过家门而不入，禹、稷也会自得其乐。假如现在有同屋的人斗殴，我要去救他，即使是披散着头发顶着帽子都可以；如果街坊邻居在斗殴，也是披散着头发顶着帽子去解救，那就是糊涂了，虽然把门关起来是可以的。”

公都子曰：“匡章，通国皆称不孝焉。夫子与之游，又从而礼貌之，敢问何也？”

孟子曰：“世俗所谓不孝者五：惰其四支，不顾父母之养，一不孝也；博奕，好饮酒，不顾父母之养，二不孝也；好货财，私妻子，不顾父母之养，三不孝也；从①耳目之欲，以为父母戮②，四不孝也；好勇斗很③，以危父母，五不孝也。章子有一于是乎？夫章子，子父责善而不相遇也。责善，朋友之道也；父子责善，贼恩之大者。夫章子，岂不欲有夫妻子母之属哉？为得罪于父，不得近，出妻屏[④]子，终身不养焉。其设心以为不若是，是则罪之大者。是则章子已矣。"

【注释】

①从：同"纵"。 ②戮："羞辱"的意思。 ③很：今作"狠"。 ④屏（bǐng）：驱逐。

【译文】

公都子说："匡章，全国人都说他不孝，您却同他来往，而且以礼待他，请问这是为什么？"

孟子说："世俗所谓不孝有五种：四肢懒惰，不赡养父母，一不孝；喜欢下棋、喝酒，不赡养父母，二不孝；贪钱财，偏爱妻子儿女，不赡养父母，三不孝；放纵声色的欲望，使父母因此受到耻辱，四不孝；逞勇好斗，连累父母，五不孝。章子在这五项之中有哪一项呢？章子不过是因父子之间以善相责把关系弄僵了。以善相责，是朋友之间的相处之道；父子之间以善相责，是最伤感情的。章子难道不想有夫妻母子的团聚吗？因为得罪了父亲，不能和他亲近，因此把妻子儿女也赶了出去，终身不要他们侍奉。他设想若不是这样，那罪过就更大了。这就是章子的为人。"

曾子居武城[①]，有越寇[②]。或曰："寇至，盍去诸？"曰："无寓人于我室，毁伤其薪木。"寇退，则曰："修我墙屋，我将反。"寇退，曾子反。左右曰："待先生如此其忠且敬也。寇至，则先去以为民望；寇退，则反。殆[③]于不可。"沈犹行[④]曰："是非汝所知也。昔沈犹有负刍之祸[⑤]，从先生者七十人，未有与焉。"

子思[⑥]居于卫，有齐寇。或曰："寇至，盍去诸？"子思曰："如伋去，君谁与守？"

孟子曰："曾子、子思同道。曾子，师也，父兄也；子思，臣也，微也。曾子、子思易地则皆然。"

【注释】

①武城：地名，故城在今山东费县西南。 ②越寇：指越国侵略者。 ③殆："近"的意思。 ④沈犹行：曾子的弟子，姓沈犹，名行。 ⑤负刍之祸：负刍，赵岐注认为是人名，"时有作乱者负刍"。朱熹认为"负刍"是背草的人。 ⑥子思：孔子的孙子，名伋，字子思。

【译文】

曾子在武城居住的时候，越国军队来侵犯。有人说："敌寇要来了，您为什么不避开呢？"曾子说："（好吧。）别让他人住在我这里，别破坏那些树木。"敌人退了，曾子说："把我的房屋修理好，我要回来了。"敌人退后，曾子也回来了。他左右的人说："人们待您如此忠诚恭敬，但敌人来了，您早早避开，给百姓做了个坏榜样；敌人退了，您马上回来，这恐怕不可以吧。"沈犹行说："这不是你们所能了解的。从前我也遇到负刍作乱，跟随先生的七十个人都避开了。"

子思在卫国居住的时候，齐国军队来侵犯。有人说："敌人来了，您为何不避开呢？"子思说："若是我也走了，君王与谁来守城呢？"

孟子说："曾子、子思两人的道路是相同的。曾子当时是老师，是长辈；子思是臣子，是下属。曾子和子思如果互换一下位置，他们也会有相同的行为。"

储子[①]曰："王使人瞷[②]夫子，果有以异于人乎？"

孟子曰："何以异于人哉？尧舜与人同耳。"

【注释】

①储子：齐国人，为齐相。 ②瞷（jiàn）：窥探。

【译文】

储子说："君王派人来窥探您，您真有跟别人不同的地方吗？"

孟子说："我和别人有什么不同呢？尧舜也和一般人一样呢。"

齐人有一妻一妾而处室者，其良人[①]出，则必餍酒肉而后反。其妻问所与饮食者，则尽富贵也。其妻告其妾曰："良人出，则必餍酒肉而后反。问其与饮食者，尽富贵也，而未尝有显者来。吾将瞷良人之所之也。"

蚤起，施[②]从良人之所之，徧国中无与立谈者。卒之东郭墦[③]间，之祭者，乞其余；不足，又顾而之他。——此其为餍足之道也。

其妻归，告其妾曰："良人者，所仰望而终身也，今若此。"与其妾讪[④]其良人，而相泣于中庭[⑤]。而良人未之知也，施施[⑥]从外来，骄其妻妾。

由君子观之，则人之所以求富贵利达者，其妻妾不羞也，而不相泣者，几稀矣。

【注释】

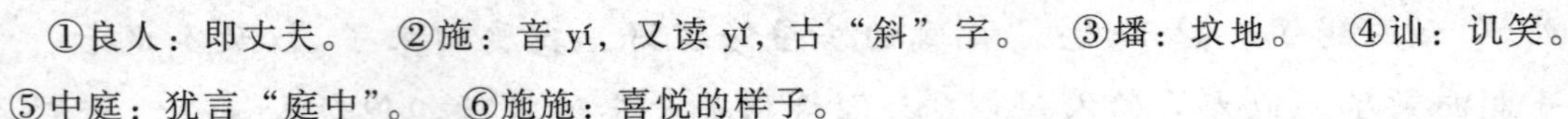
①良人：即丈夫。②施：音 yí，又读 yǐ，古“斜”字。③墦：坟地。④讪：讥笑。⑤中庭：犹言“庭中”。⑥施施：喜悦的样子。

【译文】

齐国有一个人，家里有一妻一妾。丈夫每次外出，一定是酒足饭饱才回家。他妻子问他一起吃喝的是些什么人，他说都是些有钱有势的人。他妻子便告诉他的妾说：“丈夫外出，一定酒足饭饱后才回来。问他同什么人一起吃喝，他说都是有钱有势的人，但是从没见过什么显贵的人物到我们家里来。我打算偷偷看他究竟到什么地方去吃喝。”

第二天清早起来，她悄悄地尾随在丈夫后边，走遍全城，也没有见一个人停下来同他丈夫说话。最后一直走到东郊的坟地，她丈夫便走到祭扫坟墓的人那里，乞讨一点残酒剩菜；还不够，又东张西望，到别处去乞讨。——这就是他酒足饭饱的办法。

他妻子回到家里，把这些情况告诉他的妾，并说：“丈夫，是我们仰望并终身依靠的人，他现在竟是这样。”于是她两人便在庭中咒骂着、哭泣着，而丈夫还不知道，兴高采烈地从外面回来了，在他的两个女人面前耍威风。

在君子看来，有些人乞求升官发财的方法，能不使他的妻妾引以为耻而相对哭泣的，实在太少了！

万　章　上

万章问曰：“舜往于田，号泣于旻天[①]，何为其号泣也？”

孟子曰：“怨慕也。”

万章曰：“‘父母爱之，喜而不忘；父母恶之，劳而不怨。’然则舜怨乎？”

曰：“长息向于公明高[②]曰：‘舜往于田，则吾既得闻命矣；号泣于旻天，于父母，则吾不知也。’公明高曰：‘是非尔所知也。’夫公明高以孝子之心，为不若是恝[③]：我竭力耕田，共[④]为子职而已矣，父母之不我爱，于我何哉？帝使其子九男二女[⑤]，百官[⑥]牛羊仓廪备，以事舜于畎亩之中，天下之士多就之者，帝将胥[7]天下而迁之焉。为不顺于父母，如穷人无所归。天下之士悦之，人之所欲也，而不足以解忧；好色，人之所欲，妻帝之二女，而不足以解忧；富，人之所欲，富有天下，而不足以解忧；贵，人之所欲，贵为天子，而不足以解忧。人悦之、好色、富、贵，无足以解忧者，惟顺于父母可以解忧。人少，则慕父母；知好色，则慕少艾[8]；有妻子，则慕妻子；仕则慕君，不得于君则热中。大孝终身慕父母。五十而慕者，予于大舜见之矣。"

【注释】

①旻（mín）天：天空。 ②长息、公明高：长息，公明高弟子。公明高，曾子的弟子。 ③恝（jiè）：又读 jiá，无忧愁。 ④共：当读为"恭"。 ⑤九男二女：尧以二女妻舜，以九男事舜。 ⑥官：指宫室。 ⑦胥：皆，"胥天下"犹言"尽天下"。 ⑧少艾：亦作"幼艾"，年轻美貌的姑娘。

【译文】

万章问道："舜到田地里去，向着天空呼号哭泣，为什么要这样呢？"

孟子答道："是由于对父母一方面怨恨，一方面怀恋的缘故。"

万章说："父母喜爱他，虽然高兴却不因此而懈怠；父母厌恶他，虽然愁闷却不因此而怨恨。那么，舜怨恨父母吗？"

孟子说："从前长息曾问公明高说：'舜到田里去，我已经明白了；但他向着天空呼号哭泣，这样对待父母，我却不理解。'公明高说：'这不是你所能懂的。'公明高的意思是，以孝子的心理，是不能这样满不在乎的：我尽力耕田，好好尽我做儿子的职责；父母不喜欢我，我有什么办法呢？帝尧派他的孩子九男二女跟百官一起带着牛羊、粮食等东西到田野上为舜服务，天下的士人也纷纷前往，尧把天下让给了舜。舜只是因为没得到父母的欢心，便好像孤独的人找不到依靠一样。天下的士人喜欢他，这是人人都希望的，却仍不能消除他的忧愁；美丽的姑娘人人都喜欢，他娶了尧的两个女儿，却仍不能消除他的忧愁；财富，是人人都希望得到的，他富有天下，却仍不能消除他的忧愁；尊贵，是人人都希望的，他贵为天子，却仍不能消除他的忧愁。大家都喜欢他、拥有美色、财富和尊贵都不足以消除他的忧愁，只有得到父母的欢心才可以消除忧愁。人在幼年时，怀恋父母；（长大后）懂得喜欢女孩子，便渴慕年轻漂亮的姑娘；有了妻子，便迷恋妻室；入仕做官，便讨君主的欢心，得不到君主的欢心，便内心焦急发躁。只有最孝顺的人才终身怀恋父母。到了五十岁还怀恋父母的人，我在圣人舜身上看到了。"

万章问曰："《诗》云[①]：'娶妻如之何？必告父母。'信斯言也，宜莫如舜。舜之不告而娶，何也？"

孟子曰："告则不得娶。男女居室，人之大伦也。如告，则废人之大伦，以怼[②]父母，是以不告也。"

万章曰："舜之不告而娶，则吾既得闻命矣；帝之妻舜而不告，何也？"

曰："帝亦知告焉则不得妻也。"

万章曰："父母使舜完廪，捐阶[③]，瞽瞍焚廪。使浚井，出，从而揜[④]之。象[⑤]曰：'谟盖都君咸我绩[⑥]，牛羊父母，仓廪父母，干戈朕，琴朕，弤朕，二嫂使治朕栖[⑦]。'象往入舜宫，舜在床琴。象曰：'郁陶[⑧]思君尔。'忸怩。舜曰：'惟[⑨]兹臣庶，汝其于予治。'不识舜不知象之将杀己与？"

曰："奚而不知也？象忧亦忧，象喜亦喜。"

曰："然则舜伪喜者与？"

曰："否。昔者有馈生鱼于郑子产，子产使校人[⑩]畜之池。校人烹之，反命曰：'始舍之，圉圉[⑪]焉；少则洋洋[⑫]焉，攸然而逝。'子产曰：'得其所哉！得其所哉！'校人出，曰：'孰谓子产智？予既烹而食之，曰：'得其所哉！得其所哉！'故君子可欺以其方，难罔以非其道。彼以爱兄之道来，故诚信而喜之，奚伪焉？"

【注释】

①《诗》云：此处引《诗经·齐风·南山》诗句。 ②怼（duì）：又读zhuì，怨恨。 ③捐阶：撤掉梯子。 ④揜：今作"掩"，堵塞，覆盖。 ⑤象：舜同父异母弟。 ⑥谟盖都君咸我绩：谟，谋。盖，"害"的假借字。都君，指舜。 ⑦栖：床。 ⑧郁陶：思念的样子。 ⑨惟：思，浮泛之思。 ⑩校人：管理池沼的小吏。 ⑪圉圉（yǔ yǔ）：鱼在水中困而未舒展。 ⑫洋洋：舒缓摆尾的样子。

【译文】

万章问道："《诗经》上说：'娶妻该怎么办？一定要事先禀告父母。'相信这句话，按说没有人能比得上舜。但是，舜却不事先禀告父母而娶妻，这是什么道理呢？"

孟子答道："事先禀告便娶不成。男女结婚是人世间的常理。若事先禀告了，就会在舜身上废弃这一常理，导致对父母的怨恨，所以就不禀告。"

万章问道："舜不禀告而娶妻，我已知道了这其中的道理；但是尧给舜娶妻，也不告诉舜的父母，这又是什么道理呢？"

孟子答道："尧也知道，如果告诉了舜的父母，舜就娶不成了。"

万章说："舜的父母派他去修缮粮仓，等舜上了屋顶就抽去梯子，他父亲瞽叟还放火烧粮仓。于是又让舜去淘井，（他不知道舜从旁边的洞穴）逃出，便用土把井口堵死。舜的兄弟象说：'谋害舜都是我的功劳，牛羊分给父母，仓廪分给父母，干戈归我，琴归我，弤弓归我，两位嫂嫂替我收拾床铺。'象走到舜的房间，舜坐在床上弹琴，象说：'我好想念您呀！'但神情之间却显得很不好意思。舜说：'我想的是臣下和百姓，你替我管理吧。'我不晓得舜是否知道象要杀他吗？"

孟子答道："怎能不知道呢？象忧愁，他也忧愁；象高兴，他也高兴。"

万章问："那么，舜是假装高兴的吗？"

孟子答："不是。从前有个人送条活鱼给郑国的子产，子产让管池塘的人把鱼养起来，那人却煮着吃了，回报说：'刚放进池塘时，它还半死不活的，一会儿，摇摆着尾巴活动起来，很快就游向深处不见了。'子产说：'它到了好地方！它到了好地方！'管池塘的人出来说：'谁说子产聪明，我已经把鱼煮着吃了，他还说：它到了好地方！它到了好地方！'所以，对于君子，可以用合乎情理的方法来欺骗他，而不能用违背情理的手段来欺骗他。象既然装成敬爱兄长的样子来，舜真信不移，而且喜欢他，怎会是假装的呢？"

万章问曰："象日以杀舜为事，立为天子，则放之，何也？"

孟子曰："封之也；或曰，放焉。"

万章曰："舜流共工于幽州[①]，放驩兜于崇山[②]，杀三苗于三危[③]，殛鲧于羽山[④]，四罪而天下咸服，诛不仁也。象至不仁，封之有庳[⑤]。有庳之人奚罪焉？仁人固如是乎——在他人则诛之，在弟则封之？"

曰："仁人之于弟也，不藏怒焉，不宿怨焉，亲爱之而已矣。亲之，欲其贵也；爱之，欲其富也。封之有庳，富贵之地。身为天子，弟为匹夫，可谓亲爱之乎？"

"敢问'何曰放者'，何谓也？"

曰："象不得有为于其国，天子使吏治其国而纳其贡税焉，故谓之放。岂得暴彼民哉？虽然，欲常常而见之，故源源而来。'不及贡，以政接于有庳[⑥]。'此之谓也。"

【注释】

①幽州：在今北京密云县东北。 ②放驩兜于崇山：驩兜，尧、舜的大臣。崇山：在今湖

北崇阳县南。 ③杀三苗于三危：三苗，国名。三危，在今甘肃敦煌东南。 ④殛鲧于羽山：殛，诛杀。鲧，禹的父亲。羽山，在今江苏赣榆县。 ⑤有庳（bì）：象的封地，在今湖南道县北。 ⑥不及贡，以政接于有庳：这两句疑是《尚书》逸文。

【译文】

万章问道："象每天谋划着要杀舜，等舜做了天子，却仅仅流放他，这是什么道理呢？"

孟子答道："实际上是舜封象为诸侯，有人说是流放他。"

万章说："舜把共工流放到幽州，把驩兜发配到崇山，把三苗杀死在三危，杀鲧于羽山，惩处了这四大罪人，天下便归服了，这是因为讨伐了不仁之人。而象是最不仁的，却被封到庳，有庳国的百姓又有什么罪过呢？难道仁人就可以这样做吗——对别人，加以诛杀；对弟弟，就封以国土？"

孟子答道："仁人对于弟弟，有所愤怒，不藏在胸中；有所怨恨，不留在胸中，只是亲爱他罢了。亲他，就要使他显贵；爱他，就要使他富有。把有庳国封给他，就是要他享有富贵。自己做了天子，弟弟却是平民，能说是亲爱他吗？"

万章又问："请问：为什么有人说是流放，这是为什么呢？"

孟子答道："象不能在他的封国上为所欲为，天子派官吏来治理他的国家，缴纳税贡，因此有人说是流放。象难道能虐待百姓吗？（当然不能。）尽管这样，舜还是常常想念象，象也不断地来和舜相见。'不必等到朝贡的时候，因为政治上的需要与有庳相联系。'说的就是这个意思。"

咸丘蒙[①]问曰："语云：'盛德之士，君不得而臣，父不得而子。'舜南面而立，尧帅诸侯北面而朝之，瞽瞍亦北面而朝之。舜见瞽瞍，其容有蹙[②]。孔子曰：'于斯时也，天下殆哉，岌岌乎[③]！'不识此语诚然乎哉？"

孟子曰："否。此非君子之言，齐东野人之语也。尧老而舜摄也。《尧典》曰[④]：'二十有八载，放勳[⑤]乃徂落[⑥]，百姓如丧考妣[⑦]，三年，四海遏密八音[⑧]。'孔子曰[⑨]：'天无二日，民无二王。'舜既为天子矣，又帅天下诸侯以为尧三年丧，是二天子矣。"

咸丘蒙曰："舜之不臣尧，则吾既得闻命矣。《诗》云[⑩]：'普天之下，莫非王土；率土之滨，莫非王臣。'而舜既为天子矣，敢问瞽瞍之非臣，如何？"

曰："是诗也，非是之谓也；劳于王事而不得养父母也。曰：'此莫非王事，我独贤劳也。’故说诗者，不以文害辞，不以辞害志。以意逆[11]志，是为得之。如以辞而已矣，《云汉》之诗曰：‘周余黎民，靡有孑遗[12]。’信斯言也，是周无遗民也。孝子之至，莫大乎尊亲；尊亲之至，莫大乎以天下养。为天子父，尊之至也；以天下养，养之至也。《诗》曰[13]：‘永言孝思，孝思维则。’此之谓也。《书》曰：‘祗载见瞽瞍，夔夔齐栗，瞽瞍亦允若[14]。’是为父不得而子也？”

【注释】

①咸丘蒙：咸丘本是鲁国地名，此以地名为姓。咸丘蒙是孟子的弟子。　②蹙：不安的样子。　③天下殆哉，岌岌乎：此为“天下岌岌乎殆哉”的倒装句。殆，危险。岌岌，形容山高的样子，此处用作比喻危险。　④《尧典》曰：此处引用《尚书·舜典》句。《尧典》《舜典》本是一篇，故此处谓之《尧典》。　⑤放勳：尧的称号。　⑥徂落：死。　⑦考妣：父母。　⑧四海遏密八音：四海，指民间。遏，停止。密，又作“谧”，安静。八音，指金、石、丝、竹、匏、土、革、木所作的乐器，此处泛指音乐。　⑨孔子曰：《礼记·曾子问》引有以下二句。　⑩《诗》云：此处引《诗经·小雅·北山》诗句。　⑪逆：揣测。　⑫周余黎民，靡有孑遗：引自《诗经·大雅·云汉》。　⑬《诗》曰：此处引用《诗经·大雅·下武》诗句。　⑭“祗载”句至“允若”：祗，恭敬。载，事。夔，谨慎而恐惧的样子。允，信。若，顺。

【译文】

咸丘蒙问道：“俗话说：‘道德修养很高的人，君王不能以他为臣，父亲不能以他为子。’舜南面而坐，做了天子，尧带领诸侯向北面去朝见他，他父亲瞽瞍也向北面去朝见他。舜见了瞽瞍，神情局促不安。孔子说：‘在这时，天下岌岌可危啊！’不知道此话真的如此吗？”

孟子答道：“不。这不是君子说的话，而是齐东野人的话。尧老年时，叫舜代理天子之职。《尧典》上说：‘二十八年之后，尧死了，百姓好像死了父母一样，服丧三年，百姓还停止了一切音乐。’孔子说：‘天上没有两个太阳，人间没有两个天子。’假如舜在尧死之前已经做了天子，同时又带领诸侯为尧服丧三年，这就是同时有两个天子了。”

咸丘蒙说：“舜不以尧为臣，我已经领受了您的教诲。《诗经》上说：‘天下的土地没有一块不是天子的；环绕四周，没有一个人不是天子的臣民。’既然舜做了天子，请问，瞽瞍却不是他的臣民，又是什么道理呢？”

孟子答道：“《北山》这首诗，不是你所说的那个意思，而是说作者本人因勤劳王事，不能奉养父母。又说：'这些事没有一件不是天子的，为什么要我一个人辛苦。'因此，解说诗的人，不要拘于文字而误解词句，也不要拘泥词句而误解主旨，这才是真正理解诗。假如拘泥于词句，那么《云汉》这首诗上说：'周朝剩下的百姓，没有一个存留。'相信这句话，周朝就没有存留一个人了。孝子最大的孝，莫过于尊敬父母，尊敬父母的极点，莫过于以天下来奉养父母。瞽瞍作为天子的父亲，可以说是尊贵到了极点；舜以天下来奉养他，可以说是奉养到了极点。《诗经》上说：'永远提倡孝道，孝道是天下的法则。'说的就是这个意思。《尚书》上说：'舜恭敬小心地来见瞽瞍，态度谨慎而恐惧，瞽瞍也因此真正相信了他。'这难道是父亲不能以他为子吗？"

万章曰："尧以天下与舜，有诸？"

孟子曰："否。天子不能以天下与人。"

"然则舜有天下也，孰与之？"

曰："天与之。"

"天与之者，谆谆[①]然命之乎？"

曰："否。天不言，以行与事示之而已矣。"

曰："以行与事示之者，如之何？"

曰："天子能荐人于天，不能使天与之天下；诸侯能荐人于天子，不能使天子与之诸侯；大夫能荐人与诸侯，不能使诸侯与之大夫。昔者，尧荐舜于天，而天受之；暴[②]之于民，而民受之。故曰，天不言，以行与事示之而已矣。"

曰："敢问荐之于天，而天受之；暴之于民，而民受之，如何？"

曰："使之主祭，而百神享之，是天受之；使之主事，而事治，百姓安之，是民受之也。天与之，人与之，故曰，天子不能以天下与人。舜相尧二十有八载，非人之所能为也，天也。尧崩，三年之丧毕，舜避尧之子于南河[③]之南，天下诸侯朝觐者，不之尧之子而之舜；讼狱者，不之尧之子而之舜；讴歌者，不讴歌尧之子而讴歌舜，故曰，天也。夫然后之中国[④]，践天子位焉。而[⑤]居尧之宫，逼尧之子，是篡也，非天与也。《太誓》曰：'天视自我民视，天听自我民听。'此之谓也。"

【注释】

①谆谆：教诲不倦的样子。 ②暴：显扬。 ③南河：地名，在今河南濮阳东。尧避居

处，为偃朱故城。 ④中国：此指京师。 ⑤而：同“如”。

【译文】

万章问道：“尧把天下交给舜，有这回事吗？”

孟子答道：“没有。天子不能把天下交给别人。”

“那么，舜得到的天下，是谁给他的？”

答道：“是天授与的。”

“天授与他，是反复叮咛告诫他的吗？”

答道：“不是。天不说话，是以行动和事情表示罢了。”

问道：“用行动和事情来表示，是怎样的呢？”

答道：“天子能向天推荐人，但不能强迫天把天下给予他；诸侯能向天子推荐人，但不能强迫天子把诸侯的爵位给予他；大夫能向诸侯推荐人，但不能强迫诸侯把大夫的职位给予他。从前，尧将舜推荐给天，天接受了；又把舜的贤能公告于百姓，百姓也接受了。所以说，天不说话，是通过行动和事情表示罢了。”

问道：“再请问，把他推荐给天，天接受了，公告于百姓，百姓也接受了，这是怎样的呢？”

答道：“让他主持祭祀，所有的神明都享用了，这便是天接受了；让他主持国事，国事治理得很好，百姓很满意，这便是百姓接受了。天授予他，百姓授与他，因此说，天子不能把天下授予人。舜辅助尧治理天下二十八年，这不是人的意志所能做到的，而是天意。尧死后，三年的丧事结束，舜为了让尧的儿子继位，自己便逃到南河的南边去。可是，天下来朝见天子的，不到尧的儿子那里，却到舜那里；打官司的，不到尧的儿子那里，却到舜那里；歌颂的人，不歌颂尧的儿子，却歌颂舜，所以说，这是天意。这样，舜才回到京城，坐了天子之位。如果占据了尧的宫室，逼迫尧的儿子让位，这就是篡位，而不是天授予了。《太誓》说：‘天是通过百姓看到的，天是通过百姓听到的。’说的正是这个意思。”

万章问曰：“人有言：‘至于禹而德衰，不传于贤，而传于子。’有诸？”

孟子曰：“否，不然也。天与贤，则与贤；天与子，则与子。昔者，舜荐禹于天，十有七年，舜崩，三年之丧毕，禹避舜之子于阳城[①]，天下之民从之，若尧崩之后不从尧之子而从舜也。禹荐益于天，七年，禹崩，三年之丧

毕，益避禹之子于箕山之阴[②]。朝觐、讼狱者不之益而之启[③]，曰：‘吾君之子也。’讴歌者不讴歌益而讴歌启，曰：‘吾君之子也。’丹朱[④]之不肖，舜之子亦不肖。舜之相尧，禹之相舜也，历年多，施泽于民久。启贤，能敬承继禹之道。益之相禹也，历年少，施泽于民未久。舜、禹、益相去久远，其子之贤不肖，皆天也，非人之所能为也。莫之为而为者，天也；莫之致而至者，命也。匹夫而有天下者，德必若舜、禹，而又有天子荐者，故仲尼不有天下。继世以有天下，天之所废，必若桀纣者也，故益、伊尹、周公不有天下。伊尹相汤以王于天下，汤崩，太丁未立，外丙二年，仲壬四年，太甲颠覆汤之典刑，伊尹放之于桐，三年。太甲悔过，自怨自艾，于桐处仁迁义，三年，以听伊尹之训己也，复归于亳[⑤]。周公之不有天下，犹益之于夏、伊尹之于殷也。孔子曰：‘唐、虞禅，夏后、殷、周继，其义一也。’”

【注释】

①阳城：山名，在今河南登封市北。　②箕山之阴：箕山，在今河南登封市东南。阴，山北为阴。　③启：禹之子。　④丹朱：本名朱，后封于丹，故名丹朱。　⑤亳（bó）：地名，在今河南偃师县西。

【译文】

万章问道：“有人说：‘到了禹的时代，道德衰落了，将天下不是传给圣贤的人，而是传给自己的儿子。’有这种事吗？”

孟子答道：“不，不是这样的。天要授予圣贤的人，就授予圣贤的人；天要授予儿子，就授予儿子。从前，舜向天推荐禹，十七年之后，舜死了，三年之丧结束后，禹为了要让位给舜的儿子，就避居到阳城去。但是，天下的百姓跟随着禹，正好像尧死了以后天下的人不跟随尧的儿子而跟随舜一样。禹把益推荐给天，七年之后禹死了，三年之丧结束后，益又为着让位给禹的儿子，自己避居到箕山之北去。当时朝见天子的人、打官司的人都不去益那里，而是去启那里，他们说：‘他是我们君王的儿子呀！’歌颂的人也不歌颂益，而是歌颂启，他们说：‘他是我们君王的儿子呀！’尧的儿子丹朱不贤，舜的儿子也不贤。舜辅助尧，禹辅助舜，历时多年，对百姓施与恩泽的时间长。启很贤明，能恭敬地继承禹的治世之道。益辅助禹，历时很短，对百姓施与恩泽的时间短。舜、禹、益之间相距时间的长短，以及他们的儿子的好坏，这都是天意，不是人力所能做到的。没有人想到会这样做，但却这样做了，这便是天意；没有人叫他来，而竟这样来了，这便是命运。作为一个百姓而竟得到天下，他的道德必然要像舜和禹一样，而且还要有天子推荐他，所以孔子（虽是圣人，因没有天子推荐他，）便不能得到天下。世代相传而得到天下，天所要废弃的，一定是像夏桀、商纣那样的暴君，因此，益、伊尹、周公（虽是圣人，因所逢的君主不像桀、纣那样，）便不能得到天下。伊尹辅助汤统一了天下，汤死后，太丁未立就死了，外丙在位二年，仲壬在位四年，太甲破坏了汤的法度，伊尹把他流放到桐邑，三年之后，太甲悔过自新，就在桐邑按义行事，唯义是从，三年过后，完全听从伊尹对自己的教训了，便回到亳做了天子。周公没有得到天下，正像益在夏朝、伊尹在商朝一样。孔子说：'唐尧、虞舜禅让天下，夏、商、周三代相传，道理是一样的。'"

万章问曰："人有言：'伊尹以割烹要汤。'有诸？"

孟子曰："否，不然。伊尹耕于有莘[①]之野，而乐尧、舜之道焉。非其义也，非其道也，禄之以天下，弗顾也；系马千驷，弗视也。非其义也，非其道也，一介[②]不以与人，一介不以取诸人。汤使人以币聘之，嚣嚣然[③]曰：'我何以汤之聘币为哉？我岂若处畎亩之中，由是以乐尧、舜之道哉？'汤三使往聘之，既而幡[④]然改曰：'与[⑤]我处畎亩之中，由是以乐尧、舜之道，吾岂若使是君为尧、舜之君哉？吾岂若使是民为尧、舜之民哉？吾岂若于吾身亲见之哉？天之生此民也，使先知觉后知，使先觉觉后觉也。予，天民之先觉者也，予将以斯道觉斯民也。非予觉之，而谁也？'思天下之民，匹夫、匹妇有不被尧、舜之泽者，若己推而内[⑥]之沟中。其自任以天下之重如此，故就汤而说[⑦]之以伐夏救民。吾未闻枉己而正人者也，况辱己以正天下者乎？圣人之行不同也，或远或近，或去或不去，归洁其身而已矣。吾闻其以尧、舜之道要汤，未闻以割烹也。《伊训》曰：'天诛造攻自牧宫，朕载自亳。'"

【注释】

①有莘：古国名。　②一介：一点点小东西，又作"一芥"。　③嚣嚣然："安然不动情"的样子。　④幡：同"翻"。　⑤与：与其。　⑥内：同"纳"。　⑦说（shuì）：游说。

【译文】

万章问道："有人说：'伊尹曾借切肉做菜的技术扮做厨子，以便向汤有所干求。'有这回事吗？"

孟子答道："不，不是这样。伊尹在莘国的郊野耕种，以尧、舜之道为乐。

如果不合于义，不合于道，即使以天下的财富作为他的俸禄，他也不会回头看一下；即使有四千匹良马系在那里，他也不会看一下。如果不合于义，不合于道，他一点也不给与别人，一点也不向别人索取。汤曾派人拿着厚礼去聘请他，他却安然地说：'我为什么要收取汤的聘礼呢，我为什么不在田野之中，以尧、舜之道自乐呢？'汤多次派人去聘请他，后来，他完全改变了原来的态度，说：'我与其安住在田野之中，以尧、舜之道为个人的快乐，何不去促使现在的君主成为尧、舜一样的君主呢？又何不去促使现在的百姓成为尧、舜时代的百姓呢？我为什么不亲自看看尧、舜时的盛世呢？上天生育了百姓，就是让先知先觉者启发后知后觉者。我是百姓中的先觉者，我要用尧、舜之道启发百姓觉悟。我不去启发他们，还有谁去呢？'伊尹这样想：如果天下的百姓中还有一个男子或一个妇女，没有受到尧、舜的恩泽，就好像是自己把他们推到深沟里一样。他就这样把天下的重任挑在自己肩上，所以到了汤那里，就用讨伐夏桀、拯救百姓的道理说服他。我没有听说过，自身品行不端而能匡正别人的，更何况是使自己受辱而去匡正天下？圣人的行为各有不同，有的远离君王，有的亲近君王，有的远离朝廷，有的在朝廷做官。但归根到底，都是使自己保持清白罢了。我只听说过伊尹用尧、舜之道向汤干求，没有听说过他切肉做菜的事。《伊训》说：'上天的诛伐，最初的祸根取自夏桀的宫室里，我不过是从亳邑开始打算罢了。'"

万章问曰："或谓孔子于卫主痈疽[①]，于齐主侍人瘠环[②]，有诸乎？"

孟子曰："否，不然也。好事者为之也。于卫主颜雠由。弥子[③]之妻与子路之妻，兄弟也。弥子谓子路曰：'孔子主我，卫卿可得也。'子路以告。孔子曰：'有命。'孔子进以礼，退以义，得之不得曰'有命'。而主痈疽以侍人瘠环，是无义、无命也。孔子不悦于鲁、卫[④]，遭宋桓司马将要[⑤]而杀之，微服而过宋。是时孔子当厄，主司城贞子[⑥]，为陈侯周臣。吾闻观近臣[⑦]，以其所为主；观远臣[⑧]，以其所主。若孔子主痈疽与侍人瘠环，何以为孔子？"

【注释】

①主痈疽：主，名词作动词用。主痈疽，以痈疽为主人。痈疽，卫灵公宠幸的宦官。②侍人瘠环：侍人，宦官。瘠环，人名。古人以与宦官交往为丑事。 ③弥子：卫灵公的宠臣弥子瑕。 ④不悦于鲁、卫：指"齐人馈女乐，季桓子受之"事，以及"招摇市过之"事，均详见《孔子世家》。 ⑤要（yāo）：拦截。 ⑥司城贞子：陈国人。 ⑦近臣：在朝之臣。 ⑧远臣：远方来仕之臣。

【译文】

万章问道："有人说，孔子在卫国时，住在卫灵公的宦官痈疽家里，在齐国时，住在宦官瘠环家里。真有这回事吗？"

孟子说："不，不是这样。这是好事之徒编造出来的。孔子在卫国时住在颜雠由的家里。弥子瑕的妻子和子路的妻子是姐妹。弥子瑕对子路说：'孔子住在我家，可以得到卫国卿相的职位。'子路把这话告诉了孔子。孔子说：'一切由命运决定吧。'孔子以礼法而进，以礼法而退，所以他说能否得着官位，都由命运决定。如果住在痈疽和瘠环家里，那就是无视礼义、无视命运了。孔子在鲁国和卫国很不得意，又碰到宋国的司马向魋预谋要拦截他，并要将他杀死，所以只得改换服装，悄悄离开了宋国。这时，孔子正处在困难的境地，便住在司城贞子家中，做了陈侯周的臣子。我听说过，观察在朝的臣子，看他所招待的客人；观察外来的臣子，看他所寄居的主人。如果孔子真的住在痈疽和瘠环家中，还怎么能算是'孔子'呢？"

万章问曰："或曰：'百里奚[①]自鬻于秦养牲者五羊之皮，食牛，以要秦穆公。'信乎？"

孟子曰："否，不然。好事者为之也。百里奚，虞人也。晋人以垂棘之璧与屈产之乘假道于虞以伐虢[②]。宫之奇谏，百里奚不谏。知虞公之不可谏而去之秦，年已七十矣，曾[③]不知以食牛干秦穆公之为污也，可谓智乎？不可谏而不谏，可谓不智乎？知虞公之将亡而先去之，不可谓不智也。时举于秦，知穆公之可与有行[④]也而相之，可谓不智乎？相秦而显其君于天下，可传于后世，不贤而能之乎？自鬻以成其君，乡党自好者不为，而谓贤者为之乎？"

【注释】

①百里奚：虞国大夫，虞亡国时被晋俘去，作为陪嫁之臣送到秦国。后出走楚国，又被秦穆公以5张黑羊皮为赎金赎回，用为大夫，人称五羖大夫。 ②假道于虞以伐虢：事详见《左传·僖公二年》。虢，周代国名。 ③曾：竟然。 ④有行：有为，有作为。

【译文】

万章问道："有人说：'百里奚把自己卖给秦国饲养牲畜的人，得到五张羊皮，去给人家养牛，以此来干求秦穆公。'这话可信吗？"

孟子答道："不，不是这样的。这是好事之徒编造出来的。百里奚是虞国人。晋国人用垂棘的美玉和屈地所产的良马向虞国借路，去攻打虢国。虞国大臣宫之奇谏阻虞公，劝阻虞公不要借路给晋人，百里奚却不去劝阻。他知道虞公是不可以劝阻的，因而离开虞国来到秦国，这时他已经七十岁了，他竟不知道用饲养牛的方法去干求秦穆公，是一种污辱，这能说是聪明吗？预见到虞公将要被灭亡，因而离开他，又不能说是不聪明。当他在秦国被举用时，就知道秦穆公是位有作为的君王而辅助他，这能说是不聪明吗？在秦国做卿相，使秦穆公名扬天下，而且足以流传于后代，不是贤者能做到吗？卖掉自己而成全君王，乡间里一个洁身自好的人都不会这样做，怎能说贤者会这样做呢？"

万　章　下

孟子曰："伯夷，目不视恶色，耳不听恶声。非其君，不事；非其民，不使。治则进，乱则退。横[①]政之所出，横民之所止，不忍居也。思与乡人处，如以朝衣朝冠坐于涂炭也。当纣之时，居北海之滨，以待天下之清也。故闻伯夷之风者，顽夫[②]廉，懦夫有立志。"

"伊尹曰：'何事非君，何使非民？'治亦进，乱亦进，曰：'天之生斯民也，使先知觉后知，使先觉觉后觉。予，天民之先觉者。予将以此道觉此民也。'思天下之民，匹夫匹妇有不与被尧、舜之泽者，若己推而内之沟中。其自任以天下之重也。"

"柳下惠不羞污君，不辞小官。进不隐贤，必以其道。遗佚而不怨，厄穷而不悯。与乡人处，由由然不忍去也。'尔为尔，我为我，虽袒裼裸裎于我侧，尔焉能浼[③]我哉？'故闻柳下惠之风者，鄙夫[④]宽，薄夫敦。"

"孔子之去齐，接淅而行；去鲁，曰：'迟迟吾行也，去父母国之道也。'可以速而速，可以久而久，可以处[⑤]而处，可以仕而仕，孔子也。"

孟子曰："伯夷，圣之清者也；伊尹，圣之任者也；柳下惠，圣之和者也，孔子，圣之时者也。孔子之谓集大成。集大成也者，金声而玉振[⑥]之也。金声也者，始条理也；玉振之也者，终条理也。始条理者，智之事也；终条理者，圣之事也。智，譬则巧也；圣，譬则力也。由[⑦]射于百步之外也，其至尔力也；其中，非尔力也。"

【注释】

①横：与"横逆"之横同义。　②顽夫：贪婪之人。　③浼（měi）：玷污。　④鄙夫：

心胸狭窄之人。 ⑤处：止，引申为隐退。 ⑥金声而玉振：金声，镈钟（独立悬挂的大钟）发出的声音。玉振，磬（指悬挂的磬）收束的余韵。振，“收”的意思。 ⑦由：同“犹”。

【译文】

孟子说：“伯夷，眼睛不看不好的事物，耳朵不听不好的声音。不是他理想的君王，不去侍奉；不是他理想的百姓，不去支使。天下太平，就出来做官；天下混乱，就告退隐居。施行暴政的国家，住有暴民的地方，他都不愿在那里居住。他认为同乡下人住在一起，就好像穿着朝服戴着朝冠坐在泥途或炭灰之上。当商纣的时候，他住在北海之滨，以等待天下的清平。因此，听到伯夷的风节的人，贪得无厌的人都变得廉洁起来了，懦弱的人也会树立起不屈的意志。”

“伊尹说：‘哪个君王，不可以侍奉？哪个百姓，不可以支使？’天下太平，他出来做官，天下混乱，他也出来做官，并且说：‘上天生育这些百姓，就是要让先知先觉的人，启发后知后觉的人。我是天生之民中的先觉者，我将用尧、舜之道来引导这些人。’他这样想：天下的百姓当中，只要有一个男人或一个妇女没有受到尧、舜的恩泽，便好像是自己把他们推入深沟之中一样——他就是这样以天下的重任为己任。”

“柳下惠不以侍奉昏君为耻，也不因官小而辞职。在朝廷中，不隐藏自己的才能，但一定按他的原则办事。遭到遗弃，也不怨恨，处在穷困之中，也不忧愁。同乡下人相处，自由自在不忍离开。（他说：）‘你是你，我是我，即使你在我身旁赤身裸体，哪能就玷污我呢？’因此，听到柳下惠的风节的人，心胸狭窄的人也会变得开阔起来，刻薄的人也会变得敦厚。”

“孔子离开齐国时，不等把米淘完，带了浸过的米就走；离开鲁国时，却说：‘我们慢慢走吧，这是离开祖国的态度。’应该迅速走就迅速走，应该延缓就延缓，应该隐退就隐退，应该做官就做官，这就是孔子。”

孟子说：“伯夷是圣人中清高的人，伊尹是圣人中负责任的人，柳下惠是圣人中随和的人，孔子是圣人中识时务的人。孔子，可以说是集大成者。集大成的意思，（就像奏乐，）先敲镈钟，最后用玉磬收束一样。先敲镈钟，是节奏的开始；用玉磬收束，是节奏的终结。节奏的开始在于智，节奏的终结在于圣。智，好比技巧，圣，好比气力。就好像在百步之外射箭，射到，是凭你力气；射中，却不是凭你的力气。”

北宫锜[1]问曰："周室班[2]爵禄也，如之何？"

孟子曰："其详不可得闻也，诸侯恶其害己也，而皆去其籍；然而轲也，尝闻其略也。天子一位，公一位，侯一位，伯一位，子、男同一位，凡五等也。君一位，卿一位，大夫一位，上士一位，中士一位，下士一位，凡六等。天子之制，地方千里，公侯皆方百里，伯七十里，子、男五十里，凡四等。不能[3]五十里，不达于天子，附于诸侯，曰附庸。天子之卿受地视[4]侯，大夫受地视伯，元士受地视子、男。大国地方百里，君十卿禄，卿禄四大夫，大夫倍上士，上士倍中士，中士倍下士，下士与庶人在官者同禄，禄足以代其耕也。次国地方七十里，君十卿禄，卿禄三大夫，大夫倍上士，上士倍中士，中士倍下士，下士与庶人在官者同禄，禄足以代其耕也。小国地方五十里，君十卿禄，卿禄二大夫，大夫倍上士，上士倍中士，中士倍下士，下士与庶人在官者同禄，禄足以代其耕也。耕者之所获，一夫百亩；百亩之粪[5]，上农夫食九人，上次食八人，中食七人，中次食六人，下食五人。庶人在官者，其禄以是为差。"

【注释】

①北宫锜：卫国人。 ②班：等级。 ③不能：不足，不及。 ④视：比。 ⑤粪：施肥。

【译文】

北宫锜问道："周朝制定的官爵和俸禄的等级制度，是怎样的？"

孟子答道："详细情况已经不能知道了，因为诸侯都厌恶那种制度不利于自己，把有关的文献都毁掉了。但是我也曾听到一些。天子为一级，公为一级，侯为一级，伯为一级，子和男同为一级，共分五级。君为一级，卿为一级，大夫为一级，上士为一级，中士为一级，下士为一级，共分六级。天子直接管理的土地方圆千里，公和侯各方圆百里，伯七十里，子和男各五十里，一共四级。土地不够方圆五十里的国家，不能直接与天子联系，而附属于诸侯，叫做附庸。天子的卿所受的封地相当于侯，大夫所受的封地相当于伯，元士所受的封地相当于子、男。大国的土地方圆百里，国君的俸禄是卿的十倍，卿是大夫的四倍，大夫是上士的二倍，上士倍于中士，中士倍于下士，下士的俸禄与百姓中当官的相同，所得的俸禄也足以抵上他们耕种所得的收入。中等国家的土地方圆七十里，国君的俸禄是卿的十倍，卿是大夫的三倍，大夫倍于上士，上士倍于中士，中士倍于下士，下士的俸禄与百姓中当官的相同，所得的俸禄也足以抵上他们耕种所得的收入。小国的土地方圆五十里，国君的俸禄是卿的十倍，卿是大夫的二倍，大夫倍于上士，上士倍于下士，下士的俸禄与百姓中当官的相同，所得的俸禄也足以抵上他们耕种所得的收入。耕种的收获，一夫一妇分田百亩。百亩土地施肥耕种，上等的农夫可养活九个人，其次的养活八个人，中等的养活七个人，其次的养活六个人，下等的养活五个人。普通百姓当官差的，他们的俸禄也照此分等级。"

万章问曰："敢问友。"

孟子曰："不挟[①]长，不挟贵，不挟兄弟而友。友也者，友其德也，不可以有挟也。孟献子[②]，百乘之家也，有友五人焉：乐正裘、牧仲，其三人，则予忘之矣。献子之与此五人者友也，无献子之家者也。此五人者，亦有献子之家，则不与之友矣。非惟百乘之家为然也，虽小国之君亦有之。费[③]惠公曰：'吾于子思，则思之矣；吾子颜般，则友之矣；王顺、长息，则事我者也。'非惟小国之君为然也，虽大国之君亦有之。晋平公之于亥唐[④]也，入云则入，坐云则坐，食云则食；虽疏食菜羹，未尝不饱，盖不敢不饱也。然终于此而已矣。弗与共天位也，弗与治天职也，弗与食天禄也，士之尊贤者也，非王公之尊贤也。舜尚[⑤]见帝，帝馆甥于贰室[⑥]，亦飨舜，迭为宾主，是天子而友匹夫也。用[⑦]下敬上，谓之贵贵；用上敬上，谓之尊贤。贵贵、尊贤，其义一也。"

【注释】

①挟：依仗。 ②孟献子：鲁国大夫仲孙蔑。 ③费：春秋时的小国。 ④亥唐：人名，晋国人。 ⑤尚：同"上"。以百姓而谒天子，故称"上"。 ⑥贰室：副宫。 ⑦用：以。

【译文】

万章问道："请问交朋友的原则是什么？"

孟子答道："不倚仗年纪大，不倚仗地位高，不倚仗兄弟的富贵而交朋友。交朋友，因为他的品德而结交他，因此不能有任何依仗的因素。孟献子是位有一百辆车马的大夫，他有五个朋友，其中有乐正裘、牧仲，其余三位我忘记了。献子和这五个人相交，心中并没有自己是大夫的观念。这五个人，如果也存有献子是大夫的观念，也就不会同他交朋友了。不仅具有百辆车马的大夫是这样，即使小国的君王也有朋友。费惠公说：'我对于子思，看成是老师；对于颜般，看成是朋友；至于王顺、长息，那不过是为我服务的人罢了。'不仅小国的君王如此，即使是大国的君王也有朋友。晋平公对于亥唐，亥唐叫他进去便进去，叫他坐便坐下，叫他吃饭便吃饭。即使糙饭菜汤，也不曾不吃饱，是因为不敢不吃饱。然而晋平公也只是做到这一点罢了。没有同亥唐共有官位，没有一起治理国家，没有一起享受俸禄，这是士人尊敬贤者的态度，不是王公对贤者的态度。舜谒见尧，尧请这位女婿住在另一处官邸中，也请他吃饭，相互间是主人和客人的关系，这是天子和百姓交朋友的范例。地位低下的人尊敬地位高贵的人，叫做尊重贵人；地位高贵的人尊敬地位低下的人，叫做尊敬贤者。尊敬贵人和尊敬贤者，是同样的道理。"

万章问曰："敢问交际[1]何心也？"

孟子曰："恭也。"

曰："'却之却之为不恭。'何哉？"

曰："尊者赐之，曰：'其所取之者义乎，不义乎？'而后受之，以是为不恭，故弗却也。"

曰："请无以辞却之，以心却之，曰：'其取诸民之不义也。'而以他辞无受，不可乎？"

曰："其交也以道，其接也以礼，斯孔子受之矣。"

万章曰："今有御[2]人于国门之外者，其交也以道，其馈也以礼，斯可受御与？"

曰："不可。《康诰》曰：'杀越人于货，闵不畏死，凡民罔不譈[3]。'是不待教而诛者也。殷受夏，周受殷，所不辞也。于今为烈，如之何其受之？"

曰："今之诸侯取之于民也，犹御也。苟善其礼际矣，斯君子受之，敢问何说也？"

曰："子以为有王者作，将比[4]今之诸侯而诛之乎？其教之不改而后诛之乎？夫谓非其有而取之者盗也，充类至义[5]之尽也。孔子之仕于鲁也，鲁人猎较[6]，孔子亦猎较。猎较犹可，而况受其赐乎？"

曰："然则孔子之仕也，非事道与？"

曰："事道也。"

"事道奚猎较也？"

曰："孔子先簿正祭器，不以四方之食供簿正。"

曰："奚不去也？"

曰："为之兆[⑦]也。兆足以行矣，而不行，而后去，是以未尝有所终三年淹也。孔子有见行可之仕，有际可之仕，有公养之仕，于季桓子，见行可之仕也；于卫灵公，际可之仕也；于卫孝公[⑧]，公养之仕也。"

【注释】

①交际：以礼仪币帛相交接。际，接。 ②御：拦路抢劫。 ③譈：同"憝"，怨恨。④比：同。 ⑤充类至义：充类，充其类，推广到极点。至义，极其义，提高到道理上。⑥猎校：抢夺猎物。 ⑦兆：始。 ⑧卫孝公：《左传》、《史记》上都没有卫孝公的记载，疑为出公辄，一人而二谥。

【译文】

万章问道："请问交际的时候，应当如何存心？"

孟子答道："存心恭敬。"

万章又问"（俗话说：）'一再拒绝礼物是不恭敬的。'这是为什么？"

孟子答道："尊者有所赐予，自己先想想：'得到这些礼物是合乎义呢？还是不合乎义？'想了之后才接受。这是不恭敬的，所以不拒绝。"

万章又问："不明白说出拒绝他的礼物，只是心里不接受罢了，心里说：'这是他取自百姓的不义之财呀。'就用别的借口拒绝接受，难道不可以吗？"

孟子说："他按规矩和别人交往，依礼节和别人接触，这样，孔子也会接受礼物的。"

万章问："如果有一个人在城外郊野抢劫别人的财物，然后也按规矩和别人交往，依礼节向人送礼物，这种赃物也可以接受吗？"

孟子答："不可以。《康诰》说：'杀死别人，抢夺财物，强横不怕死，这种人是没有人不痛恨的。'这种人不必先教育就可以诛杀。商朝继承了夏朝的这种法律，周朝继承了商朝的这种法律，一直没有更改。现在抢劫行为更为严重，怎能接受这种礼物呢？"

万章问："现在诸侯向百姓掠夺财物，和拦路抢劫差不多，假如他们把交际的礼节搞好，君子也接受了他们的礼物，请问这又是什么道理呢？"

孟子答："你以为圣王若是兴起，对于现在的诸侯，是全部诛杀？还是先进行教育，不悔改者再诛杀？而且，不是自己所有而取得它，把这说成是抢劫，这是提高到原则性的高度的看法。孔子在鲁国做官时，鲁国人争夺猎物，孔子也争夺猎物。争夺猎物尚且可以，何况是接受礼物呢？"

万章问："那么，孔子做官，不是为了行道吗？"

孟子答："是为了行道。"

"既然为了行道，为什么又要争夺猎物呢？"

孟子说："孔子先用文书规定祭祀所用的祭品和器皿，不用别处的食物来供祭祀用。所争夺来的猎物是为祭祀，既不能用来供祭祀，便无所用之，争夺猎物的风气自然就逐渐衰减。"

万章说："孔子为什么不辞官而走呢？"

孟子答道："孔子做官得先试一试。如果试行的结果，他的主张可以行得通，而君王却不肯实行，这才离开，所以孔子不会在一个国家停留三年。孔子因可以行道而做官，也有因君王对他的礼遇而做官，也有因君王养贤而做官。对于鲁国的季桓子，是因可以行道而做官；对于卫灵公，是因为受礼遇而做官；对于卫孝公，是因为君王养贤而做官。"

孟子曰："仕非为贫也，而有时乎为贫；娶妻非为养也，而有时乎为养。为贫者，辞尊居卑，辞富居贫。辞尊居卑，辞富居贫，恶乎宜乎？抱关击柝[①]。孔子尝为委吏[②]矣。曰：'会计当而已矣。'尝为乘田[③]矣，曰：'牛羊茁壮长而已矣。'位卑而言高，罪也；立乎人之本朝[④]而道不行，耻也。"

【注释】

①抱关击柝：抱关，门卒。击柝：夜行打更。 ②委吏：管仓库的小吏。 ③乘田：管苑囿的小吏。 ④本朝：即"朝廷"之意。

【译文】

孟子说："做官不是因为贫穷，但有时也是因为贫穷。娶妻不是为了孝养父母，但有时也是为了孝养父母。因贫穷而做官，就要辞掉高官而居于卑位；拒绝厚禄，只受薄俸。辞掉高官而居于卑位，拒绝厚禄，只受薄俸，那居于什么位置才合适呢？做个守门打更的小吏就可以了。孔子也曾做过管仓库的小吏，他说：'收支的数字都对了。'还曾做过管牲畜的小吏，他说：'牛羊都壮实地长大了。'地位低下而议论朝廷的大事，这是罪过；在朝廷做官，而自己的正义主张不能实现，这是耻辱。"

万章曰："士之不托诸侯，何也？"

孟子曰："不敢也。诸侯失国，而后托于诸侯，礼也；士之托于诸侯，非礼也。”

万章曰：“君馈之粟，则受之乎？”

曰：“受之。”

“受之何义也？”

曰：“君之于氓[①]也，固周[②]之。”

曰：“周之则受，赐之则不受，何也？”

曰：“不敢也。”

曰：“敢问其不敢何也？”

曰：“抱关击柝者皆有常职以食于上。无常职而赐于上者，以为不恭也。”

曰：“君馈之，则受之，不识可常继乎？”

曰：“缪公之于子思也，亟问，亟馈鼎肉[③]，子思不悦。于卒也，摽[④]使者出诸大门之外，北面稽首再拜[⑤]而不受，曰：‘今而后知君之犬马畜伋。’盖自是台[⑥]无馈也。悦贤不能举，又不能养也，可谓悦贤乎？”

曰：“敢问国君欲养君子，如何斯可谓养矣？”

曰：“以君命将[⑦]之，再拜稽首而受。其后廪人继粟，庖人[⑧]继肉，不以君命将之。子思以为鼎肉使己仆仆[⑨]尔亟拜也，非养君子之道也。尧之于舜也，使其子九男事之，二女女焉，百官、牛羊、仓廪备，以养舜于畎亩之中，后举而加[⑩]诸上位，故曰，王公之尊贤者也。”

【注释】

①氓：自他国而至此国之民。　②周：给不足。　③鼎肉：郑玄解释为生肉，朱熹解释为熟肉。　④摽：挥。　⑤稽首再拜：头至地为稽首；跪而拱手，头俯至于手，与心平为拜。再，两次。　⑥台：与“始”同。　⑦将：送。　⑧庖人：官名，掌供膳食。　⑨仆仆：烦猥的样子。　⑩加：同“居”。

【译文】

万章说：“士不寄托于诸侯，这是什么道理呢？”

孟子说：“是不敢这样。诸侯丧失了自己的国家，投奔别的诸侯国，是合于礼制的；士寄托于诸侯，是不合于礼制的。”

万章问：“如果君王送给他谷米，可以接受吗？”

孟子说：“可以接受。”

“接受又是什么道理呢？”

答道：“君王对于外来的人士，本来是应该周济他的。”

问道："周济他就接受，赐予他则不接受，这又是什么道理呢？"

答道："是因为不敢接受。"

问道："请问，为什么不敢接受？"

答道："守门打更的人都有固定的职位，因而接受上面的给养。没有固定的职位而接受上面的赐予，这被认为是不恭敬的。"

问道："如果君王给以馈赠，也就接受了，不知是否可以经常如此？"

答道："鲁缪公对于子思，屡次问候，屡次送给他肉食，子思很不高兴。最后一次，子思便把使者赶出大门，自己又向北磕头行再拜礼而拒绝了，说：'今天才知道君王是把我当做犬马一样地豢养。'从此鲁缪公不再给子思送礼了。喜悦贤能的人，却不重用他，又不能有礼貌地照顾他的生活，这能算是喜悦贤能的人吗？"

问道："请问，国君要给君子优厚的俸养，怎样才能有礼貌地做到呢？"

答道："先把君王的旨意传达给他，他行再拜之礼磕头接受。然后掌管粮仓的人经常送来粮食，掌管膳食的人经常送来肉食，这些都不用君王的名义送给他。子思认为送一块肉来便要自己一次次地磕头拜谢，这不是照顾君子生活的办法。尧对舜，派自己的九个儿子去服侍他，把自己的两个女儿嫁给他，而且百官、牛羊、仓库无不齐备，使舜在田野中受到各种优遇，然后提拔他到很高的职位，所以说，这是王公尊敬贤者的范例。"

·

万章曰："敢问不见诸侯，何义也？"

孟子曰："在国曰市井之臣，在野曰草莽之臣，皆谓庶人。庶人不传质[①]为臣，不敢见于诸侯，礼也。"

万章曰："庶人，召之役，则往役；君欲见之，召之，则不往见之，何也？"

曰："往役，义也；往见，不义也。且君之欲见之也，何为也哉？"

曰："为其多闻也，为其贤也。"

曰："为其多闻也，则天子不召师，而况诸侯乎？为其贤也，则吾未闻欲见贤而召之也。缪公亟见于子思，曰：'古千乘之国以友士，何如？'子思不悦，曰：'古之人有言曰：事之云乎，岂曰友之云乎？'子思之不悦也，岂不曰：'以位，则子君也，我臣也，何敢与君友也？以德，则子事我者也，奚可以与我友？'千乘之君求与之友而不可得也，而况可召与？齐景公田，招虞人以旌，不至，将杀之。志士不忘在沟壑，勇士不忘丧其元。孔子奚取焉？取非其招不往也。”

曰：“敢问招虞人何以？”

曰：“以皮冠。庶人以旃[2]，士以旂[3]，大夫以旌。以大夫之招招虞人，虞人死不敢往。以士之招招庶人，庶人岂敢往哉？况乎以不贤人之招招贤人乎？欲见贤人而不以其道，犹欲其入而闭之门也。夫义，路也；礼，门也。惟君子能由是路，出入是门也。《诗》云[4]：‘周道如底，其直如矢；君子所履，小人所视[5]。’”

万章曰：“孔子，君命召，不俟驾而行；然则孔子非与？”

曰：“孔子当仕有官职，而以其官招之也。”

【注释】

①传质：传送礼物。由将命者传之，故谓之传质。 ②旃（zhān）：曲柄的旗子。 ③旂（qí）：系有铃的旗子。 ④《诗》云：此处引《诗经·小雅·大东》诗句。 ⑤“周道如底”诸句：周道，大道。底，同“砥”，即磨刀石。视，仿效。

【译文】

万章问：“请问，不去谒见诸侯，这是什么道理呢？”

孟子答：“不曾有过职位的人，住在城里的，叫做市井之臣，住在郊外的，叫做草莽之臣，都是老百姓。普通百姓不送见面礼而为臣属，这是合于礼制的。”

万章说：“老百姓，召唤他去服役，便去服役；但是君王若要与他见面，召唤他，他却不去谒见，这又是为什么？”

孟子说：“去服役，是应该的；去谒见，是不应该的。况且君王想召见他，为的是什么？”

万章说：“是因为他见闻广博，品德高尚。”

孟子说：“如果是因为他见闻广博，（就应以他为师。）那么天子还不能召见老师，更何况诸侯呢？如果是因为他品德高尚，那我也不曾听说过想要与贤人见面而随意召唤的。鲁缪公屡次去会见子思，说：‘古代有千辆兵车的国君与士人交友，是怎样的呢？’子思不高兴，说：‘古人说过这样的话：国君以士为师，怎能说是与士交友呢？’子思的不高兴，难道不是有这样的意思吗：‘论地位，你是君王，我是臣，哪敢和君王交友呢？论道德，那么你是向我学习的人，怎能和我交友呢？’具有千辆兵车的国君想和他交友都办不到，更何况是召唤他呢？齐景公田猎，用装饰有羽毛的旗子召唤管理猎场的人，他不

来，便准备杀他。有志之士不怕死后弃尸山沟，勇敢的人不怕丧失脑袋。孔子对管理猎场的人称取哪一点呢？就是称取他因非礼召唤，他硬是不去。”

问道：“请问召唤猎场管理人用什么方式呢？”

答道：“用皮帽子。召唤普通百姓用旃，召唤士人用旂，召唤大夫用旌。用召唤大夫的旗子去召唤管理猎场的人，他死也不敢前去；用召唤士人的旗子去召唤普通百姓，难道他敢去吗？何况用召唤不贤之人的礼节去召唤贤人呢？想会见贤人，却又不按规矩礼节，就好像是请人家进来，却又紧闭大门。义，是大路；礼，是大门。只有君子才能从这条大路行走，由这个大门进去。《诗经》上说：‘大路像磨刀石一样平坦，像箭一样直。这是君子所走的，小人所效法的。’”

万章问：“孔子，听到国君的召唤，等不及备好车马，自己便忙着赶去；孔子错了吗？”

答道：“当时孔子在朝做官，国君是用他担任的官职召唤他。”

孟子谓万章曰：“一乡之善士，斯友一乡之善士；一国之善士，斯友一国之善士；天下之善士，斯友天下之善士。以友天下之善士为未足，又尚[①]论古之人。颂[②]其诗，读[③]其书，不知其人，可乎？是以论其世也。是尚友也。”

【注释】

①尚：同“上”。　②颂：同“诵”。　③读：此处既有“诵读”之义，又有“抽绎”之义。

【译文】

孟子对万章说：“一乡的优秀之士和那一乡的优秀之士交朋友；一国的优秀之士和那一国的优秀之士交朋友；天下的优秀之士便和天下的优秀之士交朋友。如果认为和天下的优秀之士交朋友还不够，便又追论古代的人物，吟诵他们的诗歌，研究他们的著作，但是不知道他们的为人，可以吗？所以要探讨他们那个时代。这就是追溯历史与古人交朋友了。”

齐宣王问卿。孟子曰：“王何卿之问也？”

王曰：“卿不同乎？”

曰：“不同。有贵戚之卿，有异姓之卿。”

王曰："请问贵戚之卿。"

曰："君有大过则谏；反覆之而不听，则易位。"

王勃然变乎色。

曰："王勿异也。王问臣，臣不敢不以正[①]对。"

王色定，然后请问异姓之卿。

曰："君有过则谏，反覆之而不听，则去。"

【注释】

①正：诚。

【译文】

齐宣王问关于公卿的事。孟子说："王问的是哪一种公卿。"

王说："难道公卿还不一样吗？"

孟子说："不一样。有王室同宗族的公卿，有不是王族的公卿。"

王说："请问王室同宗族的公卿。"

孟子说："君王若有重大错误就进谏，若是反复劝阻还不听，就把他废了，另立君王。"

宣王一下子变了脸色。

孟子说："王不要奇怪。王问我，我不敢不用实话回答。"

宣王的脸色恢复了正常，又接着问非王族公卿。

孟子说："君王若有错误就进谏，若是反复劝阻还不听，自己就离开。"

告　子　上

告子[①]曰："性犹杞柳[②]也，义犹桮棬[③]也。以人性为仁义，犹以杞柳为桮棬。"

孟子曰："子能顺杞柳之性而以为桮棬乎？将戕贼杞柳而后以为桮棬也？如将戕贼杞柳而以为桮棬，则亦将戕贼人以为仁义与？率天下之人而祸仁义者，必子之言夫！"

【注释】

①告子：战国时人，名不害。　②杞柳：旧说都以为是榉树。　③桮棬（bēi quān）：盛

酒、羹等的器皿。桮，同“杯”。

【译文】

告子说：“人的本性好比是杞柳树，义理好比是桮棬。把人的本性归纳于义理，就好像把杞柳树比做桮棬。”

孟子说：“您是顺着杞柳的本性把它制成桮棬呢？还是伤害杞柳的本性来制成桮棬呢？如果要伤害杞柳的本性制成桮棬，那也要伤害人的本性后归纳之于义理吗？率领天下的人来伤害义理的，一定是你的这种学说吧！”

告子曰：“性犹湍[①]水也，决诸东方则东流，决诸西方则西流。人性之无分于善不善也，犹水之无分于东西也。”

孟子曰：“水信[②]无分于东西，无分于上下乎？人性之善也，犹水之就下也。人无有不善，水无有不下。今夫水，搏而跃之，可使过颡[③]；激[④]而行之，可使在山。是岂水之性哉？其势则然也。人之可使为不善，其性亦犹是也。”

【注释】

①湍（tuān）：水流急。 ②信：诚。 ③颡：额头。 ④激：阻止水势，使其倒流。

【译文】

告子说：“人性好比湍急的流水，从东边开了缺口便向东流，从西边开了缺口就向西流。人性没有善与善，正像水没有东流西流的定向一样。”

孟子说：“水确实没有东流西流的定向，难道也没有向上向下的定向吗？人性的善良，就像水向下流一样。人没有不善良的，水没有不向下流的。当然，拍水可以溅得很高，超过额头；阻止它的流向，可以引上高山。难道这是水的本性吗？是形势使它这样的。人，可以使他做坏事，他的本性的改变也正是这个道理。”

告子曰：“生之谓性[①]。”

孟子曰：“生之谓性也，犹白之谓白与？”

曰：“然。”

“白羽之白也，犹白雪之白；白雪之白犹白玉之白与？”

曰：“然。”

"然则犬之性犹牛之性，牛之性犹人之性与？"

【注释】

①生之谓性："生"和"性"古音相同。

【译文】

告子说："天生的资质就叫做性。"

孟子说："天生的资质就叫做性，好比说白色就叫做白吗？"

答道："是的。"

"白色羽毛的白犹如白雪的白，白雪的白犹如白玉的白吗？"

答道："是的。"

"那么，狗性犹如牛性，牛性犹如人性吗？"

告子曰："食色，性也。仁，内也，非外也；义，外也，非内也。"

孟子曰："何以谓仁内义外也？"

曰："彼长而我长之，非有长于我也；犹彼白而我白之，从其白于外也，故谓之外也。"

曰："异于[①]白马之白也，无以异于白人之白也；不识长马之长也，无以异于长人之长与？且谓长者义乎？长之者义乎？"

曰："吾弟，则爱之；秦人之弟，则不爱也。是以我为悦者也，故谓之内。长楚人之长，亦长吾之长，是以长为悦者也，故谓之外也。"

曰："耆[②]秦人之炙，无以异于耆吾炙，夫物则亦有然者也。然则耆炙亦有外与？"

【注释】

①异于：此二字为衍文。 ②耆：同"嗜"。

【译文】

告子说："饮食男女，是人的本性。仁是内在的东西，不是外在的；义是外在的东西，不是内在的。"

孟子说："为什么说仁是内在的东西，义是外在的东西呢？"

答道："因为他年纪大，我才尊敬他，尊敬之心不是预先就有的；就好比外物是白的，我就认为它是白的，我的这个认识是根据外物而来的，所以说是外在的东西。”

孟子说：“白马的白和白人的白或许没有什么不同，但是，对老马的怜悯和对老人的尊敬，是不是也没有什么不同呢？所谓义，是在于老人呢？还是在于尊敬老人的人呢？”

答道：“是我的弟弟我便爱他；是秦国人的弟弟我便不爱他。这是因为我自己的缘故而这样的，因此说仁是内在的东西。尊敬楚国的老人，这是因为外在的‘年长’的缘故而这样做的，所以说义是外在的东西。”

孟子说：“喜欢吃秦国人的烤肉，和喜欢吃自己的烤肉没有什么不同，各种事物都是如此。那么，喜欢吃烤肉的心也是外在的吗？”

孟季子[①]问公都子曰：“何以谓义内也？”

曰：“行吾敬，故谓之内也。”

“乡人长于伯兄一岁，则谁敬？”

曰：“敬兄。”

“酌则谁先？”

曰：“先酌乡人。”

“所敬在此，所长在彼，果在外，非由内也。”

公都子不能答，以告孟子。

孟子曰：“敬叔父乎？敬弟乎？彼将曰：‘敬叔父。’曰：‘弟为尸[②]，则谁敬？’彼将曰：‘敬弟。’子曰：‘恶在其敬叔父也？’彼将曰：‘在位故也。’子亦曰：‘在位故也。庸敬在兄，斯须之敬在乡人’。”

季子闻之，曰：“敬叔父则敬，敬弟则敬，果在外，非由内也。”

公都子曰：“冬日则饮汤，夏日则饮水，然则饮食亦在外也？”

【注释】

①孟季子：其人不详。疑为季任，即任国国君之弟。 ②尸：古代祭祀用男女儿童为受祭代理人，称为“尸”。

【译文】

孟季子问公都子：“为什么说义是内在的东西呢？”

公都子答道：“恭敬是出自我的内心，所以说是内在的东西。”

"本乡人比大哥大一岁，恭敬谁呢？"

答道："恭敬哥哥。"

"如果在一起喝酒，先给谁斟酒？"

答道："先给长者斟酒。"

"你心里恭敬的是大哥，却先敬别人，可见义是外在的东西，而不是内在的。"

公都子回答不上来，便来告诉孟子。

孟子说："（你可以问他：）恭敬叔父呢？还是恭敬弟弟呢？他会说：'恭敬叔父。'你接着问：'弟弟若是做了受祭的代理人，那又恭敬谁呢？'他会说：'恭敬弟弟。'你再说：'那么为什么又说恭敬叔父呢？'他会说：'这是因为弟弟当时处在受恭敬的地位。'你就说：'那也是由于本乡人处在应当先斟酒的地位的缘故。平时恭敬哥哥，临时的场合恭敬本乡人'。"

季子听了这番话，又说："对叔父也是恭敬，对弟弟也是恭敬，义毕竟是外在的，不是内在的。"

公都子说："冬天喝热水，夏天喝凉水，那么，难道饮食也是外在的吗？"

公都子曰："告子曰：'性无善无不善也。'或曰：'性，可以为善，可以为不善。是故文、武兴，则民好善；幽、厉兴，则民好暴。'或曰：'有性善，有性不善。是故以尧为君而有象；以瞽瞍为父而有舜；以纣为兄之子，且以为君，而有微子启、王子比干①。'今曰'性善'，然则彼皆非与？"

孟子曰："乃若②其情③，则可以为善矣，乃所谓善也。若夫为不善，非才④之罪也。恻隐之心，人皆有之；羞恶之心，人皆有之；恭敬之心，人皆有之；是非之心，人皆有之。恻隐之心，仁也；羞恶之心，义也；恭敬之心，礼也；是非之心，智也。仁义礼智，非由外铄⑤我也，我固有之也，弗思耳矣。故曰：'求则得之，舍则失之。'或相倍蓰⑥而无算者，不能尽其才者也。《诗》曰⑦：'天生蒸民，有物有则。民之秉夷，好是懿德⑧。'孔子曰：'为此诗者，其知道乎！故有物必有则。民之秉夷也，故好是懿德'。"

【注释】

①微子启、王子比干：微子启，商纣王的庶兄，名启。王子比干，商纣王的叔父，因屡次劝谏纣王，被纣王剖心。 ②乃若：转折语，相当于"若夫"，"至于"。 ③情：实情。 ④才：通"材"，材质。 ⑤铄：授以，赋以。 ⑥蓰（xǐ）：五倍。 ⑦《诗》曰：此处引《诗经·大雅·蒸民》诗句。 ⑧"天生蒸民"诸句：蒸，众。物，事。则，法则。秉，执。

夷，常。懿，美。

【译文】

公都子说："告子说：'人的本性无所谓善良，也无所谓不善良。'也有人说：'本性可以使它善良，也可以使它不善良；所以周文王、周武王在位时，百姓便趋向善良；周幽王、厉王在位时，百姓便趋向横暴。'也有人说：'有的人本性善良，有的人本性不善良；所以，尧这样的圣人为君时，却有像这样不好的百姓；瞽瞍这样坏的父亲，却有舜这样好的儿子；以纣这样恶的侄子，并且做了君王，却有微子启、王子比干这样的仁人。'现在您讲人性善良，那么，他们都错了吗？"

孟子说："从天生的资质看，可以使它善，这就是我所说的人性善。至于有些人不善良，不能归罪于他天生的资质。同情之心，每个人都有；羞耻之心，每个人都有；恭敬之心，每个人都有；是非之心，每个人都有。同情心属于仁，羞耻心属于义，恭敬心属于礼，是非心属于智。仁义礼智，不是外面授予我的，而是我本来就有的，只不过是没有探求它罢了。所以说：'一旦探求，就会得到；一旦舍弃，就会失掉。'人与人之间有相差一倍、五倍甚至无数倍的，就是因为没有充分发挥他们的本性的缘故。《诗经》说：'上天养育众民，每一件事物，都有它的规则。人们掌握了这些规则，于是喜好优良的品德。'孔子说：'这篇诗的作者真懂得道呀！每件事物都有它的法则，人们掌握了这些法则，所以喜好优良的品德'。"

孟子曰："富岁，子弟多赖[①]；凶岁，子弟多暴。非天之降才尔殊也，其所以陷溺其心者然也。今夫麰麦[②]，播种而耰[④]之，其地同，树之时又同，浡然而生，至于日至[④]之时，皆熟矣。虽有不同，则地有肥硗[⑤]，雨露之养、人事之不齐也。故凡同类者，举相似也，何独至于人而疑之？圣人，与我同类者。故龙子曰：'不知足而为屦，我知其不为蒉[⑥]也。'屦之相似，天下之足同也。口之于味，有同耆也，易牙[⑦]先得我口之所耆者也。如使口之于味也，其性于人殊，若犬、马之与我不同类也，则天下何耆皆从易牙之于味也？至于味，天下期于易牙，是天下之口相似也。惟耳亦然。至于声，天下期于师旷，是天下之耳相似也。惟[⑧]目亦然。至于子都[⑨]，天下莫不知其姣也。不知子都之姣者，无目者也。故曰，口之于味也，有同耆焉；耳之于声也，有同听焉；目之于色也，有同美焉。至于心，独无所同然乎？心之所同然者何也？谓理也，义也。圣人先得我心之所同然耳。故理义之悦我心，犹刍豢[10]之悦我口。”

【注释】

①赖：即“懒”，懒惰的意思。 ②麰（móu）麦：大麦。 ③耰（yōu）：一种古代的农具。此处用作动词。 ④日至：夏至。 ⑤硗：土地贫瘠。 ⑥蒉（kuì）：草筐。 ⑦易牙：人名，名巫，字易牙，齐桓公的宠臣。 ⑧惟：发语词，无义。 ⑨子都：古代的美人。 ⑩刍豢：草食曰刍，牛羊是也；谷食曰豢，犬豕是也。此处泛指家畜。

【译文】

孟子说：“丰收年成，年轻人多半懒惰；灾荒年成，年轻人多半强暴。这不是天生的资质如此不同，而是由于外界的环境改变他们心情的缘故。以大麦而言，播了种，除了草，如果土地相同，种植的时间相同，便会蓬勃生长，到了夏至都会成熟。纵有所不同，那是由于土地肥瘠不同，雨水多少不同，人的勤惰不同而造成的。所以，凡是同类之物，都大体相同，为什么一说到人类就怀疑了呢？圣人与我们是同类的人。龙子说过：‘不知道脚有多大去编草鞋，也决不会编成筐子。’草鞋的相似，是因为各人的脚大致一样。口对于味道，有相同的嗜好，易牙早就了解了口味的嗜好。假如口对于味道，人人不同，就像狗、马与我们人类不相同一样，那么，为什么天下人都追随易牙的口味呢？讲到口味，天下人都期望做到易牙那样，这说明天下人的味觉大体相同。耳朵也是如此。讲到声音，天下人都期望做到师旷那样，这说明天下人的听觉大体相同。眼睛也是如此。一讲到子都，天下没有人不知道他的美丽。不认为子都美丽的人，都是没有眼睛的人。所以说，口对于味道，有相同的嗜好；耳朵对于声音，有相同的听觉；眼睛对于容色，有相同的美感。说到心，难道就没有相同之处吗？心的相同之处是什么呢？是理，是义。圣人早就懂得我们内心的相同之处。所以，理义，使我内心高兴欢快，正像口味喜欢猪狗牛羊肉一样。”

孟子曰：“牛山[1]之木尝美矣，以其郊[2]于大国[3]也，斧刀伐之，可以为美乎？是其日夜之所息，雨露之所润，非无萌蘖之生焉，牛羊又从而牧之，是以若彼濯濯[4]也。人见其濯濯也，以为未尝有材焉，此岂山之性也哉？虽存乎人者，岂无仁义之心哉？其所以放其良心者，亦犹斧斤之于木也，旦旦而伐之，可以为美乎？其日夜之所息，平旦之气，其好恶与人相近也者几希[5]；则其旦昼[6]之所为，有[7]梏亡之矣。梏之反覆，则其夜气不足以存；夜气不足以存，则其违禽兽不远矣。人见其禽兽也，而以为未尝有才焉者，是岂人之情也哉？

故苟得其养，无物不长；苟失其养，无物不消。孔子曰：'操则存，舍则亡；出入无时，莫知其乡[8]。'惟心之谓与？"

【注释】

①牛山：山名，在齐国都城临淄南面。②郊：此处作动词用，即"居其郊"。③大国：谓临淄，当时的大都市之一。④濯濯：没有草木的样子。⑤几希：不远的意思。⑥旦昼：犹言明天。⑦有：又。⑧乡：通"向"。

【译文】

孟子说："牛山上的树木曾经很茂盛，因为它长在大都市的郊外。人们老是拿斧子去砍伐，它还能茂盛吗？它在日夜生长着，雨露在润泽着，并不是没有新枝嫩芽生长出来，但紧跟着又放牛放羊，就又变成那样光秃秃的了。大家看见它那光秃秃的样子，便以为这座山上从来没有长过树木，这难道是山的本性吗？在一些人身上，难道没有仁义之心吗？他之所以丧失了良心，也就像斧子对于树木的关系，每天去砍伐它，还能茂盛吗？他每天发出善心，在天刚亮时接触到清明之气，这时他心中激发出来的好恶跟一般人相近。可是一到第二天白天，又因为他的行为而消失了。反复地消失，那么，他夜里发出的善心就不能保存；夜里所发出的善心不能保存，便和禽兽相距不远了。人们看见他和禽兽差不多，便认为他从不曾有过善良的资质，这难道是这些人的本性吗？所以，如果得到滋养，没有东西不生长；失掉了滋养，没有东西不消亡。孔子说：'抓住它就能存在，放弃它就消亡；出出进进没有一定的时候，不知道它何去何从。'这是对人心而言吧？"

孟子曰："无或[1]乎王之不智也。虽有天下易生之物也，一日暴[2]之，十日寒之，未有能生者也。吾见亦罕矣，吾退而寒之者至矣，吾如有萌焉何哉？今夫弈[3]之为数[4]，小数也；不专心致志，则不得也。弈秋，通国之善弈者也。使弈秋诲二人弈，其一人专心致致，惟弈秋之为听。一人虽听之，一心以为鸿鹄[5]将至，思援弓缴[6]而射之，虽与之俱学，弗若之矣。为是其智弗若与？曰，非然也。"

【注释】

①或：同"惑"。②暴：同"曝"，晒。③弈：围棋。④数：技艺。⑤鸿鹄：天鹅。

⑥缴：生丝缕，用它来系在箭上，因此称系着丝线的箭为缴。

【译文】

孟子说："君王不聪明，不足为怪。即使一种最容易生长的植物，晒它一天，冻它十天，没有能够再长的。我和君王相见的次数太少了，我退出宫殿后，寒冷就来到了，君王的善良之心虽有萌芽，我对他能有什么帮助呢？譬如下围棋，本是一种小技术，如果不专心去学，照样学不好。弈秋是全国下围棋的第一高手。假如让他教两个人下围棋，其中一个人一心一意，只听弈秋的话。另一个人虽然也在听，而心里却想着有一只天鹅将要飞来，想着拿弓箭去射它。虽然他也和那个人一起学习，但却赶不上那个人。是因为他的智力不如人家吗？当然不是的。"

孟子说："鱼，我所欲也；熊掌，亦我所欲也。二者不可得兼，舍鱼而取熊掌者也。生，亦我所欲也；义，亦我所欲也。二者不可得兼，舍生而取义者也。生亦我所欲，所欲有甚于生者，故不为苟得也；死亦我所恶，所恶有甚于死者，故患有所不辟也。如使人之所欲莫甚于生，则凡可以得生者，何不用也？使人之所恶莫甚于死者，则凡可以辟患者，何不为也？由是则生而有不用也，由是则可以辟患而有不为也。是故所欲有甚于生者，所恶有甚于死者。非独贤者有是心也，人皆有之，贤者能勿丧耳。一箪食，一豆[①]羹，得之则生，弗得则死，嘑尔[②]而与之，行道之人弗受；蹴尔而与之，乞人不屑也。万钟则不辨礼义而受之，万钟于我何加焉？为宫室之美，妻妾之奉，所识穷乏者得我与？乡[③]为身死而不受，今为宫室之美为之；乡为身死而不受，今为妻妾之奉为之；乡为身死而不受，今为所识穷乏者得我而为之，是亦不可以已乎？此之谓失其本心。"

【注释】

①豆：古代盛汤羹之具。 ②嘑尔：呵斥唾骂。 ③乡：过去，以前。

【译文】

孟子说："鱼，是我所希望得到的；熊掌，也是我所希望得到的。如果二者不能同时得到，便舍弃鱼而要熊掌。生命，是我所需要的；义，也是我所需要的。如果二者不能同时得到，便舍弃生命而要义。生命是我所需要的，但还有比生命更需要的东西，所以我不干苟且偷生的事；死亡本是我所厌恶的，还有比死亡更使我厌恶的东西，所以有的祸患我不躲避。如果人们所需要的东西没有超过生命的，那么，一切求生的方法，哪有不使用的呢？如果人们所厌恶的东西没有超过死亡的，那么，一切可以避祸的事情，哪有不干的呢？（然而有些人）有可以得到生存的方法，却不去做；有可以避祸的方法，却不去干，由此可知，有比生命更宝贵的东西，有比死亡更可恶的东西。这种心理不仅贤人才有，而是人人都有，不过贤人能保持它罢了。一筐饭，一碗汤，得到它便能活下去，得不到便会死亡，呼喝着给予他，就是过路的饿人也不会接受；脚踩过再给别人，就是乞丐也不屑于要。（然而有的人）万钟的俸禄也不问是否合乎礼义，而轻易接受了。万钟的俸禄对我有什么好处呢？为了住宅的豪华、妻妾的侍奉和我所认识的贫苦人对我的感激吗？以前宁肯死也不接受的，现在为着华丽的住宅而接受了；以前宁肯死也不接受的，现在为着妻妾的侍奉而接受了；以前宁肯死也不接受的，现在为着我认识的贫苦人对我的感激而接受了。这些不是可以置之不理吗？这叫做失去了他的本性。”

孟子曰：“仁，人心也；义，人路也。舍其路而弗由，放其心而不知求，哀哉！人有鸡犬放，则知求之；有放心而[①]不知求。学问之道无他，求其放心[②]而已矣。”

【注释】

①而：同“则”。 ②放心：放其良心，失其本心。

【译文】

孟子说：“仁是人的心，义是人的路。放弃了义的正路而不走，丧失了良心不知道去寻找，真是可悲呀！一个人，他的鸡和狗走失了，就知道去寻找，而善良之心丧失了，却不知道去寻找。学问之道没有别的，就是把那丧失的善良之心找回来罢了。”

孟子曰：“今有无名之指屈而不信[①]，非疾痛害事也；如有能信之者，则不远秦、楚之路，为指之不若人也。指不若人，则知恶之；心不若人，则不知恶。此之谓不知类[②]也。”

【注释】

①信：同“伸”。 ②不知类：朱熹注解为“言不知轻重之等”。

【译文】

孟子说：“现在有个人，他的无名指弯曲而不能伸直，虽然并不痛苦，也不妨碍工作，但是，如果有人能使它伸直，就是走到秦国、楚国去也不以为远，为的是无名指不如人家的缘故。无名指不如人，就知道厌恶；心性不如别人，却不知厌恶，这就叫做不知道轻重。”

孟子曰：“拱把[①]之桐、梓，人苟欲生之，皆知所以养之者。至于身，而不知所以养之者，岂爱身不若桐、梓哉？弗思[②]甚也。”

【注释】

①拱把：拱，两手合围。把，一手把之。指树木的粗细。 ②弗思：即“不思考”。

【译文】

孟子说：“一两把粗的桐树、梓树，要使它长大，都懂得如何去培养。至于自身，却不知怎样去培养，难道爱自己还比不上爱桐树、梓树吗？真是不思考到了严重的程度。”

孟子说：“人之于身也，兼所爱。兼所爱，则兼所养也。无尺寸之肤不爱焉，则无尺寸之肤不养也。所以考其善不善者，岂有他哉？于已取之而已矣。体有贵贱，有大小。无以小害大，无以贱害贵[①]。养其小者为小人，养其大者为大人。今有场师，舍其梧、槚[②]，养其樲、棘[③]，则为贱场师焉。养其一指而失其肩背，而不知也，则为狼疾[④]人也。饮食之人，则人贱之矣，为其养小以失大也。饮食之人无有失也，则口腹岂适[⑤]为尺寸之肤哉？”

【注释】

①贵贱大小：朱熹认为：“贱而小者，口腹也；贵而大者，心志也。” ②梧、槚：梧，梧桐。槚，楸树。 ③樲、棘：樲，酸枣。棘，荆棘。 ④狼疾：同“狼藉”。 ⑤适：仅仅，不过。

【译文】

孟子说："人对于自己的身体，每一部分都要爱护。爱护便要保养。没有一尺一寸的肌肤不爱护，没有一尺一寸的肌肤不保养。考察一个人护养得好不好，难道有别的方法吗？就看他所注重的是身体的哪一部分罢了。人的身体有重要次要之分，也有大小之分。不要因小而损害大，不要因次要而损害重要。保养小的部分就是小人，保养大的部分就是君子。假如有一位园艺家，放弃梧桐、梓树，而去护养酸枣、荆棘，那他就是一个低能的园艺家。假如有人只保养他的一个手指，却丧失了肩膀和脊背，自己还意识不到，那就是个糊涂透顶的人。只讲究吃喝的人，人们都轻视他，因为他只保养了小的而丧失了大的。如果讲究吃喝又不影响思想的培养，那么，吃喝仅仅是满足口腹吗？"

公都子问曰："钧[①]是人也，或为大人，或为小人，何也？"

孟子曰："从其大体为大人，从其小体为小人[②]。"

曰："钧是人也，或从其大体，或从其小体，何也？"

曰："耳目之官不思，而蔽于物。物交物，则引之而已矣。心之官则思，思则得之，不思则不得也。此天之所与我[③]者。先立乎其大者，则其小者弗能夺也。此为大人而已矣。"

【注释】

①钧：同"均"。 ②从其大体为大人，从其小体为小人：这两句与上一章的大者、小者句相同，都是孟子使用的特定概念，不必拘泥于文字。 ③我：此处泛指人类。

【译文】

公都子问道："同样是人，有的人是君子，有的人是小人，这是为什么？"

孟子答道："求得'心'的器官的满足，是君子；求得耳目器官的满足，是小人。"

问道："同样是人，有的人要求满足'心'的需要，有的人要求满足于耳目的需要，这又是什么缘故呢？"

答道："耳朵、眼睛这些器官不会思考，常为外物所蒙蔽。外物相互牵连，耳目便被引向迷途。'心'这个器官会思考，思考便有心得，不思考则一无所得。'心'是上天专门赐予我们人类的。先把这个器官的作用树立起来，那么次要器官便不能把思考的作用夺去了。这样便成了君子。”

孟子曰：“有天爵者，有人爵者。仁义忠信，乐善不倦，此天爵也；公卿大夫，此人爵也。古之人修其天爵，而人爵从之。今之人修其天爵，以要人爵；既得人爵，而弃其天爵，则惑之甚者也，终亦必亡而已矣。”

【译文】

孟子说：“有先天的爵位，也有后天的爵位。仁义忠信，乐于行善而不知疲倦，这是先天的爵位；公卿大夫，这是后天的爵位。古代人修养他先天的爵位，后天的爵位也就随之而来了。现在的人修养他的先天的爵位，是为了追求后天的爵位；一旦得到了后天的爵位，就放弃了先天的爵位，那就太糊涂了，结果连后天的爵位也会丧失的。”

孟子曰：“欲贵者，人之同心也。人人有贵于己者，弗思耳。人之所贵者，非良贵也。赵孟[1]之所贵，赵孟能贱之。《诗》云[2]：‘既醉以酒，既饱以德。’言饱乎仁义也，所以不愿[3]人之膏粱[4]之味也；令闻广誉施于身，所以不愿人之文绣[5]也。”

【注释】

①赵孟：晋国正卿赵盾，字孟，因而其子孙都姓赵孟。 ②《诗》云：此处引《诗经·大雅·既醉》诗句。 ③愿：羡慕。 ④膏粱：膏，肉之肥者。粱，精细而色白的小米。 ⑤文绣：古代人穿衣服有等级，有爵位的人才能穿有文绣的衣服。

【译文】

孟子说：“希望尊贵，这是人们共同的心理。但每个人都有可尊贵的东西，只是没有认真思考它罢了。别人给予的尊贵，不是真正的尊贵，赵孟所给予的尊贵，赵孟同样可以使他下贱。《诗经》上说：‘酒已经醉了，德已经满了。’这是说仁义之德已经足够了，也就不羡慕别人的美味佳肴了；好名声在我身上，也就不羡慕别人的文绣官服了。”

孟子曰：“仁之胜不仁也，犹水胜火。今之为仁者，犹以一杯水救一车薪之火也。不熄，则谓之水不胜火，此又与[1]于不仁之甚者也，亦终必亡而已矣。”

【注释】

①与：同。

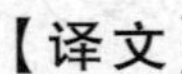

【译文】

孟子说："仁能胜过不仁，就像水可以扑灭火一样。现在行仁的人，就好像用一杯水来救一车着了火的木柴，火扑不灭，就说水不能扑灭火，这就和不仁的人相同了，最终连自己的这点仁都会丧失掉。"

孟子曰："五谷者，种之美者也；苟为不熟，不如荑[①]、稗。夫仁，亦在乎熟之而已矣。"

【注释】

①荑：稗子一类的草。

【译文】

孟子说："五谷，是庄稼中最好的，假如不能成熟，反而不如荑和稗子。仁，也在于让他成熟起来。"

孟子曰："羿之教人射，必志于彀[①]，学者亦必志于彀。大匠诲人，必以规矩，学者亦必以规矩。"

【注释】

①彀（gòu）：拉满弓。

【译文】

孟子说："羿教人射箭，一定要拉满弓；学习的人也一定要努力拉满弓。高明的木匠教人，一定要依照规矩去做，学习的人也一定要依照规矩去做。"

告　子　下

任[①]人有问屋庐子[②]曰："礼与食孰重？"

曰：“礼重。”

“色与礼孰重？”

曰：“礼重。”

曰：“以礼食，则饥而死；不以礼食，则得食。必以礼乎？亲迎[3]，则不得妻；不亲迎，则得妻。必亲迎乎？”

屋庐子不能对，明日之邹[4]，以告孟子。

孟子曰：“于答是也，何有？不揣其本，而齐其末[5]，方寸之木可使高于岑楼[6]。金重于羽者，岂谓一钩金与一舆羽之谓哉？取食之重者与礼之轻者而比之，奚翅[7]食重？取色之重者与礼之轻者而比之，奚翅色重？往应之曰：紾[8]兄之臂而夺之食，则得食；不紾，则不得食，则将紾之乎？逾东家墙而搂[9]其处子，则得妻，不搂，则不得妻，则将搂之乎？”

【注释】

①任：国名，风姓，太皞之后。在今山东济宁市。 ②屋庐子：孟子弟子，名连。 ③亲迎：新郎亲迎新娘，古代婚姻自诸侯至百姓都是如此。 ④邹：在今山东邹县东南。 ⑤本、末：此处指上、下。 ⑥岑楼：楼之高而锐似山者。 ⑦翅：同“啻”，止，但。 ⑧紾(zhěn)：扭转。 ⑨搂：抱持。

【译文】

有个任国人问屋庐子：“礼和食哪个重要？”

答道：“礼重要。”

“色和礼哪个重要？”

答道：“礼重要。”

又问：“若是按照礼节去找食物，就会饿死；不按礼节去找食物，就会得到食物。那么，一定要按礼节去行事吗？若是按照亲迎的礼仪，就得不到妻子；若是不按照亲迎的礼仪，就会得到妻子，那么，一定要遵守亲迎的礼仪吗？”

屋庐子回答不了，第二天便去邹国，把这话告诉了孟子。

孟子说：“回答这些问题有什么难呢？如果不揣度地基的高低是否一致，而只是比较它的顶端，那么，一寸厚的木板（放在高处），可以使它比尖顶的高楼还高。我们都知道，金子比羽毛重，难道说三钱重的一块金子比一大车羽毛还重吗？拿食物的重要方面和礼的细节相比较，何止是食物重要？拿婚姻的重要方面和礼的细节相比较，何止是娶妻重要？你这样答复他：扭折哥哥的胳膊，抢夺他的食物，就可以得到吃的，不这样做就得不到，还会去扭吗？爬过东邻的墙去搂抱邻家的少女，就能够得到妻室，不这样做就得不到妻室，还会去搂抱吗？”

曹交[①]问曰：“人皆可以为尧舜，有诸？”

孟子曰：“然。”

“交闻文王十尺，汤九尺，今交九尺四寸以长，食粟而已，如何则可？”

曰：“奚有于是？亦为之而已矣。有人于此，力不能胜一匹雏[②]，则为无力人矣；今日举百钧，则为有力人矣。然则举乌获[③]之任，是亦为乌获而已矣。夫人岂以不胜为患哉？弗为耳。徐行后长者谓之弟，疾行先长者谓之不弟。夫徐行者，岂人所不能哉？所不为也。尧舜之道，孝弟而已矣。子服尧之服，诵尧之言，行尧之行，是尧而已矣。子服桀之服，诵桀之言，行桀之行，是桀而已矣。”

曰：“交得见于邹君，可以假馆，愿留而受业于门。”

曰：“夫道若大路然，岂难知哉？人病不求耳。子归而求之，有余师。”

【注释】

①曹交：赵岐认为是“曹君之弟”，名交。但在孟子时，曹国早已被宋国所灭。不知赵岐何据。 ②一匹雏：一只小鸡。 ③乌获：古代的大力士。

【译文】

曹交问道：“人人都可以成为尧舜，有这话吗？”

孟子答道：“有。”

“我听说文王身高十尺，汤身高九尺，如今我有九尺四寸高，只会吃饭罢了，该怎样才行呢？”

孟子说：“这有什么关系呢？只要去做就行了。要是有人在此，自认为连一只小鸡都提不起来，那就是没有力气的人了；如果能够举起三千斤，那就是很有力气的人了。那么，能举起乌获所举的重量，也可以算是乌获了。人难道以不能胜任而为忧吗？只是没有去做罢了。在长者的后面慢慢走，便叫做悌；快步抢在长者前面走，便叫不悌。走慢点，难道是人所不能的吗？只是没有那样做罢了。尧舜之道，不过就是孝、悌而已。你穿尧的衣服，说尧的话，做尧做的事情，那便是尧了。你穿桀的衣服，说桀的话，做桀做的事情，那便是桀了。”

曹交说：“我准备去谒见邹君，借个地方住，愿意留在您的门下当学生。”

孟子说：“道就像大路一样，难道不能了解吗？就怕不去寻求罢了。你回去自己寻求吧，老师多得很呢。”

公孙丑问曰：“高子曰：‘《小弁》[①]，小人之诗也’。”

孟子曰：“何以言之？”

曰：“怨。”

曰：“固怨，高叟之为诗也！有人于此，越人关弓而射之，则己谈笑而道之；无他；疏之也。其兄关弓而射之，则己垂涕泣而道之；无他，戚[②]之也。《小弁》之怨，亲亲也。亲亲，仁也。固矣夫，高叟之为诗也！”

曰：“《凯风》[③]何以不怨？”

曰：“《凯风》，亲之过小者也；《小弁》，亲之过大者也。亲之过大也不怨，是愈疏也；亲之过小而怨，是不可矶[④]也。愈疏，不孝也；不可矶，亦不孝也。孔子曰：‘舜其至孝矣，五十而慕[⑤]’。”

【注释】

①《小弁》：《诗经·小雅》中的一首诗。 ②戚：亲。 ③《凯风》：《诗经·邶风》中的一首诗。 ④矶：激动。 ⑤慕：思念。

【译文】

公孙丑问道：“高子说：‘《小弁》这首诗是小人做的。’是吗？”

孟子说：“为什么这么说呢？”

答道：“因为诗中有怨恨之情。”

孟子说：“高老先生讲解诗太死板了！这里有个人，如果越国人拉弓去射他，他可以谈笑着讲述这件事；不为别的，因为越国人和他关系疏远。如果他哥哥拉弓去射他，他会哭哭啼啼地讲述这件事；不为别的，因为哥哥是亲人。《小弁》中的怨恨，正是亲近亲人的缘故。亲近亲人，是仁的表现。高老先生讲解诗太死板了！”

公孙丑问：“《凯风》这首诗为什么没有怨恨之情呢？”

孟子答道：“《凯风》这首诗，是因为母亲的过错小；《小弁》这首诗，是因为父亲的过错大。父母的过错大而没有怨情，是更疏远父母；父母的过错小而有怨情，是反而激怒自己。疏远父母是不孝，反而使自己激怒也是不孝。孔子说：‘舜是最孝顺的人了，五十岁还依恋父母’。”

宋牼[①]将之楚，孟子遇于石丘[②]，曰：“先生将何之？”

曰：“吾闻秦、楚构兵，我将见楚王说而罢之。楚王不悦，我将见秦王说而罢之。二王我将有所遇焉。”

曰：“轲也请无问其详，愿闻其指。说之将何如？”

曰：“我将言其不利也。”

曰：“先生之志则大[③]矣，先生之号[④]则不可。先生以利说秦、楚之王，秦、楚之王悦于利，以罢三军之师，是三军之士乐罢而悦于利也。为人臣者怀利以事其君，为人子者怀利以事其父，为人弟者怀利以事其兄，是君臣、父子、兄弟终去仁义，怀利以相接，然而不亡者，未之有也。先生以仁义说秦、楚之王，秦、楚之王悦于仁义，而罢三军之师，是三军之士乐罢而悦于仁义也。为人臣者怀仁义以事其君，为人子者怀仁义以事其父，为人弟者怀仁义以事其兄，是君臣、父子、兄弟去利，怀仁义以相接也，然而不王者，未之有也。何必曰利？”

【注释】

①宋牼：宋国人，战国时著名学者。 ②石丘：宋国地名。 ③大：此处做“善”解。④号：观点、提法。

【译文】

宋牼到楚国去，孟子在石丘这个地方遇到了他，孟子问：“先生要到哪里去？”

答道：“我听说秦楚两国交兵，我打算去见楚王，劝说他罢兵。如果楚王不听，我再去见秦王，劝说他罢兵。在两个君王中，我总会有所遇吧。”

孟子说：“我不想问得太仔细，只想知道你的大意。你将怎样去劝说他们呢？”

答道：“我打算对他们说交兵是不利的。”

孟子说：“先生的志向是很好的，可是先生的想法却欠妥当。先生用‘利’来劝说秦王、楚王，他们因有‘利’而高兴，于是停止军事行动，这就会使军队的官兵因贪利而罢兵。做臣子的用‘利’的观念来服事君王，做儿子的用'利'的观念来服事父亲，做弟弟的用'利'的观念来服事兄长，这就会使君臣、父子、兄弟之间完全抛弃仁义，抱着'利'的观念来相互对待，如此而不亡国的，是从来没有过的。若是先生用仁义来劝说秦王、楚王，他们因仁义而高兴，于是停止军事行动，这就会使军队的官兵因喜欢仁义而罢兵。做臣子的以仁义来服事君王，做儿子的以仁义来服事父亲，做弟弟的以仁义来服事兄长，这就会使君臣、父子、兄弟之间都抛弃'利'的观念，以仁义来相互对待，如此而不统一天下的，也是没有过的。为什么一定要说'利'呢？"

孟子居邹，季任[①]为任处守，以币交，受之而不报。处于平陆[②]，储子为相，以币交，受之而不报。他日，由邹之任，见季子；由平陆之齐，不见储子。屋庐子喜曰："连得间矣。"问曰："夫子之任，见季子；之齐，不见储子。为其为相与？"

曰："非也。《书》曰[③]：'享多仪，仪不及物曰不享，惟不役志于享。'为其不成享也。"

屋庐子悦。或问之，屋庐子曰："季子不得之邹，储子得之平陆。"

【注释】

①季任：赵岐注认为，季任是任君之弟。 ②平陆：今山东汶上县。 ③《书》曰：此处引《尚书·洛浩》文句。

【译文】

孟子住在邹国时，季任留守任国，代理国政，送礼物来和孟子交友，孟子接受了礼物，却没有回报。孟子住在平陆的时候，储子做齐国的卿相，送礼物来和孟子交友，孟子也是接受了礼物，却没有回报。后来，孟子从邹国到任国，拜访了季子；从平陆到齐国时，却不去拜访储子。屋庐子高兴地说："我找到老师的岔子了。"便问道："老师到任国，拜访季子；到齐国，却不拜访储子。因为储子只是卿相吗？"

孟子答道："不是。《尚书》上说：'享献子礼是可贵的礼节，若是仪节不够，礼物再多也只能叫做没有享献，因为享献人的心意并没有用在这上面。'原因就在于他没有完成享献。"

屋庐子很高兴。有人问他，他说："季子不能亲自到邹国去，储子却能亲自去平陆，（他为什么只送礼而不亲自去呢？）”

淳于髡曰：“先名实者，为人也；后名实者，自为也[1]。夫子在三卿[2]之中，名实未加于上下而去之，仁者固如此乎？”

孟子曰：“居下位，不以贤事不肖者，伯夷也；五就汤，五就桀者，伊尹也；不恶污君，不辞小官者，柳下惠也。三子者不同道，其趋一也。一者何也？曰，仁也。君子亦仁而已矣，何必同？”

曰：“鲁缪公之时，公仪子[3]为政，子柳[4]、子思为臣，鲁之削也滋甚。若是乎，贤者之无益于国也！”

曰：“虞不用百里奚而亡，秦穆公用之而霸。不用贤则亡，削何可得与？”

曰：“昔者王豹[5]处于淇，而河西[6]善讴；緜驹处于高唐[7]，而齐右[8]善歌；华周、杞梁之妻善哭其夫[9]而变国俗。有诸内，必形诸外。为其事而无其功者，髡未尝睹之也。是故无贤者也；有，则髡必识之。”

曰：“孔子为鲁司寇，不用，从而祭，燔肉不至[10]，不税冕而行[11]。不知者以为为肉也，其知者以为为无礼也。乃孔子则欲以微罪行[12]，不欲为苟去。君子之所为，众人固不识也。”

【注释】

①先名实者诸句：朱熹认为：名，声誉也；实，事功也。以名实为先而为之，是有志于救民；以名实为后而不为，是欲独善其身者。 ②三卿：一般是指上卿、亚卿、下卿；又说指相、将、客卿。 ③公仪子：鲁国博士，名公仪休。 ④子柳：人名，即泄柳。 ⑤王豹：卫国人，善讴。 ⑥河西：此处指卫境而言。 ⑦緜驹处于高唐：緜驹，齐国人。高唐，故城在今山东禹城县西南。 ⑧齐右：高唐在齐国的西部，西在右，故曰齐右。 ⑨华周、杞梁之妻善哭其夫：华周，即华旋。杞梁，即杞殖。朱熹认为：二人皆齐臣，战死于莒，其妻哭之哀，国俗化之皆善哭。 ⑩燔肉不至：燔，即祭肉，又称胙、脤、福肉、厘肉。古代礼仪，宗庙社稷祭祀，必分赐祭肉于同姓之国及有关人，表示“同福禄”。 ⑪不税（tuō）冕而行：形容匆忙。 ⑫欲以微罪行：承担一些罪责后而远行。

【译文】

淳于髡说：“重视名誉、功业，是为着济世救民；轻视名誉、功业，是为着独善其身。您是齐国的三卿之一，还没有建立上辅君王、下济世民的名誉和功业，您就离开，难道仁人是这样的吗？”

孟子说：“处在卑贱的职位，不用自己贤人的身份去服事不肖的人，是伯夷；五次往汤那里去，又五次往桀那里去，是伊尹；不讨厌昏恶的君王，又不拒绝微贱的职位，是柳下惠。这三个人的行为完全不相同，但大方向是一致的。这一致是什么呢？就是仁。君子只要仁就行了，为什么一定要一样呢？”

淳于髡说：“鲁缪公时，公仪子主持国政，泄柳、子思也都在朝为官，鲁国的衰落却更厉害。就像这样，贤人对国家竟毫无好处！”

孟子说：“虞国不用百里奚，因而灭亡；秦穆公用了百里奚，因而称霸。不用贤人就会导致灭亡，即使求其勉强生存也是办不到的。”

淳于髡说：“从前王豹住在淇水边上，河西的人都善于歌唱；緜驹住在高唐，齐国西部的人就都善于歌唱；华周、杞梁的妻子痛哭他们死去的丈夫，从而改变了国家的风尚。里面存在的东西，一定会表现在外面。如果做某种事情却见不到功绩，我还没有见过。所以现在是没有贤人；如果有贤人，我一定会知道他。”

孟子说：“孔子在鲁国当司寇，不被信任，跟着去祭祀，祭肉也不见送来，于是便匆忙离开。不知道孔子的人认为他是为争祭肉而去，知道孔子的人则认为他是为鲁国失礼而去。至于孔子，却要背一点罪名而去，不想随便离开。君子的行为，一般人是很难知道的。”

孟子曰：“五霸①者，三王②之罪人也；今之诸侯，五霸之罪人也；今之大夫，今之诸侯之罪人也。天子适诸侯曰巡狩，诸侯朝于天子曰述职。春省耕而补不足，秋省敛而助不给。入其疆，土地辟，田野治，养老尊贤，俊杰在位，则有庆③；庆以地。入其疆，土地荒芜，遗老失贤，掊克④在位，则有让。一不朝，则贬其爵；再不朝，则削其地；三不朝，则六师移之。是故天子讨而不伐，诸侯伐而不讨。五霸者，搂诸侯以伐诸侯者也，故曰：五霸者，三王之罪人也。五霸，桓公为盛。葵丘⑤之会，诸侯束牲⑥载书⑦而不歃血⑧。初命曰，诛不孝，无易树子，无以妾为妻。再命曰，尊贤育才，以彰有德。三命曰，敬老慈幼，无忘宾旅。四命曰，士无世官，官事无摄，取士必得⑨，无专杀大夫。五命曰，无曲防⑩，无遏籴，无有封而不告⑪。曰，凡我同盟之人，既盟之后，言归于好。今之诸侯皆犯此五禁，故曰：今之诸侯，五霸之罪人也。长⑫君之恶其罪小，逢君之恶其罪大。今之大夫皆逢君之恶，故曰：今之大夫，今之诸侯之罪人也。”

【注释】

①五霸：指春秋时先后称霸的五个诸侯。有多种说法，有两种说法较为符合本文文意，一

说是齐桓公、宋襄公、晋文公、秦穆公、楚庄王。一说是齐桓公、晋文公、秦穆公、楚庄王、吴王阖闾。 ②三王：指夏、商、周三朝的禹、汤、文王和武王。 ③庆："赏"的意思。 ④掊（pǒu）克：聚敛。 ⑤葵丘：地名，春秋时属于宋国，在今河南兰考。 ⑥束牲：束缚其牲。古代定盟多用牺牲，或杀或不杀。 ⑦载书：古代的盟约。 ⑧歃（shà）血：用口微吸之。 ⑨取士必得："取士必得贤"之意。 ⑩曲防：遍筑堤防。曲，遍。防，堤。 ⑪无有封而不告：无以私恩擅有封赏而不告盟主。 ⑫长：助长。

【译文】

孟子说："五霸，对于三王来说是有罪的人；现在的诸侯，对于五霸来说是有罪的人；现在的大夫，对于现在的诸侯来说是有罪的人。天子巡行诸侯的国家叫巡狩，诸侯朝见天子叫述职。天子春天考察耕种情况，补助不足的人，秋天考察收获情况，赒济歉收的人。来到某国的疆界，如果土地已经开垦，田地已经耕作，老人得到赡养，尊敬贤者，出类拔萃的人物立于朝廷，那么就给予赏赐，赏赐用土地。如果来到某国的疆界，土地荒废，老人被遗弃，贤者不被任用，搜刮掠夺的人立于朝廷，那么就有责罚。（诸侯述职，）一次不朝，就降低爵位；两次不朝，就削减土地；三次不朝，就兴师问罪。所以，天子用武力是讨，不是伐；诸侯则是伐，不是讨；五霸呢，是胁迫一部分诸侯去攻伐另一部分诸侯，所以，五霸对三王来说，是有罪的人。五霸之中，齐桓公势力最大。在葵丘会盟，捆绑牺牲，把盟约放在它身上，而没有歃血。盟约第一条说：诛不孝的人，不要废立太子，不要立妾为妻。第二条说：尊敬贤人，培养人才，表彰有品德者。第三条说：恭敬老人，慈爱幼小，不怠慢宾客旅客。第四条说：士人的官职不要世袭，公职不要兼摄，选拔士人要得当，不要专横地杀戮大夫。第五条说：不要到处筑堤，不得制止邻国来采购粮食，不要有所封赏而不报告盟主。最后说：所有参加盟会的人，盟约订立后，恢复往日的友好。现在的诸侯都违背了这五条禁令，所以说，现在的诸侯，对五霸来说是有罪的人。助长君王的恶行，这罪过还较小；迎合君王的恶行，这罪过就大了。而现在的大夫，都去迎合君王的恶行，所以说，现在的大夫，对于诸侯来说是有罪的人。"

鲁欲使慎子[①]为将军。孟子曰："不教民而用之，谓之殃民。殃民者，不容于尧舜之世。一战胜齐，遂有南阳[②]，然且不可。"

慎子勃然不悦曰："此则滑厘所不识也。"

曰："吾明告子。天子之地方千里；不千里，不足以待诸侯。诸侯之地方百里；不百里，不足以守宗庙之典籍。周公之封于鲁，为方百里也；地非不足，而俭[3]于百里。太公之封于齐也，亦为方百里也；地非不足也；而俭于百里。今鲁方百里者五，子以为有王者作，则鲁在所损乎？在所益乎？徒取诸彼以与此，然且仁者不为，况于杀人以求之乎？君子之事君也，务引其君以当道，志于仁而已。"

【注释】

①慎子：即禽滑厘，鲁国之臣。 ②南阳：即汶阳，在泰山西南，汶水之北。春秋时为齐、鲁所争之地。 ③俭：少。

【译文】

鲁国打算叫慎子做将军。孟子说："不先教化老百姓便用他们打仗，这叫做坑害老百姓。坑害老百姓的人，在尧舜时代是不被容纳的。即便是一战就打败了齐国，得到了南阳，这样尚且不能。"

慎子勃然不悦道："这是我所不能理解的。"

孟子说："我明白告诉你吧。天子的土地方圆千里，若是不到一千里，就不能够接待诸侯。诸侯的土地方圆百里，若是不到一百里，就不能够奉守宗庙的礼法制度。周公被封在鲁国，应该是方圆一百里，土地并不是不够，但实际上少于一百里。太公被封于齐国，也应是方圆百里，土地并不是不够，但实际上少于一百里。现在鲁国的土地是方圆百里的五倍，你以为有贤明之君兴起，会使鲁国的土地减少呢，还是增加呢？不用武力，白白地取自彼国而给予此国，仁者尚且不屑于干，何况是用屠杀去掠夺呢？君子服事君王，务必要把君王引向正路，有志于行仁罢了。"

孟子曰："今之事君者皆曰：'我能为君辟土地，充府库。'今之所谓良臣，古之所谓民贼也。君不乡道[1]，不志于仁，而求富之，是富桀也。'我能为君约与国，战必克。'今之所谓良臣，古之所谓民贼也。君不乡道，不志于仁，而求为之强战，是辅桀也。由今之道，无变今之俗，虽与之天下，不能一朝居也。"

【注释】

①乡道：向往道德。乡，同"向"，向往。

【译文】

孟子说："当今服事国君的人都说：'我能为国君扩张土地，充实府库。'现在的所谓好臣子，正是古代所称为民贼的人。国君不向往道德，无意于行仁，却想使他财宝富足，这等于使夏桀财宝富足。（又说：）'我能为国君邀结盟国，每战必胜。'现在的所谓好臣子，正是古代所称为民贼的人。国君不向往道德，无意于行仁，却想替他努力作战，这等于帮助夏桀。沿着这条路走下去，而不改变现在的恶风劣俗，即使把整个天下都给他，他连一天都坐不稳。"

白圭[①]曰："吾欲二十而取一，何如？"

孟子曰："子之道，貉[②]道也。万室之国，一人陶，则可乎？"

曰："不可，器不足用也。"

曰："夫貉，五谷不生，惟黍[③]生之；无城郭、宫室、宗庙、祭祀之礼，无诸侯币帛饔飧[④]，无百官有司，故二十取一而足也。今居中国，去人伦，无君子，如之何其可也？陶以寡，且不可以为国，况无君子乎？欲轻之于尧舜之道者，大貉小貉也；欲重之于尧舜之道者，大桀小桀也。"

【注释】

①白圭：人名，名丹，周人，曾相魏。 ②貉（mò）：古代北方少数民族。 ③黍：今称黄米。 ④饔飧（yōng sūn）：以饮食馈客之礼。

【译文】

白圭说："我准备定税率为二十抽一，行吗？"

孟子说："你这是貉的办法。若有万户的国家，只有一个人制作瓦器，可以吗？"

答道："不可以，瓦器会不够用。"

孟子说："貉国，五谷不能生长，只生长黍子，又没有城郭、房屋、祖庙和祭祀这一类的礼节，也没有诸侯国之间互送礼物、宴饮之类的联系，也没有各种衙署和官吏，所以二十抽一的税率就够了。现在的中原之国，取消社会伦常，不要衙署官吏那怎么能行呢？作瓦器的太少，尚且供不上一国之用，何况没有贤臣君子呢？想使税率比尧舜时还要低，是大貉小貉；想要比尧舜时的税率还要重的，是大桀小桀。"

白圭曰："丹之治水也，愈于禹。"

孟子曰："子过矣。禹之治水，水之道也，是故禹以四海为壑[①]。今吾子以邻国为壑。水逆行谓之洚[②]水——洚水者，洪水也——仁人之所恶也。吾子过矣。"

【注释】

①壑：朱熹注：受水处也。 ②洚：大水泛滥。

【译文】

白圭说："我治理水患超过大禹。"

孟子说："你错了。夏禹治水患，是顺乎水的规律的，所以禹使水流入四海。如今你却使水流到邻国去。水横流而行，叫做洚水——洚水就是洪水——这是有仁爱之心的人所厌恶的。你错了。"

孟子曰："君子不亮[①]，恶乎执？"

【注释】

①亮：同"谅"。

【译文】

孟子说："君子若是不讲诚信，怎能坚持操守呢？"

鲁欲使乐正子[①]为政。孟子曰："吾闻之，喜而不寐。"

公孙丑曰："乐正子强乎？"

曰："否。"

"有知虑乎？"

曰："否。"

"多闻识乎？"

曰："否。"

"然则奚为喜而不寐？"

曰："其为人也好善。"

"好善足乎？"

曰："好善优于天下，而况鲁国乎？夫苟好善，则四海之内皆将轻[②]千里而来告之以善；夫苟不好善，则人将曰：'訑訑[③]，予既[④]已知之矣。'訑訑之声音颜色距[⑤]人于千里之外。士止于千里之外，则谗谄面谀[⑥]之人至矣。好谗谄面谀之人居，国欲治，可得乎？"

【注释】

①乐正子：人名，名乐正克。 ②轻："易"的意思。言不以千里为难。 ③訑訑：自满的样子。 ④既：尽。 ⑤距：同"拒"。 ⑥谗谄面谀：谗，说陷害人的坏话。谄：巴结。谀：讨好。

【译文】

鲁国打算让乐正子治理国政。孟子说："我听说了这个消息，高兴得睡不着。"

公孙丑问："乐正子很坚强吗？"

答道："不。"

问："有智慧有远见吗？"

答道："不。"

问："见多识广吗？"

答道："不。"

"那你为什么高兴得睡不着觉呢？"

答道："因为他的为人喜欢听取善言。"

"喜欢听取善言就够了吗？"

答道："喜欢听取善言就足以治天下，何况是治理鲁国呢？如果喜欢听取善言，普天下的人都会不远千里而来把善言告诉他；如果不喜欢听取善言，别人就会模仿着他的神态说：'哦，哦，我早就知道了。'这'哦，哦'的语调和脸色就会把别人拒于千里之外，士人在千里之外止步不来，那么，进谗言，当面奉承的人就会前来，同这些谗媚奉迎的人在一起，要把国家治理好，能做到吗？"

陈子[①]曰："古之君子何如则仕？"

孟子曰："所就三，所去三。迎之致敬以有礼；言，将行其言也，则就之。礼貌未衰，言弗行也，则去之。其次，虽未行其言也，迎之致敬以有礼，则就之。礼貌衰，则去之。其下，朝不食，夕不食，饥饿不能出门户，君闻之，曰：‘吾大者不能行其道，又不能从其言也，使饥饿于我土地，吾耻之。’周之，亦可受也，免死而已矣。”

【注释】

①陈子：人名，即陈臻。

【译文】

陈子问：“古代的君子在什么情况下才出来做官？”

孟子说：“做官的情况有三种，辞官的情况也有三种。恭敬有礼貌地来迎接，对他的主张又打算实行，就接受官职。礼貌上虽未减少，但不实行他的主张，就辞官而去。其次，虽然没有实行他的主张，但恭敬有礼地迎接，也就接受官职。礼貌上衰减了，便辞官而去。最下是：早上没有饭吃，晚上也没有饭吃，饿得不能出门，国君听说了，说：‘我从大处讲不能实行他的主张，又不能听从他的言论，使他在我的国土上饿肚子，我引以为耻。’于是救济他，这也可以接受，不过是免于饿死罢了。”

孟子曰：“舜发于畎亩之中[①]，傅说举于版筑之间[②]，胶鬲举于鱼盐之中[③]，管夷吾举于士[④]，孙叔敖举于海[⑤]，百里奚举于市[⑥]。故天将降大任于是人也，必先苦其心志，劳其筋骨，饿其体肤，空乏其身，行拂乱其所为，所以动心忍性，曾[⑦]益其所不能。人恒过，然后能改；困于心，衡于虑[⑧]，而后作；徵于色，发于声，而后喻。入则无法家拂士，出则无敌国外患者[②]，国恒亡。然后知生于忧患而死于安乐也。”

【注释】

①舜发于畎亩之中：舜曾在历山耕种。　②傅说举于版筑之间：傅说因筑墙而被举用。参看《史记·殷本记》。　③胶鬲举于鱼盐之中：胶鬲从鱼盐行业中被举用。　④管夷吾举于士：管夷吾经狱官之手而被举用。管夷吾，即管仲，春秋初期政治家。士，狱官之长。参看《左传·庄公九年》。　⑤孙叔敖：楚国令尹。　⑥百里奚举于市：百里奚从交易市场受举用。　⑦曾：同“增”。　⑧衡于虑：思路被阻塞。　⑨入则两句：入，国内。出，国外。拂，假借为“弼”。

【译文】

孟子说：“舜从田野之中兴起，傅说从筑墙的工作中被举用，胶鬲从鱼盐行业中被举用，管仲从狱官手中被释放而提拔，孙叔敖从海边被提拔起来，百里奚从交易市场中被举用。（由此可见，）天准备把重任交给某个人，一定要首先使他的意志受折磨，使他的筋骨受劳累，使他的肠胃忍饥挨饿，使他全身困乏，使他的一切行为总是不能如意，这样就可以震撼他的心灵，磨炼他的性情，增加他的才干，弥补不足。一个人常有错误，才能改正；心意困苦，思考阻塞，才能有所发愤，有所作为；表现在脸色上，流露在言语中，然后才能被人了解。一个国家，国内没有执法的大臣和辅佐的谋士，外部没有相对抗的邻国和外患的忧虑，国家就容易衰亡。这样，才能知道忧患可促使人生存，安逸快乐会导致灭亡（的道理）。"

孟子曰："教亦多术矣，予不屑之教诲也者，是亦教诲之而已矣。"

【译文】

孟子说："教育也有多种方式，我不对他进行教诲，（让他自惭而愤发，）这也是一种教育方法。"

尽 心 上

孟子曰："尽其心者，知其性也。知其性，则知天矣。存其心，养其性，所以事天也。天寿不贰，修身以俟之，所以立命也。"

【译文】

孟子说："能尽到心力去行善，这就是懂得了人的本性。懂得了人的本性，就懂得天命了。保持人的善心，培养人的本性，这就是对待天命的方法。无论寿命长短，我都不三心二意，修养身心，以待天命，这就是安身立命的方法。"

孟子曰："莫非命也，顺受其正；是故知命者不立乎岩墙之下。尽其道而死者，正命也；桎梏死者，非正命也。"

【译文】

孟子说："无一不是命运，要顺应承受它的正命。所以懂得命运的人不站在倾斜危险的墙壁之下。尽力行道而死的人，承受的就是正命；犯罪而死的人，所受的就不是正命。”

孟子曰：“求则得之，舍则失之，是求有益于得也，求在我者也。求之有道，得之有命，是求无益于得也，求在外者也。”

【译文】

孟子说：“探索才会得到，放弃便会失掉，这是有益于收获的探索，因为探索在我本身之中。探索有一定的方法，得与失却听从命运，这是无益于收获的探索，因为探索在我本身之外。”

孟子曰：“万物皆备于我矣。反身而诚，乐莫大焉。强恕而行，求仁莫近焉。”

【译文】

孟子说：“万事我都具备了。反躬自问，自己是忠诚踏实的，便是最大的快慰。按推己及人的恕道尽力而为，达到仁德之道，这是最直接的。”

孟子曰：“行之而不著焉，习矣而不察焉，终身由之而不知其道者，众[①]也。”

【注释】

①众：众庶。

【译文】

孟子说：“如此做去，却不明白究里；已经习惯了却不察其原因，一生都在走却不认识路的人，是平庸的人。”

孟子曰：“人不可以无耻，无耻之耻，无耻矣。”

【译文】

孟子说：“人不可以没有羞耻，从没有羞耻到懂得羞耻，才能无羞耻。”

孟子曰："耻之于人大矣，为机变之巧者，无所用耻焉。不耻不若人，何若人有？"

【译文】

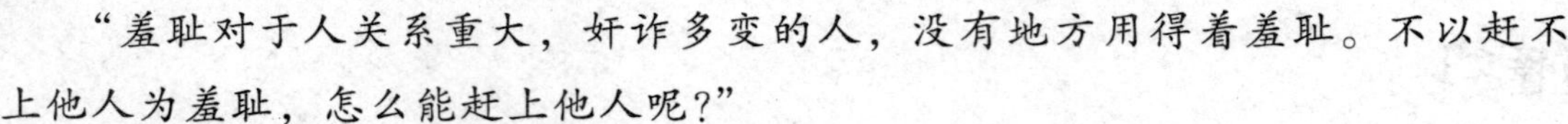

"羞耻对于人关系重大，奸诈多变的人，没有地方用得着羞耻。不以赶不上他人为羞耻，怎么能赶上他人呢？"

孟子曰："古之贤王好善而忘势，古之贤士何独不然？乐其道而忘人之势，故王公不致敬尽礼，则不得亟见之。见且由不得亟，而况得而臣之乎？"

【译文】

孟子说："古代的贤明君王喜欢行善而忘记自己的权势；古代的贤士何尝不是这样呢？乐于行自己之道而忘记别人的权势，所以王公如不向他恭敬致礼，就不能多次和他相见。连见面尚且不可多得，何况要他做臣下呢？"

孟子谓宋句践[①]曰："子好游[②]乎？吾语子游。人知之，亦嚣嚣[③]；人不知，亦嚣嚣。"

曰："何知斯可以嚣嚣矣？"

曰："尊德乐义，则可以嚣嚣矣。故士穷不失义，达不离道。穷不失义，故士得己[④]焉；达不离道，故民不失望焉。古之人，得志，泽加于民；不得志，修身见于世。穷则独善其身，达则兼善天下。"

【注释】

①宋句践：人名，姓宋名句践。 ②游：游说。 ③嚣嚣：自得无欲的样子。 ④得己：自得。

【译文】

孟子对宋句践说："你喜欢到各国去游说吗？我跟你谈谈游说的事。别人理解你，要安详自得；别人不理解你，也要安详自得。"

宋句践说："怎样才能做到安详自得呢？"

孟子说："崇尚德，喜欢义，便可以安详自得。因此，士人穷困时不失掉义，得意时不离开道。穷困时不失义，因此自得其乐；得意时不离道，百姓因此不致失望。古代的人，得意时，惠泽遍及百姓；不得意时，修养自身，以此表现于世人。穷困时独善其身，得意时便兼善天下。”

孟子曰：“待文王而后兴者，凡民也。若夫豪杰之士，虽无文王犹兴。”

【译文】

孟子说：“要等待文王出来后才发奋的人，是一般的人。若是出色的人才，即便没有文王也能发奋起来。”

孟子曰：“附[①]之以韩、魏之家[②]，如其自视欿然[③]，则过人远矣。”

【注释】

①附：增强、增益。 ②韩、魏之家：大夫曰“家”。此处指春秋时晋国的韩氏、魏氏两家大臣。 ③欿（kǎn）然：不自满，视盈若虚的样子。

【译文】

孟子说：“用（春秋晋国）韩、魏两家大臣的财富来增益他，如果他不自满，这样的人就远远超出一般人。”

孟子曰：“以佚道使民，虽劳不怨。以生道杀民，虽死不怨杀者[①]。”

【注释】

①以生道杀民两句：朱熹注引程子曰：“以生道杀民，谓本欲生之地，除害去恶之类是也。盖不得已而为其所当为，则虽弗民之欲，而民不怨。”

【译文】

孟子说：“为谋求造福百姓而役使百姓，百姓虽然劳苦也不怨恨。为谋求百姓生存而处死百姓，百姓即便被处死也不怨恨杀他的人。”

孟子曰：“霸者之民驩虞[①]如也，王者之民皞皞[②]如也。杀之而不怨，利之而不庸[③]，民日迁善而不知为之者。夫君子所过者化，所存者神，上下与天地同流，岂曰小补之哉？”

【注释】

①驩虞：欢娱。 ②皞皞：广大自得的样子。 ③庸：此处用作动词，“酬谢”的意思。

【译文】

孟子说：“霸主的百姓欢乐，仁君的百姓心情爽朗。百姓被杀而不怨恨，得到恩惠也不认为应该酬谢，每天向好的方面发展，也不知是谁使他们这样。圣君所到之处，人们受到感化，所停之外神妙深邃，上与天，下与地协调运转，难道只是小小的补益吗？”

孟子曰：“仁言不如仁声[①]之入人深也，善政不如善教之得民也。善政，民畏之；善教，民爱之。善政得民财，善教得民心。”

【注释】

①仁言、仁声：朱熹注云：“仁言，谓以仁厚之言加于民；仁声，谓仁闻，谓有仁之实而为众所称道者也。”

【译文】

孟子说：“仁德的言语不如仁德的声望那样深入人心，良好的政治不如良好的教育获得民心。良好的政治，百姓怕它；良好的教育，百姓爱它。良好的政治得到百姓的财富，良好的教育得到百姓的心。”

孟子曰：“人之所不学而能者，其良[①]能也；所不虑而知者，其良知也。孩提之童无不知爱其亲者，及其长也，无不知敬其兄也。亲亲，仁也；敬长，义也；无他，达之天下也。”

【注释】

①良：本能的、天然的。

【译文】

孟子说：“人不待学习而能办到的，这是良能；不待思考而能办到的，这是良知。小孩子没有不喜欢父母的，等到他长大了，没有不懂得尊敬兄长的。爱父母是仁，敬兄长是义，这没有别的原因，要使仁义广施于天下。”

孟子曰："舜之居深山之中，与木石居，与鹿豕游，其所以异于深山之野人者几希；及其闻一善言，见一善行，若决江河，沛然莫之能御也。"

【译文】

孟子说："舜住在深山的时候，与木、石为邻，与鹿、猪交往，他跟深山中的一般人之间的差异很小。等到他听到一句好话，看到一件好事，（便采用推行，）这种力量，好像江河决了口，水势澎湃，没有人能阻挡得了。"

孟子曰："无为其所不为，无欲其所不欲，如此而已矣。"

【译文】

孟子说："不要干不该干的事，不要拿不该要的东西，做到这一步就够了。"

孟子曰："人之有德、慧、术、知[①]者，恒存乎疢疾[②]。独孤臣孽子[③]，其操心也危[④]，其虑患也深，故达[⑤]。"

【注释】

①德、慧、术、知：德行、智慧、道术、才智。 ②疢（chèn）疾：灾患。 ③孤臣孽子：孤臣，被疏远的臣属。孽子，非嫡妻所生的庶子。 ④危：不安。 ⑤达：达于事理。

【译文】

孟子说："人之所以有德行、智慧、道术、才智，是由于经常有灾患。只有那些远臣、庶子，他们时常发愁的是危难，考虑的祸患深远，所以才晓通事理。"

孟子曰："有事君人者，事是君则为容悦者也；有安社稷臣者，以安社稷为悦者也；有天民者，达可行于天下而后行之者也；有大人者，正己而物正者也。"

【译文】

"有侍奉君王的人，那是侍奉这个君王，一味讨好他的人；有安定国家之

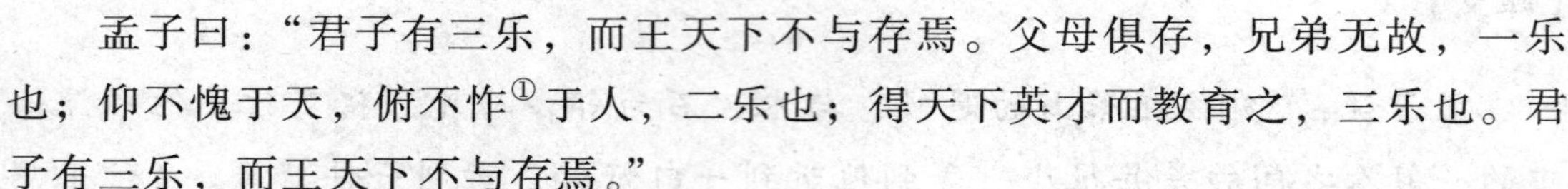
臣，那是以安定国家为欢乐的臣子；有天民，是能在天下行得通才去实行的人；有大人，是先端正了自己，而后再端正外物的人。”

孟子曰：“君子有三乐，而王天下不与存焉。父母俱存，兄弟无故，一乐也；仰不愧于天，俯不怍[①]于人，二乐也；得天下英才而教育之，三乐也。君子有三乐，而王天下不与存焉。”

【注释】

①怍（zuò）：惭愧。

【译文】

孟子说：“君子有三种乐趣，但是用仁德服天下的人不包括在内。父母都健在，兄弟没有灾祸，这是第一种乐趣；上对天不惭愧，下对人不亏心，这是第二种乐趣；得到天下的优秀人才而对他们进行教育，这是第三种乐趣。君子有这三种乐趣，但是用仁德服天下的人不包括在内。”

孟子曰：“广土众民，君子欲之，所乐不存焉；中天下而立，定四海之民，君子乐之，所性不存焉。君子所性，虽大行[①]不加焉，虽穷居不损焉，分定故也。君子所性，仁、义、礼、智根于心，其生色也睟然[②]，见于面，盎[③]于背，施于四体，四体不言而喻。”

【注释】

①大行：远大的理想，正确的行为。 ②睟然：颜色润泽。 ③盎：显现。

【译文】

孟子说：“拥有辽阔的土地，众多的百姓，是君子所希望的，但是乐趣不在这里。执政于天下的中央，安定四海的百姓，君子以此为乐，但是本性不在这里。君子的本性，即使他远大的理想通行于天下并不因此而增加，即使穷困隐居也不因此而减少，因为本分已定的缘故。君子的本性，仁、义、礼、智在他心中植根，外貌神色和顺温润，流露于颜面，显现于肩背，甚至反映于四肢，四肢的动作不用言语就可以理解。”

孟子曰："伯夷辟纣，居北海之滨，闻文王作，兴曰：'盍归乎来，吾闻西伯善养老者。'太公辟纣，居东海之滨，闻文王作，兴曰：'盍归乎来，吾闻西伯善养老者。'天下有善养老，则仁人以为己归矣。五亩之宅，树墙下以桑，匹妇蚕之，则老者足以衣帛矣。五母鸡，二母彘，无失其时，老者足以无失肉矣。百亩之田，匹夫耕之，八口之家足以无饥矣。所谓西伯善养老者，制其田里，教之树畜，导其妻子使养其老。五十非帛不暖，七十非肉不饱。不暖不饱，谓之冻馁。文王之民无冻馁之老者，此之谓也。"

【译文】

孟子说："伯夷远避纣王，住在北海之滨，听到文王兴起的消息，说：'为什么不归附西伯呢？我听说西伯善于赡养老人。'大公远辟纣王，住在东海之滨，听到文王兴起的消息，说：'为什么不归附西伯呢？我听说西伯善于赡养老人。'天下有善于安置老者的人，那么仁人便把他作为自己的依靠。占地五亩的宅院，在墙下种植桑树，妇女养蚕缫丝，老年人便有丝棉穿了。五只母鸡，二头母猪，老年人可以有肉吃了。百亩的土地，男子去耕种，八口之家足以吃饱。所谓西伯善于赡养老人，就因为他制定土地制度，教育人们耕种畜牧，教导百姓奉养长辈。年到五十岁，没有丝棉就穿不暖；到七十岁，没有肉就吃不饱。穿不暖，吃不饱，就是挨冻受饿。文王的百姓没有挨冻受饿的老人，就是这个意思。"

孟子曰："易其田畴[①]，薄其税敛，民可使富也。食之以时，用之以礼，财不可胜用也。民非水火不生活，皆暮叩人之门户求水火，无弗与者，至足矣。圣人治天下，使有菽粟如水火。菽粟如水火，而民焉有不仁者乎？"

【注释】

①易其田畴：易，治。田畴，田地。

【译文】

孟子说："耕种好田地，减轻税收，可以使百姓富足。按时食用，依礼支配，财物是用不尽的。百姓缺少水和火就不能生存，黄昏半夜敲别人的门求水火，没有不给的，因为水火很多的缘故。圣人治理天下，要使粮食同水火那样多。粮食同水火一样多了，百姓哪有不仁爱的呢？"

孟子曰："孔子登东山[1]而小鲁，登泰山而小天下。故观于海者难为水，游于圣人之门者难为言。观水有术，必观其澜。日月有明，容光[2]必照焉。流水之为物也，不盈科不行；君子之志于道也，不成章[3]不达。"

【注释】

①东山：即蒙山，在今山东蒙阴县南。 ②容光：缝隙。 ③成章：形成一定规模。

【译文】

孟子说："孔子登上东山，便觉得鲁国小了；登上泰山，便觉得天下小了。所以看过大海的人，对于小水不易产生兴趣；在圣人门下学习过的人，很难对其他学说感兴趣。看水有讲究，要观赏它壮阔的波涛。太阳和月亮都有光辉，小小的缝隙也能照射进去。水在地上流，不注满低洼之处就不再向前流，君子立志行道，不到一定的程度就不能通达。"

孟子曰："鸡鸣而起，孳孳[1]为善者，舜之徒也；鸡鸣而起，孳孳为利者，跖之徒也。欲知舜与跖之分，无他，利与善之间[2]也。"

【注释】

①孳孳（zī）：勤勉不懈。 ②间（jiàn）：差别。

【译文】

孟子说："鸡鸣而起，孜孜不倦行善的人，是舜一类的人；鸡鸣而起，孜孜不倦求利的人，是跖一类的人。要想知道舜和跖的区别，没有别的，是利和善的不同罢了。"

孟子曰："杨子取[1]为我，拔一毛而利天下，不为也。墨子兼爱，摩顶放踵[2]利天下，为之。子莫[3]执中。执中为近之。执中无权，犹执一也。所恶执一者，为其贼道也，举一而废百也。"

【注释】

①取：朱熹认为：取者，仅足之意。取为我者，仅足于为我而已。 ②摩顶放踵：从头顶到脚跟摩伤。形容不畏劳苦。 ③子莫：鲁国的贤人。

【译文】

孟子说："杨朱仅仅满足于为自己，拔一根毫毛而有利于天下，他都不肯干。墨翟主张兼爱，从头顶到脚跟都摩伤了，只要对天下有利，他都肯干。子莫主张采取中间道路。采取中间道路就好了。但是采取中间道路如果没有灵活性，不懂得变通，就会拘泥于一点。为什么厌恶拘泥于一点呢？因为他有损于仁义之道，只抓住一点而废弃了其余。"

孟子曰："饥者甘食，渴者甘饮，是未得饮食之正也，饥渴害之也。岂惟口腹有饥渴之害？人心亦皆有害。人能无以饥渴之害为心害，则不及人不为忧矣。"

【译文】

孟子说："饥饿者吃什么都香，干渴者喝什么都甜，这是没能尝到饮食的正常味道，受了饥渴之苦的缘故。难道仅仅是口舌和肠胃有饥渴的损害吗？人心也有这种损害。如果人能够不把这种饥渴之害发展为心害，就不会因赶不上别人而忧虑了。"

孟子说："柳下惠不以三公易其介[①]。"

【注释】

①介：节操。

【译文】

孟子说："柳下惠不因做了大官而改变他的节操。"

孟子曰："有为者辟若掘井，掘井九轫[①]而不及泉，犹为弃井也。"

【注释】

①轫：同"仞"。古代以七尺为仞。

【译文】

孟子说："做事就好比掘井，掘到九仞深还不见泉水，还是个废井。"

孟子曰：“尧舜，性之也；汤武，身之也；五霸，假之也。久假而不归，恶知其非有也？”

【译文】

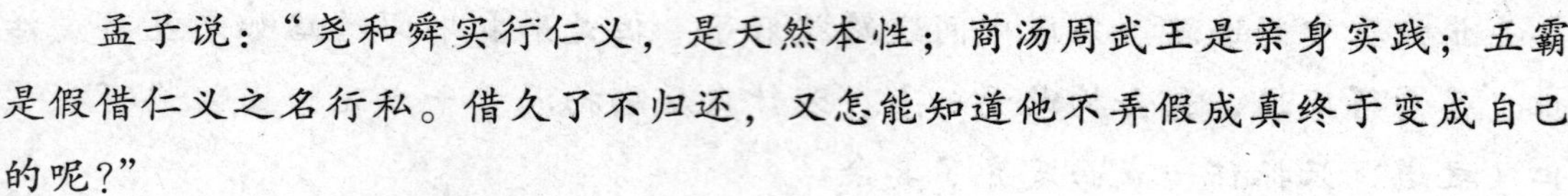

孟子说：“尧和舜实行仁义，是天然本性；商汤周武王是亲身实践；五霸是假借仁义之名行私。借久了不归还，又怎能知道他不弄假成真终于变成自己的呢？”

公孙丑曰：“伊尹曰：‘予不狎于不顺，放太甲于桐[1]，民大悦。太甲贤，又反之，民大悦。’贤者之为人臣也，其君不贤，则固可放与？”

孟子曰：“有伊尹之志，则可；无伊尹之志，则篡也。”

【注释】

①放太甲于桐：把太甲放逐到桐邑。

【译文】

公孙丑说：“伊尹说，‘我不愿亲近违背礼义的人，因此把太甲放逐到桐邑，百姓十分高兴。太甲变好了，又恢复了他的王位，百姓十分高兴。’贤人作为臣子，君王不好，就可以放逐吗？”

孟子说：“有伊尹那样的抱负，就可以；没有伊尹那样的抱负，便是篡夺。”

公孙丑曰：“《诗》曰：‘不素餐兮。’[1]君子之不耕而食，何也？”

孟子曰：“君子居是国也，其君用之，则安富尊荣；其子弟从之，则孝悌忠信。‘不素餐兮’，孰大于是？”

【注释】

①不素餐兮：引自《诗经·魏风·伐檀》。

【译文】

公孙丑说：“《诗经》上说：‘不能吃白饭啊！’君子不种庄稼，却同样吃饭，为什么呢？”

孟子说："君子居住在一个国家，君王任用他，就会平安、富足，尊贵荣耀；少年弟子追随他，就会孝父母，敬兄长，忠心而守信。'不能白吃饭啊！'还有比这更好的例子吗？"

王子垫[①]问曰："士何事？"

孟子曰："尚志。"

曰："何谓尚志？"

曰："仁义而已矣。杀一无罪非仁也，非其有而取之非义也。居恶在？仁是也；路恶在？义是也。居仁由义，大人之事备矣。"

【注释】

①王子垫：齐王子，名垫。

【译文】

王子垫问道："士干什么事？"

孟子答道："要使自己的志行高尚。"

问："怎样才算志行高尚？"

答："行仁义罢了。枉杀一个无罪的人，是不仁；不是自己所有而妄取，是不义。所居之处在哪里？仁就是；所行之路在哪里？义便是。居于仁，行由义，有远大志向者的事业就完备了。"

孟子曰："仲子[①]，不义与之齐国而弗受，人皆信之，是舍箪食豆羹之义也。人莫大焉亡亲戚、君臣、上下。以其小者信其大者，奚可哉？"

【注释】

①仲子：陈仲子，齐人。

【译文】

孟子说："陈仲子这个人，假如不合义理把齐国交给他，他也不会接受，人们都信任他。（但是，）他那种义也只是抛弃一筐饭一碗汤的义。人的罪过没有比不要父兄、君臣、尊卑更严重的了，因为他有小节，而相信他的大节，怎么可以呢？"

桃应[1]问曰："舜为天子，皋陶为士，瞽瞍杀人，则如之何？"

孟子曰："执之而已矣。"

"然则舜不禁与？"

曰："夫舜恶得而禁之？夫有所受之也。"

"然则舜如之何？"

曰："舜视弃天下犹弃敝蹝[2]也。窃负而逃，遵海滨而处，终身䜣[3]然，乐而忘天下。"

【注释】

①桃应：孟子弟子。 ②蹝（xī）：没有脚跟的鞋子。 ③䜣：同"欣"。

【译文】

桃应问道："舜当了天子，皋陶做法官，假如瞽瞍杀了人，该怎么处理？"

孟子答道："逮捕他就是了。"

"那么舜不阻止吗？"

答道："舜怎能阻止呢？逮捕他是有法律根据的。"

"那么，舜又该怎么办呢？"

答道："舜把抛弃天子之位看得同扔掉破鞋一样。（他可以）偷偷地背着父亲逃跑，沿着海边住下来，终身快乐逍遥，把曾做过天子的事忘掉。"

孟子自范[1]之齐，望见齐王之子，喟然叹曰："居移气，养移体，大哉居乎！夫非尽人之子与？"

孟子曰："王子宫室、车马、衣服多与人同，而王子若彼者，其居使之然也；况居天下之广居[2]者乎？鲁君之宋，呼于垤泽之门[3]。守者曰：'此非吾君也，何其声之似我君也？'此无他，居相似也。"

【注释】

①范：地名，故城在今山东范县东南，是梁（魏）、齐之间的要道。 ②广居：指"仁"。③垤（dié）泽之门：宋东城南门。

【译文】

孟子从范邑到齐都，远远望见齐王的儿子，感叹道："环境改变气度，奉养改变体质，环境的影响真大啊！他难道不也是人的儿子吗？"

孟子又说：“王子的住宅、车马、衣服多半跟人相同，为什么王子却像那样呢？就是因为他所处的环境使他这样；何况以仁为自己居所的人呢？鲁国国君到宋国去，在宋国东南城门下呼喊，守门的人说：‘这不是我们的君王，为什么他的声音同我们的君王那样相像呢？’这没有别的缘故，只因为环境地位相同罢了。”

孟子曰：“食而弗爱，豕交之也；爱而不敬，兽畜之也。恭敬者，币之未将[①]者也。恭敬而无实，君子不可虚拘。”

【注释】

①将：送。

【译文】

孟子说：“（对人）养活而不爱，跟养猪一样；爱而不恭敬，跟畜养狗马一样。恭敬之心是在礼物还没送至之前就具有了的。恭敬而没有实质，君子不该被虚假之礼所留。”

孟子曰：“形色，天性也；惟圣人然后可以践形。”

【译文】

孟子说：“人的形体容貌是天生的，只有圣人才能把这固有的本性体现出来。”

齐宣王欲短丧。公孙丑曰：“为期之丧，犹愈于已乎？”

孟子曰：“是犹或紾其兄之臂，子谓之姑徐徐云尔，亦[①]教之孝悌而已矣。”

王子有其母死者，其傅为之请数月之丧。公孙丑曰：“若此者何如也？”

曰：“是欲终之而不可得也。虽加一日愈于已，谓夫莫之禁而弗为者也。”

【注释】

①亦：但，只。

【译文】

齐宣王想要缩短守孝的时间。公孙丑说："守孝一年，不是比完全不守孝要好吗？"

孟子说："这好比一个人扭着他哥哥的胳膊，你却劝那人慢一点、轻一点。只教导他以孝父母、敬兄长就可以了。"

王子有死了母亲的，他的师傅替他请求守孝几个月。公孙丑问："这种情况该如何处理？"

孟子说："这是因为王子想守完（三年）丧期而办不到。纵使多守一天也比不守要好。是对那些没有人禁止他守孝自己却不去守孝的人说的。"

孟子曰："君子之所以教者五：有如时雨化之者，有成德者，有达财[①]者，有答问者，有私淑艾[②]者。此五者，君子之所以教也。"

【注释】

①财：同"材"。 ②私淑艾：私下获取。

【译文】

孟子说："君子教育人的方法有五种：有像及时雨那样沾化万物的，有成全品德的，有培养才能的，有解答疑问的，有以才学影响后人自学受益的。这五类，都是君子教育人的方法。"

公孙丑曰："道则高矣，美矣，宜若登天然，似不可及也；何不使彼为可几及而日孳孳也？"

孟子曰："大匠不为拙工改废绳墨，羿不为拙射变其彀率。君子引而不发，跃如也。中道而立，能者从之。"

【译文】

公孙丑说："道很高，也很美，几乎像登天一样，似乎高不可攀，为什么不使它变成有达到目标的希望而每天孜孜不倦地去努力呢？"

孟子说："高明的工匠不因笨拙的徒弟而改变或废弃规矩，羿不因笨拙的射手而改变拉弓的标准。君子张满弓而不发箭，只做出要射的样子。能在正确的道路上站住，学习的人便紧紧跟随。”

孟子曰：“天下有道，以道殉身[①]；天下无道，以身殉道[②]；未闻以道殉乎人[③]者也。”

【注释】

①以道殉身：意为“道”为己所用。 ②以身殉道：朱熹认为：“道屈则身在必退，以死相从而不离也。” ③以道殉乎人：意为是不惜把“道”歪曲以逢迎当世王侯。

【译文】

孟子说：“天下清明，道因之得以施行；天下黑暗，不惜为道而死；从没有听说过牺牲道来屈从王侯的。”

公都子曰：“滕更[①]之在门也，若在所礼，而不答，何也？”

孟子曰：“挟贵而问，挟贤而问，挟长而问，挟有勋劳而问，挟故而问，皆所不答也。滕更有二焉。”

【注释】

①滕更：滕君之弟，曾学于孟子。

【译文】

公都子问：“滕更在您门下的时候，好像应在以礼相待之列，可您却不搭理他，这是为什么？”

孟子说：“倚仗权势来发问，倚仗贤能来发问，倚仗年长来发问，倚仗有功劳来发问，倚仗旧交情来发问，我都不回答。（这五条中）滕更占了两条。”

孟子曰：“于不可已而已者，无所不已。于所厚者薄，无所不薄也。其进锐者，其退速。”

【译文】

孟子说：“对于不可以停止的却停止了，那就没有什么不能停止的了。对应该厚待的人却薄待他，那就没有谁不可以薄待的了。前进太猛的人，退缩也很快。”

孟子曰："君子之于物也，爱之而弗仁；于民也，仁之而弗亲。亲亲而仁民，仁民而爱物。"

【译文】

孟子说："君子对于万物，爱惜它却不行仁；对于百姓，行仁却不亲爱他。（君子）亲爱亲人，进而仁爱百姓；仁爱百姓，进而爱惜万物。"

孟子曰："知者无不知也，当务之为急；仁者无不爱也，急亲贤之为务。尧舜之知而不遍物，急先务也；尧舜之仁不遍爱人，急亲贤也。不能三年之丧，而缌[1]小功[2]之察；放饭流歠[3]，而问无齿决[4]，是之谓不知务。"

【注释】

①缌（sī）：细麻布。五种孝服中最轻的一种，为期 3 个月，如女婿为岳父母戴孝。 ②小功：五种孝服中次轻的一种，为其 5 个月，如外孙为外祖父母戴孝。 ③放饭流歠（chuò）：大吃大喝。 ④齿决：用牙咬断。

【译文】

孟子说："智者没有不该知道的事，但总是急于当前的重要事情；仁者没有不爱的人，但总是急于首先亲近贤者。尧、舜的智慧不能完全知道一切，因为他们急于当前的重要事情；尧、舜的仁爱不能遍及一切人，因为他们急于亲近贤者。（如果）不能实行三年的丧礼，而对缌麻三月、小功五月却很详备；在尊长之前用餐，大吃大喝，却又讲求不能用牙齿咬断干肉，这就叫不识大体。"

尽　心　下

孟子曰："不仁哉梁惠王也！仁者以其所爱及其所不爱，不仁者以其所不爱及其所爱。"

公孙丑问曰："何谓也？"

"梁惠王以土地之故，糜烂其民而战之，大败，将复之，恐不能胜，故驱其所爱子弟以殉之，是之谓以其所不爱及其所爱也。"

【译文】

孟子说：“梁惠王真是不仁啊！仁者把对他所喜爱的人恩惠普施于他所不喜爱的人，不仁者却把他加给不喜爱的人的祸害推及于他所喜爱的人。”

公孙丑问道：“这是什么意思？”

答道：“梁惠王为掠夺土地的缘故，不惜让百姓去作战，暴尸战场，被打得大败，准备再战，又怕不能取胜，又驱使他所喜爱的子弟去送死，这就叫做把他加给不喜爱的人的祸害推及于他所喜爱的人。”

孟子曰：“春秋无义战。彼善于此，则有之矣。征者，上伐下也。敌国不相征也。”

【译文】

孟子说：“春秋时代没有正义的战争。但那一国的君王比这一国的君王稍好些，倒是有的。征讨的意思是上级讨伐下级，同等级的国家不能相互征讨。”

孟子曰：“尽信《书》，则不如无《书》。吾于《武成》①，取二三策②而已矣。仁人无敌于天下，以至仁伐至不仁③，而何其血之流杵也？”

【注释】

①《武成》：《尚书》篇名。今存《武成》篇是伪古文。 ②策：竹简。 ③以至仁伐至不仁：至仁，指周武王。至不仁，指商纣王。

【译文】

孟子说：“完全相信《书》还不如没有《书》。我对于《武成》一篇，不过是取两三竹简罢了。仁者天下无敌，以最仁道的人去征伐最不仁道的人，怎么会使血流的多得把木槌都漂起来呢？”

孟子曰：“有人曰：‘我善为陈①，我善为战。’大罪也。国君好仁，天下无敌焉。南面而征，北狄怨；东面而征，西夷怨，曰：‘奚为后我？’武王之伐殷也，革车三百两，虎贲三千人。王曰：‘无畏！宁尔也，非敌百姓也。’若崩厥角②稽首。征之为言正也，各欲正己也，焉用战？”

【注释】

①陈：今作“阵”，列阵。 ②厥角：顿首。厥，顿。角，额角。

【译文】

孟子说：“有人说：‘我善于列阵势，我善于作战。’这是大罪恶。国君喜爱仁道，便天下无敌。（商汤）向南方征讨，北狄怨恨；向东方征讨，西夷怨恨。说：‘为什么不先来我们这里？’周武王讨伐殷商，兵车三百辆，勇士三千人。武王（对殷商的百姓）说：‘不要害怕，我是来安定你们的，不是和你们为敌的。’百姓便额头触地叩拜起来，声振如山崩。征的意思是正，各人都想端正自身，哪里用得着战争呢？”

孟子曰：“梓匠轮舆能与人规矩，不能使人巧。”

【译文】

孟子说：“木匠与制作车轮、车厢的人，能够把制作的规矩标准传授给别人，却不能使别人一定有高明的技巧。”

孟子曰：“舜之饭糗[①]茹草也，若将终身焉；及其为天子也，被袗衣[②]，鼓琴，二女果[③]，若固有之。”

【注释】

①糗（qiǔ）：干饭。 ②袗衣：画衣。袗，通珍。 ③果：亦作“婐”，女侍。

【译文】

孟子说：“舜啃干粮吃野草的时候，好像要这样过一辈子。等他当了天子，穿着画衣，弹着琴，尧的两个女儿侍奉，又好像这些本来就有的一样。”

孟子曰：“吾今而后知杀人亲之重也：杀人之父，人亦杀其父；杀人之兄，人亦杀其兄。然则非自杀之也，一间[①]耳。”

【注释】

①一间（jiàn）：相距甚近。

【译文】

孟子说："我现在才知道杀害别人亲人报复的严重了：杀了别人的父亲，别人也会杀他的父亲；杀了别人的兄长，别人也会杀他的兄长。那么，（父兄）不是被自己杀的，但相差也不远了。"

孟子曰："古之为关也，将以御暴；今之为关也，将以为暴。"

【译文】

孟子说："古代设置关卡，是用来抵御暴力的；现在设置关卡，却是用来横征暴敛。"

孟子曰："身不行道，不行于妻子；使人不以道，不能行于妻子。"

【译文】

孟子说："自己不依道而行，道对于妻子都行不通；使唤别人不合于道，连妻子都使唤不了。"

孟子曰："周①于利者凶年不能杀②，周于德者邪世不能乱。"

【注释】

①周：足。　②杀：缺乏。

【译文】

孟子说："财利富足的人，荒年都不至困苦；积德深厚的人，乱世也不会迷惑。"

孟子曰："好名之人能让千乘之国，苟非其人，箪食豆羹见于色。"

【译文】

孟子说："喜好名望的人，可以把有千乘兵车国家的王位让给别人，但若不是受让的对象，就是要他让一筐饭、一碗汤也会表现出不愉快的神情。"

孟子曰：“不信仁贤，则国空虚；无礼义，则上下乱；无政事，则财用不足。”

【译文】

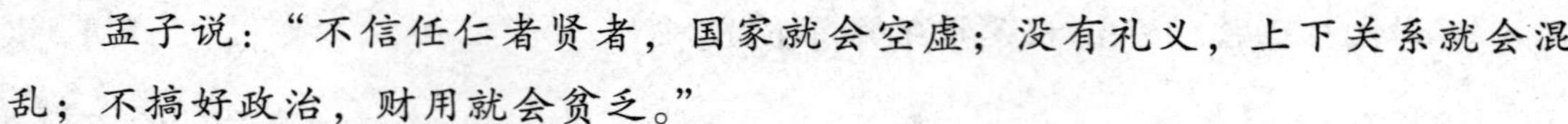
孟子说：“不信任仁者贤者，国家就会空虚；没有礼义，上下关系就会混乱；不搞好政治，财用就会贫乏。”

孟子曰：“不仁而得国者，有之矣；不仁而得天下者，未之有也。”

【译文】

孟子说：“不实行仁道却能得到一个国家，这样的事曾有过；不实行仁道而得到天下的，从来未曾有过。”

孟子曰：“民为贵，社稷次之，君为轻。是故得乎丘民[①]而为天子，得乎天子为诸侯，得乎诸侯为大夫。诸侯危社稷，则变置。牺牲既成，粢盛既洁，祭祀以时，然而旱乾水溢，则变置社稷。”

【注释】

①丘民：田野之民。

【译文】

孟子说：“百姓最重要，土神谷神为次，君主为轻。所以得到百姓之心便做天子，得到天子的欢心便做诸侯，得到诸侯的欢心便做大夫。诸侯危害国家，就另外改立。牺牲已经长成，祭品已经洁净，按一定时间致祭，但还是遭受水旱灾害，就另立土神谷神。”

孟子曰：“圣人，百世之师也，伯夷、柳下惠是也。故闻伯夷之风者，顽夫廉，懦夫有立志；闻柳下惠之风者，薄夫敦，鄙夫宽。奋乎百世之上，百世之下，闻者莫不兴起也。非圣人而能若是乎？——而况于亲炙之者乎？”

【译文】

孟子说：“圣人是百代的师表，伯夷、柳下惠正是这样的人。所以听到伯夷风操的人，贪婪者廉洁了，懦弱的人也有不屈的意志；听到柳下惠风操的人，刻薄者敦厚老实了，狭隘者宽宏大量了。在百代以前奋发而为，百代以后听到的人无不感动奋发。不是圣人，能有这样的影响吗？何况亲身感受过熏陶的人呢？"

孟子曰："仁也者，人也[①]。合而言之，道也。"

【注释】

①仁也者，人也：意为"只要有两个人在一起，就不能不有仁。而仁也只能在人与人之间产生。"

【译文】

孟子说："仁，就是人。仁与人合起来就是道。"

孟子曰："孔子之去鲁，曰：'迟迟吾行也，去父母国之道也。'去齐，接淅而行——去他国之道也。"

【译文】

孟子说："孔子离开鲁国，说：'我们慢慢走吧，这是离开祖国的态度。'离开齐国，捞起正在淘洗的湿米就走——这是离开他国的态度。"

孟子曰："君子之戹于陈、蔡之间[①]，无上下之交也。"

【注释】

①君子之戹（è）于陈、蔡之间：指孔子在陈、蔡被困事。详见《论语·卫灵公》。

【译文】

孟子说："孔子在陈国和蔡国之间被困，是因为跟两国的君臣都没有什么交情。"

貉稽[①]曰："稽大不理[②]于口。"

孟子曰："无伤也。士憎兹多口。《诗》云：'忧心悄悄，愠于群小[③]。'孔子也。'肆不殄厥愠，亦不陨厥问[4]。'文王也。"

【注释】

①貉稽：人名，姓貉，名稽。 ②理：顺。 ③"忧心"两句：引《诗经·邶风·柏舟》诗句。 ④"肆不殄"两句：引《诗经·大雅·緜》诗句。

【译文】

貉稽说："我被人家非议嘲弄。"

孟子说："没关系。士人就厌恶这种议论。《诗经》上说：'烦恼郁积心头，小人视我如仇。'孔子就是这样的人。又说：'不根绝他人的怨恨，也不损害自己的声誉。'周文王就是这样。"

孟子曰："贤者以其昭昭使人昭昭，今以其昏昏使人昭昭。"

【译文】

孟子说："贤人是自己先彻底明白了，再去使别人明白，现在的人自己糊涂却企图使别人明白。"

孟子谓高子曰："山径之蹊[1]，间介然[2]用之而成路；为间[3]不用，则茅塞之矣。今茅塞子之心矣。"

【注释】

①蹊：朱熹注："蹊，人行处也。" ②介然：专一而不旁骛。 ③为间：为时不久。

【译文】

孟子对高子说："山间的小路（本来很窄），经常走它就变成了路，短时期内没有走它，又会被茅草堵塞。现在茅草也把你的心堵上了。"

高子曰："禹之声尚文王之声。"

孟子曰："何以言之？"

曰："以追蠡[1]。"

曰："是奚足哉？城门之轨，两马[2]之力与？"

【注释】

①追蠡（duī lí）：追，钟钮，是古钟悬挂之处。蠡，欲绝之貌。 ②两马：指少量的马。

【译文】

高子说："禹的音乐高于文王的音乐。"

孟子说："这话有什么根据呢？"

答道："因为禹传下来的钟钮快断了这个迹象。"

孟子说："这怎么能作为根据呢？城门下的车辙那么深，难道只是几匹马的力量吗？（是因为时间久的缘故。）"

齐饥。陈臻曰："国人皆以夫子将复为发棠[①]，殆不可复。"

孟子曰："是为冯妇[②]也。晋人有冯妇者，善搏虎，卒为善士。则之野，有众逐虎。虎负嵎，莫之敢撄[③]。望见冯妇，趋而迎之。冯妇攘臂下车。众皆悦之，其为士者笑之。"

【注释】

①发棠：发，开仓廪。棠，地名，在今山东即墨县南。 ②冯妇：人名，姓冯，名妇。③撄：迫近。

【译文】

齐国遭饥荒。陈臻说："国内的人都认为您会再次请齐王打开棠邑的仓廪来赈济灾民，大概不会再这样做了吧。"

孟子说："这就成冯妇了。晋国有个叫冯妇的人，善于和老虎搏斗，后来变成善人（不再打虎了）。一次他到野外去，人们正在追逐老虎。老虎背靠着山角，没有人敢迫近它。人们看到冯妇，便上前迎接他。冯妇捋起袖子伸出胳膊走下车。人们都喜欢他，但士人却在讥笑他。"

孟子曰："口之于味也，目之于色也，耳之于声也，鼻之于臭[①]也，四肢之于安佚也，性也，有命焉，君子不谓性也。仁之于父子也，义之于君臣也，礼之于宾主也，知之于贤者也，圣人之于天道也，命也，有性焉，君子不谓命也。"

【注释】

①臭（xiù）：气味。

【译文】

孟子说："口舌喜欢美味，眼睛喜欢美色，耳朵喜欢音乐，鼻子喜欢芳香，四肢喜欢安逸，这都是天性，但是得由命运决定能否得到，所以君子并不认为是天性的必然。仁对于父与子，义对于君与臣，礼对于宾与主，智慧对于贤者，圣人对于天道，有命运的不同，但也是天性的必然，所以君子不强调命运。"

浩生不害[①]问曰："乐正子何人也？"

孟子曰："善人也，信人也。"

"何谓善？何谓信？"

曰："可欲之谓善，有诸已之谓信，充实之谓美，充实而有光辉之谓大，大而化之之谓圣，圣而不可知之之谓神。乐正子，二之中，四之下也。"

【注释】

①浩生不害：人名，姓浩生，名不害，齐国人。

【译文】

浩生不害问："乐正子是什么样的人？"

孟子说："是好人，老实人。"

"什么叫好？什么叫老实？"

答道："那人值得喜欢就叫好，好处体现在他身上叫老实，好处充满全身叫美，不但充满而且散发光辉叫大，大而能融会贯通叫圣，圣又高深莫测叫神。乐正子正好介于好与实两者之中，在美、大、圣、神之下。"

孟子曰："逃墨必归于杨，逃杨必归于儒。归，斯受之而已矣。今之与杨、墨辩者，如追放豚，既入[①]其苙[②]，又从而招[③]之。"

【注释】

①入：同"纳"。 ②苙：养牲畜的栏。 ③招：捆绑。

【译文】

孟子说："脱离了墨子派系，必然归于杨朱派系，脱离了杨朱派系，必然归于儒家派系。回来，这就接受算了。现在跟杨、墨两派相辩论的人，好像追寻走失了的猪一样，已经送回猪圈了，还要把它的脚绊住。"

孟子曰："有布缕之征，粟米之征，力役之征。君子用其一，缓其二。用其二而民有殍，用其三而父子离。"

【译文】

孟子说："有征收布帛的赋税，有征收粮食的赋税，有征发人力的赋役。君子采用其中的一种，另两种暂时不用。如果同时用两种，百姓便会有饿死的；如果同时用三种，那就连父子之间也不能相顾了。"

孟子曰："诸侯之宝三：土地、人民、政事。宝珠玉者，殃必及身。"

【译文】

孟子说："诸侯有三样宝：土地、人民和政治。以珍珠美玉为宝贝的，祸害一定会到他身上来。"

盆成括[①]仕于齐，孟子曰："死矣盆成括！"

盆成括见杀，门人问曰："夫子何以知其将见杀？"

曰："其为人也小有才，未闻君子之大道也，则足以杀其躯而已矣。"

【注释】

①盆成括：人名，姓盆成，名括。

【译文】

盆成括在齐国做官，孟子说："盆成括要死了。"

盆成括被杀，学生问道："老师怎么知道他将被杀呢？"

答道："他这个人有点小聪明，但不懂得君子奉行的大道，这就足以招来杀身之祸了。"

孟子之滕，馆于上宫①。有业屦②于牖上，馆人求之弗得。或问之曰："若是乎从者之廋③也？"

曰："子以是为窃屦来与？"

曰："殆非也。夫子之设科也，往者不追，来者不拒。苟以是心至，斯受之而已矣。"

【注释】

①上宫：前人有多种解释：别宫名称、楼、上等馆舍等。②业屦：未织成的草鞋。③廋：隐匿。

【译文】

孟子到了滕国，住在上宫。有一双未织成的草鞋放在窗台上不见，馆里的人寻找不着。有人问孟子说："像这样，可能是跟随您的人把它藏起来了吧？"

孟子说："你认为他们是为偷草鞋而来的吗？"

答道："大概不是。您开设课程，走了的不追问，来的不拒绝。只要他们抱着学习的心愿而来，便也接受了（难免良莠不齐）。"

孟子曰："人皆有所不忍，达之于其所忍，仁也；人皆有所不为，达之于其所为，义也。人能充无欲害人之心，而仁不可胜用也；人能充无穿窬之心，而义不可胜用也；人能充无受尔汝之实①，无所往而不为义也。士未可以言而言，是以言餂②之也；可以言而不言，是以不言餂之也，是皆穿窬之类也。"

【注释】

①无受尔汝之实：不受轻贱的言语行为。②餂（tiǎn）：获取。

【译文】

孟子说："人人都有不忍心干的事情，把它扩展到忍心干的事情上，就是仁；人人都有不肯干的事情，把它扩展到肯干的事情上，就是义。人能把不想害人的心理扩充，仁就用不尽了；人能把不挖洞跳墙的心理扩充，义就用不尽了；人能把不受轻贱的言行扩充，那就无论到哪里都合于义了。一个士人，不可和他谈论却去谈论，这是借谈论获取私利；可以和他谈论却不去谈论，这是借沉默获取私利，这些都是属于挖洞跳墙之类的。"

孟子曰："言近而指远者，善言也；守约而施博者，善道也。君子之言也，不下带而道存焉；君子之守，修其身而天下平。人病舍其田而芸人之田——所求于人者重，而所以自任者轻。"

【译文】

孟子说："言语浅近而意义深远的，是'善言'，操守简要而效果广大的，是'善道'。君子的言语，讲的是常见的事情，可是道就在其中；君子的操守，从修养自身开始而使天下太平。人们的毛病就在于舍去自己的田地，而去替别人的田地除草——要求别人的很重，自己负担的却很轻。"

孟子曰："尧舜，性者也；汤武，反之也。动容周旋中礼者，盛德之至也。哭死而哀，非为生者也。经德不回[①]，非以干禄也。言语必信，非以正行也。君子行法，以俟命而已矣。"

【注释】

①经德不回：经，行。回，同"违"。

【译文】

孟子说："尧、舜行仁德是出于本性，汤、武（经过修身）回复本性。行动、容貌合于礼，是美德中最高的。痛惜死者而悲哀，不是做给生者看的。依道而行，不致违礼，不是为了谋求官职。言语诚实，不是为了显示自己的行为端正。君子按法度行事，以等待命运罢了。"

孟子曰："说大人，则藐之，勿视其巍巍然。堂高[①]数仞，榱题[②]数尺，我得志，弗为也。食前方丈，侍妾数百人，我得志，弗为也。般乐饮酒，驱骋田猎，后车千乘，我得志，弗为也。在彼者，皆我所不为也；在我者，皆古之制也。吾何畏彼哉？"

【注释】

①堂高：殿堂的基础。　②榱（shuī）题：屋檐。

【译文】

孟子说："向诸侯游说，就要轻视他，不要理睬他高高在上的地位。殿堂

的基础两三丈高，屋檐几尺宽，我如果得志，不这样干。佳肴满桌，姬妾几百，我如果得志，不这样干。饮酒作乐，田野射猎，有千乘车跟随，我如果得志，不这样干。他所干的，都是我所不干的；我所干的，都符合古代制度，我为什么要怕他呢？”

孟子曰：“养心莫善于寡欲。其为人也寡欲，虽有不存焉者，寡矣；其为人也多欲，虽有存焉者，寡矣。”

【译文】

孟子说：“修养品性的最好的办法是减少欲望。他为人很少有欲望，即使善性有所丧失，也很少；他为人欲望很多，即使善性有所保留，也很少。”

曾皙嗜羊枣[①]，而曾子不忍食羊枣。公孙丑问曰：“脍炙[②]与羊枣孰美？”

孟子曰：“脍炙哉！”

公孙丑曰：“然则曾子何为食脍炙而不食羊枣？”

曰：“脍炙所同也，羊枣所独也。讳名不讳姓，姓所同也，名所独也。”

【注释】

①羊枣：一种果实名，嫁接成为柿子。　②脍炙：肉细切剁碎叫脍。炙，烧肉。

【译文】

曾皙爱吃羊枣，（他儿子）曾子因而不忍心吃羊枣。公孙丑问道：“烤嫩肉和羊枣哪一种好吃？”

孟子说：“烤嫩肉。”

公孙丑问：“那么，曾子为什么吃烤嫩肉而不吃羊枣呢？”

答道：“烤嫩肉是大家都爱吃的，羊枣只是个别人爱吃的。这就跟只避讳父母的名，却不避讳姓一样，因为姓是相同的，名却是独有的。”

万章问曰：“孔子在陈曰：‘盍归乎来！吾党之小子狂简，进取，不忘其初。’孔子在陈，何思鲁之狂士？”

孟子曰：“孔子‘不得中道而与之，必也狂狷[①]乎！狂者进取，狷者有所不为也’。孔子岂不欲中道哉？不可必得，故思其次也。”

"敢问何如斯可谓狂矣？"

曰："如琴张[2]、曾皙、牧皮[3]者，孔子之所谓狂矣。"

"何以谓之狂也？"

曰："其志嘐嘐[4]然，曰：'古之人，古之人。'夷考其行，而不掩焉者也。狂者又不可得，欲得不屑不絜之士而与之，是狷也，是又其次也。孔子曰：'过我门而不入我室，我不憾焉者，其惟乡原[5]乎！乡原，德之贼也。'"

曰："何如斯可谓之乡原矣？"

曰："'何以是嘐嘐也？言不顾行，行不顾言，则曰，古之人，古之人。行何为踽踽凉凉[6]？生斯世也，为斯世也，善斯可矣。'阉然媚于世也是，是乡原也。"

万章曰："一乡皆称原人焉，无所往而不为原人，孔子以为德之贼，何哉？"

曰："非之无举也，刺之无刺也，同乎流俗，合乎污世，居之似忠信，行之似廉洁，众皆悦之，自以为是，而不可与人尧舜之道，故曰'德之贼'也。孔子曰：恶似而非者：恶莠[7]，恐其乱苗也；恶佞，恐其乱义也；恶利口，恐其乱信也；恶郑声，恐其乱乐也；恶紫，恐其乱朱也；恶乡原，恐其乱德也。君子反经[8]而已矣。经正，则庶民兴；庶民兴，斯无邪慝[9]矣。"

【注释】

①狷：狷介，性情正直，不同流合污。 ②琴张：名牢，字子张。 ③牧皮：人名，不详。 ④嘐嘐（xiāo xiāo）：赵岐注：志大言大者也。 ⑤乡原：可理解为"好好先生"。 ⑥踽踽凉凉：踽踽，独行不进貌。凉凉，不见亲厚于人。 ⑦莠：狗尾草。 ⑧反经：归于经常。 ⑨慝（tè）：奸邪。

【译文】

万章问道："孔子在陈国时，说：'为什么不回去呢？我那些学生志大而狂放，有进取心而不忘本。'孔子身在陈国，为什么思念鲁国的这些狂士？"

孟子说："孔子说过：'找不着中行之人跟他相交，那就只能结交狂放之士和狷介之士了。狂放之士向前进取，狷介之士有所不为。'孔子难道不想中行之士吗？不一定能找到，才想次一等的。"

"请问，什么样的人才算是狂放的人呢？"

答道："像琴张、曾皙、牧皮这类人，就是孔子所说的狂放的人。"

"为什么说他们是狂放的人呢？"

答道："他们志大口气大，动不动就说：'古人（如何如何），古人（怎样怎样）。'可是考察他们的行为，却和讲的不相吻合。如果这种狂放之士都找不到，便想和不肯干坏事的人相交，这便是狷介之士，这又是次一等的。孔子说：'从我家门前经过，而不进我屋里的人，我并不感到遗憾，这是些好好先生。好好先生，是破坏道德的人。"

问道："什么样的人可以算是好好先生呢？"

答道："（好好先生批评狂放之士说，）为什么这样志气大、口气大呢？言谈不顾行动，行动不顾言谈，只会说古人（如何如何），古人（怎样怎样），（又批评狷介之士说，）处事为什么这么落落寡合呢？生活在这个世界上，为这个世界办事，相安无事就可以了。八面玲珑，讨好于世俗的人就是好好先生。"

万章说："全乡的人都说他是好人，他也处处表现出是老好人，孔子竟说他是破坏道德的人，这是为什么呢？"

答道："（这种人，）要指责他，却又举不出大错来；要责怪他，也无可责怪，他只是迎合流俗，为人好像忠厚老实，行为好像方正清洁，人们都喜欢他，他自己也以为正确，但是与尧舜之道完全相背，所以说他是破坏道德的人。孔子说过，厌恶那种外表相似实质根本不同的东西：厌恶狗尾草，担心它会搞乱了禾苗；厌恶不正当的才智，担心它搅乱了义；厌恶夸夸其谈，担心它搞乱了信实；厌恶郑国的乐曲，担心它搞乱了雅乐；厌恶紫色，担心它弄混了大红色；厌恶好好先生，担心它破坏了道德。君子使一切事物回到经常正道便行了。经常正道不被歪曲，百姓就会兴奋振作；百姓兴奋振作，就没有邪恶了。"

孟子曰："由尧舜至于汤，五百有余岁；若禹、皋陶，则见而知之；若汤，则闻而知之。由汤至于文王，五百有余岁，若伊尹、莱朱[1]，则见而知之；若文王，则闻而知之。由文王至于孔子，五百有余岁，若太公望，散宜生[2]，则见而知之；若孔子，则闻而知之。由孔子而来至于今，百有余岁，去圣人之世若此其未远也，近圣人之居若此其甚也，然而无有乎尔，则亦无有乎尔。"

【注释】

①莱朱：汤的贤臣。 ②散宜生：文王四臣之一。

【译文】

孟子说："从尧、舜到商汤，有五百多年，像禹和皋陶这些人是亲眼见过尧舜之道而懂得的；像汤，便是只听到尧舜之道而懂得的。从商汤到周文王，又有五百余年，像伊尹、莱朱这些人，是亲眼看到而懂得的；像周文王，只是耳闻才懂得的。从周文王到孔子，又有五百多年，像太公望、散宜生这些人，是亲眼看到而懂得的；像孔子，只是耳闻才懂得的。从孔子到今天，又有一百多年，离开圣人的时代像这样近，距离圣人的故乡是这样近，但是却没有继承的人，也竟然没有继承的人了。"